Hermann Noelle

Die Kelten und ihre Stadt Manching

*„Man erschauert bei dem Gedanken,
wieviele Nachforschungen nötig sind,
um die Wahrheit selbst des
geringfügigsten Details zu ergründen."*

Stendhal

Das Donautal bei Manching
Ausschnitt aus dem »Topographischen Atlas von Bayern«, I. Auflage 1815

Die Kelten
und ihre Stadt Manching

von

Hermann Noelle

Ilmgau Verlag · Pfaffenhofen/Ilm

Ohne die grundlegenden Arbeiten von Herrn Professor Dr. Krämer und Herrn Dr. Schubert von der Römisch-Germanischen Kommission über die Ausgrabungen in Manching hätte dieses Buch nicht geschrieben werden können. Ich bin diesen Herren zu Dank verpflichtet.

Frau Dr. Margarete Dierks, Lübeck, habe ich Dank zu sagen für das Mitlesen und Mitdenken. Ebenso sage ich im voraus den Dank denen, die mich auf Verbesserungen oder Ergänzungen aufmerksam machen.

Hermann Noelle

Satz und Druck Ilmgaudruckerei Pfaffenhofen/Ilm
Einbandentwurf Michael Hagemann
Printed in Germany
ISBN 3-7787-2010-4

Schutzumschlag: Jochaufsatz zur Führung der Zügel.
Ausgegraben in Manching.

Inhalt

Vor uns waren die Kelten

Wir sind nicht die Ersten, die über diesen Boden gehen und sagen, daß er uns gehört. Vor uns waren andere da, die eine andere Sprache sprachen, die eine andere Denkart hatten und ein anderes Leben führten.

Südlich des Thüringer Waldes saßen vor den Germanen die Kelten.

Vor zweitausend Jahren!

Und sie waren Kopfjäger!

Man kann das nicht leugnen. Aber andere haben wieder andere schlechte Sitten. Die Kopfjagd gaben die Kelten schon auf, bevor die Römer kamen. Aber auch Caesar ging es noch um die Köpfe seiner Feinde, auch wenn er sie nicht präparieren ließ, wie es die Kelten taten.

Wenn man fragt: „Wo sind heute die Römer?" So muß man antworten: „Nirgends mehr!"

Wenn man fragt: „Wo sind heute die Kelten?", so kann man antworten: „Eigentlich überall".

Denn verborgen leben sie in uns weiter: In Deutschland, in Frankreich, in den USA, wo Europäer siedeln, die keine reinen Germanen oder Slaven sind. Denn die Kelten wurden dort, wo sie saßen, niemals vertrieben, nur überlagert!

Süddeutschland erfuhr seine germanische Ausprägung erst nach der keltischen. Der keltischen Zeit gehörten fünfhundert Jahre. Die germanische dauert schon ein bißchen länger. Immerhin: Fünfhundert Jahre gehörten den Kelten ganz. Und dann waren sie noch eine ganze Weile akustisch vorhanden. Denn Keltisch hörte man in Süddeutschland noch bis in die Zeit Karls des Großen.

Wer waren diese Kelten, die auch zu unseren Vorfahren gehören wie die Germanen?

Wie erscheinen sie in der Geschichte und wie vergehen sie? Da steigt für uns alle — buchstäblich mit den Händen zu greifen — aus dem Boden eine große keltische Stadt an der Donau bei Manching, ganz in der Nähe von Ingolstadt.

Dort wird zum ersten Male in Europa eine keltische Stadt wissenschaftlich gegraben Zug um Zug, und was zum Vorschein kommt, ist erstaunlich. Es geht uns mehr an, als wenn nach den Römern, den Indianern oder den Phöniziern gegraben wird, denn wir ergraben unsere eigene Geschichte, unser Erbe aus dem großen Volk der Kelten.

Was ich gebe, ist ein lebendiges Bild nach eingehendem Studium. Alles sagen, würde langweilen. Ich will die Wissenschaft so ausmünzen, daß sie jeder besitzen kann.

Die große Zeit der Kelten

Die Griechen entdeckten sie.

Die ersten Nachrichten über die Kelten stammen von den Griechen.

Pytheas berichtet über seine Seereise von Massilia durch die Meerenge von Gibraltar in den Atlantik hinaus und von dort nach Norden der spanisch-portugiesischen Küste entlang bis nach Britannien. Massilia war damals eine blühende griechische Kolonie in der Reihe der griechischen Pflanzstätten am Mittelmeer, heute heißt es Marseille, und Britannien ist das heutige Irland und England.

Die Seereise des Pytheas muß von 325–323 vor der Zeitrechnung stattgefunden haben. Eine erstaunliche seemännische Leistung, denn die Griechen hatten damals nur Schiffe, die für das Mittelmeer geeignet waren, die aber nicht dem Seegang des Atlantik, den Stürmen des Kanals gewachsen waren. Doch außerhalb der Meerenge lag die Stadt Tartessos, wohl an der Guadalquivir-Mündung, und dort wurden atlantikgängige Schiffe gebaut, mit denen schon die Karthager auf dem Atlantik südwärts gefahren waren, der Küste von Afrika entlang.

Es ist sicher, daß schon vor Pytheas Griechen auf dem Atlantik fuhren und nach Britannien kamen. Denn dort waren die Zinn-Inseln, und es lockte das Zinn, das man zur Bronze brauchte. Der massilische Pereplus beschreibt eine Seereise, die wohl schon vor 530 vor der Zeitrechnung stattfand, und schildert darin die spanische Küste und die der nördlich von Spanien gelegenen Länder. Aber auch diese Reise ist sicher nicht die erste gewesen. Colaeos von Samos fuhr schon um 638 vor der Zeitrechnung durch die Straße von Gibraltar.

Nehmen wir an, daß einer der griechischen Seefahrer oder eben Pytheas seinen ‚Herodot‘ bei sich gehabt hätte, um nachzulesen, was dieser schon in der Mitte des 5. Jahrhunderts über die dortigen Völker schrieb, nämlich, daß in Spanien die Kelten sitzen, und daß die Donau in der Nähe der Stadt Pyrene entspringt und daß dort ebenfalls Kelten wohnen. Wenn nun Pytheas sich entschlossen hätte, schon in der Tajo-Mündung beim heutigen Lissabon an Land zu gehen, so hätte er sich mit den Einwohnern auf keltisch verständigen können. Denn er sprach ja wahrscheinlich keltisch, weil um seine Vaterstadt Massilia wohl Ligurer aber auch schon keltische Stämme saßen wie im übrigen Frankreich.

Wäre Pytheas weiter nördlich, im heutigen Galicien, an Land gegangen, so hätte er mit den Galiciern ebenfalls keltisch sprechen können. Der Name dieser Kelten ist in der spanischen Provinz Galicien bis heute erhalten.

Wenn er nun, neugierig wie die Griechen nun einmal waren, denn bei ihnen entstand die Wissenschaft, auf die Idee gekommen wäre, ganz energisch nach den Donauquellen zu suchen, eben bei Pyrene, um auf der Donau zum Schwarzen Meer zu fahren, wo er ja wieder griechische Kolonien finden mußte, er hätte bei Pyrene die Donauquellen nicht finden können. Pyrene war eine griechische Handelsniederlassung an der Nordküste Spaniens. Ihr Name steckt noch im Gebirgsnamen: Pyrenäen. Pytheas hätte sich nach vergeblichem Suchen gesagt, daß Herodot durchaus recht hatte, wenn er schrieb, daß seine Kenntnisse vom äußersten Westeuropa nicht zuverlässig seien. Pytheas hätte sich aber weiter sagen müssen, daß Herodot sonst aus der eigenen Anschauung sehr genau berichtete und daß sein Bericht immerhin darin stimmte, daß auf der iberischen Halbinsel Kelten lebten. Und daß es ebenso stimmen könnte, daß an den Donauquellen Kelten siedelten, nur eben anderswo.

Wenn nun Pytheas im Forscherdrang weiter nach Osten gereist wäre, um wirklich zu den Donauquellen zu kommen, denn irgendwo im Keltenland mußten sie sein, wenn er über die Pyrenäen gezogen wäre in das damalige Gallien, er hätte überall Kelten getroffen, außer in Aquitanien; aber noch nirgends die Donau. Er hätte sich mit jedem gallischen Stamm in der gleichen keltischen Sprache unterhalten können. Gallien, das heutige Frankreich, war keltisch. Wenn es Pytheas verlockt hätte, einen Abstecher nach England zu machen, er hätte auch dort Kelten getroffen und wieder mit ihnen in der gleichen Sprache sprechen können.

Aber immer noch hätte er die Donauquellen nicht gefunden, an denen nach Herodot Kelten wohnten. Endlich, wenn er über den Rhein und durch den Schwarzwald kam, hätte er die sprudelnden Donauquellen gefunden und bestätigt gesehen, was Herodot berichtete, daß auch dort Kelten waren.

Wenn nun Pytheas auf der Donau weiter gefahren wäre durch das heutige Württemberg, Bayern, Österreich, Ungarn, Jugoslawien und Rumänien bis zur Mündung ins Schwarze Meer, so wäre er — wo er angelegt hätte — zu Kelten gekommen und hätte sich mit ihnen in der gleichen Sprache verständigen können.

Damit stellen wir eine fast unglaubliche Tatsache fest: In dem halben Jahrtausend vor der Zeitrechnung: Kelten vom Atlantik bis zum Schwarzen Meer und eine einzige Sprache!

An der unteren Donau hätte Pytheas griechische Faktoreien

getroffen, in denen man natürlich auch Griechisch sprach und endlich am Schwarzen Meer wäre er auf eine der griechischen Pflanzstätten gestoßen und hätte auf griechisch von seiner unglaublichen Reise durchs Keltenland berichten können. Die Griechen, die am Schwarzen Meer saßen, hätten ihm dann erzählt, daß auch in Kleinasien Kelten sitzen: Ein ganzer keltischer Stamm, die Galater. Sie saßen in der Nähe des heutigen Ankara.

Man könnte hinzufügen, wenn Pytheas, nachdem er die Donauquellen gefunden hatte, nach Süden über die Alpen gezogen wäre, um möglichst schnell wieder ans heimische Mittelmeer zu kommen, so hätte er in Norditalien, in der Po-Ebene, an der Adria, auch an der Riviera Kelten getroffen. Im Norden der Donauquellen aber saßen sie nur bis zum Thüringer Wald, doch auch in Böhmen, nämlich die Boier, und dort schloß sich an Mähren das Land Galicien an, besiedelt vom gleichen keltischen Stamm wie in Spanien.

Wenn man dieser nur vorgestellten Reise gefolgt ist, so erhält man ein Bild von dem unerhörten keltischen Ausgriff quer über Europa hinweg und man bekommt eine Vorstellung davon, was die Kelten damals waren, als Pytheas seinen Bericht über seine Reise nach Britannien schrieb.

Es gibt noch ein anderes historisches Zeugnis: Ein Zug, der von Spanien aus über Frankreich nach Italien ging. Er ist nicht nur vorgestellt, sondern greifbare Geschichte. Es ist der Zug Hannibals 218 von Karthago Nova über die Pyrenäen durch das Land der Volcer, Allobroger und über die Alpen und dem Übergang durch Eis und Schnee mit Elefanten. Auch auf diesem Zug traf Hannibal nur auf Kelten. Kelten schlossen sich ihm an. Im norditalienischen Keltenland fand Hannibal die Basis für die Reorganisation seines Heeres und für den Marsch auf Rom. Mit ihm marschierten die Kelten wieder einmal auf Rom.

Denn die Kelten waren groß, als Rom noch klein war. Rom war eine Stadt unter anderen. Die Germanen saßen, noch kaum bekannt, nördlich der deutschen Mittelgebirge, in der norddeutschen Tiefebene, in Dänemark und in Skandinavien. Zwischen Römern und Germanen in ihrer Macht die Kelten. Niemand wußte, wie die Lose geworfen würden, um das unwiderrufliche Schicksal zu bestimmen. Europa hätte auch ein Europa der Kelten werden können, so daß wir heute eine keltische Sprache sprächen. Es schien in dem halben Jahrtausend vor der Zeitrechnung so angelegt zu sein.

Aber die keltische Mitte Europas vom Atlantik bis zum Schwarzen Meer ging unter. Nach der großen Zeit der Kelten kam die große Zeit der Römer. Wenn Pytheas fünfhundert Jahre später vom Atlantik zum Schwarzen Meer gereist wäre, so hätte er überall die lateinische Sprache angetroffen. Dann erst kam die Zeit der Germanen mit ihrem großen Ausgriff in der Völkerwanderung. Aber niemals mehr gab es diese Einheit in Europa wie unter den Kelten und den Römern.

Wir werden sehen, wie das keltische Schicksal sich vollzog.

Das Geheimnis des Ursprungs
Die Entstehung der Kelten

Wie kann ein Volk entstehen, das vorher nicht da gewesen ist, ohne daß eine neue Oberschicht erobernd eindrang? Denn die Kelten sind – das ist so gut wie sicher – am Ort gewachsen. Man sagt, sie sind autochthon.

Wir rühren an das Geheimnis ihres Ursprungs. Es ist ein Geheimnis wie jeder Ursprung.

Sicher, man kann sagen: Das und das sind die Gegebenheiten. Alle diese Elemente sind vorhanden. Wenn sie sich verbinden, entsteht etwas, das es vorher nicht gab. In diesem Falle eben die Kelten.

Ja, wenn es so einfach wäre zu sagen, welche Elemente tatsächlich vorhanden waren.

Immerhin, es entstand ein neues Volk, das der Mitte Europas den Stempel seines Wesens aufdrückte. Ein Volk, das aus Elementen entstanden sein muß, die eine geradezu explosive Mischung ergaben.

Denn der Ort der Entstehung ist begrenzt: Es ist eigentlich der Landstrich von der oberen Donau bis zur Marne. Das heißt, vom Voralpenland bis nach Nordfrankreich. Ein Landstrich ohne eigentliche geographische Grenzen. Wenn darin ein Volk entstanden war, so mußte es sich entweder ausdehnen, um die angrenzenden Länder zu beherrschen, oder aber

es mußte unter allseitigem Druck verengen und vergehen. Es mußte Amboß oder Hammer sein.
Das Keltentum stand, wenn es bleiben wollte, unter dem Gesetz der Expansion. Das Keltentum ist deshalb nur kriegerisch zu denken.
Es waren der stürmende Mut und das Langschwert aus dem eigenen Eisen, die es vermochten, daß schon nach zweihundert Jahren vom Atlantik bis zum Schwarzen Meer keltisch gesprochen wurde, so wie später nach der römischen Eroberung lateinisch. Was aber bei Rom der Sieg einer glänzenden Organisation, einer eisernen Disziplin mit dem Ethos eines Staates war, getragen von einer kleinen Adelsschicht, dem römischen Patriziat, war bei den Kelten der Sieg eines urkräftigen Volkes mit keiner zusammenhängenden Führungsschicht, wie die des römischen Senats, ohne tragende eiserne Disziplin und ohne einen gewollten starken Staat. Es war der Schoß der Frauen, der – sagen wir mal – hunderttausend Männer gebar, die nichts mehr liebten, als das Leben gefährlich zu leben. Mit dem Überschwang des Lebensgefühls im Kampf! Aber nicht mit der Ordnungskraft im Frieden und nicht mit dem ausdauernden Mut in der Not.
Solch ein Volk kann eine Zeitlang unwiderstehlich sein.
Die Kelten waren es!

Woraus ist dieses stürmende Keltentum gewachsen?
Gibt es eine Frage, die mehr fesseln könnte? Sie rührt ja an das Geheimnis des Ursprungs! Man kann versuchen, sie zu beantworten. Aber man wird sehen, wie schwierig das ist. Ein Geheimnis bleibt immer wie bei jedem Ursprung.
Zum ersten läßt sich mit Sicherheit sagen: Der keltischen Kultur ging eine andere Kultur voraus, nämlich die der Hallstattzeit. Die keltische Kultur heißt man die von La Tène

nach einem großen Fundort am Neuenburger See in der Schweiz. Die Hallstättische Kultur nennt man nach ihrem großen Fundort Hallstatt im Salzkammergut. Beide sind nicht dasselbe. Aber es bedingt die eine Kultur die andere. Doch Hallstatt war eine damals schon vorhandene Erscheinung mit vielen den späteren Prozeß ergebenden Elementen. Kulturen haben ihre Zeit. Hallstatt kann man dreihundert Jahre geben. Von 800–500 vor der Zeitrechnung. Die fünfhundert Jahre, die den Kelten gehören, liegen von 500 vor bis zu Christi Geburt. Man gliedert sie auf in

La Tène A – etwa 5. Jahrhundert vor
La Tène B – etwa 4. Jahrhundert vor
La Tène C – 300–100 vor
La Tène D – 100 vor bis 30 nach

Das sind die fünfhundert Jahre der Kelten! So lange dauerte auch ihre Auseinandersetzung mit den Mittelmeerländern der Antike, mit Hellas und Rom. Erst im letzten Jahrhundert etwa stießen die Germanen mit den Kelten zusammen. Die Mittellage zwischen Römern und Germanen wurde zum Verhängnis.

Wenn das Keltentum aus der Hallstattzeit erwuchs, so erhebt sich die Frage: Was ist geschehen, um diese Wandlung zu bewirken? Denn Hallstatt und La Tène sind bei weitem nicht dasselbe. Dabei ist man heute so gut wie sicher, daß keine „ethnische Infiltration“, keine Einwanderung eines anderen Volkes stattgefunden hat.

Was war dann geschehen? Kann man es in einer Rückschau nach zweieinhalb Jahrtausenden noch erfassen?

Es war doch so viel übereinander gelagert! Was da war, war so vielschichtig wie ein geologisches Profil, wobei jede Schicht zum Ganzen gehört.

Gehen wir schichtweise zurück, um die Elemente zu finden. Vor der Hallstatt-Kultur bestand im selben Raum die Urnenfelder-Kultur von 1300 bis 800 vor Chr. Das ist ältere Eisenzeit, zu der auch noch die Hallstattzeit gehört. Es war die Zeit einer ungeheuren Wanderung, die Zeit eines Völkersturms, getragen von den Urnenfelder-Leuten. Es war ein Ausgriff mit waffenstarrenden Heereszügen, denen die wohlbehüteten Züge der Frauen zur Landnahme folgten, mit dem großen und kleinen Vieh, mit dem Saatgut, mit dem Hausrat. Kein Gebirge widerstand diesen Zügen. Da war kein Fluß, der nicht überwunden wurde. Der große Zug führte die Urnenfelder-Leute bis in die Ägäis, bis nach Sizilien und nach Spanien. Überall dort erschienen diese gewaltigen Krieger mit ihren Hauptwaffen, dem langen Hiebschwert, dem Speer und dem einschneidigen Messer. Die Eisenzeit bricht an mit ihrem Schrecken. Die bronzezeitliche Kultur von etwa 2000–1300 vor Chr. wird überschichtet. In Griechenland erscheinen die Urnenfelder-Leute als die Dorer mit ihren verschiedenen Wanderungen. Sie erscheinen in Italien als die indogermanisch sprechenden Italiker, auch als Römer.

So wie man zur Urnenfelderzeit in Griechenland schon griechisch, in Italien schon lateinisch sprach, wenn auch in einem älteren Zustand dieser Sprachen, so muß man im künftigen Keltenland nördlich der Alpen im zweiten Jahrtausend schon keltisch gesprochen haben. Da nach den Urnenfelder-Leuten keine neue Einwanderung geschah, muß das, was wir später als Kelten bezeichnen, damals schon dagewesen sein, noch unter dem Namen der Urnenfelder-Leute oder der Hallstatt-Leute.

Was in Gang kam, war der kulturelle Prozeß, bedingt auch durch die angestammten Unterschichten. Sie gehören zu dem, was im künftigen Keltenland, in Hellas, in Rom entsteht.

Ihre Menschen blieben ja mit ihrer Kultur zum mindesten in einem gewissen Umfang da. Sie fangen nicht an, plötzlich ganz andere Töpfe zu machen, eine ganz andere Kleidung zu tragen, ganz andere Feste zu feiern, ganz andere Götter zu verehren. Sie sprechen auch nicht gleich die Sprache der neuen Oberschicht. Sie bleiben! Doch es entsteht etwas Neues durch die Überschichtung, und zwar in der Auseinandersetzung der Unterschichten mit der jetzt auferlegten Oberschicht.

Die Urnenfelder-Leute kamen — das gilt als ziemlich sicher — aus dem Donau-Raum, und zwar aus der großen pannonischen Ebene, und ihre eiserne Zeit endet mit dem großen Temperatursturz um 800. Es wurde kalt und feucht. Die Seen, die Flüsse stiegen an und überfluteten die Siedlungen am Ufer. Die trockenen Böden, nur noch zum Weidebetrieb, zur Viehhaltung tauglich, wurden allmählich wieder Ackerland. Der Boden konnte viel mehr Menschen ernähren. Die Bevölkerung wuchs. Aber welche Bevölkerung? Damals war es so, daß die Tüchtigen, die Reichen die Kinder hatten. Die Oberschicht wuchs also. Sie wird von den durch die großen Kriegs- und Eroberungszüge geschwächten Urnenfelder-Leute gestellt worden sein. In den harten Kriegszeiten hatten sich, wie gewöhnlich, Fürsten zur Führung und zur Herrschaft erhoben. Im Frieden erstarkte wieder die Kriegergemeinschaft der Freien, eben die der Urnenfelder-Menschen. Sie wird dann gegen die Fürsten aufgetreten sein. Wir kommen darauf zurück.

Was war aber vorhanden, als die Urnenfelder-Leute kamen?

Vor den Urnenfelder-Leuten waren die Hügelgräber-Leute da, und vor diesen die Glockenbecher-Leute. Sie lebten in der bronzezeitlichen Kultur von etwa 2000 bis 1300 v. Chr. Und davor liegt die junge Steinzeit mit den Schnurkeramikern, den Bandkeramikern usw. Die Schnurkeramiker waren mit Sicherheit schon Indogermanen. Möglicherweise schon die Bandkeramiker, das erste ackerbautreibende Volk im späteren Keltenland.

Man kann sagen: Die Urkelten enstanden schon in der jungen Steinzeit um 2000 mit den nordischen Schnurkeramikern, den westischen Glockenbecher-Leuten und dem, was die Alpenländer an dinarischer und ostischer Rasse dazugaben. Dabei kam es immer darauf an, was ausschlaggebend oben war. In einer ständigen Wandlung hat man sich gegenseitig beeinflußt. Die jeweilige Kultur prägte die oberste Schicht.

Wie aber ist diese Wandlung zu erfassen, nur aus den Bodenfunden der Zeit heraus, auf die wir angewiesen sind? Es gibt nördlich der Alpen keine schriftliche Überlieferung, so wie etwa in Griechenland durch Homer, der uns das bronzezeitliche Hellas geschildert hat, die Zeit, bevor die Dorer kamen. Nur der Boden erzählt uns nördlich der Alpen – und er erzählt es allein dem, der sehen und es ausdeuten kann.

Wenn wir den Spaten ansetzen und die Gräber der Menschen ausgraben, die in den verschiedenen Zeiten und Schichten vor uns gelebt haben, so erhalten wir ein Bild davon, wie ihre Sitten, Anschauungen miteinander gerungen haben.

Während in der jungen Steinzeit die Schnurkeramiker ihre Toten verbrannten und die Asche in Hügelgräbern bestatteten, setzten die Glockenbecher-Leute die Leichen in Hockerstellung in Flachgräbern bei. Dann kamen die sogenannten Hügelgräber-Leute und wölbten den Hügel über dem Körpergrab. Man könnte sagen, es gab eine Synthese von Hügel und Leiche. Ihnen folgten die Urnenfelder-Leute, die ihre Toten verbrannten und die Urne in Flachgräbern bargen, in ganzen Grabfeldern. – Doch blieben auch in der Urnenfelderzeit

Grabhügelzentren bestehen. – Das Urnengrab kam dann in den Boden und darüber wurde der Hügel geschichtet. Es war also wieder eine Art Rückgriff. Es war Wirkung, Gegenwirkung und Zusammenwirkung. Dann aber breitete der Grabhügel sich sogar wieder weiter aus und kam auch dorthin, wo er vorher nicht gewesen war. Die Hallstattzeit bricht an, und im achten Jahrhundert ist der Hügel wieder allgemein. In starken Urnenfeldergebieten blieb aber das Urnenfeld auch bis zum Hallstatt-Ende. Man findet Urnenfelder und Hügelgräber sogar auf engem Raum benachbart, aber sie blieben getrennt. Es gab keine Friedhofsgemeinschaften. In der Mitte der Hallstattzeit verbreitete sich wieder die Körpergrabsitte, aber unter dem üblichen Hügel. Dies, nachdem die Körperbestattung nie ganz aufgegeben worden war, auch nicht in der Urnenfelderzeit. In der La-Tène-Zeit wird wieder der Umschwung zum flachen Körpergrab in Reihen vollzogen.

In diesen Veränderungen der Grabsitten zeigt sich auch das Ringen verschiedener religiöser Vorstellungen mit ihren verschiedenen Trägern. Immer liegt ja der Wandel der Weltanschauung mit zu Grunde. Wer verbrennt, löst den Toten im Feuer zu einem nichtleibhaftigen Wesen auf. Wer bestattet, denkt an ein Weiterleben im Leib. Die verschiedenen Auffassungen stehen auch im Christentum nebeneinander: Die Auferstehung des Leibes am Jüngsten Tag neben der Vorstellung, daß die Seele nach dem Tod in eine andere Welt übergeht, in Himmel und Hölle. Verschiedene Auffassungen können nebeneinander bestehen.

Wie ergibt sich nun aus dieser vorhandenen Schichtung, aus diesen verschiedenen Elementen das Keltische als ein Ereignis in der Mitte des ersten Jahrtausends vor der Zeitrechnung? Es scheint eine Revolution am Ort stattgefunden zu haben. Wir sehen es an der Bestattungssitte.

Die großen Grabhügel der Fürsten der Hallstattzeit verschwinden. Das Herrschaftssystem mit der hallstättisch verspielten Hofkultur wird überwunden und es entsteht in Anlehnung an diese die keltische Volkskultur von einer jetzt erstaunlichen Einheitlichkeit. Es ergibt sich eine so geschlossene Kultur, daß die Grabinventarien von Frankreich bis Böhmen die gleichen sind. Es ergibt sich eine Kultur, die viel einheitlicher ist als die der Urnenfelderzeit. Es muß sich also eine neue einheitliche Oberschicht durchgesetzt haben. Eine Oberschicht, die von unten kam; wohl aus der Schicht der Urnenfelder-Leute heraus, die ja einmal beherrschend und gestaltend war, die auch noch an manchen Orten geschlossen siedelte. Sie kann erstarkt das aufgekommene höfische Fürstentum abgeworfen haben, um einen neuen Adel als eine neue Oberschicht zu bilden, um dann – das ist sicher – zu einem neuen Ausgriff anzusetzen. Diese Schicht ist sehr viel härter als die verspielte hallstättische mit ihrem fürstlichen Hochadel, mit ihren Kavaliersdolchen. Sie führt ihre Kriege mit dem Langschwert. Diese Schicht als neue Oberschicht ist auch viel volksnäher, volksverbundener. Sie wohnt nicht mehr so isoliert wie die Hallstatt-Fürsten auf ihren Burgen, wie zum Beispiel auf der Heuneburg an der oberen Donau. Die Burg wird jetzt mit der aufkommenden Stadt verbunden, oder viel häufiger: Die neue Oberschicht, der neue Adel, wohnt in einer Stadt, wenn auch in einem besonderen Bezirk.

Neben dem neuen Adel, in dem auch ein Teil des alten Adels stecken kann, bildet sich ein neuer Stand heraus, der der Geistlichkeit. Es sind die Druiden. Sie sind ein in sich geschlossener einheitlicher zusammenhängender Orden, ähnlich der Geistlichkeit der katholischen Kirche. Von dieser Geistlichkeit wird eine übergreifende Lehre verkündet, eine zusammenfassende Weltanschauung über die so vielen aus den verschiedenen Schichten stammenden lokalen Gottheiten. Wen wundert es, daß die Bestattungssitte jetzt auf Jahrhunderte hinaus gleich bleibt, nämlich auf drei Jahrhunderte, und daß auch die Kultur so gleichmäßig wird? Dies, bis wieder eine Wendung zur Verbrennung im zweiten Jahrhundert vor der Zeitrechnung eintritt. Sicher verbunden auch mit einer Wandlung der Weltanschauung.

Es treten, so muß man sagen, in der La-Tène-Zeit zwei neue überlagernde und auch zusammenfassende Stände auf, ein neuer volksverbundener Adel, der in der aufkommenden Stadt wohnt, und eine ebenso volksverbundene Geistlichkeit, eben die Druiden, auch mit dem Sitz in der Stadt.

Was hier vom Entstehen der Kelten gesagt wird, ist eine Hypothese. Aber man kann sie wohl gelten lassen. Jedenfalls kann man so erklären, daß die keltische Kultur am Ort gewachsen ist. Es gab eben eine „Revolution“: Eine oder zwei starke Unterschichten drängten sich wieder nach oben. Die neue Oberschicht kann von den kriegerischen Urnenfelder-Leuten gestellt worden sein, ohne deren Ausgriff Griechenland und Rom nicht zu denken sind. Sie sind es, die die Antike schufen mit ihrer griechischen Kultur und ihrem römischen Machtanspruch und seiner Durchsetzung. Warum sollen sie nach einer Übergangsperiode nicht auch nördlich der Alpen wieder wirksam geworden sein? Man kann ihnen in diesem Raum einiges zutrauen, nachdem sie durch die Wanderungen geschwächt, in der Hallstattzeit wieder erstarkt waren.

Der Prozeß ist kompliziert mit all den verschiedenen Elementen. Da aber mit größter Sicherheit kein neues Element hinzutrat, muß sich eines der vorhandenen Elemente durchgesetzt haben.

Das genügte, um eine neue Zeit einzuleiten, die keltische, auf fünfhundert Jahre.

Doch man sieht, wie schwierig die Frage zu lösen ist, wie die Kelten in der Mitte des letzten vorchristlichen Jahrtausends entstanden sind. Aber wir können uns doch eine Vorstellung bilden, um diese durch eine bessere abzulösen, wenn sie gefunden werden kann. Jedenfalls können die Kelten in dem Raum, in dem sie entstanden, nur als ein geschichtetes Volk gebildet worden sein. Als ein vielfach geschichtetes Volk! Diese vielfache Schichtung kann eine besondere Spannung ergeben. Die wirksamste Spannung besteht aber zwischen der Oberschicht und der Unterschicht oder den Beherrschten. Sie kann in einem unglaublichen Maße bildend sein, zum mindesten auf eine Zeit. Dann kann sie als fruchtbare Spannung verbraucht sein, um zu einer zerstörenden Spannung zu werden, die zu einer Revolution führt, die meist blutig verläuft und wieder eine neue Oberschicht bringt, die wieder eine fruchtbare Spannung ergeben kann. Denn das ist ja das Wesen einer Revolution, daß sie eine neue Schicht nach oben führt. Was sie tatsächlich bewirkt, das zeigt dann die Geschichte.

Das Erscheinungsbild der Kelten

Man möchte sie vor sich sehen, diese Männer und Frauen, die ihrem ‚Fernweh' und dem Geheiß ihrer Götter folgten, immer weiter nach Westen, bis sie die Wogen des Atlantiks heranrollen sahen. Und immer weiter nach Osten, bis dorthin, wo die Donau in ihr Meer mündet. Und weiter noch!

Wie war das Erscheinungsbild dieses Volkes mit dem stürmenden Mut?

Es kann nicht in allen Jahrhunderten gleich gewesen sein, denn es muß sich mit der Zeit in der Schichtung etwas geändert haben. Es ist aber unmöglich, dieses Bild von Jahrhundert zu Jahrhundert zu verfolgen, so wie etwa die wechselnden Moden in einem fortlaufenden Journal. Man kann dieses Bild der Kelten nur summarisch erfassen, und es ist dann so ähnlich übergreifend, als würde man die Deutschen der letzten fünfhundert Jahre in einem Bilde zeichnen. Doch die Muse der Geschichtsschreibung brauchte in dem halben Jahrtausend vor der Zeitrechnung noch nicht in der Geschwindschrift von heute zu schreiben. Es geschah damals noch nicht so viel in der gleichen Zeit; doch immerhin genug.

Das Bild kann auch nicht in allen Schichten gleich gewesen sein. So spricht Caesar von den ‚equites', also von den Reitern, den Rittern und von der ‚miserrima plebs' also ‚von dem elenden Volk', der entrechteten Unterschicht. Beide kön-

nen aber im Erscheinungsbild nicht dasselbe gewesen sein. Dazwischen mag es noch einiges andere gegeben haben: die freien Bauern, die ihr Eigenes nicht aufgegeben hatten.
Das Bild der Kelten, das die antiken Schriftsteller zeichnen, ist ein ganz einheitliches Bild. Aber es ist das Bild der Oberschicht. Es ist nicht das Bild des gesamten Volkes. Immerhin, die antiken Schriftsteller zeichnen das Menschenbild der Schicht, auf die es in erster Linie ankam, die politisch maßgebende, die kriegerische Schicht des großen keltischen Ausgriffs. Diese Menschen waren es ja, die auszogen. Diese Menschen plünderten Delphi, sie warfen ihr Schwert in Rom in die Waagschale; sie setzten über den Hellespont ins völkerträchtige Kleinasien über, um sich dort ihr neues Siedlungsland zu erstreiten. Mit diesen Menschen hatte man gekämpft und verhandelt. Mit ihnen und nur mit ihnen waren die Griechen und Römer zusammengestoßen. Was gingen sie die Unterschichten an, die noch im ursprünglichen Keltenland saßen, oder die Abhängigen, die man auf dem Zug mitgenommen hatte? Diese führende und kämpfende Schicht hatten die Griechen als die ‚keltoi' beschrieben. Die Römer nannten sie ‚Galli', die ‚Gallier'.
Schon zur Zeit Herodots im 4. Jahrhundert waren den Griechen die Kelten in ihrer Eigenart sehr wohl bekannt und sie waren damals von ihnen beschrieben worden. Später taten es die Römer. So besonders Caesar bei der Unterwerfung der Gallier.
Übereinstimmend sprechen die antiken Schriftsteller von der auffallenden Körpergröße und Körperstärke der Kelten, von ihrer hellen Haut, von ihren blauen Augen, von ihrem blonden Haar. Sie zeichnen im Grunde dasselbe Bild, das sie später von den Germanen zeichnen. Poseidonius von Apameia, der im zweiten Jahrhundert schreibt, weist sogar besonders

auf die große Ähnlichkeit von Kelten und Germanen hin. Poseidonius gilt als sehr gewissenhaft. Caesar gibt im letzten Jahrhundert vor Chr. noch einmal dasselbe Bild wieder. So sehr hatte es sich gehalten. Dieses Erscheinungsbild geht also – so summarisch es auch ist – durch die Jahrhunderte der keltischen Zeit als das Bild der eigentlichen Kelten der Oberschicht.

Auch die griechische Bildhauerschule von Pergamon stellt große, gelenkige Gestalten in ihren Bildwerken dar, so den bekannten ‚sterbenden Gallier'. Das Original ließ König Attalos in Bronze für das Athena-Heiligtum in Pergamon gießen nach seinem Sieg über die keltischen Galater. Erhalten ist eine römische Kopie in Marmor. Sie zeigt den Kelten mit seinem Halsring, dem ‚torques', mit seinem ovalen Holzschild und den beiden gebogenen keltischen Trompeten, während das dargestellte Schwert nicht keltisch ist, sondern wohl ein Beutestück. Das andere Bildwerk ist der ‚schlafende Gallier'. Es ist ein farbiges Bronze-Relief, das man in Alesia fand. Vielleicht ein keltisch-römisches Votivbild, nach dem letzten großen Kampf der Römer unter Caesar gegen die keltischen Gallier unter Vercingetorix.

Aber vergessen wir nicht: Die Antike zeigt jedes Menschenbild veredelt, nachdem die griechische Kunst sogar das Bild der ‚Gorgo', das vor Schreck erstarren ließ, in ihren Bereich des Schönen erhoben hatte.

Die Kelten selbst sahen sich anders. Wenn der irische Held ‚Cuchulainn' in Kampfeswut gerät, so verzerrt sich der ganze Körper und aus seiner Stirn steigt ein Blutstrahl, so dick wie eine Mannesfaust bis zur Mastbaumhöhe. Hier bei den Kelten und ihrer Kunst ist keine schöne Begrenzung und edle Einfalt wie bei den Griechen, gerade auch dann nicht, wenn im Kampf die Götter am nächsten sind. – Wie anders schildert doch Homer. — Der Kelte bricht aus jedem Maß, auch in seiner Kunst. Wir sehen es am besten auf den keltischen Münzen, wo sich die Gesichter in Verzerrung auflösen. So war auch das keltische Lebensgefühl, das zum Erscheinungsbild gehört, alles überströmend, uferlos im Wein- wie im Blutrausch und grauenerregend in den Opfern. Wenn bei den Griechen die Götter im wohlgestalteten Kosmos einkehrten, im schönen Staunen derer, die sie erlebten, bei den Kelten waren sie da in der Ekstase. Der Zorn war heilig. Die Kelten hatten auch einen wütenden Gott — ähnlich Wotan. Es ist ihr Gott Lug. Grieche war man voll und ganz, wenn man im Maß war, Kelte wohl nur voll und ganz im Unmaß.

So sahen die Kelten sich anders als die antike Kunst sie sah. Die Kelten sahen sich so, wie sie sein wollten.

Wenn die antiken Schriftsteller davon sprechen, daß man in Wuchs, Augen- und Haarfarbe die Kelten von den Germanen nicht unterscheiden könne, so gibt es bei dem Bild doch eine kleine Einschränkung, daß nämlich die Kelten mehr rötliches Haar hätten. In New York soll es diesen Typ des irischen Polizisten gegeben haben: Groß, kraftvoll und rothaarig. Aber das ist – das muß man deutlich sagen – nicht das allgemeine Bild des heutigen irischen Kelten. Dieses zeigt einen dunklen, schwarzhaarigen kleineren Menschentyp. Was übrig blieb, als die herrschende Oberschicht geschwunden war, sieht eben anders aus.

Wenn aber das äußere Bild der Kelten und Germanen so weitgehend übereinstimmte, auch im Wüten von ihrem Gott erfüllt, die Germanen zeigten über das Wüten hinaus eine Standfestigkeit, eine langdauernde Kampfeshärte, die die Kelten nicht kannten. So kann man sich nicht denken, daß die Kelten in wochen- und monatelangem Ringen immer wieder über die hohe See fuhren, unter den äußersten Strapazen, bis sie auch Amerika entdeckten. Die Kelten blieben an der Atlantikküste stehen, an die sie ihr stürmender Mut geführt hatte. Immerhin gab es auf Island irische Mönche, als die Wikinger dort im neunten Jahrhundert landeten. Vielleicht erreichten die Iren doch schon ihre Gegenküste in Amerika. Aber sie haben weder dort noch auf Grönland gesiedelt.

Die antiken Schriftsteller haben das für sie durchaus edle Bild des keltischen Adels und auch das Bild des keltischen freien Kriegers gezeichnet, das der Oberschicht des Erobervolkes, das aus dem Raum zwischen oberer Donau und Marne hervorging, und sich dann vom Atlantik bis zum Schwarzen Meer herrschend verbreitete. Es kann nicht anders sein, als daß eine kleinere kriegerische, politische Oberschicht über eine viel größere unterworfene Schicht geherrscht hat, und beide sich dann langsam durch zunehmende Heiraten verbanden. Dabei wurde die breite Unterschicht nach und nach „keltisiert". Sie nahm die Formen der Oberschicht an und auch deren Sprache. Es ist kein Zweifel, daß die Sprache der Kelten von ihrem Entstehen aus der Hallstattzeit her indogermanisch war, wie die Sprache der Germanen und Illyrier. Und man braucht nicht daran zu zweifeln, daß in dem ganzen großen keltischen Raum – wenn man von den verbleibenden anderen Volksresten, wie Basken, Aquitaniern, Ligurern und Iberern absieht – keltisch, also indogermanisch gesprochen wurde.

Wenn wir in den keltischen Friedhöfen graben, so finden wir aber nicht nur die Knochen der Menschen der Oberschicht, die die Antike gemeint hat, sondern auch die Knochen der Leute der anderen Schichten, die ebenso erhalten blieben. Die Friedhöfe zeigen Skelette von einer Größe von 1,60 bis 1,70 Meter. Selten, daß einmal ein Skelett wesentlich größer ist.

Auch die Kelten von Manching, der Stadt, die als erste auf europäischem Boden wissenschaftlich ausgegraben vor unseren Augen wieder ersteht, weichen erheblich von dem Bild ab, das die antiken Schriftsteller gaben. Diese dortigen Kelten waren verhältnismäßig klein, durchschnittlich nur 1,60 m groß. Sie zählen aber einwandfrei zu dem keltischen Stamm der Vindeliker. Sie sind also Kelten, sprechen keltisch und sind Träger der keltischen Kultur. Aber dieses Bild ist so anders, daß man sagen muß: Kelten sind nicht ohne weiteres Kelten, auch nicht in den alten Keltensitzen, in denen die Kelten ihren Ursprung nahmen. Was auch als keltisch erscheint, ist die keltisierte Unterschicht, die dort sitzengeblieben war. Was aber wanderte und mit der Antike in Berührung kam, war die kriegerische Oberschicht mit ihrem Ausgriff in die Weite. Es war die Schicht, die sich in der Kampfeswut verzerrte, die auszog, zuerst um zu kämpfen, dann, um zu erobern. Aber auch diese Schicht kann nicht als rein nordisch angesprochen werden, denn der Befund der Gräber zeigt Lang- und Rundschädel, wie sie auch die griechischen Skulpturen zeigen. Rundschädel wohl als Erbe der alpinen Rasse. Auch der dinarische Einschlag ist gegeben. Um das rassische Bild des keltischen Gesamtvolkes näher zeichnen zu können, fehlen noch die Veröffentlichungen; besonders auch der Grabung von Manching. Wir können uns bisher nur an das äußere Bild der Oberschicht halten, das die antiken Schriftsteller wiedergegeben haben. Wahrscheinlich war aber das Bild des keltischen Volkes in den fünfhundert Jahren nicht sehr verschieden von dem heutigen Erscheinungsbild der Menschen zwischen Alpen und Donau.

Zeichnen wir das Bild der Kelten weiter:
Die keltischen Gesichter waren rasiert. Wir kennen die Ra-

siermesser aus den Grabungen, aber den Schnurrbart ließ man stehen — oder besser gesagt — hängen. So stellt auch Diodor die keltische Barttracht dar. Doch berichtet er auch von kurzen Bärten. Das Haupthaar wurde in den Nacken gestrichen und nach Diodor mit einem dicken kalkigen Brei eingeschmiert, so daß eine nach hinten hängende Pferdemähne entstand. In den späteren keltischen Sagen ist noch von diesen langen steifen Haaren die Rede. Neben den Skulpturen zeigen sie besonders die keltischen Münzen, und zwar so stachelig, daß man es glauben möchte, daß man am Haar des ‚Cuchulainn' – des irischen Siegfried – einen Apfel aufspießen konnte. Wenn die Griechen das Haar in seinem weichen schimmernden Fall als das Schönste am menschlichen Körper ansahen, die Kelten haben daraus den Balg eines Stachelschweines gemacht.

Man fragt: Warum diese Haarbehandlung?

Nun, einmal paßt sie durchaus zum keltischen Wesen, zum anderen brachte sie Schutz für den Krieger, besonders auch gegen den Nackenhieb; denn die Kelten fochten barhaupt, ähnlich wie die Germanen, auch mit bloßem Oberkörper, oder überhaupt in voller kultischer Nacktheit.

Übrigens wurde das Haar des keltischen Helden Cuchulainn auf diese Weise dreifarbig: Dunkel an der Kopfhaut, heller in seiner Mitte und in seinen Spitzen am hellsten.

Es müssen wilde Gesichter gewesen sein, mit Hängeschnurrbart und Nackenmähne. Wir sehen den stieren Blick in diesen Gesichtern beim Spiel, das bis zum Einsatz des Lebens und der Freiheit ging. – Würfel blieben uns in Manching erhalten wie anderswo! – Wir sehen diese Gesichter, gelöst im Trunk bis zur Auflösung der letzten Selbstbeherrschung. Wir sehen sie schreiend vor Lust am Dasein, das Kampf und Eroberung war, und wir sehen sie sich in Verzerrung zu Tode quälen,

denn die Qual war nur so lange eine Lust, als man sie den Opfern antat.
So sehen wir diese Gesichter keltisch unbeherrscht vor den beherrschten Römergesichtern, den künftigen Vernichtern oder Herren. Herr wird eben der sich Beherrschende über den Unbeherrschten.
Wenn man die beiden Gesichter nebeneinander zeichnen könnte: Das Gesicht Caesars und das Gesicht des Vercingetorix, dann hätten wir es bildhaft vor uns. Aber nur das Gesicht Caesars ist uns überliefert. Aus seiner Stirn steigt kein Blutstrahl bis zur Masthöhe. Aus seinen Augen schaut beherrschend der prüfende Verstand, der eine Gesamtlage erfaßt und aus langem Willen nützt, der sich kaum einmal, verlierend dem Augenblick hingibt. Das Gesicht des Vercingetorix – wenn es erhalten wäre – löste sich auf in der Hingabe an den Augenblick, ähnlich wie die Gesichter auf keltischen Münzen. Über den Augenblick hinaus gibt es für den Kelten kein Erheben zu einer Überschau. Der gegenwärtige Augenblick ist das Höchste, das erlebt werden kann.

* * *

Zum Erscheinungsbild gehört die Tracht. Auch die Tracht sagt etwas aus; auch sie gehört zum Wesen.
Wundert es, daß die keltische Herrenschicht, die vom Streitwagen aufs Pferd umgestiegen war, um kriegerisch besser in die Ferne zu greifen, Hosen trug, wie das große Reitervolk der Skythen, daß sie vielleicht von dort entlehnt worden waren? Reiterhosen um federnde Reiterschenkel! In der Bronzezeit waren die Hosen noch nicht da. Aber sie gehören zu den Männern, die auszogen, um die damalige Welt zu erobern unter einem kälter gewordenen Himmel.
‚Bracca' hieß auf keltisch die Hose, ‚braccae' die Hosen in

latinisierter Form. Ein keltisches Wort, das im Englischen noch in den ‚Breeches' erhalten ist. Es kann uns gleich sein, ob diese Hosen eng anlagen, wie der griechische Reiseschriftsteller Strabo berichtet, oder ob sie weit waren, wie das Votivbild von Alesia zeigt. Die Hose kann von einem Stamm zum anderen anders geschnitten worden sein, oder eben schon damals ging die Hosenmode mit der Zeit. Das berührt uns nicht. Doch in den Hosen steckte das eigenst erworbene harte Sitzleder, wie bei einem Kavallerie-Wachtmeister. Der Reiter mußte es länger aushalten können als das Pferd, zum mindesten aber ebenso lange, denn man wechselte das Pferd auf langen Ritten.

Zur Hose gehörte eine Art Wams mit Ärmeln, das auch aus Leder sein konnte, und das bis zu den Lenden ging. Sie mußten auch geschützt sein, besonders zu Pferde. Unterwäsche gab es nicht. Strabo spricht von einer Tunika, die geschlitzt war, aber Ärmel hatte. Dazu gab es einen flauschigen Umhang, der dem Krieger zugleich als Decke diente. Das mußte genügen, auch wenn man in Wind und Wetter unterwegs war. Genügen in Krieg und Frieden! Und es genügte! Besonders wenn der Umhang bei Regen auch die Schenkel der Reiter bedeckte. Gott ist bei den Genügsamen. Es mußte genügen, besonders wenn dieser Umhang aus wetterfestem Loden war, aus langhaariger unentölter Wolle. Sicher, es biß auf der Haut, wenn man daran nicht gewöhnt war. Aber man war es von Kindesbeinen an, von den Fetzen her, mit denen die halbnackten Kinder bekleidet wurden.

Anders war es, wenn es um den Schmuck ging. Dort wollte man weniger genügsam sein, so bei den Fibeln, die den Umhang zusammenhielten. Sie gingen von der einfachen Nadelfibel bis zu der goldstrotzenden Schmuckfibel. Mit Fibeln muß ein unwahrscheinlicher Aufwand getrieben worden sein. In

Frauengräbern findet man ganze Garnituren von Fibeln: so sechs bronzene und vier eiserne Fibeln, oder in einem Grab vierzehn Fibeln, in einem anderen sechzehn und einmal sogar einundzwanzig Fibeln. Soviele Fibeln brauchte eine keltische Frau, um auftreten zu können, im Leben wie im Tode!

So wie die Fibel vom Gebrauchsgegenstand zum Schmuck wurde, geschah es auch mit dem Gürtel. Das einfache Volk trug einen schmucklosen Gürtel, in der Hauptsache wohl aus Leder. Aus Leder trug ihn auch der Krieger. Rechts am Gürtel hing sein Schwert in der Scheide. Später trug der Mann auch eiserne Gürtel mit flachen Gliedern. Frauen der Oberschicht schmückten sich mit herrlichen bronzenen Gürtelketten aus Gliedern, die noch mit Emaille verziert sein konnten.

Diodor berichtet auch von farbigen Umhängen, auch von bunt bestickten Tuniken, von gold- und silber-verzierten Gürteln. Der Vornehme prahlte mit dem Umhang, wie Diodor sagt, in purpurnen, karmesinroten und grünen Farben, auch in Mustern. Beide, Diodor und Plinius, sprechen davon. Es gab eben immer das Praktische für den täglichen Gebrauch und das Prunkende für den Auftritt. Welche Freude hatte man doch an Schmuck und Farbe, eine kaum mehr nachzuempfindende naive Freude; und man kam sich gehoben vor. Man schaffte Abstand, indem man imponierte. Es ging ja immer um Herrschaft, um Ordnung und Überordnung. Wann war der Herr schon schlicht? Dann wird es besonders berichtet und festgehalten, so etwa bei Karl dem Großen. Aber auch er trat anders auf, wenn repräsentiert werden mußte.

Die Frauen trugen Tuniken mit Gürteln und ebenfalls den Umhang, auch lange Hosen und geärmelte Jacken. Das Material war Wolle und Leinen. Sie werden es schon verstanden haben, sich anzuziehen. Die Stellung der keltischen Frau war verhältnismäßig frei mit eigenem Besitz. Sie wird auch das besessen haben, was ihr gefiel: Schmuck und Kleider; und sie wird sie getragen haben! In Frankreich hat man heute noch die Gabe, Mode zu machen und Mode zu tragen. Sollte diese Gabe der Keltin abgegangen sein? Sie wird so kleidungsbewußt in einer Prozession gegangen sei, wie ein Mannequin auf dem Laufsteg. Wenn uns recht berichtet wird: Mit Mittelscheitel bei halblangem Haar, Schmuckkämme darin, Ringe an den Ohren. Es blieben uns einige Bronzespiegel erhalten, in denen sich diese Gesichter gespiegelt haben. Einen Augenblick lang in der verrinnenden Zeit.

Von Hüten und Mützen ist bei Männern und Frauen nichts überliefert. Doch kann man sich nicht vorstellen, daß man sich auf den Kopf ins dichte Haar regnen ließ. Zum mindesten zog man den Mantel darüber. Es gab auch einen Kapuzenmantel. Es war eine Art Umhang mit Kapuze, wobei man die Arme durch Schlitze nach außen stecken konnte. Also eine ‚Pelerine'. Es gab einen gallischen kurzen Mantel, der ‚sagos' hieß, mit oder ohne Kapuze. Wir wissen sogar von einem römischen Kapuzenmantel, der keltischen Ursprungs war.

Schuhe, Lederschuhe, wurden von den Reicheren getragen. Der sogenannte einfache Mann wird im Sommer barfuß gegangen sein, auch der Krieger – kaum aber im Winter. Vielleicht aber doch? Ich sah noch, daß polnische Bauern bei Kälte barfuß bis an den Stadtrand gingen und sich dann die Schuhe anzogen, um sich stadtfein zu machen. Man hatte noch die abgehärteten Füße dazu.

Wenn er nicht barfuß ging, was hat dann der ärmere Mann im Winter getragen?

Es gibt eine verblüffende Antwort: Holzschuhe. Es gab bei den Kelten das Handwerk des Holzschuhmachers. In Gallien ist er sogar auf einem Grabrelief in Stein dargestellt, wie er auf seiner Schnitzbank sitzt. Die Römer berichten, daß Holzschuhe eine Spezialität der gallischen Provinz und das eigentliche Schuhwerk der Gallier waren. Wir dürfen dies dann mit einigem Recht allgemein von den Kelten annehmen. In Rom kannte man die keltischen Schuhe als Lederschuhe, als Leinenschuhe mit Ledersohlen und als Holzsandalen. Strümpfe waren unbekannt. Der gestrickte Strumpf ist sowieso neuen Datums. Man war eben – wie gesagt – abgehärtet und man hatte sowieso Rheuma.

Was man hatte, das trug man wohl auf dem Leibe bis es zerfiel; zum mindesten bei der Arbeit – und wann arbeitete man nicht? Wenn man in den Krieg zog, hatte man keine zweite Garnitur bei sich. Man versorgte sich aus der Beute oder bei den eigenen Gefallenen. Es war im Kriege in Rußland auch nicht anders. Man nahm das, was nicht mehr gebraucht wurde. So besteht man in der Welt, und man besteht wirklich.

Um es drastisch auszudrücken: Die Menschen besaßen damals eine Art abnehmbares Fell, das hatten sie den Tieren voraus. Aber sie legten es selten ab; nur aus besonderen Gründen. Man hatte auch nicht die Vorstellung, daß die Götter die Kleidung wechselten und in der indogermanischen Welt gab es keinen Kult, der eine regelmäßige Waschung vorsah. Vielleicht war das selbstverständlich? Ich glaube es aber nicht.

Doch ist es möglich, daß die Kleider von Zeit zu Zeit gewaschen wurden. Zum mindesten von da an, als es weiße Leinwand gab. Die Aufforderung kam dann von der Optik her. Der mittelalterliche Bauer in Deutschland trug ja auch die weißen Leinenkleider. Das war das Arbeitszeug, so wie der Drillich beim Soldaten. Aber man trug damals die Kleidung, bis sie zerfetzte. Dürer zeichnete noch diese Gestalten. Man war bei den Kelten und Germanen weitab von der linnenweißen Toga, die der vornehme Römer trug, wenn er aus dem Hause ging, die vorher noch von einem besonders abgerichteten Sklaven in Falten gelegt wurde. Der Fürst, die Fürstin, der Adel, sie werden sich auch gepflegt haben. Sie hatten den Raum dazu in ihren größeren Häusern. In den kleinen keltischen Hütten war man eigentlich nur bei Nacht und schlechter Witterung, sonst war man immer draußen.

Doch muß es eine allgemeine Körperpflege gegeben haben: Wo man in den Gräbern Rasiermesser findet – bisher sechzehn Stück in Manching – ist auch die Haarschere vorhanden, ein Scherentyp, der in der heutigen Schafschere erhalten ist. Man findet auch Pinzetten zum Ausreißen der Haare – daß der Haarausreißer bei jedem gerissenen Haar einen Schrei tat, wie im alten Rom, ist nicht bekannt. — Es gibt Kratzer, Ohrlöffel, Messer und Nagelfeilen in ganzen Zusammenstellungen. Sie wurden mitgetragen und so, wie man sie im Leben trug, auch mit ins Grab gegeben. Es wurde also für die Toilette schon etwas getan.

Vielleicht gab es auch ein Badewesen, eine Badehütte. Der germanische Hof hat sie ja auch gehabt. Wir wissen darüber nicht genug.

Wenn wir nun die Kelten so vor uns sehen wie die antiken Schriftsteller: Es waren wilde verwegene Gestalten, groß gewachsen, hellhäutig; wild blitzende blaue oder dunkle Augen, hängende Schnurrbärte, eine nach hinten gekämmte Pferdemähne, Hosen, Wämser und Mäntel umgehängt. Speer und Schild bei der Hand. Schwert an der Seite. Ein Leben immer in der Gefahr und immer bereit, diese zu bestehen. Das Leben – ein Spiel mit dem Tod, das in voller Lust gespielt wurde. Immer nahe einem Gott, der zu dem Augenblick gehörte, den man zu bestehen hatte. Ein ganz aus der Sitte gelebtes Le-

ben nach ungeschriebenem Gesetz und deshalb gut, weil es allgemein war.
Es kann nicht gerade beruhigend gewirkt haben, wenn tausend derartige Gestalten vor einer griechischen oder römischen Stadtmauer auftauchten.
Wenn wir einer solchen Schar von Kelten begegnen würden, sie wären uns fremder, als es heute Menschen aus einem fernen Erdteil sind. Und doch, sie gehören zu unserer Geschichte.

Der große Ausgriff

Ist es zu begreifen, daß sich ein Volk in der geschichtlich so kurzen Zeit von nur zweihundert Jahren aus einem begrenzten Raum wie eine Flutwelle erhebt, so wie ein Geysir ausbricht und das dampfende Wasser unaufhaltsam überall hin entsendet, wo Gefälle ist? So breiteten sich die Kelten aus! Nach Westen, Süden und Osten!

Es geschah zum ersten Mal in der europäischen Geschichte, daß ein Gebiet vom Atlantik bis zum Schwarzen Meer von einem Volk besiedelt oder beherrscht wurde.

Zum zweiten Mal geschah es durch Rom! Aber hier war es eine wohlorganisierte Herrschaft, die wohlbedacht von dem einen bis zu dem anderen Meere ausgedehnt wurde. Es war keine Völkerflut wie bei den Kelten.

Zum dritten Mal geschah es durch die Germanen, und zwar ähnlich wie bei den Kelten. Die germanischen Völker und Stämme saßen nach der Völkerwanderung von Spanien bis nach Südrußland und von Skandinavien bis nach Nordafrika. Aber es war keine organisierte Herrschaft mit einer Mitte wie die Roms.

Man kann sagen, daß in geschichtlicher Zeit Europa dreimal der Prägestempel eines Volkes aufgedrückt wurde, aber zum ersten Mal geschah es durch die Kelten. Jede dieser Prägungen ging von einem indogermanischen Volk aus: Von den

Kelten, von den Römern, von den Germanen. Ohne diese Prägungen ist Europa in seiner heutigen Form nicht zu denken.
Die erste aber geschah durch den großen keltischen Ausgriff, und zwar von der Mitte Europas aus.
Wie geschah er? Die Kelten entstanden zwischen dem Alpenvorland bis zur Marne. Dort ist der Ort ihres Aufbruchs, ihres Angriffs. Es gibt eine Ansicht, daß er sogar noch von einem viel engeren Raum aus geschah, nämlich von den beiden Seiten des Oberrheins und von der oberen und mittleren Donau her. Denn das ist sicher: Die eigentliche La-Tène-Kultur entstand – Hallstatt ablösend – in diesem Raum und breitete sich dorthin aus, wo die Hallstatt-Kultur schon vorhanden war.
Mit dem Klimasturz um 800 vor hatte eine Völkerbewegung begonnen, die durch die Jahrhunderte wirkte. Die warme, schöne Zeit war zu Ende. Es wurde feucht und kalt, und der Boden gab weniger Nahrung. Was sich nicht mehr auf der Scholle, der Weide, ernähren konnte, begann zu wandern und damit auf die anderen zu drücken, die nicht wandern wollten. Es dauerte ja eine ganze Zeit, bis man sich auf den Ackerbau umstellen konnte, der dem neuen feuchten Klima entsprach. Bis dahin war Not, die dazu zwang, abzuwandern.
Es fing an mit dem Druck der ostelbischen Germanen auf die Stämme zwischen Elbe und Rhein. Diese drückten wieder auf die Stämme, die jenseits des Flusses saßen. Ein Völkergeschiebe kam in Gang. Oder aber, man drückte sich zwischen den Völkern durch, die sich an ihrem Boden festklammerten. Es wurde durchmarschiert, während die Eingesessenen auf die Berge und Burgen oder in die Wälder flüchteten.
Es kann sein, daß so ein vorkeltischer Stamm, wie die Touronen aus Thüringen erst wieder bei Tours an der Loire zum

Sitzen kamen, weil er dort erst einen Platz fand, um sich niederzulassen. Denn das westliche Gallien war nicht so dicht besiedelt. Dort kamen dann auch andere wandernde Stämme unter. Oder erst in Spanien! Mit diesen Stämmen wanderte die Hallstatt-Kultur. Sie war damit in einem bestimmten Raum schon vorgegeben. Sie war also nicht nur in Frankreich, sondern auch in Spanien vorhanden, und zwar schon vor Beginn des 5. Jahrhunderts, in dem der Umschlag zum Keltischen geschah. Es gibt deshalb die Ansicht, daß man auch einen Teil Spaniens zum keltischen Gebiet rechnen müsse, weil dort die Grundlagen der Kelten, eben die Hallstattkultur, schon vor Beginn des 5. Jahrhunderts vorhanden war. Jedenfalls im 5. Jahrhundert ist die erste Stufe der durchaus eigenartigen keltischen Kultur mit La Tène A schon gegeben. Man muß fragen: Aus welcher Bewegung geschah der Wandel? War es ein durchlaufender Modewechsel, oder kam der Anstoß von einer neuen Wanderwelle? Denn es wurde gewandert!

Es wanderte die Jugend in einer Art ‚ver sacrum', einem heiligen Frühling, nachdem sie zuerst auf ihren Beutezügen erprobt hatte, wohin es sich zu ziehen lohnte. Es wanderte ein halber Stamm, denn man gab das alte Land nicht gerne auf. Auch ganze Stämme wanderten. Es muß ein Fieber gegeben haben, das die Menschen ergriff, einen alten Zustand zu beenden, um in einem besseren Zustand neu zu beginnen.

Es kann nicht die Not allein gewesen sein, die zum Wandern zwang. War nach dem Temperatursturz die Umstellung auf den Ackerbau vollzogen, so konnte eine viel größere Bevölkerung auf der gleichen Fläche ernährt werden. Die Bevölkerung wuchs mit dem Ackerbau, so daß sich eine Übervölkerung ergeben konnte. Anders ist es nicht zu erklären, daß die Kelten so weite Landstriche überschwemmen konnten, vom

Atlantik bis zum Schwarzen Meer. Dazu gehörte es, daß die Volkszahl gewachsen war.

In der zweiten Hälfte des 5. Jahrhunderts stiegen die Kelten schon über die Alpenpässe und besetzten Norditalien. Wie man heute weiß, über die zentralen Alpenpässe von Süddeutschland aus. Da die große Bewegung von der Donau, vom Oberrhein ausging, nimmt man an, von dem späteren Augusta Rauricorum bei Basel, dem Beginn der Alpenstraße aus, über den großen Sankt Bernhard! Mit einer Paßhöhe von immerhin 3472 Metern! Welch eine Leistung! Mit den Kriegern zuerst, Waffen und Gepäck auf den Pferden. Auch mit Streitwagen! Dann folgten die Frauen und Kinder mit all dem, was man braucht, um eine neue Heimstatt zu gründen. Die östlichen Pässe dürften durch die Räter gesperrt gewesen sein, die westlichen durch die Ligurer. Dazwischen mußte man eben irgendwo durch, mit einem bergungewohnten Volk zwischen den feindlichen Bergvölkern, die den Römern noch zu schaffen machten!

In Norditalien stießen die Kelten auf die etruskische Kultur, auf die der griechischen Städte, die sich wie ein Kranz die Mittelmeerküste entlang zogen. Die Kelten begegneten hier also der stark griechisch bestimmten etruskischen Kultur und der griechischen Kultur selbst. Sie begegneten hier dem ihnen unbekannten Städtewesen der Mittelmeerländer. Die Kelten nahmen von diesen Kulturen an, was sie berührte und wandelten es in das Eigene ab. Hier geschieht es, daß die Kelten zum ersten Mal Städte gründen, ähnlich wie die etruskischen und griechischen Städte; aber es dauert noch lange, bis sie auch nördlich der Alpen an die Gründung von wirklichen Städten gehen.

Von den Römern wissen wir, daß es mehrere keltische Stämme waren, die über die Alpenpässe zogen. Die ersten waren die

Insubrer. Sie nahmen das Land im Westen der Lombardei nördlich des Po und gründeten Mediolanum, das spätere Mailand. Ihnen folgten vier weitere Stämme nach, zuerst die Cenomanen. Sie nahmen das Land ostwärts der Insubrer, nachdem sie vorher durch deren Land gezogen waren und gründeten die Städte Brixia, Bergomum und Verona, heute Brescia, Bergamo und Verona. Sie mußten über das schon besetzte Gebiet hinwegziehen, um in der Aemilia, zwischen Piacenza und Rimini ihren Raum zu finden. Es entstand so die Gallia Cispadana. Zuletzt kamen die Senonen, um an der adriatischen Küste von Umbrien zu siedeln.

Es kam eine keltische Welle nach der anderen in Norditalien an. Immer zuerst die Krieger, die erobernd vorauszogen. Dann die Familien mit der ganzen Habe, mit den Wagen, mit dem Vieh: Rindern, Schafen und den bei den Kelten so beliebten Schweinen. Es ging alles mit, was beweglich war, auch das Saatgut. Es wurde nicht nur erobert und militärisch beherrscht, sondern ein ganzes Volk zog um und erwarb sich das neue Gut, das neue Land mit Haus und Hof.

Vielleicht wäre ganz Italien keltisch geworden, wenn sich die keltische Expansion statt nach West und Ost, nur nach dem Süden gerichtet hätte. An Volkskraft waren die Kelten allen überlegen. Dann hätte die Weltgeschichte einen anderen Verlauf genommen.

Aber so oder so: Die Kelten mußten den Römern begegnen. Dies geschah, so kann man mit einiger Sicherheit sagen, ohne daß sie sich kulturell berührten. Immerhin sprachen die Kelten die dem Italienischen nächstverwandte ‚Kentum'-Sprache. Doch was hatten die Römer neben Griechen und Etruskern kulturell zu bieten? Sie waren ein kleines, ackerbauendes Volk, hart und diszipliniert von der kargen Landschaft her. Völker, die große Reiche gründen, entstehen nun einmal nicht dort, wo die Natur üppig ist. Sie entstehen dort, wo es die tägliche Sorge um das Bestehen gibt und wo man sich entsprechend einrichten muß, um sich zu behaupten. Noch waren die Römer nicht so weit. Rom war noch klein. Es hatte sich mit den Latinern, den Hernicern verbündet und so die Sabiner, Äquaner und Volsker überwältigt. Im Norden von Rom hatte man eben erst das nur 20 Kilometer entfernte starke etruskische Veji erobert, das die anderen etruskischen Städte nicht unterstützen konnten, weil sie sich der vordringenden Kelten erwehren mußten. Im Jahre 387 war es so weit. Denn Senonenfürst Brennus lag vor dem etruskischen Chiusi. Die Römer ärgerten ihn, weil sie die Belagerten unterstützten. Deshalb zog Brennus auf Rom. An der Allia standen die Römer den Kelten gegenüber. Sie hatten zwanzig – nach einer anderen Nachricht – vierzigtausend Mann aufgebracht und wurden von den Kelten so vollständig geschlagen, daß der Rest ihres Heeres nicht einmal nach Rom zurückkehren konnte, sondern sich in die Trümmer von Veji rettete. Es war ein Leichtes, Rom zu erobern. Nur das Capitol mit seinen Felsen blieb in römischer Hand trotz einer Belagerung von sieben Monaten.

Hier gibt es die berühmte Sage von den der Juno heiligen Gänsen, die bei ihrem Tempel gehalten wurden und die Alarm schlugen, als die Kelten in der Nacht den Felsen ersteigen wollten. Und da ist die andere Sage von dem Keltenfürsten Brennus, der sein Schwert in die Waagschale warf, als das Gold abgewogen wurde, mit dem sich die Römer den Abzug der Kelten erkauften. „Vae victis", rief er. Wehe den Besiegten! Die Kelten stießen über Latium noch weiter nach Süden vor, bis nach Apulien und sie standen an der Meerenge von Messina, die ihnen vorläufig Halt gebot. Aber dann setzten sie doch über, und Dionys von Syrakus nahm sie als Söldner in seinen Dienst. Er schickte diese Söldner sogar bis nach Sparta als Hilfe gegen Theben. So erscheinen Kelten zum ersten Mal in Griechenland und sehen seinen Reichtum. Ja, die keltischen Söldner kamen später sogar unter den Ptolemäern bis nach Ägypten.

Es kam dann so, daß der Siedlungsraum der Kelten in Italien nicht mehr ausgedehnt wurde. Sie stießen im Osten der Lombardei auf die Veneter, die sie nicht bezwingen konnten. Auch die etruskischen Städte hielten sich lange. Vor den hohen Felsen und Mauern versagte die keltische Belagerungskunst. Es blieben aber die beliebten Kriegs- und Beutezüge nach dem Süden und besonders der nach Rom. Sie brachten Abwechslung in das bäuerliche Dasein und sie brachten das, was man noch nicht besaß, die Kulturgüter des Mittelmeeres der Etrusker und Griechen. Sie brachten zuerst Gold und Silber. Dem Krieger gehört die Welt, der Boden dem Bauern.

So saßen die Kelten in Norditalien. Sie hatten ihre festen Sitze und die Herrschaft von der Küste der Adria bis zu der Riviera. Sie waren seßhaft geworden und es wird aus den Funden deutlich, wie sie vom vierten zum dritten Jahrhundert beginnen, ihr Dasein zu genießen. Das war gefährlich, denn es drohte ein unerbittlicher Feind: Die Römer. Die Kelten blieben, auch als sie die Herrschaft an die Römer verloren. Das Keltische findet sich heute noch in Oberitalien, in der ganz anderen Ausprägung gegenüber Unteritalien.

Eine Zeitlang lag es in der keltischen Hand, Rom auszulöschen. Aber die Kelten hätten dann auch um Rom und Latium siedeln müssen. Dazu reichte aber ihre Volkskraft nicht aus, weil sie nicht nur nach Italien abströmte, sondern ebenso bis nach Spanien, an den Atlantik und an das Schwarze Meer.

Sicher saßen die Kelten um 500 schon in Noricum, etwa in der heutigen Steiermark und Kärnten bis zur Donau, ostwärts des Inn, mit der Hauptstadt Noreia in der Nähe des heutigen Klagenfurt. Ende des 5. Jahrhunderts sind sie schon in Böhmen und Mähren, ja in Teilen von Schlesien. Wo sieht man deutlicher, wie sich die keltische Volkskraft geteilt hat! Nach den Boiern bekam das Land den Namen ‚Boiohemum', das heutige Böhmen, und als die germanischen Markomannen durch Böhmen zogen, nahmen sie den Namen der keltischen Boier an und nannten sich Bayern.
In der Mitte des 5. Jahrhunderts kämpften Kelten schon als Söldner mit den Mazedonen gegen die Illyrer, die nur schwer zu überwinden waren. Vom mazedonischen Sold können die Goldstater des Königs Philipp II. von Mazedonien stammen, die wir auch in Gallien finden können. Von Noricum aus rollte dann um 350 der keltische Stoß in den Donauraum, nach Pannonien, etwa dem jetzigen West- und Ostungarn. Der Donaufluß wird die Kelten nach dem Osten geführt haben. Wo geht der Transport von Menschen und von Gütern und der Habe so leicht wie auf dem Wasser? Auf dem Wasser kann ein ganzes großes Volk wandern mit allem, was gefahren werden kann, auch mit dem Vieh. Vielleicht war die Donau die große keltische Verführung. Sie war dann der keltische Schicksalsstrom durch den leichten Weg auf der Donau, so daß der andere Weg über die schwierigen Alpenpässe nach Italien unterblieb. Der keltische Wanderzug floß eben mit dem stärksten Gefälle. Nie gab es bei den Kelten die kluge Steuerung der Kolonisation wie bei den Griechen durch die delphische Priesterschaft. Jedenfalls weiß man nichts davon, daß die Druiden diese Rolle gespielt haben könnten. Was ist alles die Donau abwärts gefahren mit kriegerischen Heeren, vor und in den Kreuzzügen bis zu den Türkenkrie-

gen und bis zu den Kolonisten, die später an Wien vorbei die Donau abwärts fuhren nach Ungarn und ins Banat!
Aber zurück zu den wandernden Kelten: Sie drückten auf die illyrischen Ordiaier im Savetal, wie im mittleren Donautal. Drau und Save tragen seither die keltischen Namen. Es entsteht das Reich der keltischen Skordisker mit ihrer Stadt Singidunum, dem heutigen Belgrad. Wir haben eine griechische Nachricht über eine große Begegnung, nämlich darüber, daß Alexander der Große auf seinem Feldzug nach dem heutigen Bulgarien im Jahre 335 unter anderen Gesandtschaften auch eine keltische Gesandtschaft empfing. Und im Jahre 224 nochmals. Einmal muß dabei der Führer der keltischen Gesandtschaft auf die Frage, was die Kelten fürchten, das große Wort gesprochen haben: „Nur, daß der Himmel einfällt“. Und nur zwei Generationen später übersteigen die Kelten das Balkangebirge, so wie sie die Alpen überstiegen hatten und mehrmals die Pyrenäen, und sie dringen in Griechenland ein. Zuerst ein Raub- und Beutezug ohne die Absicht, Land zu gewinnen und zu siedeln. Im Jahre 279 geschieht eine für die Griechen furchtbare Tat: Die Kelten plündern das heilige Delphi, den Ort Apolls! – Der große Gott ist nicht stark genug, die Feinde abzuwehren!
Es wird berichtet, daß das Heiligtum verschont blieb, weil es verteidigt wurde. Aber was geschah mit dem, was außerhalb war? Mit der Stadt? Auch mit den Schatzhäusern? Was mag noch in den Schatzhäusern gewesen sein, die dort in Reihen standen, gefüllt mit den Weihgeschenken für den delphischen Gott, den Lohn für alle Siege, die er den Seinen verliehen. Wir wissen es nicht. Aber es gibt eine Überlieferung, nach der die Kelten den Schatz von Delphi weggeführt und in Gallien bei Toulouse in einem See als Opfergabe versenkt hätten. Dies, nachdem eine Seuche ausgebrochen war. Zürnte Apoll?

Die Überlieferung mag unwahrscheinlich klingen, sagt aber aus, daß die keltische Überlieferung sich mit dem Schatz beschäftigte.
Die Kelten blieben, trotz einer von den Griechen behaupteten Niederlage bei Delphi, südlich des Balkangebirges sitzen. Schon 279 brach der Widerstand Mazedoniens, der Heimat Alexanders, zusammen und das Land wurde verheert. Es wurde, kaum zu glauben, nur vierundvierzig Jahre nach dem Tode des großen Alexanders ein Raub der keltischen Feinde. Die Kelten gründeten ein Königreich nördlich von Byzanz bei Adrianopel mit der Stadt Tylos, das bis 193 bestand und Byzanz schwere Tribute auferlegte. Längst waren also die Wanderzüge mit den Frauen, der Habe und dem Vieh, den Kriegerscharen über die Balkanpässe gefolgt und das Land unter den Pflug genommen worden.
Die Kelten setzten sich auch im heutigen Rumänien fest. Sie keltisierten die Dacer und erreichten auf ihren Vorstößen sogar den Dnjepr, nachdem sie am Schwarzen Meer gestanden hatten, ebenso wie am Atlantik im Westen und in der Südspitze Italiens am Mittelmeer. Das Meer begrenzte den Zug der Kelten, nicht der Feind.
Der Rest des Heeres, das bei Delphi geplündert hatte, brandschatzte am Bosporus und ließ sich auch durch das Meer nicht aufhalten; ähnlich wie die Kelten an der Kanalküste. Es sollen Zwanzigtausend gewesen sein, darunter zehntausend Bewaffnete. Sie setzten über die Dardanellen und drangen in das damalige Asien ein, das wir heute Kleinasien nennen. Es müssen dann aber andere Kelten dazu gekommen sein, denn es treten drei keltische Stämme auf. Darunter der Stamm der Tectosagen. Sie rauben und plündern ungehemmt, um sich dann im damaligen Phrygien niederzulassen, das den Namen Galatien erhält, mit der Hauptstadt Ankyra, dem heutigen

Ankara. Das geschah um 279. Die Tectosagen siedelten dort. Wir wissen sogar von einer gemeinsamen Weihestätte dieser Stämme, das den keltischen Namen ‚Drunemeton' hat. Zwei Jahrhunderte lebten diese keltischen Stämme, isoliert von den anderen, ihr eigenes freies staatliches Leben, bis die Römer kamen, mit denen sie sich verbündeten, um ins römische Reich eingegliedert zu werden. Noch Paulus schreibt seine Briefe an die Galater, besonders bewegte Briefe bei der Zuneigung, die die galatischen Kelten ihm entgegenbrachten. Vom späteren heiligen Hieronymus wissen wir, daß man in Galatien noch im 4. Jahrhundert nach der Zeitrechnung keltisch sprach. Er sagt, es sei dieselbe Sprache, wie sie die Treverer um Trier sprechen.

Schon im fünften und vierten Jahrhundert setzten die Kelten nach England über, nachdem sie in Gallien weitere große Gebiete besetzt hatten. Eine Wanderung ging von der Bretagne aus und erreichte sogar Schottland und von dort aus Irland. Im dritten Jahrhundert waren es Stämme aus der Champagne und aus der Marnegegend, die die Überfahrt wagten und in England bis zum Firth of Forth vordrangen. Wahrscheinlich gaben ein Stamm oder mehrere eine Jungmannschaft ab, damit diese neues Land suche. Nach Britannien überzusetzen, das war eine noch größere Leistung als die Überwindung der Meerenge der Dardanellen. Auch wenn es nicht ganze Stämme waren, so waren es doch Teile von Stämmen, die das Land nicht nur eroberten sondern auch besiedelten und bebauten. Dies wird in der üblichen Weise geschehen sein, daß man nämlich der ansässigen Bevölkerung einen Teil des Landes wegnahm, besonders die besten Böden, und sie auf dem übrigen Teil als abgabenpflichtige Hörige sitzen ließ.

Im dritten Jahrhundert herrschten die Kelten von der Atlantikküste Spaniens, von den Küsten Englands, von der Adria und der Riviera bis zum Schwarzen Meer. Und sie hielten den Außenposten der Galater in Kleinasien. Doch es gibt kein von den Kelten aufgebautes gegliedertes und zu einer gemeinsamen Aktion fähiges Reich. Es entstand kein keltischer Staat mit einer Hauptstadt, mit einer Regierung, mit einer Münze, mit einem Heer. Die Kelten blieben eine Summe von Stämmen, die aneinandergereiht wie bunte Flicken auf der Landkarte Europas lagen. Es war eine mehr oder weniger lose Reihung von mehr oder weniger selbständigen Stämmen, aber mit e i n e r Sprache, mit e i n e r Lebensart und mit e i n e r Religion.

Wenn Pytheas von Massilia durch Spanien nach Osten gezogen wäre auf der Suche nach den Donauquellen, so wäre er auf den Stamm der Lusitanier gestoßen oder auf den der Asturer, dann auf eine ganze Reihe von kleineren Stämmen. Nach den Pyrenäen auf die Volcer und die Tectosagen an der Mittelmeerküste. Der andere Teil des Stammes erschien ja in Kleinasien. Dann wäre er auf die Averner getroffen oder auf die Allobroger, die Häduer und die Sequaner, um nur die berührten Hauptstämme in Gallien zu nennen. Jenseits des Rheins wäre er auf die Helvetier gestoßen, die damals ungefähr zwischen Main und Alpen saßen. Dort hätte Pytheas endlich die Donauquellen gefunden. Wenn er weitergereist wäre, wäre er zu den Vindelikern südlich der Donau gekommen. Nördlich saßen die Boier, soweit sie nicht nach Italien gezogen waren, dann sowohl südlich wie nördlich wieder die Volcer. Am Zusammenfluß von Save-Drau mit der Donau hätte er die Scordisker angetroffen. Und dann wird es bis zur Donaumündung unsicher mit dem Nennen von Stämmen. Aber dort saßen die Geten und die Triballer. Hier waren die Kelten durchgezogen, als sie ihr Reich nördlich von Byzanz gründeten, und die Galater, die über die Meerenge nach Kleinasien übersetzten. Sicher haben die Kelten zum mindesten eine Zeit die Donau bis zur Mündung beherrscht. Heute würde man sagen ‚kontrolliert'. Sie haben die dort sitzenden Stämme in Abhängigkeit gebracht. Sie mußten Geiseln stellen, Besatzungen aufnehmen. Vielleicht bildeten die Kelten auch die Oberschicht, oder sie saßen selbst in geschlossenen Siedlungen in ihren Städten im unterworfenen Land.

Hätten aber die Kelten den Sinn dafür gehabt und die Begabung, so hätten sie ein Reich quer durch Europa nördlich der Alpen und nördlich der Balkangebirge gründen können. So wie die Römer ihr Reich rings um das Mittelmeer bauten. Aber die Kelten waren kein Staatsvolk wie die Römer. Auch wenn sie ihre vom Adel beschickten Landtage hatten, sie hatten niemals einen Senat wie den römischen als den ständigen Rat der Mitte mit etwa dreihundert Mitgliedern als Ausdruck einer geschlossenen Oberschicht in Rom, die die Gesinnung und die Tugend zum Staat hatte, wie eigentlich niemand seither in der Geschichte des weißen Mannes; am ehesten zu vergleichen der englischen Oberschicht zu der Zeit, als das britische Weltreich gebaut wurde.

Sicher stand bei den Kelten nicht einfach Stamm neben Stamm. Es gab Abhängigkeitsverhältnisse. Ein Stamm konnte eine Art Vorherrschaft ausüben und andere Stämme abhängig gemacht haben. Caesar beschreibt solche Verhältnisse in ‚De bello Gallico'. Mehr aber war es nicht. Einen gewissen Zusammenhalt brachte der Priesterstand der Druiden, der überall, wohl in allen Stämmen, wirkte und in sich zusammenhing. Aber er dürfte keine ständige Zentrale gehabt haben, wie sie die Griechen in der Priesterschaft von Delphi besaßen, die mit ihrem Orakel die griechische Kolonisation leitete und die Politik der griechischen Stadtstaaten beeinflußte. Und wo hatten die Kelten eine solche Mitte, wie es Olympia mit seinen Spielen für die Griechen war? Man kann mit einigem Recht von Griechenland sprechen auf Grund seiner zusammenhängenden Kultur, obwohl es keinen griechischen Staat gab. Man spricht aber nie vom Keltenland oder von ‚Keltien'. Trotz der geradezu auffallenden kulturellen Einheit. Sie wurde eben niemals zusammengefaßt wie die griechische und fand niemals den entsprechenden Ausdruck, um, wie die griechische Kultur, auch nach dem politischen Zusammenbruch in Griechenland zu bestehen.

Trotz der Ausdehnung und der Macht der Kelten ist ihre Kultur niemals prägend gewesen über die politische Zeit der Kelten hinaus. Sie hatte das Schicksal, von der überlegenen römischen Zivilisation überdeckt zu werden, praktisch in ihrer ganzen Ausdehnung. Und außerhalb des römischen Reiches, etwa in Böhmen, in Galizien, hatte sie nicht die notwendige Überlegenheit gegenüber der germanischen Lebensform. Es bleiben Schottland und Irland, wohin das römische Reich nicht kam. Auch in diesen keltischen Randgebieten zeigt sie keine solche Prägekraft, daß sie mit der anderer großer Kulturen verglichen werden könnte. Das ist aber kein Urteil. Es kann die Zeit noch nicht gewesen sein, daß diese Kultur in ihrer Leistung so weit war, um ihre Wirkung auf andere auszuüben. Auch das gehört zum keltischen Schicksal.

* * *

Wenn es den keltischen Ausgriff nach dem Westen bis zum Ozean, nach dem Osten bis ans Schwarze Meer, ja bis nach Kleinasien, nach dem Süden über die Alpen hinweg ans Mittelmeer, bis an die Südspitze Italiens gab, so gab es diesen Ausgriff nicht nach dem Norden über die deutschen Mittelgebirge hinweg in den germanischen Raum hinein. Sicher, Kelten treten auch nördlich des Thüringer Waldes auf. Es gab befestigte keltische Siedlungen bei Arnstadt und bei Altenburg. Aber sie wichen dann auf die Trennmauer des Gebirges zurück. Das ist die alte Kelten-Germanen-Grenze, am deutlichsten im Thüringer Wald. Heute sprechen wir noch vom ‚Rennstieg'. Nun ‚roino' ist keltisch und heißt ‚Hügel, Weg' und ‚Grenze'. Daher hat auch die Rhön noch ihren Namen. Auch dort war die große Grenze.

Kelten saßen auch östlich des Rheines, im Siegerland, an der Ruhr. Und vielleicht gab es ein Art Zwischengebiet zu den Germanen hin, das bis an die Weser gehen konnte. Die Kelten wichen früh schon aus der Dortmunder Gegend, sie wichen von der Ruhr, wo die Stadt Wetter, sicher noch von ‚vedron' – dem keltischen Wort für Wasser – ihren Namen trägt. Der Rhein wird zur Grenze zwischen Kelten und Germanen. Diese dringen dann über den Niederrhein. Wie sich das auswirkt, kann man daran sehen, daß die Belgier Germanen sein wollten, ebenso die Treverer in der Gegend von Trier trotz ihrer keltischen Sprache. Die Germanen werden also vom Wesen her dominierend. Ein anderes Volkstum und ein anderes Bewußtsein, eben das germanische, beginnt sich über das keltische zu schieben. Es beginnt wahrscheinlich auch die germanische Verbrennung anstelle des keltischen Körpergrabes. Womit nicht behauptet werden soll, daß sie nur eine germanische ‚Importe' war, ohne einen Wandel in der religiösen Anschauung der Kelten. Aber es kann im Zusammenhang stehen!

Statt nach Norden auszugreifen, bauen die Kelten eine Sperrlinie nach Norden, dicht besetzt mit einem System von starken Festungen. Es war eine Sperrlinie von etwa 400 km Länge, eine Art Chinesischer Mauer mitten in Deutschland, nur daß es eben keine durchgezogene Mauer war, sondern eine Festungsfront von Ost nach West. Sie fing am Fichtelgebirge an, zog sich über den Thüringer Wald, die Rhön, den Vogelsberg, den Westerwald, den Taunus bis zum Rhein. Aber sie ging linksrheinisch weiter der Nahe entlang und im Hunsrück. In dieser Front gibt es Festungen wie die ungeheure Steinsburg des kleinen Gleichbergs südlich des Thüringer Waldes bei Römhild. Ihre im dreifachen Ring liegenden Mauern sind fast 11 Kilometer lang. Die Mauer war etwa 4 Meter hoch und 3,40 bis 5,70 Meter stark. Man hat dazu Steinmaterial von etwa 200 000 Kubikmeter bewegt und geschichtet. Um nur die größten Festungen der Front zu nennen: Man findet im Osten des Thüringer Waldes den Staffelstein, weiter die Steinsburg bei Römhild, die Milseburg in der Rhön. Im Westen den Dünsberg mit noch 6 bis 8 Meter hohen Wällen bei Gießen, dann die große Festung bei Büdingen, die Amöneburg und den Christenberg, den Altkönig im Taunus. Im Hunsrück bei Trier ist es der ‚Hunnenring' von Otzenhausen, dessen Hauptwall, der eine verstürzte Mauer ist, heute noch die Höhe von 10 Metern hat, mit einer Basisbreite von rund 40 Metern. Er umschließt 10 Hektar. Außerdem liegt noch ein Dutzend anderer Wälle an der Mosel. In der Pfalz ist es der gewaltige Donnersberg.

Es gab ein dichtes System von kleineren und größeren Festungen, immer in Sichtverbindung von einer Festung zur anderen. Man konnte etwa vom Staffelstein Meldungen die Festungsfront entlang bis zum Bauersberg durchgeben. Vom Thüringer Wald sah man zur Rhön und ihren Festungen, von dort aus zu den Gipfelburgen des Vogelsbergs und weiter zum Westerwald und zum Taunus; besonders durch Feuer in der Nacht. So haben schon die Griechen den Fall von Troja über

die Inseln der Ägäis hinweg zum heimatlichen Festland signalisiert.
Wir haben zwei große Festungsfronten aus Vorgeschichte und Geschichte im heutigen Deutschland: Die der Kelten gegen die Germanen, die schon 100 vor der Zeitrechnung in vollem Umfang da war. Sie folgte den deutschen Mittelgebirgen vom Fichtelgebirge bis zum Hunsrück. Die andere war die der Römer gegen die Germanen. Es ist der Limes als rätische Mauer, die von Eining in der Nähe von Regensburg von der Donau aus bis nach Lorch in Württemberg lief und von dort aus als schnurgerade gezogener Wallgraben mit Palisaden zum Main bei Miltenberg. Dann zog sich der Limes der Wasserfront des Maines über den Taunus mit der Saalburg bis in die Gegend von Neuwied am Rhein hin. Hinter der Mauer und dem Wall lagen die römischen Kastelle.
Das kennt man alles sehr genau. Wer weiß aber etwas von dem ungeheuren Werk, das die Kelten gegen die Germanen gebaut haben? Das ist kaum erforscht; sehr gut allerdings die Steinsburg bei Römhild.

Im Süden des keltischen Gebietes gegen die verwandten Räter gab es keine solche Abwehr- und Festungsfront. Und damit auch nicht gegen die Römer. Man muß sich fragen, warum diese nicht doch noch gebaut wurde, als Norditalien durch die Schlacht von Telamon im Jahre 225 an die Römer verloren ging, nachdem die Kelten es dreihundert Jahre lang beherrscht hatten. Es konnte doch keinen Zweifel für die Kelten geben, daß die Bedrohung ihres Gebietes ebenso sehr von Süden wie von Norden her kam. Im Norden hatten sie den im Zug der deutschen Mittelgebirge gebauten Festungswall. Im Süden hätten sie in den Alpen einen ähnlichen Wall ausbauen können. In den Schweizer Alpen gab es wenigstens die Festungen von Genf, Lausanne, Bern, Windisch und am Rhein beim Rheinfall die große Festung Altenburg. Aber in den rätischen Alpen fehlten solche Festungen; dabei waren dort die am leichtesten passierbaren Pässe!

Fühlte man sich zu sicher?

Warum eigentlich? Die Römer traten doch schon in Gallien auf, errichteten 125 in Südgallien ihre ‚provincia Narbonnensis', ihre erste Herrschaft in Gallien als Basis für die Unterwerfung ganz Galliens. In Gallien waren die Römer kaum mehr aufzuhalten, wohl aber in den Alpenpässen Rätiens oder an deren Ausgängen im altkeltischen Voralpenland.

Der Wall gegen die Germanen war ungeheuer. Gegen die Römer ist wenig geschehen.

Was ist der Grund? Wir kennen ihn nicht. Es kann sein, daß von Norden her der große Schrecken gekommen war mit den Kimbern und Teutonen, die nach 120 ungehindert und unwiderstehlich durch das Keltenland gezogen waren. Sie waren dann den Römern erlegen. Die Römer hatten die Kelten von diesem großen Schrecken befreit, und sie fühlten sich vielleicht in einer Art von Partnerschaft?

Es kann aber auch ein anderer Grund sein: Man muß fragen, ob die Kelten nicht der Verführung der höheren römischen Kultur erlagen, all dem, was sie brachte, besonders auch dem Wein?

Man muß weiter fragen, ob es unter den Römern in Norditalien nicht auch ein befriedigendes keltisches Leben gab? Mit all den römischen Gaben der Zivilisation? War diese römische Knechtschaft mit all ihren Gütern für die Kelten nicht anziehender geworden als die Freiheit mit ihrem immer bedrohten Leben? Die Freiheit mit dem vielleicht wiederkehrenden Schrecken der Kimbern und Teutonen! Die Germanen waren am Beginn ihrer großen Wanderung!

Das kann so gewesen sein! Dann kann man verstehen, warum die Kelten so schnell den Römern erlagen und auf das Eigene verzichteten.
Es lebt sich in der Unfreiheit wie in einem warmen Stall. Ist es denn so schlimm, gemolken zu werden, wenn man das erwünschte Futter hat?
Wer will schon zuerst Freiheit? Die Griechen hatten auch darauf verzichtet und viele andere gleich ihnen.
Der Überschwang reicht eben nur aus, um zu erobern, aber nicht um sich zu behaupten; das gilt nicht nur für die Kelten.

* * *

Zum großen Ausgriff in die Ferne gehört der große Zug eines keltischen Volkes oder Stammes. Hier gab es eine organisierte und zusammenfassende Leistung. Welches Bild kann man sich davon machen, wie ein solcher Stamm zog?
Caesar beschreibt in ‚De bello Gallico' den Auszug der Helvetier aus der heutigen Schweiz, nachdem die Helvetier von den Germanen, das heißt von den Sweben, aus ihren Sitzen zwischen Main und Alpen vertrieben worden waren. Der Name Ariovist strahlt auf, der Name des großen Heerkönigs, der germanische Stämme zusammenzufassen beginnt, wohl auch mit einigen keltischen. Hier ist ein erster Ansatz zu einer größeren Einheit, den dann Caesar zerstört.
Wie das geschah, beschreibt Caesar in seinem Werk über den Gallischen Feldzug. ‚De bello Gallico' ist ein Buch von einigen hundert Druckseiten, in dem nicht alles beschrieben werden kann, was wir wissen wollen, aber doch sehr vieles. Es ist eine Fundgrube für den, der sucht. Es ist kaum ganz ausgeschöpft! Mag manches übertrieben sein oder nicht richtig, allzu sehr konnte Caesar nicht flunkern. Es gab zu viele Zeugen dessen, was er berichtete. Zeugen aus seinem Heer von

zehn Legionen, also von etwa fünfzigtausend Mann mit den Offizieren, Legaten, den Generälen, und was sonst noch an Kaufleuten, Sklavenhändlern, Kriegsgewinnlern dem Heer folgte. Caesar konnte seine Glaubwürdigkeit nicht aufs Spiel setzen.

Caesar beschreibt, wie die Helvetier ihre Wanderung aus der Schweiz nach Gallien vorbereiteten: Die Schweiz ist ihnen als Land zu klein geworden, im Süden stehen die Römer, im Norden am Rhein die Germanen. Nur der Weg nach Gallien erscheint frei. Die Helvetier bestellen nun möglichst viel Land, und das zwei Jahre lang, um einen Getreidevorrat zu sammeln. Sie kaufen in dieser Zeit möglichst viele Fahrzeuge und Zugtiere auf und setzen durch ein Gesetz das dritte Jahr als die Zeit des Aufbruchs fest. In diesem dritten Jahr äschern sie alle ihre Dörfer und Städte ein, auch die Einzelhöfe, und der große Zug beginnt. Caesar gibt die Zahl der helvetischen Auswanderer mit 360 000 an.

Er berichtet, daß er nach seinem Sieg über die Helvetier in ihrem Lager Listen in griechischer Schrift fand, in denen die Zahlen derer aufgeschrieben waren, die auszogen, und auch die der mitziehenden anderen Völkerschaften. Napoleon III., der sich mit der Geschichte Galliens besonders beschäftigte – „unsere Vorfahren, die Gallier" – rechnete aus, daß die Helvetier nicht weniger als 6 000 Fahrzeuge und 24 000 Zugtiere brauchten, dazu noch 3 000 Bagagewagen. Er sagt weiter, daß der Zug 23 Wegstunden lang gewesen sei. Das wären über 100 Kilometer. Auch wenn man annimmt, daß Caesar übertreibt, daß also etwa nur die Hälfte an Helvetiern unterwegs war oder nur ein Drittel oder noch weniger, es war doch eine gewaltige Volksbewegung. Es ging nicht ohne eine Art generalstabsmäßiger Organisation. Die Marschkolonne mußte einigermaßen geordnet sein. Unterwegs ging es um Lagerplätze,

Wasser, Holz und Weide für die Tiere. Die Vorausziehenden durften an den möglichen Lagerplätzen nicht das anstehende Futter verbraucht haben; sonst mußte man auf verschiedenen Wegen marschieren.

Es ging auch um den militärischen Schutz des Zuges. Es ging um Wegehindernisse, um Unfälle, um Marschstockungen. Caesar schreibt von einem Flußübergang über die Saône, für den die Helvetier zwanzig Tage brauchten. Nun stelle man sich ein solches Volk vor, das nicht nach Frankreich sondern über die Alpen zieht oder über die Balkanpässe! Auch wenn es nur einige zehntausend Menschen waren! Dann auf der Fahrt donauabwärts, auf Flößen verladen! Die schwierigste Leistung war das Übersetzen über die Meerenge der Dardanellen und über den Kanal nach England!

Man mag sich wundern: Es wurde geschafft. Und das mit den Mitteln der damaligen Zeit! Man muß an das Übersetzen kleinerer Gruppen denken. Aber das mußte Zug um Zug geschehen so, daß man auf der anderen Seite einigermaßen rechtzeitig mit militärischer Stärke antreten konnte. Denn drüben kam es ja zu Gegenaktionen. Caesar schildert, welche ungewöhnlichen Schwierigkeiten er hatte, um gegen die anstürmenden Verteidiger mit seinen Truppen in Britannien ans Land zu kommen. Sie bestanden aus römischen Soldaten! Die Kelten aber zogen außer mit den Kriegern mit dem ganzen Volk, mit Sack und Pack, mit Pferden, Kühen, Schweinen und dem Gerät für den Ackerbau.

Auch die Götter zogen mit. Die eigenen Götter waren die stärkeren Götter! Was vermochte man ohne sie? Wenn man ihnen vorher blutige Opfer brachte, so versöhnte sie das. Dadurch sparte man Opfer, die im Kampf gebracht werden mußten.

Man wird fragen: Wer war der besondere Gott, unter dem die

Kelten zogen? Die Germanen gingen unter dem wütenden Wode auf ihre große Wanderung. Er war der Gott, der im Sturmwind war als beflügelnder Geist. Bei den Kelten war es wohl Lug, der große Heerführer, der Gott, „der mit dem Speer wild schlägt". In der Schlacht waren auch der Kriegsgott und eine weibliche Göttin als Furie des Kampfes anwesend. Ging es aber um Siedlung, so mußten alle Götter einkehren, die den heimischen Herd gesegnet hatten.

Die Gesellschaftsordnung

Was für eine Gesellschaftsordnung können wir von einem Volke noch erwarten, dessen bildende Kunst das Menschenbild, besonders auf den Münzen, in diesem Maße aufgelöst hat?

Der Grieche schuf das Bildwerk des vollkommenen Menschen und sah in ihm seinen Gott. Diesem Bild stand als soziale Entsprechung die ‚polis' gegenüber, der vollkommene Organismus der griechischen Stadt, mit allem, was zu einem Organismus gehört, mit der Führung durch den Adel, mit dem gegliederten Körper des Volkes in einem geschlossenen schönen Umriß: Die Stadt des Griechen, über die er nicht hinaus denken konnte zu einem Griechenland als Staat, das es ja in der klassischen Zeit nicht gegeben hat.

Was dürfen wir beim Kelten erwarten?

Bei ihm war wahrscheinlich eine deutliche Grenze des Denkens im ‚Clan', in der Sippe, gezogen. Der Kelte muß zuerst in der Sippe gedacht haben. Und doch finden wir im keltischen Götterhimmel keine Göttersippe wiedergespiegelt wie in Griechenland, Rom oder in Germanien . . . Aber wir wissen wohl zu wenig. Die indogermanische Götterfamilie muß es ja einmal bei den Kelten gegeben haben. Aber dann kamen all die anderen Götter hinzu und das einstige geschlossene Bild wurde aufgelöst. Aber die Sippe war und blieb lange die festeste soziale Einheit, bis wir dann von Caesar erfahren, daß sich die Sippen in Gallien feindlich zu teilen begannen. Man kann also sagen, daß der soziale Prozeß bei den Kelten nie zu größeren und stärkeren Einheiten geführt hat — keinesfalls über den Stamm hinaus — sondern daß er auflösend gewesen ist.

Bei den Germanen traten in den Wechselfällen der großen Wanderung, die man Völkerwanderung heißt, die großen königlichen Führergestalten hervor, die man kennt und nennt. Es waren wahrhafte Volksführer, um die man sich scharte wie um Ariovist, um die sich Staaten bildeten, wie um den Ostgotenkönig Theoderich oder um den Westgotenkönig Alarich und seine Nachfolger. Oder gar wie um den großen Frankenkönig Chlodewech! Wo sind die großen Königsgestalten der Kelten, die man bei ihrem großen Ausgriff im vierten oder dritten Jahrhundert vor Chr. erwarten möchte? Es ist uns nichts Vergleichbares überliefert? Man könnte sagen, daß das an der mangelhaften Überlieferung liegt. Es gibt ja Namen wie den des ‚Brennus' vor Rom. Aber das sind Namen von Heerführern, von Fürsten, nicht von Großkönigen.

Wie anders ist doch dieser Vorgang: Die germanischen Franken dringen in das römische Gallien ein und errichten ein großes Reich, das heute noch in Frankreich weiterbesteht. Die Kelten dringen ebenfalls in Gallien ein, unterwerfen die dortigen Einwohner, aber eine Reichsgründung bleibt aus. Es entsteht kein großes Machtgebilde, sondern es bleibt eine Unzahl von sich bekriegenden Stämmen und Stämmchen übrig, so daß Caesar in wenigen Jahren mit ihnen fertig ist und ganz Gallien zur römischen Provinz machen kann.

Nach dem Bericht Strabos waren auf dem Augustus-Altar von Lugdunum, dem heutigen Lyon, die Namen von sechzig gallischen Stämmen eingemeißelt. — ‚Divide et impera!' Teile und herrsche!

Es ist also nicht zu leugnen, daß bei den Kelten statt einer Zusammenfassung eine auflösende politische Tendenz da ist, die man mit dem Vorgang in der bildenden Kunst vergleichen kann.

Man muß sich fragen, in welcher Organisation, unter welcher Führung dann der große Ausgriff der Kelten geschah, der sie in Europa bis an die Küsten von Atlantik und Schwarzem Meer geführt hat? Waren es auf Zeit gewählte Herzöge in den ausziehenden Stämmen?

Im alten Griechenland geschah die Kolonisation unter Führung des Adels der einzelnen Städte und ebenfalls nicht unter Königen. Aber es entstanden ja auch nur neue Städte, es entstand kein neues Reich. Ebenso wenig geschah die römische Machtausweitung zum römischen Weltreich unter Königen. Sie geschah unter einem Senat, in dem die Männer der gehobenen patrizischen Familien zu einer Art Staatsrat zusammentraten, wie es an Staatsgesinnung und an realem politischen Denken keinen vergleichbaren anderen Rat gegeben hat.

Wie war dann die Führung bei dem großen keltischen Ausgriff? Es müssen von der Versammlung der waffentragenden Männer gewählte Heerführer, also eine Art Herzöge, gewesen sein, deren Begabung entsprechend ihrer Aufgabe mehr auf dem ‚Heerführen' als auf dem ‚Staatenbilden' lag. Wenn dies so ist, haben wir eine Schwäche vor uns, die sich auswirken mußte. Jedenfalls waren es keine großen angestammten Könige, die mit auszogen. Denn voraus ging eine merkwürdige Entwicklung im Übergang von Hallstatt zu La Tène, eine Entwicklung, von der wir wissen, daß sie gegen den großen Fürsten, den König geschah.

Betrachten wir den Wandel der Gesellschaftsordnung, von dem uns kein schriftliches Zeugnis berichtet, an dem, was die Zeugnisse aussagen, die uns der Boden überliefert hat.

Der Hallstattkultur — von 800 bis 500 vor Chr. — ging die Urnenfelderkultur — etwa 1300 bis 800 vor — voraus. Sie heißt nicht nach einem bestimmten großen Fundort, sondern nach ihren Urnenfelder-Friedhöfen, die ein Charakteristikum der Zeit sind. Auf diesen Friedhöfen gibt es — das ist bezeichnend — keine hervorstechenden Grabmale für Menschen einer gehobenen Schicht. Die Urnen stehen nebeneinander hügellos im Boden. Die Leichen waren auf dem Scheiterhaufen mit den Zugaben verbrannt worden und alles, was zurückgeblieben war, hatte man in eine Urne getan. Größere Rangunterschiede werden in der Bestattung im allgemeinen nicht sichtbar. Man darf also mit einiger Sicherheit annehmen, daß diese Rangunterschiede in einem stärkeren Maße auch im Leben nicht vorhanden waren. Da ist vielleicht mal ein größeres Schwert, das anzeigt, daß hier ein Anführer oder wenigstens ein Familien- oder besser ein Sippenoberhaupt bestattet liegt. Im Ausnahmefall gibt es ein Grab mit einem Schwert und ein paar Bronze-Gefäßen. In einem Fall war die Asche sogar in einem Bronze-Gefäß auf Rädern verwahrt und daneben lag ein Bronze-Schwert. Eisen war ja noch selten. Das war also die Grabstätte eines Mannes, der eine führende Stellung einnahm, der sie im Tode aber nicht betonen ließ. Denn seine Asche lag in einem allgemeinen Urnenfeld wie die Urnen der anderen.

Auch bei den ausgegrabenen Dörfern der Urnenfelderzeit, zum Beispiel der bekannten Wasserburg bei Buchau am Federsee, kann man vielleicht in einem nur etwas größeren Hausgrundriß das Haus des Vorstehers suchen. Es wird also

bestätigt, daß es auch im Leben keinen besonderen Abstand in den sozialen ‚Rängen' gegeben hat.
Mit der beginnenden Hallstattzeit vollzieht sich ein auffallender Wandel. Plötzlich erheben sich riesige Grabhügel wie aus dem Boden gewachsene Pilze. Als Beispiel sei der ‚Hohmichele' genannt, der heute noch einen Durchmesser von 80 Metern und eine Höhe von 13 Metern hat. Es ist der größte Grabhügel Mitteleuropas und er gehört zu der wohl am besten gegrabenen und wohl auch imposantesten Burg der Hallstattzeit, der Heuneburg an der oberen Donau bei Riedlingen. Es sind Grabhügel und Burg eines großen Hallstattfürsten. Er lag in einer hölzernen Grabkammer auf einem vierrädrigen Wagen. Um ihn war aufgestellt, was ihm in diesem Leben lieb war, und was ihm in seinem anderen Leben dienen sollte, sogar ein Trinkservice... Ein solcher Grabhügel, eine solche Burg, waren in der vorhergehenden Urnenfelderzeit undenkbar. Jetzt sind Unterschiede zwischen Hoch und Niedrig, zwischen Reich und Arm aufgewachsen, die vorher in diesem Maße nicht da waren. Es ist eine betonte Distanz da zwischen dem Herrscher und den von ihm Geführten oder Beherrschten.
In der jüngeren Hallstattzeit, in der Siedlung auf dem Goldberg bei Nördlingen, ist der Sitz des adligen Herren — es wird sich um einen kleineren Herrn gehandelt haben als dem Fürsten oder König auf der Heuneburg — deutlich isoliert. Es ist eine Art Herrensitz mit Abtrennung von der anderen Siedlung mit ihren bäuerlichen und handwerklichen Gewerben. Im Prinzip ist es das gleiche, was auf der Heuneburg nur viel stärker herausgehoben ist. Dort lebte ein ganz großer Herr mit seiner Familie und dem Gesinde in einer großen wohl geschützten Burg erhaben, man kann auch sagen ‚isoliert', von den anderen, so wie er auch seinen Hügel

für sich und die Seinen hatte, abseits von den Gräbern der Untertanen. Es müssen Dynastien gewesen sein, die in der Hallstattzeit diese Burgen gebaut haben. Dynastien mit Fürsten oder Königen. Diese Dynastien müssen von diesen starken Burgen aus über andere geherrscht haben.
Mit dem Beginn der keltischen Zeit ist der große Wandel da. An ihrem Anfang sind noch Fürstengräber und auch Fürstenburgen da. Doch sie weichen vom Raum der oberen Donau aus in die Rheinpfalz, in das Saar-Nahe-Bergland. Wir haben noch als südlichstes Fürstengrab der neuen Zeit den Kleinaspergle am Fuße des hohen Aspergs bei Ludwigsburg in Württemberg; es ist das Grab eines Fürsten, der zweifellos auf diesem Berge saß. Durch die zwei attischen Schalen kann man dieses Grab ziemlich genau datieren. Es entstand um 450 vor Chr. Ihm folgt dort kein weiteres Grab nach wie auf der Heuneburg. Die Zeit der großen Fürsten mit ihren Burgen und Gräbern ist in diesem Raum zu Ende. Es gibt noch das späte Grab von Waldalgesheim im Kreis Kreuznach. Man kann es durch eine italienische Situla, einen Bronze-Eimer, auf das Ende des vierten Jahrhunderts ansetzen. Dann ist auch dort die Zeit der großen Fürsten zu Ende gegangen. Ihre großen Burgen und Grabhügel verschwinden mit ihrer Herrschaft.
Was hat sich hier geändert? Was trat an die Stelle der großen Fürsten?
Es kann nur der Adel gewesen sein, ein starker kriegerisch tüchtiger Adel. Er usurpierte. Die Bewegung scheint von dem Raum der oberen Donau ausgegangen zu sein, um nach Gallien hineinzulaufen. Irland wurde nie erreicht. Auch im späteren Irland blieb noch der alte Zustand erhalten. Es blieb dort noch auf mehr als tausend Jahre ein ‚sakrales Königtum' als ein Rudiment der keltischen Geschichte, als

Denkmal des vergangenen sozialen Zustands. Irland bewahrt wie ein lebendiges Museum! Es herrschte dort noch ein König über jeden Landesteil; über ganz Irland herrschte ein gemeinsamer Oberkönig mit seiner Residenz in Tara. Es gab neben oder unter diesen Königen die Adelsgeschlechter, die es in Irland nicht vermocht hatten, zur Herrschaft durchzustoßen, so bedeutend sie auch gewesen sein mögen.

Was war das für ein Königtum?

Wir sehen heute in einem König die politische Funktion. In der damaligen Zeit war mindestens seine religiöse, seine sakrale Funktion ebenso wichtig. Er stand zwischen den Seinen und den Göttern, und er vertrat die Seinen vor den Göttern. Aber ebenso vertrat er auch wieder die Götter vor den Seinen. Wir haben Königsnamen, in denen das Wort ‚div' vorkommt, also die Bezeichnung für Gott. So nahe war der König den Göttern. Zum mindesten haftete dem König etwas Hohepriesterliches an, etwas Heiliges, und zwar im Sinne von heilbringend. Es war das Heil, das er seinem Volke bringen mußte. Es war das Heil, das mit einem bestimmten Geschlechte ging. König bedeutete im Germanischen, daß man aus einem bestimmten herausgehobenen heilbringendem Geschlechte kam. Es waren einmal Dynastien gewesen, die in der Hallstattzeit auf den großen Burgen saßen, mit einer festliegenden Erbfolge. Auch die Iren wählten den König, aber sie nahmen ihn stets aus einem besonders bewährten Königsgeschlecht. Genau wie die Germanen!

Ein bestimmtes Königsheil mußte mit einem Geschlechte und mit einem gewählten König gehen. Wir wissen vom Germanischen her, daß der König Schlachtenheil haben mußte, Ernteheil, Viehheil, Wetterheil, und was sich alles noch mit ihm verbinden sollte. Bei den Kelten war es ähnlich. Wir kennen aus Irland das Lob des guten Königs Conaire Mór.

Das Lob seines Heiles lautet verkürzt wiedergegeben folgendermaßen: „Der Fischfang warf einen reichlichen Ertrag ab, die Eicheln für die Schweinemast lagen im Herbst kniehoch. Totschlag hörte auf, und die Stimme des einen klang dem anderen wie Musik im Ohr. Von Mitte Frühling bis Mitte Herbst bewegte kein Wind den Schwanz der Kühe. Gewitter und Stürme gab es nicht".

Wenn aber ein König kein Heil hatte, so wurde er abgesetzt, und meistens umgebracht. Das geschah in einer rituellen Form — wir sprechen noch vom Verbrennen eines Königs beim Sovan-Fest. Merkwürdigerweise sind es fast immer die Verwandten, die das Opfer zu vollziehen haben. Wir haben eine Liste der irischen Könige, die mit dem Anfang unserer Zeitrechnung beginnt. Man kann feststellen, daß nur ganz wenige eines natürlichen Todes gestorben sind. Solange der König sein Heil bewies, hatte er seine hohe Funktion. Wenn dieses gewichen war, wurde er beseitigt. Das war das ungeschriebene Gesetz. Das Heil eines Königs konnte besonders dadurch beeinträchtigt werden, daß er Unrecht tat. Mit dem Unrecht begann das Unheil. So hoch muß das Rechtsbewußtsein im irischen bzw. im keltischen Volk gewesen sein.

Caesar berichtet, daß der König bei den gallischen Stämmen auf Lebenszeit gewählt wurde. Aber was war das noch für ein König? Er tritt nicht mehr hervor wie in der Hallstattzeit. Wo saßen denn jetzt solch ein König und der Adel? Sicher, auf dem kleinen Gleichberg liegt oben die Burg als Zitadelle und unter ihr und um sie die Stadt. Der kleine Gleichberg war dreifach umgürtet in der Abwehr gegen die Germanen. Wo aber sind sonst im keltischen Gebiet die Königs- und Adelssitze? Sind sie in den großen Ringwällen zu suchen, hinter den Abschnittswällen, die einen ganzen Bergwipfel, ein ganzes Bergplateau abschließen? Wir wissen es nicht. Es ist auch noch viel zu wenig gegraben worden. Aber außerhalb hat man sie bisher auch nicht gefunden. Das läßt darauf schließen, daß der Adel nicht mehr isoliert, sondern in den großen Siedlungen wohnte, die dann im letzten Jahrhundert vor Chr. zu den ‚Oppidas', zu den Städten werden. In ‚De bello Gallico' berichtet Caesar von einem Adelshof im Walde der Ardennen. Es ist der Hof des Ambiorix, eines Eburonen-Fürsten. Dort konnte Ambiorix mit seinen Begleitern ‚in der Enge des Raumes' eine Zeit lang den römischen Reitern standhalten. Wahrscheinlich führte nur ein schmaler Waldweg zum Hof, der gut verteidigt werden konnte. Aber das war doch etwas ganz anderes als ein Fürstensitz in der Hallstattzeit. Es ist auch nicht davon die Rede, daß der Hof befestigt war. Warum soll aber ein Adliger nicht zugleich einen Hof gehabt haben und ebenso ein Stadthaus in einer größeren Siedlung?

* * *

Der König, auch als Gleicher unter den Gleichen des Adels, trat zurück. Es war eine ganz andere Erscheinung, die sich in der Spätkeltenzeit in Gallien nach oben drängte. Ehrgeizige Männer sammelten Reichtum und Macht, um sich durchzusetzen. Sie griffen auch nach der Macht im Staat. Caesar berichtet es von dem Häduer Dumnorix, der ein „verwegener und wegen seiner Freigiebigkeit beim niederen Volk ein äußerst beliebter Mann" war. Caesar fand: ‚Er arbeite auf einen Umsturz hin. Schon mehrere Jahre habe er die Zölle und alle sonstigen öffentlichen Einkünfte der Häduer für wenig Geld in Pacht, und zwar nur deshalb, weil niemand ein Gegenangebot wage. So sei sein Vermögen gewachsen, so habe er sich reiche Mittel durch Schenkungen verschafft. Dauernd halte er sich auf eigene Kosten eine

Reiterei, die ihn ständig begleite, und nicht nur im eigenen Land, sondern auch bei den Nachbarstämmen sei sein Einfluß groß.‘

Hier zeichnet Caesar einen dieser adligen Usurpatoren, die ihren Reichtum und ihre Macht so steigerten, daß sie sich durchsetzten und auch die Königswürde erwerben konnten. Hier ist aber nichts mehr da von einem sakralen Königtum. König wurde einer nun, weil er die Macht hatte, nicht weil er das Heil hatte. Wenn sich auch kein Königsheil zeigte, er hatte die Macht über die eigene Gefolgschaft, mit deren Waffen er die anderen beherrschte.

Es gab einmal die freien waffentragenden Männer. Es ist aber eine Frage, in welchem Umfang sie zu Caesars Zeiten noch da waren. Sie konnten einmal zusammen mit dem Adel einen nach der Macht strebenden Mann vor Gericht stellen und zum Tode verurteilen. Dieser aber konnte wieder versuchen, die mit seinem Geld gehaltene Gefolgschaft aus Kriegern einzusetzen, also ein kleines stehendes Heer. Caesar nennt diese Gefolgsleute ‚Soldurier‘. Er schreibt, daß es sich mit ihnen folgendermaßen verhalte: „Mit den Männern, denen sie sich als Freunde geweiht haben, genießen sie alle Annehmlichkeiten des Lebens gemeinsam; im Falle des gewaltsamen Todes jener aber teilen sie entweder ihr Geschick oder scheiden freiwillig aus dem Leben. Und seit Menschengedenken ist es noch nicht vorgekommen, daß ein Soldurier den Tod gescheut hätte, wenn der von ihm erkorene Freund gefallen war.“

Für die keltisch-gallische Gefolgschaft galt dieses Gesetz der Treue bis in den Tod, wie bei der germanischen Gefolgschaft. Eine solche Gefolgschaft war das erste Instrument, um sich machtmäßig durchzusetzen. Einmal spricht Caesar von sechshundert Soldurien, die mit einiger Sicherheit alle Reiter waren.

Dazu gab es in Gallien noch die Einrichtung der Klienten, die an Rom erinnert. Es handelte sich dabei praktisch um Hörige. Es muß in Gallien einen Prozeß gegeben haben — ähnlich wie bei uns von der karolingischen Zeit an — der die freien Männer durch den Druck von Abgaben, von Schulden in die Abhängigkeit vom Adel trieb; zugleich aber auch in den Schutz eines starken Herrn. Es war ja bei den Kelten ebenso wie bei den Germanen, daß das Recht nicht der Staat durchsetzte, sondern die eigene Partei. Das konnte die Sippe sein, oder wenn diese dazu zu schwach war, einer der großen Herren mit seiner Gefolgschaft, in dessen Obhut man sich begab mit der Verpflichtung, ihm zu dienen, besonders auch bewaffnet. Damit wurde man ‚hörig'. Caesar schildert es, wie der Helvetier-Fürst Orgetorix mit seinen Klienten, Schuldnern und Leibeigenen anmarschierte, um sich von ihnen vor einem Urteil der Volksversammlung schützen zu lassen. Es wären zehntausend Mann gewesen. Es gab also neben den Hörigen auch noch Leibeigene, wenigstens so etwas, was sich mit diesem unseren Begriff bezeichnen läßt. So viele keltische Männer auch als Hörige entrechtet sein mochten, es geschah nach wie vor, daß nach der Macht strebende usurpierende Adlige in der Volksversammlung zum Tode verurteilt wurden. So berichtet Caesar von einem Senonenfürsten, der auf Stammesbeschluß getötet werden sollte. Als er floh, wurde er bis zur Stammesgrenze verfolgt und abgesetzt.

Es ist kein Zweifel: Zu Caesars Zeiten war das sakrale Königtum in Verfall gekommen. Die Verhältnisse waren unstabil geworden, indem adlige Usurpartoren sich eine eigene Macht verschafften und nach der Staatsmacht griffen.

Caesar versuchte sogar, bei manchen Stämmen ein sakrales Königtum wieder herzustellen mit einem ihm günstig gesonnenen König, um so die Verhältnisse zu stabilisieren. Aber die Auflösung dieses alten Königtums war schon zu weit fortgeschritten. Als es dann zum großen Aufstand der Gallier gegen Caesar kam, war es kein König, der ihn anführte, sondern einer der emporgekommenen Mächtigen, eben Vercingetorix.

Wen wundert es, daß die Kelten in Gallien zu einer neuen Einrichtung griffen, um durch sie den König zu ersetzen, die Einrichtung des ‚Vergobreten'. Dieser wurde als eine Art Präsident auf ein Jahr gewählt, und nicht auf Lebenszeit wie ein König. Er stand an der Spitze der Regierung. Übersetzt bedeutet das Wort ‚vergobret' der ‚Rechtswirker' oder der ‚Rechtsvollstrecker'. Bis zur französischen Revolution führte der Maire von Autun noch den Titel ‚Verg' oder ‚Vierg'. Man gab dem Vergobreten, damit er Ordnung schaffen konnte, Gewalt über Leben und Tod. Zu ihm gehörte ein Rat, eine Art Ältestenrat, der natürlich vom Adel gestellt wurde. Doch es war ebenso gefährlich, Ratsherr wie König zu sein. Caesar berichtet von einigen gallischen Stämmen, daß sie ihre Ratsherren ermordeten, weil sie gegen den Krieg waren.

Solch ein Aufstand konnte also gegen den Adel ausbrechen; es konnte das Volk, gemeint sind die Freien, die Krieger, sich dabei durchsetzen. Die Sorge vor einem Aufstand mußte der Adel also immer noch haben, neben den anderen, daß sich jemand zum Alleinherrscher über ihn aufschwang. Der Vergobret war mehr der Ausdruck einer Adelsherrschaft als einer Volksherrschaft der freien Männer. Er war eine Einrichtung, mit der man sich gegen Übergriffe allzu mächtig gewordener Adliger schützen wollte. Wir sprachen von

Dumnorix, der einen ähnlichen Weg über das niedere Volk ging, wie ihn dann Caesar machte, um nach oben zu steigen. Von Dumnorix könnte man sagen, daß er eigentlich schon ein Vertreter einer Art Geldaristokratie war. Er war der reiche Dumnorix.

Der Beschluß über Krieg und Frieden geschah auf einem sogenannten ‚bewaffneten Landtag', zu dem sich alle Männer ‚bewaffnet' einfinden mußten. Wer zuletzt kam, so wird berichtet, wurde unter Martern hingerichtet. Er soll verbrannt worden sein. Aber ein bewaffneter Landtag war zuerst eine Versammlung des Adels und dann der Freien. Er mußte besonders einberufen werden. Man stellte dort die Mannschaft auf für den Krieg und bestimmte den Befehlshaber. Es erschienen dort auch die Herren vom Adel mit ihrem Gefolge, mit ihren Hörigen und Leibeigenen, um ihre Meinung durchzusetzen. So wird es eine freie Abstimmung nicht mehr gegeben haben.

Man könnte sich vorstellen, daß der Landtag für den Stamm geltende Beschlüsse fassen konnte. Er war aber auch ein Ort, an dem die Kämpfe der großen Machthaber ausgetragen wurden. Caesar berichtet, daß bei dem Stamm der Häduer zwei Vergobreten gewählt worden waren und daß der Stamm einschließlich des Adels gespalten war. Eine Gesandtschaft wurde zu Caesar geschickt, damit er helfen sollte. Caesar rief deshalb den sogenannten Ältestenrat zu sich und er erfuhr, daß eine schwach besuchte Wahlversammlung, nach Ort und Zeit ungesetzlich, stattgefunden habe. Auch durften zwei Mitglieder einer Familie dem Ältestenrat nicht gleichzeitig angehören. Caesar setzte den einen Gewählten ab und bestätigte den anderen, der nach dem Stammesherkommen in Ermangelung von anderen Beauftragten unter der Leitung von Priestern, also der Druiden, gewählt worden war.

Wenn von einem Landtag in Gallien die Rede ist, so war es eine Versammlung von Adligen und Vornehmen. Sie vertraten das Gesamtvolk. Bei den Nerviern ist von sechshundert Ratsmitgliedern die Rede. Das dürfte so etwa der Umfang eines adligen Landtags gewesen sein. Die Beschlüsse eines solchen Landtags wurden durch Boten den Stammesgenossen übermittelt. So berichtet Caesar, daß es bei den Sweben war, und ähnlich wird es auch bei den Kelten gewesen sein.

Es gab also diese Macht des Adels, aber ebenso auch die Macht einzelner Adliger. Diese Macht versuchte man durch das Amt des Vergobreten zu brechen, der eine Art von Beamtenschaft in der Hand gehabt haben muß. Es waren aber keine bezahlten Beamten in unserem Sinn — die gab es nicht — sondern es waren zu einem freiwilligen Dienst Berufene für einzelne Aufgaben.

Neben der Macht des Adels stand die andere große Macht, die der Druiden. Oder besser gesagt, sie stand darüber. Die Erscheinung der Druiden ist so einzigartig und so bemerkenswert, daß sie schon in einem besonderen Kapitel dargestellt wurde.

* * *

Eine andere mehr auf das Individuum bezogene Erscheinung war die der Sippen, der ‚Clans'. Caesars Schilderungen ist darüber nichts zu entnehmen. Man kann sich aber dieses Sippenwesen ähnlich vorstellen, wie es sich in Irland und Schottland erhalten hat. Die Sippe, der Clan besaß das Land, nicht der Einzelne. Der Clan hielt zusammen auf Gedeih und Verderb. Der Clan war eine im Stamm eingefügte lebendige Einheit, charakterisiert nach Aussehen und Verhalten. Wenn man den Clan nannte, meinte man eine bestimmte Verhaltensweise. Der Clan kämpfte auch zusammen, und es fiel Mann um Mann. So war es in Schottland noch bis in die letzten Jahrhunderte. Man half sich im Clan und man sprach wohl auch Recht im Clan, wenn auch nicht ohne den Priester, ohne den Druiden. Und dann, es sei noch einmal gesagt: Der Clan besaß das Land. Man mußte sich also im Clan organisieren, der Einzelne mußte sich einfügen, um zu bestehen.

Aber es konnte dann leicht so werden, daß er mehr in der Sippe, im Clan dachte als in der nächstgrößeren Organisation, die bei den Kelten der Stamm war. Wenn dies so war, dann wirkte dieses Denken auflösend für jede höhere Ordnung. Es konnte verhindern, daß größere, durchgebildete Staaten entstanden.

Es gab noch einen Grund, der das verhindern konnte. Der auf Lebenszeit gewählte keltische König bekam kein Instrument in die Hand, mit dem er wirken konnte, ohne nicht auf die Macht seines Clans angewiesen zu sein. Der keltische König hat nie Land besessen, das er als Lehen für Kriegsdienste vergeben konnte, auch wenn keltische Gemeinden Land besessen haben.

Der Gefolgsmann eines Adligen war kein Lehensmann. Zum mindesten nicht, solange der Clan das Land besaß. Auch der Älteste einer reichen Sippe konnte das Land nicht als Lehen vergeben, einfach deshalb nicht, weil es ihm nicht gehörte. Man ist versucht zu denken, daß die Macht der großen Hallstattfürsten mit ihren starken Burgen und riesigen Grabhügeln besser gegründet war, daß sie nicht in dieser Abhängigkeit von ihrer Sippe standen und auch nicht in dieser Abhängigkeit von der Wahl in der Volksversammlung der freien Männer. Aber wir wissen es nicht.

So dürfte es wieder vor der Eroberung Galliens durch die

Römer gewesen sein. Die usurpierten neuen Herren besaßen auch sehr viel Land. Die Sippe, der Clan, baute sich bei den Kelten natürlich aus Einzelfamilien auf. Das Familienoberhaupt scheint sogar die Gewalt über Frauen und Kinder gehabt zu haben, ähnlich wie der römische ‚pater familias', der sogar über Leben und Tod bestimmen konnte. Man überschätze dies aber nicht. Man stellt sich diese Macht deshalb sehr leicht falsch vor, weil man sich nicht vorstellen kann, wie der Mensch damals in die Sitte eingebunden war. Er konnte ja keinen Schritt daneben tun! Wer bei den Kelten Sitte und Recht nicht achtete, kam auch in den Konflikt mit den Druiden und wurde von Kult und Opfer ausgeschlossen. Er ging seiner Stellung in der Gemeinschaft verlustig und lebte ohne Ehre und ohne Hilfe als ein Geächteter.

* * *

Der Macht des Oberhauptes der durchaus ‚vaterrechtlichen' Familie stand das Recht der Frau gegenüber, die bei den Kelten in ihrer Stellung viel selbständiger war als anderswo. Die Frau muß in Gallien das Recht besessen haben, eigenen Besitz zu haben. Sie hatte ihn, auch wenn dies ein späteres Zugeständnis der Rechtsordnung wäre. Caesar berichtet: „Soviel Geld ein Mann von seiner Frau als Mitgift erhält, schätzungsweise ebensoviel legt er von seinem Vermögen dazu. Dieses gesamte Kapital wird dann gemeinsam verwaltet und die Zinsen werden zurückgelegt. Dem überlebenden Teil fällt das ganze Kapital zusammen mit den Zinsen der Jahre vorher zu."
Das Fürstinnengrab bei Rheinheim in der Nähe von Saarbrücken in der Frühe des La Tène ist so reich ausgestattet, daß man es sich nicht anders denken kann, als daß diese Fürstin Besitz gehabt haben muß und eine

Stellung, die ihr das Recht auf das eigene Hügelgrab gab nach der Art der Hallstättischen Hügelgräber. Dies im Umbruch zum eigentlichen La Tène. So kann die Regelung, von der Caesar spricht, schon beim Beginn von La Tène gegolten haben. Welche Freiheit mag diese Fürstin außerdem gehabt haben? Das Grab kann es nur vermuten lassen. Wir sprachen schon davon, wie frei die keltische Frau — oder besser gesagt — die keltische Fürstin bei der Gattenwahl sein konnte. Eine Erbtochter konnte Königin werden, und eine Königin hatte einen eigenen Wagenlenker.

Auch wenn davon berichtet wird, daß ein Mann mehrere Frauen haben konnte, es gab — wie in Irland zu sehen — nur eine Hauptfrau. Die anderen waren Nebenfrauen oder nur Sklavinnen.

* * *

Caesar berichtet, daß ganz Gallien in Parteien aufgespalten war, nicht nur innerhalb der Stämme, sondern auch innerhalb der Sippen. So kann man es verstehen, daß sich in diesem Spätzustand einzelne Aristokraten von der Familie und ihrem Besitz gelöst und selbst Eigenbesitz in einem großen Maße erworben hatten, daß sie aufstanden, um mit ihrer Gefolgschaft, ihren Klienten, Hörigen und Leibeigenen nach der Macht zu greifen. Sie werden sich dazu auch bestimmter Parteien bedient haben in dem großen Würfelspiel um den Besitz der öffentlichen Gewalt. Dabei ging es zuerst um die Macht im Stamme. Aber es ging dann auch um die Macht in ganz Gallien. Laut Caesar standen bei seiner Ankunft an der Spitze der einen großen Partei die Häduer, und an der Spitze der anderen großen Partei die Sequaner. Beide Stämme hatten wieder ihre Schutzverwandten, das heißt, in Abhängigkeit geratene kleinere Stämme. So stand ein Teil Galliens gegen den anderen sogar in offener Feindseligkeit.

Wir haben keinen Bericht darüber, wie es diesseits des Rheins mit den Kelten stand. Wir wissen nur, daß hier die Helvetier eine Zeit lang der stärkste keltische Stamm waren. Aber die Machtverhältnisse änderten sich diesseits und jenseits des Rheines, besonders nach dem Eingreifen der Germanen und Römer.

* * *

Zusammenfassend kann man sagen:
Bei den Kelten gab es keine fürstlichen oder königlichen Dynastien mit festgelegter Erbfolge. Wohl gab es hochadlige Familien, aus denen man den König als Oberhaupt wählte. Wenn ein König gewählt wurde, dann auf Lebenszeit. Der König hatte aber eine geringe Macht; er besaß als König kein Land und keine Vasallen. Er war auf die Macht seines Clans angewiesen. Aus den Clans erhoben sich einzelne Ehrgeizige, die sich Eigenbesitz und Anhängerschaft zu verschaffen wußten. Sie drohten sich des Staates zu bemächtigen. Dagegen wurde der Vergobret gesetzt als eine Art von einem auf ein Jahr gewählten Präsidenten, dem die Volksversammlung die Macht eines Königs gab, sogar über Leben und Tod. Auch wenn dies schwer vorzustellen ist, da sonst über Leben und Tod die Volksversammlung entschied.
Unter dem Vergobreten oder auch unter dem König gab es den Rat, den natürlich der Adel stellte, und den Landtag, der ursprünglich die Volksversammlung der freien Männer darstellte, der aber später wohl vom Adel beherrscht wurde. Diese Volksversammlung der freien Männer, der waffentragenden Krieger, hatte die Macht, aber wohl nur zusammen mit dem Adel, einen König abzusetzen, ja, ihn zu verurteilen. Die Volksversammlung fand an bestimmten Tagen wie an besonderen Festen statt, oder sie wurde nach Bedarf einberufen als Versammlung der Adligen und Freien. Hier

muß man einschränkend sagen, soweit es diese Freien in der späteren Zeit noch in einem solchen Maße gab, daß sie politisch etwas bedeuteten.
Unter den Freien lebte ‚das elende Volk' der Entrechteten, die nur zu leisten, aber nichts zu sagen hatten. Sie sind, so kann man sie jedenfalls nennen, die Leibeigenen. Von den Sklaven wurde überhaupt nicht gesprochen. Sie galten wie auch sonst in der Antike als Ware. Die größte politische Einheit war der Stamm, in dem, mehr oder weniger selbständig, die großen Clans, die usurpierten Adligen mit ihren Gefolgschaften standen. Nach Bedarf traten aber auch die Stämme in Gallien, vertreten durch den Adel, zusammen, um einen gemeinsamen Beschluß zu fassen in einer Art von gallischem Landtag.
Aber eine alle Kelten zusammenfassende politische Einheit hat es nie gegeben.

* * *

In den letzten zweihundert Jahren der keltischen Zeit, wächst als verhältnismäßig späte soziale Erscheinung, ähnlich wie im Mittelalter, nach der Burg der Hallstattzeit die ‚Stadt' als bäuerlich-gewerbliche Siedlung als eine neue Mitte heran, und zwar durch den Adel. Von dieser Erscheinung handelt eines der nächsten Kapitel.

Das Städtewesen

Als die Zeit des großen Ausgriffs vorüber war, bauten die Kelten Städte. Es geschah erst ausgangs ihrer Zeit in den beiden letzten Jahrhunderten, in denen die Kelten auch ihre Freiheit verloren. Städte wurden gebaut, aber nicht nur wie bisher südlich der Alpen, sondern auch nördlich davon. Das war etwas Neues, nicht nur weil man vom Angriff zur Verteidigung überging, sondern weil es hier auch zu einer neuen sozialen Gestaltung kam. Das heißt, nur dann, wenn diese Städte wirklich Städte waren, wenn sie Ähnlichkeit mit dem haben, was wir Stadt nennen, wenn sie ständig bewohnt waren und nicht nur Fluchtburgen für den Fall der Not.

Sie bildeten neue Mittelpunkte, die sich nicht nur wirtschaftlich, sondern politisch auswirken mußten. Es konnte um eine solche starke beherrschende Stadt ein größeres politisches Gebilde entstehen. Doch es kam dann so, daß die Bedeutung keiner dieser keltischen Städte politisch über den Stamm hinaus reichte. Es war nicht anders als in Griechenland. Unter allen diesen Städten war kein ‚Rom'. Man kann einwenden, daß die Zeit dafür zu kurz war. Vielleicht! Doch man kann einen solchen Keim in keiner der keltischen Städte entdecken. Keltische Städte gab es schon 400 vor Chr. in Oberitalien mit Mediolanum, mit Mailand an der Spitze. Aber auch hier ist kein Ansatz für ein größeres Gebilde.

Rom hatte dreihundert Jahre nach der Gründung der Republik Karthago besiegt und beherrschte das Mittelmeer. Dazu gibt es keinen ähnlichen Vorgang in der keltischen Geschichte. Die Kelten waren nicht einmal in der Lage gewesen, den Durchzug der Zimbern und Teutonen abzuwehren.

Man kann also nicht annehmen, daß in den keltischen Städten — auch wenn sie nördlich der Alpen gegründet wurden — ein Keim zu einem größeren politschen Gebilde steckte. Man muß überhaupt fragen: Wo ging nördlich der Alpen jemals eine größere politische Bildung von einer Stadt aus? Auch der Städtebund der Hanse hatte nicht die politische Kraft, mehr zu werden als ein Bund. Es waren die Fürsten und Könige, die Land erwarben und immer größer werdende Reiche schufen. Mit dem Entstehen der keltischen Städte hatte sich auch am politischen Gestaltungswillen des keltischen Adels nichts verbessert.

Aber was konnte sich bei der technischen Begabung der Kelten in einer Stadt aufbauen? Sicher das Handwerk, schon auf dem Weg zur industriellen Erzeugung! Natürlich ein großer Markt, um Bedürfnisse zu wecken und zu befriedigen. Man wurde reich in einer solchen Stadt. Man sah auch, was die Konkurrenz leistete. Man dachte auch weiter, wenn man in Handel und Wandel Nachrichten von draußen empfing. Auch eine Residenz konnte sich in einer solchen Stadt einfinden mit all dem, was der Hof eines Fürsten mit sich bringt an Bedürfnissen, an Aufträgen, an Anregungen. Wer ritt an einem solchen Hof alles ein und aus. Man wird gaffend an der Straße gestanden haben und man wird, das war bei uns bis ins letzte Jahrhundert hinein so üblich, die Reisenden ausgefragt haben, nach dem Woher und Wohin und natürlich besonders nach dem, was außerhalb der Stadt in anderen Ländern vor sich ging. Es konnte sich in einer

solchen Stadt auch ein zu einer wirklichen Gesellschaft werdender Adel bilden mit seinen höheren Ansprüchen an das Leben, an die Kunst, mit seinen Festen und Feiern.
Man fühlte sich anders. Man lebte mit König und Adel zusammen, ja in der Gemeinschaft der Götter, die in der Stadt ihren Sitz und Kult hatten. Hier war das Stammesheiligtum, der hilfreich nahe Zugang zum Numinösen. — Man hatte all das, was eine Stadt ist und bietet. Vielleicht gab es auch ein Weiterdenken in der Religion und ein Weiterbilden im Kult, aber wohl kaum Vertiefung und Erhöhung der Sitte, vielleicht aber eine Verfeinerung. Es gab wohl eine Steigerung des Daseins in einem lebendiger und drängender gewordenen Leben.
Doch man lebte auch in einem Brennpunkt der Entscheidungen, auch wenn man sich hinter der starken Mauer um so viel sicherer fühlte als vorher draußen auf dem flachen Land. Man stieg und fiel mit seiner Stadt. Der Kampf Caesars um Gallien war wesentlich ein Kampf um die Städte als die politischen Zentren, als den Sammelpunkt des gallischen Reichtums, als den Stapelort des Getreides, als das Zentrum der fast industriellen Fabrikation von Friedensgütern und von Waffen.
Der letzte große Kampf, den Caesar mit Vercingetorix um Gallien ausfocht, ging dann um Alesia, um die geschützte Stadt, die wohl auch die Mitte des Kultes für die große Göttin war. Vielleicht überhaupt ihr eigentlicher Sitz. Der Bauer flüchtet in die Wälder, wenn der Feind kommt. Der Städter muß seine Mauer verteidigen auf Gedeih und Verderb.

* * *

Caesar nennt die gallischen Städte ‚oppidas'. Oppidum war ursprünglich ein befestigter Platz, ob er nun besiedelt war oder nicht. Ein Oppidum konnte auch eine Fluchtburg sein, die Umwohnenden vielleicht mit einer Art Wache oder Besatzung.

Oppidas sind charakteristisch für das Keltenland und seine letzte Zeit der Freiheit. Sicher, es gab auch in Germanien Fluchtburgen. Sie wurden aber nicht dauernd bewohnt.

So war es bei den Völkern im Norden der Kelten; im Süden gab es die antike ‚polis', die besiedelte, und man kann sagen: die bürgerliche Stadt, das Wort ‚Bürger' mit der Einschränkung gebraucht, daß in diesen griechischen Städten der Adel herrschte. Aber jeder Bürger war mit seinem ganzen Bewußtsein, mit seiner ganzen Liebe auf seine Stadt bezogen, war ein Teil von ihr. Heute gebrauchen wir das Wort ‚politisch', das von polis herkommt, nur noch sehr eingeschränkt für die Betätigung im Gemeinwesen, nicht mehr für den inneren Bezug zu ihm.

Eine solche griechische Stadt war die Mitte und die Beherrscherin des Landes. Sie war die Trägerin der Kultur, der Sitze des Adels und der Kunst, des Gewerbes und des Handels. Auch war sie der Ort der Götter mit ihrem Sitz in ihren Tempeln. Sie war ein ganz in sich ausgewogenes und geschlossenes Gemeinwesen, das sich als Organismus fortpflanzen konnte, und zwar in einer genauen organisch vollkommenen Teilung zu einer neuen Kolonie. Diese war dann wieder eine Stadt, ganz nach der alten gebaut, gegliedert und geartet, mit denselben Göttern, mit demselben Adel, mit denselben Bürgern. Sozial genauso gestuft und gegliedert wie die Mutterstadt. Diese griechischen Städte waren wirkliche Stadtblüten, ohne die unsere Kultur nicht zu denken ist.

Vergleichen wir die griechische Stadt mit der keltischen.

Die griechische Polis hatte eine Akropolis, eine Hochstadt, eine Burg. Davon ging die bürgerliche Siedlung aus. Erst war die Burg. Es wäre so ähnlich, als hätte sich im Keltenland die Stadt um eine Burg wie zur Hallstattzeit gebildet. Das ist aber nicht der Fall gewesen. Die Burg mit angehängter befestigter Siedlung wie in Hallstatt finden wir bei den Kelten nur bei den stadtartigen Festungen gegen die Germanen, im Süden davon in Besançon, dem alten Vesontio. Man kann also nicht sagen, daß die keltischen Städte von einer Adelsburg ausgingen, an die sich das bürgerliche Gemeinwesen angehängt hatte.

Sie müssen auf eine andere Art entstanden sein, wohl mit dem Adel. Aber dieser trat in der Stadt merkwürdigerweise wenig hervor. Wir haben bisher bei den Grabungen in keltischen Städten nicht finden können, daß er in einem besonders abgeschlossenen oder befestigten Bezirk lebte. Vielleicht war es ähnlich wie bei der Gründung unserer Städte. Merkwürdigerweise baute dort der Adel seine Steinhäuser zuerst in der Nähe der Tore. Es gibt auch in Griechenland später Städte ohne Burg. Es sind die Neugründungen des fünften und vierten Jahrhunderts, die nie die Bedeutung der alten, um die Akropolis gewachsenen Städte erreicht haben. Die burglose Stadt ist bei den Griechen eine spätere Erscheinung. Aber bei den Kelten beginnt die Stadt in dieser Form.

Die keltische Stadt ist niemals eine Stadt im griechischen Sinne geworden, auch keine Reichsstadt mit ihrer Freiheit. Das Wort ‚Stadt' gibt nur zu leicht eine falsche Vorstellung. Man sollte besser ‚Oppidum' sagen, aber das ist so ein umständliches Wort. Doch muß man sich klar sein, was mit ‚Stadt' gemeint ist, wenn wir es auch für die keltischen Städte gebrauchen.

Sicher ist, daß eine keltische Stadt die Mitte eines Stammes oder eines Unterstammes war, oder daß es je Stamm mehrere Städte gab, bei denen eine einen Vorrang gehabt haben wird. Das Dorf wird auf eine Stadt bezogen gewesen sein, schon deshalb, weil dort — das heißt vor ihren Toren — der Markt gewesen ist. Die Helvetier hatten laut Caesar vier Gaue und zwölf Städte und vierhundert Dörfer. Also kamen mehrere Städte auf einen Gau. Von einer Hauptstadt der Helvetier ist aber bei Caesar nicht die Rede.

Jede Stadt, jedes Oppidum, war aber — daran kann nicht gezweifelt werden — ein wirtschaftlicher Mittelpunkt. Schon des Marktes wegen. Selbstverständlich siedelten sich dort auch die Handwerker an. Dann war in einer solchen Stadt auch die Münze. Man kann sich dieses Schlagen von Münzen ohne hoheitliche Funktion nicht vorstellen, denn nicht jeder durfte Münzen schlagen, der das Handwerkliche beherrschte. Es mußte von einem Mächtigen aus geschehen, der seine Münzen in einer bestimmten Einheit, etwa in einem Stamm, schlagen ließ. Das Münzwesen mußte auch überwacht werden. Es brachte viel ein, gerade dem, er es mißbrauchte. Das konnte auch wieder nur durch einen Träger der Macht geschehen, also durch einen Mächtigen, einen Fürsten. Der Adel muß damals in der Stadt ‚präsent' gewesen sein. Auch wenn er noch auf dem Lande auf Höfen saß, wobei der Adelshof wohl nur schwer von anderen größeren Höfen zu unterscheiden war. Der keltische Adel muß vorab in der Stadt gesucht werden. Zum mindesten hatte er dort seine Stadthäuser.

Es war bei den Kelten ein ähnliches Feudalsystem wie bei uns im Mittelalter, aber ein Feudalsystem ohne Burg. Wo aber war dann der Platz für die Gefolgschaft, die Emporkömmlinge? Sie mußten untergebracht werden. Bei den Germanen aßen und schliefen sie in der Halle des Fürsten. Die Gefolgschaften waren beritten, also mußten Pferde in größerer Zahl untergebracht und versorgt werden. Wo blieben diese Männer und die Pferde bei den Kelten? Noch gibt kein Bodenfund darüber Aufschluß.

Bei einer Stadt ging es auch um Obrigkeit und Organisation, schon beim Bau der Stadt, und besonders bei dem der Stadtmauer. Die Mauer konnte so gewaltig sein, daß die Leistung der Stadtbewohner zu ihrem Bau nicht ausreichte. Das Land muß mitgeholfen haben in einer Art Frondienst. Dieser Dienst hing wieder am Adel beziehungsweise an den von ihm Abhängigen. Seine Hörigen und Leibeigenen werden mitgebaut haben.

In der Stadt, wir sprachen davon, müssen auch die Götter und damit ihre Heiligtümer mit ihrem Kult gewesen sein. Wenn die Götter in einer gallischen Stadt nicht ihren Platz gehabt hätten, so hätten sie nicht in der römischen ‚evocatio' herausrufen können. Zu den Göttern und ihrem Kult gehörte eine Priesterschaft. Sie muß also auch in der Stadt und wohl bei ihren Tempeln gewohnt haben. So beginnt man an ein Adelsviertel zu denken, an ein Priesterquartier neben dem Tempelbezirk.

* * *

Um ein Bild zu geben, zu welcher Bedeutung die Städte in den Ländern der Kelten gekommen waren: Wenn jemand um 100 vor Chr., wie für Pytheas angenommen, durch Spanien gereist wäre, so hätte er dort eine Reihe von Städten angetroffen, nicht mehr das durch die Belagerung der Römer so bekannte, aber 133 schon zerstörte Numantia. Diesseits der Pyrenäen hätte der Reisende Tolosa berühren können, das heutige Toulouse, dann Lugodunum, das heutige Lyon, dann das damals große Bibracte, die Hauptstadt der Haeduer, und Alesia. Vielleicht dann Basilia, das heutige Basel. Weiter abwärts wäre er nach Brisiacum gekommen, dem heutigen

Breisach, und — wenn er dann das Dreisamtal hinaufgezogen wäre — nach Tarodunum, dessen Name heute noch in Zarten erhalten ist. Dann hätte er vielleicht die große Keltenstadt auf der Schwäbischen Alb berührt, bei Urach in der Nähe des Neuffens, deren Namen wir nicht kennen. Dann wäre er wieder zur Donau gekommen und zur großen Ringstadt bei Manching. Auf der Donau dann zu den Städten bei Kelheim, Passau, Linz und so fort bis nach Wien. Später hätte er noch Belgrad besuchen können, das alte Singidunum und so weiter.

Und in jeder Stadt hätte er von Spanien an genau die gleiche Kultur getroffen und die gleiche Sprache, wenn auch andere Münzen und andere Götter.

Jedenfalls bis zum Rhein. Denn das war lange die große Frage: Gab es diesseits des Rheins, weitab von der Berührung mit den griechischen Städten, auch Oppidas, Städte, die mehr als nur Fliehburgen waren, die einen ganzen Stamm aufnehmen konnten? Das wußten wir bis in unsere Zeit hinein nicht. Wohl wissen wir es von den gallischen Oppidas jenseits des Rheines, seit Napoleon III. Bibracte gegraben hat, die alte Hauptstadt der Haeduer. Caesar nennt sie „oppidum haeduorum longe maximum et copiosissimum", also die größte und reichste Stadt der Haeduer. Napoleon fand eine dicht besiedelte Stadt mit allen Handwerken, gruppiert in Quartiere. Also kann man sagen, es war wirklich eine Stadt, wenn man von den bürgerlichen Freiheiten absieht, die es in unserem Sinne nicht gegeben hat.

Aber die gallischen Städte hatten sich mit der großen Griechenstadt Massilia berührt, sie hatten sie als Leitbild vor den Augen. Wie aber war es mit den Oppidas diesseits des Rheines? Waren sie auch so besiedelt worden, daß man von Städten reden kann?

Will man sich ein Bild machen von der Größe, dem Umfang, der Fläche einer solchen keltischen Stadtsiedlung: Die von Bibracte war etwa so groß wie Nürnberg oder Frankfurt im Mittelalter. Alesia war etwas kleiner. Gergovia war ähnlich groß. Bei uns diesseits des Rheines hatten einen ähnlichen Umfang: Finsterlohr an der Tauber und das Oppidum bei Kelheim. Kelheim hatte aber noch einen weit außen liegenden zweiten abschirmenden Wall. Wir wissen nicht, was alles innerhalb dieses Walles lag. Sicher war auch ein Teil der bekannten großen Eisenerzeugung dort enthalten. Das Oppidum beim Neuffen hatte ebenfalls einen solchen großen umwallten Außenbezirk, wohl mit der Funktion einer Fluchtburg für den Stamm.

Das größte Oppidum aber war das von Manching bei Ingolstadt. Es umschließt nicht weniger als eine Fläche von etwa 380 Hektar. Das bekannte Oppidum auf dem Donnersberg in der Pfalz hatte 240 Hektar. Das Oppidum bei Zarten 129 Hektar und das bei Finsterlohr 123,5 Hektar. Die innere Fläche des Oppidums beim Neuffen kommt auf eine Fläche von 153 Hektar; der äußere umwallte Bezirk sogar auf 1600 Hektar. Doch das liegt an der Gestaltung der Alb-Hochfläche und den damit gegebenen kurzen Abschnittswällen, die sie abschirmen.

Man sieht, daß die Stadt bei Manching eine Sonderstellung einnimmt, schon ihrer Größe wegen, aber auch noch aus einem anderen Grund.

Die keltischen Oppidas sind entweder Tafelberg-Städte wie Alesia und Gergovia, um die der letzte große Kampf um Gallien ging, und die deshalb besonders schwer einzunehmen waren. Oder aber die Städte liegen auf einem Bergmassiv, wie auf dem Donnersberg, oder wenigstens auf einer leicht abzuschließenden Hochfläche, wie das Oppidum beim Neuffen. Ein Oppidum kann auch in einer Flußschleife liegen, wie das bei Altenburg-Rheinau in der Nähe des Wasserfalls von Schaffhausen.

Diese Oppidas oder Städte sind also immer dem Gelände mehr oder weniger gut angepaßt und stark von Natur aus. In Manching ist es ganz anders. Die Stadt liegt in der Ebene. Sie ist — wir sprachen schon davon — nahezu kreisrund. Manching nimmt also nach Lage, Größe und Form eine Sonderstellung ein. Es gibt einen Vergleich mit einer spätgriechischen Stadt, der ‚polis von Mantineia' in Arkadien. Franz Fischer: In Heidengraben bei Grabenstetten Stuttgart 1971. Auch diese Stadt ist nahezu kreisrund und hat keine Akropolis wie Manching.

Was kann es für Beziehungen geben zwischen Mantineia und Manching? Städte entstehen geschichtlich in ihrem Land in einer verhältnismäßig späten Zeit. Der Rundling von Manching ist — ähnlich wie der von Mantineia — eine Spätblüte. Bei Manching wird das Rad des Sonnengottes eine Rolle gespielt haben. Wir wissen nicht, ob es bei Mantineia ein solches Vorbild gab. Liegt es aber nicht nahe, daß in einer späten Zeit der Intellekt, die Überlegung, die Geometrie eine Rolle spielt, runde Städte zu schaffen? Sozusagen geometrisch gesehen das Idealbild einer Stadt, mit dem geringsten Mauerumfang, mit dem man die größte Stadtfläche umbauen konnte? Haben vielleicht keltische Fürsten diese runden griechischen Städte gesehen? Mantineia war ja keineswegs die einzige. Denn im fünften, vor allem im vierten Jahrhundert begann man in Griechenland bei Neugründungen ringförmige Städte anzulegen. Wir wissen es nicht.

Aber diese runde Stadt bei Manching ist so einzigartig und so auffallend, daß man nach den Ursachen suchen muß, die zu dieser Bildung führten.

Wir sprachen bereits davon, daß Bibracte von Napoleon III. ausgegraben worden ist, und wir wissen, daß es in Gallien besiedelte Städte gegeben hat. Aber wir wußten bis in unsere Tage nicht, was in den keltischen Oppidas diesseits des Rheines enthalten war. Wir haben bei uns jede bekannte römische Siedlung, jede römische Villa gegraben, die man graben konnte. Bei unseren großen keltischen Oppidas dachte bisher niemand daran, Mittel und Mühe aufzuwenden, auch wenn sie offen lagen und ganz leicht zu graben waren. Wir wissen nicht, warum unsere Wissenschaft so römisch ausgerichtet ist. Die Römer waren ja eine fremde Besatzungsmacht in unserem Land. Die Kelten gehören zu unserem Land. Zum mindesten in Süd- und Westdeutschland wurden sie ein Bestandteil unseres Volkes. Warum haben wir nur die Römerstädte gegraben und nicht die Keltenstädte? So wissen wir nicht, was im Innern von Tardunum, von Finsterlohr oder der Stadt bei dem Neuffen verborgen ist.
Doch jetzt ist es endlich soweit, daß bei uns ein keltisches Oppidum systematisch ausgegraben wird, und zwar das größte, in der Form auffallendste, das bei Manching.
Was man dort findet, kann man erst richtig verstehen, wenn man es in dem großen Rahmen des Keltischen sieht. Denn daran gibt es keinen Zweifel mehr, wem diese große Stadt zuzurechnen ist.
Heute! Lange genug war es unklar.

Der Wall von Manching und seine Geschichte

Dieser riesige kreisrunde Wall mußte jedem in die Augen fallen, der in die Gegend von Manching kam. Die Bauern hatten ihn vor sich, wenn sie zur Feldarbeit gingen. Sie gaben ihm einen Namen und nannten ihn den ‚Pfahl'. Das ist genau der Name, den beim schwäbischen und bayrischen Volk der Limes führte: Der römische Grenzwall, der sich vom Rhein zum Main und von dort mit der berühmten Ecke bei Lorch in Württemberg zur Donau bei Regensburg zog, und der von dieser Ecke an eine Mauer gewesen ist. ‚Pfahl' konnten dieser Wall und diese Mauer heißen, weil zuerst nur eine Palisaden-Reihe stand, denn ‚Pfahl' heißt auf lateinisch ‚palus'. So können die damals dort angekommenen Germanen vom ‚Pfahl' gesprochen haben. Wie kann sich aus dieser Zeit ein solcher Name so lange erhalten haben?
Der ‚Pfahl' bei Manching ist aber rund, fast kreisrund. Dieser Kreis hat einen etwas längeren ost-westlichen Durchmesser von 2,3 Kilometer und einen etwas kürzeren nord-südlichen Durchmesser von 2,2 Kilometern. Der Umfang ist ziemlich genau 7 Kilometer. Wer ihn also abschreiten wollte, als er noch ganz erhalten war, brauchte dazu gegen zwei Stunden. Der Wall umschließt, wie schon einmal gesagt, die riesige Fläche von 380 Hektar.

Pfahl deutet auf eine Befestigung hin. Aber nicht unbedingt: Das in der Länge des Bayerischen Waldes sich hinziehende Quarzriff hat auch den Namen ‚Pfahl' bekommen. Doch was sollte der ‚Pfahl' bei Manching anderes sein, als eine Befestigung? Und wer hatte sie erbaut? — Als der Pfahl als eine riesige Festung erkannt war, blieb die große Frage, was der Pfahl zu schützen hatte. Eine Fliehburg, oder eine menschliche Siedlung, die ihrer Größe nach niemals ein Dorf, sondern nur eine Stadt gewesen sein kann?
Und natürlich kamen die anderen großen Fragen: Wer hat den riesigen Wall erbaut? Wann ist er entstanden?
Erwähnt ist der Pfahl schon in einer Urkunde vom Jahre 1417. Doch dürfte man sich damals noch nicht viel Kopfzerbrechen über die Herkunft des Pfahls gemacht haben. Später war man der Meinung, daß ein so großes Werk nur die Römer erbaut haben könnten. Nach dem Studium des ‚Itinerarium Antonini' und der ‚Notitia dignitatum' stieß 1818—1821 der Regensburger Lyzeal-Professor J. A. Buchner bei seinen Reisen auf der ‚Teufelsmauer', wie der Limes auch genannt wurde, auf den Römer-Ort ‚Vallatum'. Er vermutete, daß der große Ringwall diesem Ort den Namen gegeben hätte. Denn Wall heißt auf lateinisch ‚vallum'. Er behielt recht mit der Lokalisierung von Vallatum, nicht aber damit, daß die Erbauer die Römer gewesen wären. Die Römer gaben später ihrem Kastell den Namen nach dem bereits vorhandenen Wall, der schon vor ihnen entstanden war.
Dann war es N. J. von Raiser, der 1832 eine vollständige Schilderung der Forschungen um den Wall von Manching gab. In der Folgezeit wurde man immer wieder durch Funde auf den Wall aufmerksam. So fand man 1841 beim Bau einer West-Ost-Straße durch die Ringwallfläche Reste von eiser-

nen Schwertern und von einem eisernen Bogen. Und dann gab es den Fund einer relief-geschmückten Silberschale. Diese Funde betonten die Anwesenheit der Römer in Vallatum. 1858 gab es aber einen ganz anderen sensationellen Fund. Sechs Kilometer nordöstlich des Ringwalls beim Dorfe Irsching kamen tausend goldene ‚Regenbogenschüsselchen' aus dem Boden. Man stelle sich vor: Tausend kleine goldene Schüsselchen als Münzen geprägt. Es sind die bekannten keltischen Münzen. Aber niemand brachte sie mit dem Wall in Verbindung.

Wie aber konnte ein solcher Reichtum nach Irsching kommen? War es nur Zufall? Ein Versteck für den Schatz, den man auf einer Reise vergraben hatte?! Doch wer reist mit einem solchen Reichtum, um ihn dann verbergen zu müssen? Es war doch naheliegend, daß die Goldmünzen in der Nähe entstanden waren, oder wenigstens, daß in der Nähe eine große Siedlung lag. Sagen wir ruhig, eine Stadt mit Handel und Wandel, eine reiche Stadt, wo man so viele Münzen brauchte, um einzukaufen und wieder zu verkaufen.

Aber niemand kam auf einen solchen Gedanken.

Erst in den achtziger Jahren des letzten Jahrhunderts, als ein Soldat den Ringwall von Manching studierte — es war der Generalmajor Karl Ritter von Popp — fiel es ihm auf, daß es dort Tore mit einspringenden Flanken gab, und zwar genau solche Tore wie bei dem Ringwall auf der Goldgrube bei Frankfurt und auf dem Michelsberg bei Kelheim. Das waren aber niemals Römerwälle gewesen. Sie waren auch nie kaschiert mit römischen Namen. Sie waren keltisch genauso wie der Goldschatz von Irsching

Aber wohl erst der Hauptmann a. D. Hugo Arnold, der als Militärschriftsteller und Römerstraßen-Forscher bekannt war, wies 1888 zum ersten Male darauf hin, daß der große Ringwall nicht von den Römern, sondern von den Kelten erbaut wäre, daß er „eines ihrer Oppidas, den Zufluchtsort für einen ganzen Stamm darstellt". Die Römer hätten dann ihren Ort nach dem schon vorhandenen riesigen keltischen Wall ‚Vallatum' genannt.

Nun war es ausgesprochen! Aber die andere große Frage war immer noch offen geblieben, nämlich die, ob es nicht eine ganze dauernd bewohnte Stadt in diesem Wall gegeben habe. Aber das konnte man sich damals noch nicht vorstellen: Eine ganze bewohnte Stadt vor der Zeitrechnung, vor den Römern in dem heutigen Deutschland nördlich der Alpen!? Sie mußte ja schon ein oder zwei Jahrhunderte entstanden sein, bevor die Römer kamen!

Wohl hatte Napoleon III. schon 1866 in den gallischen Städten graben lassen, deren Eroberung Caesar in seinem ‚De bello Gallico' beschreibt. Doch hatte man sich mehr für die militärischen Anlagen interessiert als für die bürgerliche Siedlung. Wie genau war aber alles zum Vorschein gekommen, was Caesar geschildert hatte, sogar die Anlagen der Römer zur Belagerung und zum Sturm auf Alesia. Was in einem Buch geschrieben worden war, fand man jetzt in anderer Schrift auf und in dem Boden als Bericht der Geschichte zur Entscheidung um Gallien.

Nun aber verlegte Arnold das römische Kastell aus dem keltischen Wall heraus, und zwar in die Viereckschanze süd lich davon. Auch jetzt suchte er es ganz sicher in einem keltischen Bauwerk. Nur die Kelten haben diese merkwürdigen Viereckschanzen gebaut mit ihrem fürchterlichen Kult, von denen wir im Unterkapitel ‚Die Opfer' schon gesprochen haben. Es hätte aber auffallen müssen, daß die Viereckschanze nur ein einziges Tor hat, während auch ein kleines römisches Kastell in dieser Größe und in dieser Zeit wenigstens zwei Tore besitzt. Man wollte sich ja in einem solchen Lager nicht nur verteidigen. Es war das Quartier einer mobilen Truppe, die man aus dem Lager heraus möglichst schnell auf den Marsch und auch an den Feind bringen wollte.

Im Jahre 1887 machte der Ingolstädter Kasernen-Inspektor F. R. Brumann die ersten Ausgrabungen. Als dafür der historische Verein von Ingolstadt keine Mittel mehr zuschießen konnte, bat Brumann die ‚Kommission zur Erforschung der Urgeschichte Bayerns ...' in München um einen Zuschuß. Er legte dort ein Manuskript vor mit dem Titel ‚Manching, das römische Vallatum und die größte Keltenburg Deutschlands'. So groß wurde also der Anspruch jetzt gestellt.

Weiter grub im Jahre 1892 nach Brumann der Würzburger Gymnasial-Professor J. Fink. Er bemühte sich, den alten Wall-Verlauf genau festzulegen, denn das Dorf Manching war links und rechts des westlichen Ringwalls gebaut worden und dann 1879 dort das Fort VIII der Festung Ingolstadt. Die Überbauung verwischte den alten Wall, der eingeebnet wurde und verschwand, leider dort auch das Westtor. Fink machte Wallschnitte und grub bei den Walltoren, ebenso an der Viereck-Schanze südlich des Walls. 1893 grub er ein Flachgräberfeld am Steinbichel westlich des Ringwalls, das durch eine Kiesgrube am linken Ufer der Paar angeschnitten worden war. Die Gräber gehörten einwandfrei der keltischen Zeit an. Es sind zwar nur sieben Gräber gut beobachtet worden. Aber die Funde lassen sie einwandfrei bestimmen: Es sind keltische Gräber aus dem La Tène. Bei einer Befestigung muß man oft warten, ob sich Funde mit ihr verbinden lassen, um sie zeitlich einzureihen und einem bestimmten Volk zuzuweisen. Das angeschnittene Gräberfeld mußte der Friedhof einer keltischen Siedlung gewesen sein. Und wo war diese Siedlung anders zu suchen als in dem keltischen Ringwall? Hier hatte man also einen ersten Hinweis auf eine dauernde Besiedlung im Wall. Aber der Münchner Kunsthistoriker W. M. Schmid, der die Auswertung besorgte, hält es für möglich, daß der Ringwall nachrömisch sei und also mit den keltischen Gräbern nichts zu tun hätte. Später gräbt der Münchner Oberamtsrichter F. R. Weber am Steinbichel weiter. Er publiziert 1907 seine Ergebnisse mit dem Titel ‚Der Ringwall und das latènezeitliche Gräberfeld am Steinbichel bei Manching'. Er setzt also beide in Beziehung. Wie Arnold sieht er in dem Ringwall von Manching eine ähnliche Erscheinung wie die der Oppidas in Gallien. Aber er hält Manching hauptsächlich für eine Fliehburg, von der im Frieden nur ein kleiner Teil bewohnt gewesen war. Nun begab sich aber folgendes, was zu einer wesentlichen Aufhellung der Herkunft des Ringwalls führte: Weber war mit P. Reinecke in Verbindung gekommen, der seit 1897 Assistent am Römisch-germanischen Zentralmuseum in Mainz war, und der den Ringwall von Manching kannte. 1893 hatte er schon Skelette beim Steinbichelfriedhof anthropologisch bearbeitet. Er stieß im Museum für Völkerkunde in Berlin auf spät-La-Tène-zeitliche Keltenfunde. Sie waren dort als ‚Erdfunde bei Ingolstadt' ausgestellt. Weber hatte etwa gleichzeitig im Museum von Ingolstadt spät-La-Tène-zeitliche Funde entdeckt, auch den spät-La-Tène-zeitlichen Wohnstätten-Fund vom Leisenhart. Und Reinecke hatte bei de Funde verbunden und als Funde aus der Spät-La-Tène-Stufe D charakterisiert, während er die Funde vom Steinbichel als Mittel-La-Tène C ansprach.

Die Tür zur richtigen wissenschaftlichen Erkenntnis war geöffnet. Reinecke wurde 1908 in das spätere bayerische Landesamt für Denkmalpflege berufen, und er hat im Ganzen sechzig Jahre seines Lebens sein Interesse der Erforschung

von Manching zugewandt. Zwar kam es zu keiner systematischen Grabung in Manching. Doch konnte manche Zerstörung verhindert werden, bis es von 1936—1938 zu dem Flugplatzbau kam, dem ein großes Stück des Walles geopfert werden mußte. Niemand wagte zu prostestieren. Die militärische Notwendigkeit ging vor. Das ist noch einigermaßen auf Grund der Sachlage zu verstehen. Nicht aber zu verstehen ist, daß man diese Gelegenheit für eine systematische Erforschung der Flächen im Ringwall ungenutzt ließ.
Der historische Verein von Ingolstadt rettete wenigstens die Funde. Aber der Flugplatz nahm die ganze östliche Hälfte der Fläche ein. Man machte während des Baues eine Unmenge von Siedlungsfunden der Mittel- und Spät-La-Tène-Zeit und konnte auch die Fundstellen auf einem Plan festhalten mit Hilfe der verständigen Bauleitung. Und man fand das Hundsrückengräberfeld. 1937 machte man bei einem Walldurchbruch die erste systematische Walluntersuchung, später dann an mehreren Stellen.
Als im Nordosten 800 Meter des Walles abgetragen werden mußten, konnte man eine sorgfältige Untersuchung vornehmen. Das hochinteressante, verblüffende Ergebnis im nächsten Kapitel.
1938 versuchte Reinecke in einem Artikel ein Gesamtbild der Geschichte Manchings zu geben. Er geht jetzt so weit, das Oppidum an der Donau „zum mindesten als die Hauptstadt eines der Stämme der keltischen Vindeliker zu bezeichnen . . . wenn nicht gar als die Hauptstadt des ganzen Reiches der Vindeliker überhaupt“. Weiter spricht Reinecke die Meinung aus, daß diese Hauptstadt bei der Eroberung Rätiens durch die Römer im Jahre 15 vor zerstört worden sei . . .
Jetzt war auch dies ausgesprochen!
In dem Bericht eines Reisenden vom Anfang des letzten

Jahrhunderts ist zu lesen: „Bei den Bauern herrscht eine Tradition, ihr Dorf sey einst eine große Stadt gewesen.“ Die Bauern müssen es gewußt haben!
Der zweite Weltkrieg beendete die Grabung und Forschung. Der Krieg ging über den Flugplatz hinweg. Bombenangriffe, Sprengungen, Plünderungen hinterließen eine Wüste. Aber es blieben doch ganze Strecken des Walles und große Teile der Innenfläche im Kriege und vom Kriege unberührt. Es gelang auch zu verhindern, daß das Dorf Manching sich weiter in das ehemalige Stadtgelände ausdehnte und daß dort planlos Kies herausgeholt wurde.
1955 kamen die Amerikaner mit der Absicht, den Flugplatz wieder auf- und auszubauen. Es gelang aber, wichtige unzerstörte Teile des Walles vom Flugplatzbau auszuschließen. Dort wo gebaut werden mußte, war man gezwungen das, was dabei fast unwiderbringlich verloren ging, systematisch zu untersuchen, und zwar zuerst mit Mitteln, die vom Bau abgezweigt wurden. 1955 begann das Frankfurter Institut der Römisch-germanischen Kommission unter der Leitung von Professor Dr. W. Krämer und von Dr. F. R. Schubert zu graben. 1961 kam man schon zu einem gewissen Abschluß.
Doch hatte man nur einen verhältnismäßig kleinen Teil der Innenfläche ergraben können, und zwar an einer Stelle, wo man auf eine ziemlich dichte Besiedlung stieß! Wie aber sah es in der übrigen großen Innenfläche aus? Das blieb die Frage! Da kam der Bau einer Straße zu Hilfe, die — ausgehend vom Südwesten des großen Ringes — im leichten Bogen zur Mitte führte, und zwar ziemlich genau dorthin, wo man wegen des Flugplatzbaues schon Flächen abgedeckt hatte. Für die Untersuchung des nordöstlichen Teiles hatte man wenig Zeit gehabt. Doch war man auch hier auf keltische

Siedlungsspuren gestoßen. Umsomehr mußte man sich jetzt um den südwestlichen Teil annehmen. Die Straße mußte wie ein Suchstrahl wirken, der vom Rand der Innenfläche zur Mitte gerichtet war, verhältnismäßig schmal, etwa 25 Meter breit. Aber er mußte Aufschluß geben, ob man auch vom Rande der Fläche, also vom Wall her, mit einer Besiedlung rechnen durfte? Was würde man finden?
Man grub von 1965—1967. Man fand, was man kaum zu hoffen wagte.

Wie man gräbt

In der Methode und in der Ausführung war es verhältnismäßig einfach, Suchschnitte durch den Wall zu machen. Man zog einen Graben durch die aufgeschüttete Erde, wobei man sorgfältig auf Funde achtete, bis man auf den gewachsenen Boden stieß. Auf diese Weise hatte man eine Reihe von Wallschnitten hergestellt. Man konnte messen, daß die Höhe des Walles über dem gewachsenen Boden nördlich des Osttores heute noch zwischen 2 und 3 Metern beträgt und 4,30 Meter südlich des Osttores. Im Süden ist der Wall in seiner Höhe am schlechtesten erhalten. Er ist nur noch 2 Meter hoch, während man als ursprüngliche Höhe 4 bis 5 Meter ohne Brüstung annehmen kann. Im Laufe der langen Zeit — es sind ja zwei Jahrtausende — ist der Wall durch Abbruch verschüttet worden und durch Regen verflossen. Die Wallsohle ist deshalb heute bis zu 25—30 Meter breit.

Sehr viel schwieriger erwies sich die Flächenabdeckung, die notwendig war, um auf die Siedlungsspuren zu stoßen. Bisher hatte es bei keinem der großen Oppidas in Mitteleuropa solche systematische Untersuchungen gegeben. Man ging so vor, daß man das ganze freie Gelände mit Suchschnitten durchforschte. Man zog sie mit einem Löffelbagger 80 Zentimeter breit. Insgesamt machte man Suchschnitte von 7,8 Kilometer Länge. Die Profilwände wurden sorgfältig ge-

säubert. Stieß man auf eine Grube, so räumte man sie aus. Was man fand, war eine größere La-Tène-zeitliche Siedlungsfläche.
Ausgehend von den Baggerschnitten machte man Erdabdekkungen. Kleinere Abdeckungen gaben aber kein deutbares Bild. In den Jahren 1955 bis 1961 deckte man deshalb eine zusammenhängende Fläche, und zwar von 16478 Quadratmetern auf eine Länge von 270 Metern in nordsüdlicher Richtung ab. Man mußte verhältnismäßig große Flächen mit möglichst großer Genauigkeit abdecken. Dabei war es ein großer Vorteil, daß der Boden sehr eben war. Obenauf lag eine Humusdecke, denn dort ging ja der Pflug jahrhundertelang darüber. Darunter lag die keltische Kulturschicht. Man trug die Humusdecke mit einer Schürfkübelraupe ohne große Schwierigkeiten ab und man mußte nur sehr darauf achten, wo die keltische Kulturschicht begann. Sie zeigte sich durch das Auftreten von kleinen Knochensplittern und Scherben an. Dort begann die eigentliche Arbeit: Die Kulturschicht mußte von Hand abgetragen werden bis zur Grenze des gewachsenen Bodens. Zum Abtransport der Kulturschicht wurden kleinere motorisierte Kübelwagen verwendet, die man ‚Motorjapaner' nannte. Selbstverständlich mußte die Kulturschicht beim Abheben auf Funde kontrolliert werden. Das geschah innerhalb eines auch sonst angewendeten Koordinationssystems von zehn Metern, in das Ort und Art jeden Fundes eingetragen wurden. In der dunklen Kulturschicht konnten Siedlungsspuren nur sehr schwer festgehalten werden. Anders wurde es, sobald man den gewachsenen Boden erreichte, der aus hellem Kies und Sand besteht. In ihm zeichneten sich überraschend deutlich die dunklen Balkenlöcher, Wandgräbchen, Vorrats- und Abfallgruben ab. Nur, daß man eben nicht nur eine einzige Siedlungsschicht vor sich

hatte, sondern daß mehrere übereinander lagen. Im Laufe von ein- bis zweihundert Jahren waren Bauten eingegangen und andere darüber gebaut worden, so daß es nicht leicht war, die eine Schicht von der anderen zu trennen. Doch darüber später mehr.

Sobald der gewachsene Boden frei lag, trocknete er sehr rasch aus, so daß sich sogar Flugsand bildete. Wasser half nicht. Man sprühte deshalb eine Chlor-Calcium-Lösung über die Flächen. Jetzt blieb die Feuchtigkeit im Boden, und der Sand wurde gebunden. Das ursprünglich klare Bild wurde erhalten. Man konnte ungetrübte Luftbilder aufnehmen, wobei das Hubschrauber-Transport-Geschwader von Ingolstadt half. Aus den geringen Flughöhen ergaben sich sehr sehr handliche Bilder, die auch Einzelheiten genau erkennen ließen für die keineswegs leichte Auswertung.

Wall oder Mauer?

Das Schütten des großen Walls

Es war ein Wall, und man wußte es nicht anders, als daß es ein Wall war. Es war ein Wall aus Erde und keine verstürzte Mauer, die zu einem Steinwall geworden war, denn da waren keine Steine sondern Schutt und Erde. Das zeigten einwandfrei die durch den Wall gezogenen Suchschnitte.
Aber es war ein ungeheurer Wall, der da aufgeschüttet worden war. Ein Riesenwerk! Ein Wall von fast zwei Stunden Länge.
Wie lange konnte man dazu gebraucht haben, um dieses Werk zu schaffen?
Die Werkzeuge waren primitiv. Man grub mit dem Grabscheit, also einer Art Spaten, aber eben nur aus Holz. Doch das war üblich. Die römischen Legionäre gruben auch damit. Wenn der Erdwall heute noch bis zu 4 Meter hoch und an seiner Basis noch 20 Meter breit ist, so ergibt dies einen Querschnitt von etwa 40 Quadratmetern. Da der Erdwall im Laufe von etwa 2000 Jahren im Regen stark verflossen ist, ist ein Zuschlag zu machen von wenigstens 50 Prozent. Das ergibt einen Querschnitt von 60 Quadratmetern. Bei einer Gesamtlänge des Walls errechnen sich 60 mal 7000 = 420 000 Kubikmeter Erde. Nehmen wir die runde Zahl von

500 000 Kubikmetern an. — Heute rechnet man für einen Mann am Tag etwa 3 Kubikmeter für Handaushub und seitliches Lagern. Aber mit viel besseren Werkzeugen! — Rechnen wir für die damalige Zeit die Hälfte — die Erde mußte ja auch noch bewegt werden — und nehmen wir rund 300 000 Tagwerke an. Das würde heißen, daß damals 1000 Mann 300 Tage Arbeit gehabt hätten oder 2000 Mann 150 Tage. Die Arbeit konnte also in einem Jahr bewältigt werden. So viel Mann, das ist sicher, konnten an eine solche Arbeit gestellt werden.

Dabei wurde angenommen, daß man die Erde in der Nähe des Walles abgrub, so etwa wie die römischen Legionäre einen Graben aushoben und zum Wall ihres Lagers schichteten. Aber es findet sich kein ausgehobener Graben vor der Mauer. Er müßte auch heute noch zu sehen sein. Wie gut sieht man noch Wall und Graben am römischen Limes. Zum mindesten hätte man den Graben, auch wenn er zugeschwemmt war, finden müssen, wenn man nach ihm grub. Ein Graben ist also nicht da, und man mußte die Erde herbeiholen. Aber wie wurde sie dann befördert? In primitiven Karren? Die Kelten waren immerhin ganz große Wagenbauer. Oder aber in Tragkörben getragen? Das ergab dann eine erheblich größere Arbeitszeit. Als Peter der Große die Wälle von Petersburg bauen ließ, schleppten seine leibeigenen Russen die Erde in ihren Kaftans herbei. So primitiv war es im damaligen Rußland. Caesar berichtet in ‚De Bello Gallico' von den Schanzarbeiten der Nervier, daß sie die Erde in ihren Kriegsmänteln trugen.

Erdarbeit ist immer Schwerarbeit gewesen. Wenn keine Galeeren da waren, um die Sträflinge dort zu verbrauchen, wurden sie an die Karren zum Festungsbau gekettet. Bei unserem Festungsbau gab es wenigstens Karren. Wir dürfen

diese in entsprechender Zahl für die Kelten nicht annehmen. Es wird so gewesen sein, daß Männer, Frauen und Kinder in einer gemeinsamen Anstrengung das große Werk geschafft haben. Mit den einfachsten Mitteln, aber im unaufhörlichen Einsatz. Das heißt, daß vor dem Bau des Walles genug Menschen an Ort und Stelle oder in der Umgebung vorhanden gewesen sein müssen. Der Stadt ging ja eine ältere Siedlung voraus.
Wie dem auch sei, mit der Schüttung des Walles wurden die Kelten von Manching fertig. Stolz waren sie, als der erste Umgang stattfand, als die Götter eingeladen wurden, als die Opfer gebracht wurden ...

Das Verlegen von Wasserläufen

Es ging aber nicht nur um das Schütten des großen Walles. Die Männer, die den Bau der großen Stadt wollten, hatten eine ganz bestimmte Vorstellung von ihrer Form. Das ist einfach erstaunlich! Sie wollten keine Kompromisse mit den vorliegenden Verhältnissen schließen. Sie gaben sich nicht damit zufrieden, daß der vorgestellte kreisrunde Bau hier durch ein Flüßchen und dort durch einen Bach beeinträchtigt wurde, daß diese Wasserläufe forderten, von dem gewollten Kreise abzuweichen. Die Erbauer setzten gegen sie die gewollte Kreisform durch! Wo ist sonst so etwas in der damaligen Zeit geschehen?

Betrachten wir die Lage.

Nach einem Plan wurde die Stadt so angelegt, daß sie im Norden an den damaligen Hauptarm der Donau stieß. Die Donau zu verlegen, hatte man keinen Grund, und das wäre ja auch für die damalige Zeit zu viel gewesen. Von Natur aus war aber so die Stadt im Norden geschützt. Dort war auch, von einer nach Süden vorstoßenden Landzunge ausgehend, eine uralte Furt durch den Fluß. Sie gehörte zu einem ebenso alten Nord-Süd-Weg. Noch die Nibelungen sollen dort über die Donau gesetzt haben. Allerdings in einem Kahn . . .

Außer dem Nord-Süd-Weg gab es einen uralten Handelsweg zwischen West und Ost. Den Kreuzungspunkt beider Wege nahm man als die Mitte der Stadt. Zu diesen beiden Landwegen kam die ebenso uralte Wasserstraße der Donau. Die zu bauende Stadt hatte also für einen Ort des Handels, und damit auch des Gewerbes, eine hervorragende Lage.

In welchem Raum lag sie?

Vom Fichtelgebirge an, über die Alpen hinweg bis zum Apennin wurde keltisch gesprochen. Und der Donau entlang vom Ursprung bis zur Mündung sprach man ebenfalls keltisch. Im Süden der Stadt lagen zwei leicht begehbare Alpenpässe: Der Brenner und der Reschen, leicht begehbar, soweit die Räter den Verkehr durchließen.

In diesem Raum lag Manching an hervorragender Stelle. Es konnte den Zoll auf den Straßen und auf der Donau erheben. Caesar berichtet, daß gallische Fürsten dies an anderen Stellen taten.

Damit nun aber die Stadt die gewünschte runde Form bekommen konnte, geschah das Unglaubliche, daß die Kelten einen kleinen Fluß verlegten, die Paar, und dann noch den Igelsbach. Dazu bauten sie für Fluß und Bach ein neues Bett und benutzten wohl die ausgehobene Erde für den Bau des Walls. Aus dem Feilenmoos floß ein Bach auf den südlichen Wallabschnitt zu. Auch dieser Bach wurde, wie noch gut zu erkennen ist, von den Kelten umgeleitet.

Die Kelten verlegten also nicht weniger als drei Wasserläufe und drückten so dem Ort das runde Siegel ihres Willens auf. Heute trägt es dieses Siegel, denn es wird angenommen, daß das Flüßchen Paar immer noch in dem Bett durch das Dorf Manching läuft, das ihm die Kelten gegeben haben.
Mit dem Igelsbach und dem Flüßchen Paar hatte der Wall auch eine durch Wasser geschützte Westfront. Zum mindesten waren diese Wasserläufe ein Annäherungshindernis. Im Norden floß die Donau in mehreren Armen. Das Flußbett hat sich natürlich im Laufe der Zeit verändert. Aber noch 1827 war der Hauptarm der Donau mit einer großen Südschleife erst einen Kilometer vom Wall entfernt, und die Paar mündete nordwestlich vom Dorfe Manching in die große Donauschleife. Für die keltische Zeit nimmt man an, daß die Donau im späteren Lauf der Sandrach floß, also nur einige hundert Meter nördlich vom Wall entfernt. Im Süden des Walles gab es Moore, die einen gewissen Schutz gewährten, ebenso auch im Osten und im Nordosten. Es gab aber auch mehr oder weniger freie Wallabschnitte, ohne ein natürliches Annäherungshindernis. Aber auch dort findet sich keine Spur eines Grabens, und wie gut hätte man die im Graben ausgehobene Erde zum Schütten des Walles verwenden können. Woher haben die Kelten die Erde genommen, um den Wall zu schütten, wenn sie diese nicht aus den neu gegrabenen Betten der umgeleiteten Flüsse oder Bäche entnommen haben?
Es ist ein erstaunlicher Vorgang, daß die Kelten diese Korrekturen von Flüssen und Bächen vornahmen, um ihr Oppidum in der kreisrunden Form zu bauen, die sie haben wollten. Es ist nicht nur eine Frage des technischen Könnens, sondern auch des Denkens. Für das keltische Volk der La-Tène-Zeit waren Flüsse und Bäche noch belebt mit über-

natürlichen göttlichen Wesen, denen man keinen Zwang antun durfte. Wie scheute man sich noch bis in die christlich-karolingische Zeit hinein, die Erde mit dem Pflug zu verletzen! Der fränkische Bauer suchte sie damals vorher noch mit einem Opfer zu gewinnen, um sich zu entsühnen. Wenn es auch kaum zu glauben ist — wir sprachen davon — Bauarbeiter weigerten sich in unserer Zeit in Irland, einen Hügel auf einem Flugplatz abzutragen, weil Feen darin wohnten. Das heute! — Und vor zweitausend Jahren? Was mag diesem technischen Werk des Verlegens der Wasserläufe an Entsühnungen, kultischen Handlungen vorausgegangen sein, um es unbeschadet durchführen zu können? Wir wissen es nicht. Wir können es nur ahnen. Es kann aber sein und wird auch so sein, daß die Kelten ihr Oppidum einem bestimmten Gott, eben dem Gott Taranis weihten, dem das Rad heilig war. Daß die ganze Anlage der Stadt und ihre kreisrunde Form ein kultischer Akt eben für diesen Gott waren, dem man sich so besonders unterstellte. Durch die Nord-Süd-Verbindung und die Ost-West-Verbindung war das Rad vierspeichig. Das war nicht nur Geometrie und wurde nicht nur als solche angesehen. Damals sah man hinter jedem Zeichen noch etwas wesenhaft anderes. Aber trotzdem, trotz des großen heiligen Zeichens, was für Opfer mögen gebracht worden sein, um alle Götter mit dem Bau zu versöhnen und zu gewinnen?

Die Umleitung der Wasserläufe, so bedeutend sie auch war, war aber nicht die eigentliche technische Großleistung in der damaligen Zeit. Das waren nur Erdarbeiten. Auch wenn man sie planen und vorher bedenken mußte, man konnte mit dem Problem fertig werden. Das Material war der Boden und den gab es an Ort und Stelle.

Die Mauer

Der Wall war Jahrhunderte hindurch, soweit man zurücksehen konnte, ein Wall gewesen. Noch im Jahre 1893 machte — worauf schon hingewiesen wurde — Fink Wallschnitte, um festzustellen, daß eben der Wall ein Wall war. Es war aber schon aufgefallen, daß dort, wo der Wall abgetragen war, Kalksteinsplitter lagen. Woher kam dieser Kalkstein, nachdem weit und breit um Manching kein Gestein anstand? Auch brach der Pflug immer wieder Kalksteine heraus. In der Mauer der Kirche des Dorfes Manching gab es merkwürdige Steinreihen von behauenen Kalksteinen. In der Römer-Siedlung mitten im Ring fand man die gleichen behauenen Kalksteine, die dort als Pflaster verwendet worden waren. Sie mußten also vorrömisch sein und mit dem Wall etwas zu tun haben! Wer aber dachte daran, daß der Wall einmal eine Mauer gewesen sein könnte, aus Steinen, die es an Ort und Stelle gar nicht gab? Man wagte das einfach nicht anzunehmen. Wo sollte die dann benötigte Masse von Steinen herkommen? Es wurde März/April 1938, bis K. H. Wagner 30 Meter Wall sorgfältig abhob und dabei Aufschluß über die ursprüngliche Konstruktion der Befestigung gewann. Der Wall war gar kein Wall gewesen, sondern der Wall war nur die Erdhinterschüttung einer großen Mauer. Warum kam man aber so spät darauf, nämlich erst in den Dreißiger Jahren unseres Jahrhunderts, daß es sich bei dem Wall um eine Mauer handelte?

In Manching war der antransportierte behauene Kalkstein kostbar. Schon die Römer begannen ja nach der Zerstörung des Oppidums ihn abzubauen, um ihn zu Pflaster und anderem zu verwenden. So wurde die Mauer als höchst willkommener Steinbruch abgetragen. Wo gab es denn sonst in der Umgebung Steinmaterial oder gar Kalk? Die Mauer wurde so bis in die untersten Steinlagen abgebrochen. Das geschah auch noch durch die Bewohner von Manching und der umliegenden Dörfer. In Manching stecken die kleinen Kalkquader neben der Kirche, auch in der Friedhofmauer und unten in den älteren Häusern. Außerdem füllte man das weiße Jura-Material in die Kalköfen, weil es sich sehr gut zum Kalkbrennen eignete. Als man beim Flugplatzbau in den Dreißiger Jahren den verbliebenen Wall auf 800 Meter Länge abtrug, fand man darin drei Kalköfen. Kalköfen fand man auch anderswo. Es mag ein blühendes Geschäft gewesen sein mit dem Kalk und mit den Steinen. Beim Abbruch des Steinmaterials fand man auch die langen Eisennägel von dem Holzfachwerk der Mauer. Nach ihnen hatte man vielleicht schon in der Völkerwanderungszeit gesucht, denn sie war so eisenknapp, daß die Franken in der Porta Nigra von Trier die Eisenanker mühsam herausmeißelten, mit denen die Quader von den Römern verbunden worden waren. Was die Kelten in soundsovielen Jahren an Kalksteinen zu ihrer Mauer antransportiert hatten, verschwand in zwei Jahrtausenden fast restlos. Es blieben nur Erde und Sand des Walles zurück, und auch der Sand wurde an manchen Stellen abgefahren.

Die Mauer war also kein Wall, sondern eine richtige gallische Mauer, wie Caesar sie in ‚De bello Gallico' beschreibt; ein seltener Fall diesseits des Rheins! War hier ein Baumeister aus Gallien am Werk gewesen?

Man betrachte das Bild Seite 112 b mit der gezeichneten Rekonstruktion. Es ist das Ergebnis der Grabungen K. H. Wagners. Dabei handelt es sich um die Mauer der Periode 1. Am besten hören wir Caesar, wie er in ‚De bello Gallico', VII. Buch, 24. Kapitel den ‚murus Gallicus' beschreibt:

„Alle gallischen Mauern sind etwa folgendermaßen gebaut. Man legt Balken rechtwinklig zur Längsrichtung der Mauer und fortlaufend nebeneinander auf den Boden. Die Abstände voneinander sind gleich und betragen zwei Fuß (0,60 Meter). Diese Balken verklammert man an der Innenseite miteinander und bedeckt sie mit einer starken Schicht Schutt. An der Außenseite dagegen füllt man die erwähnten Zwischenräume mit großen Steinen völlig aus. Sind nun diese Balken verlegt und miteinander verklammert, so kommt eine zweite Schicht darauf, und zwar so, daß nicht Balken auf Balken liegt, sondern daß unter Einhaltung der gleichen Zwischenräume die einzelnen Balken durch dazwischen befindliche Steinblöcke fest umschlossen werden. Auf diese Weise wird der Bau Schicht für Schicht zusammengefügt, bis die gehörige Höhe erreicht ist. In ihrem bunten Aussehen ist eine solche Anlage durch den regelmäßigen Wechsel der in geraden Linien geschichteten Balken und Steinen nicht unschön; zugleich aber ist sie für die zweckmäßige Verteidigung einer Stadt überaus günstig, weil vor dem Feuer die Steine und vor dem Mauerbrecher die Querbalken auf der Außenseite schützen, die außerdem noch durch Balken von durchschnittlich vierzig Fuß (12 Meter Länge) auf der Innenseite fest miteinander verbunden sind und daher weder durchgeschlagen noch auseinandergerissen werden können."

Es handelt sich also nicht um eine Mauer, die mit Mörtel gebaut war, sondern um eine Trockenmauer. Dabei war die Mauer mehr eine Zimmermannsleistung als eine Maurerleistung. Dieser Mauerbau bedingte aber, daß immer ein Stück der Mauer gerade war, und zwar in der Länge der im Mauerzug liegenden Balken. Wenn der Balken zu Ende war, gab es eine Ecke, und der nächste Balken setzte an. So entstand

genau genommen kein Rund, sondern ein Vielfacheck, eben bedingt durch die Holzbauweise.
Vom äußeren Bild der gallischen Mauer sagt Caesar, daß sie ‚ein gefälliges und nicht unschönes Aussehen hätte...' Man kann auch sagen: die Mauer war gewürfelt oder kariert in ihrem Muster, so wie ein Schotten- oder vorher ein Keltenmuster.
Es gab nicht nur ein hübsches Bild, sondern die Mauer war auch gesichert gegen den ‚Widder'. Caesar spricht davon. Man konnte mit dem Stoßen des ‚Widders', der sonst mit der Zeit jede andere Mauer brach, die Balkenlagen nicht verschieben. Auch die Steine waren nicht leicht herauszubrechen, denn sie wurden ja im Holzgefache festgehalten. Caesar berichtet zwar, daß man diese Mauern anzünden konnte. Aber dagegen gaben die Steine einen gewissen Schutz. Es muß aber doch gelungen sein, solche Mauern in Brand zu setzen. Die Hitze des Brandes konnte dann so stark werden, daß die Steine verglasten. Wir haben solche Beispiele in England. Man nennt dort solche Mauern verglaste Mauern. Durch den Brand verlor die Mauer ihren Halt und brach zusammen. Man überlege sich einmal, was für den Bau der sieben Kilometer langen Mauer von Manching an Balken gebraucht wurde. Man betrachte die Zeichnung und zähle selbst. Auf einen Meter Mauerlänge kamen nach den Angaben von Caesar etwa eineinhalb Reihen senkrecht übereinander liegender Balken. Nach dem Befund der Grabung des Osttors ist bei der Mauer von Manching der Zwischenraum größer. Man kann ihn mit 1 Meter annehmen und fand noch Nägel ‚in situ'. Die Mauer war 4 Meter tief. Also mußten diese Balken 4 Meter lang sein. Es sind etwa 8 Balken in der senkrechten Reihe bei einer Mauerhöhe von nur 4 Metern. So steckten in einem Meter Mauerlänge 32 Meter zur Mauer

querlaufender Balken. Dazu kommen die in der Mauerrichtung liegenden Balken. Das ergibt nochmals 8 Meter. Im ganzen also rund 40 Meter Balken je ein Meter Mauerlänge. Nimmt man die Balken zu 25 Zentimeter Stärke an, was ungefähr entsprechen dürfte, so kommt man, da in einem Kubikmeter Holz 16 Balken von je 1 Meter Länge stecken, auf 2,5 Kubikmeter Holz je Meter Mauerlänge. Bei einer Gesamtmauerlänge von sieben Kilometern ergeben sich so rund 17 000 Kubikmeter Holz!

Wo brachte man das Holz her, wie brachte man es her? Wahrscheinlich auf dem Wasserweg auf der Donau und — wo kein Wasser vorhanden war, wurde es geschleppt. Wenn man in einem Jahr die Mauer bauen wollte, so mußten vielleicht 50 Kubikmeter Holz am Tage herangeführt werden. Außerdem mußte das Holz noch zugerichtet werden. Baute man zwei Jahre, so war es eben nur die Hälfte, undsoweiter. Es bleibt für die damalige Zeit eine erstaunliche Leistung.

Die Nägel

Die Holzgefache der Mauer mußten einen Halt in sich haben. Entweder mußten die Balken ineinander eingelassen werden. Das war Zimmermannsarbeit, und man konnte dann mit Holznägeln arbeiten. Die Balken wurden aber nicht eingelassen — das war zu viel Mühe — sondern aufeinandergelegt. Dafür mußte man sie nageln, und zwar mit ‚Eisennägeln‘! Man liest richtig: Mit Eisennägeln. ‚Clavos‘, der eiserne Nagel! In einer Zeit, als Eisen so kostbar war, daß die germanischen Krieger meist nur mit einem Spieß ausgerüstet wurden, und nur die Reichen, die Edlen auch Schwerter trugen, hatten die Kelten in Manching und anderswo

Blick auf eine Grabungsfläche des keltischen Oppidums bei Manching

Das Osttor in seinem heutigen Zustand.

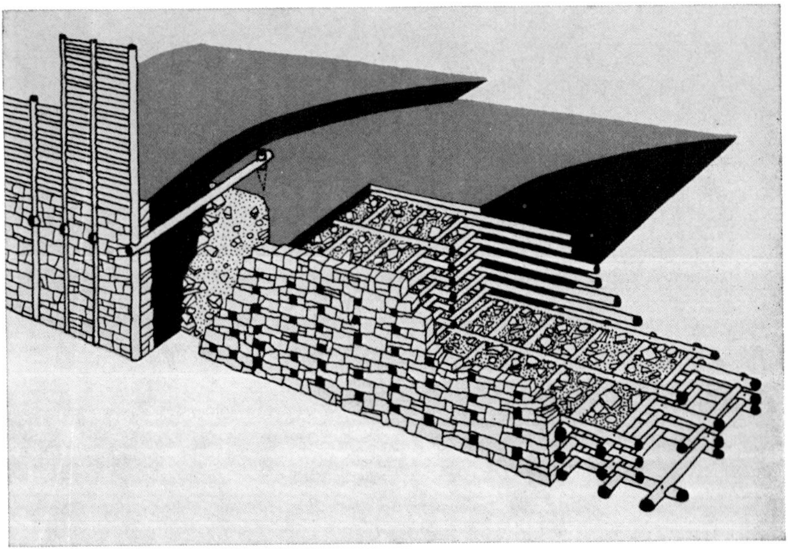

Die keltische Ringmauer war eines der größten prähistorischen Bauwerke nördlich der Alpen. Sie bestand aus einer drei Meter breiten Außenfront von mörtellos geschichteten Kalksteinen und wurde durch ein vernageltes Balkengerüst zusammengehalten. Nach innen gab ein mächtiger Erddamm der Mauer zusätzlichen Halt. Seit der Römerzeit hat diese Mauer als Steinbruch gedient, so daß schließlich nur noch der Erdwall übrigblieb

eine solche Eisenerzeugung, daß sie den Wald von Balken zu den Holzrahmen und Gefachen zusammennageln konnten, und zwar mit vierkantigen Nägeln, 1 Zentimeter stark und 20 bis 30 Zentimeter lang. Sie müssen dazu ganze Waggonladungen von Nägeln herangeschafft haben, nachdem das Erz verhüttet und das Eisen herausgeschmolzen und zu den langen Nägeln geschmiedet worden war. Man kann es sich gar nicht vorstellen, daß diese Menge Eisen in der Nähe des Oppidums erzeugt worden ist. So günstig lagen dort die Verhältnisse nicht. Man fand wohl eine Anzahl von ehemaligen Schmelzöfen, aber stand auch genug Rasen-Eisenerz an? Man denkt deshalb daran, daß ein Teil des Eisens in der Nähe von Kelheim erschmolzen wurde, wo auf oder um den Michelsberg dieses wichtige Eisenrevier war, und daß dann die Luppe oder schon die geschmiedeten Nägel donauaufwärts bis Manching verschifft wurden. Die Kelten waren nördlich der Alpen für damalige Verhältnisse Großerzeuger von Eisen. Doch darüber mehr in einem besonderen Kapitel. Hier sei nur so viel gesagt, daß es eine ganz große technische, organisatorische Leistung war, diese Unsumme von Nägeln mit einem Gewicht nach Tonnen zu erzeugen. Es sind je Meter Mauerlänge 8 mal 6 Nagelstellen, also 48 Nägel. Wenn man den Nagel mit 0,25 Kilogramm rechnet, so ergibt das je Meter Mauerlänge ein Gewicht von 12 Kilogramm Eisen, und bei einer Mauerlänge von 7000 Metern ein Gesamtgewicht von 84 000 Kilogramm oder rund 80 Tonnen. Das wäre heute die Ladung von vier Eisenbahnwaggons zu 20 Tonnen. Was muß da an Erz gesammelt worden sein, Holzkohle erzeugt und Eisen geschmolzen worden sein in den vielen kleinen Chargen in so vielen Öfen?
Aber es wurde bewältigt.

Die Steine

Noch erstaunlicher ist die Leistung für das Behauen und dann den Antransport der Mauersteine. Sie wurden auf eine durchschnittliche, handliche Größe zugehauen. Das muß schon im Steinbruch geschehen sein. Warum sollte man den Abfall mit transportieren?
Wo aber waren diese Steinbrüche?
Mit Sicherheit ist es nicht zu sagen. Gewiß sind sie aber an der Donau zu suchen, und zwar dort, wo das Material an die Donau heransteht. Es ist — ich übernehme die Bezeichnungen — der sogenannte ‚höhere weiße Jura', der aus ‚massigem Dolomit, dünnplattigen (Solnhofer) Kalken und aus dickgebankten Kalken' aufgebaut ist. Diese dickgebankten Kalken boten sich als Baumaterial an, denn sie hatten horizontale Bankfugen und sie sind durch zahlreiche Risse auch vertikal abgefugt.
Solches Material gibt es bei Neuburg an der Donau. Es ist anzunehmen, daß es die Kelten an dieser für sie günstigen Stelle gebrochen und auf Donauflöße verladen haben, um es wenige hundert Meter vor dem Nordtor ihres Oppidums auf der Donau auszuladen und, um es dann, soweit es auf dem Wasserwege ging, noch auf dem Flüßchen Paar in kleineren Ladungen zu verschiffen. Dort konnte man ja die Mauer vom Flüßchen aus aufbauen. Sonst aber blieb nur der Landweg quer durch die Innenfläche mit Karren auf Bohlenwegen! Eine mühselige Arbeit. Wahrscheinlich setzte man die Mauer auf, bevor man die Erdböschung anschüttete. Es kann aber auch sein, daß man sie ebenfalls schon geschüttet und sie beim Bau der Mauer als schiefe Ebene benutzt hat.
Von Neuburg an der Donau bis Manching hatte man einen

Wasserweg von etwa 30 Kilometern bei dem damaligen sehr gekrümmten Donaulauf, also eine ganz beachtliche Strecke für den Antransport der Steine. Wenn die Flöße für den Transport weiter benutzt wurden, mußten sie wieder donauaufwärts geschleppt werden. Zum Schleppen aber brauchte man einen Treidelweg. Pferde hätte man gehabt, aber einen Treidelweg dürfte es kaum gegeben haben. Dazu waren zuviel Hindernisse in den Nebenarmen der Donau, in den Altwassern, in den sumpfigen Uferstrecken. Wahrscheinlich hat man das Steinmaterial auf Flößen antransportiert, deren Stämme man für den Rahmen und Gefache der Mauer verwendete. Mat hat auch so geflößtes Holz gehabt, was viel länger hält, weil der Holzwurm nicht hineingeht.

Riesig aber waren die Steinmengen, die für die sieben Kilometer der Mauer benötigt wurden. Nimmt man eine Front-Trockenmauer aus zugehauenen Steinen von 25 Zentimeter Dicke an, so ergibt sich je laufender Meter Mauer schon ein Kubikmeter Hausteine und für die Länge der Mauer also 7 000 Kubikmeter zugehauener Steine. Dazu kommt die Steinfüllung der Gefache mit schlechterem Steinmaterial. Bei einer Tiefe der Gefache von 3 Metern, ergeben sich etwa 12 Kubikmeter je laufendem Meter Mauer. Bei der Länge der Mauer von 7 000 Meter sind es im Ganzen rund 80 000 Kubikmeter Steine. Zum Vergleich sei gesagt: Bei der berühmten Steinsburg bei Römhild schichteten die Kelten in ihren drei Wällen, die ursprünglich ebenso Mauern waren, etwa 200 000 Kubikmeter Steine. Aber die gab es an Ort und Stelle. Das ist der große Unterschied gegenüber Manching.

Wie die Kelten von Manching das Transportproblem bewältigt haben, ist ein Rätsel. Es gab ja keine Steine an Ort und

Stelle. Sie mußten geholt werden. Die Bruchsteine dürften einen kürzeren Transportweg gehabt haben. Man brauchte nicht bis Neuburg zu fahren, wo das gebankte Material lag. Trotzdem, wenn am Tage 100 Kubikmeter Steinmaterial herangeschafft wurden, so ergab das 800 Tage, also etwa drei Jahre. Aber 100 Kubikmeter am Tag mit den damaligen Mitteln?! Wenn man auf das Gewicht geht und es für einen Kubikmeter mit eineinhalb Tonnen ansetzt, denn der Stein war ja nicht kompakt, sondern lose geschüttet, dann ergibt sich eine Transportlast von etwa 120 000 Tonnen. Wenn heute ein Fuhrpark 100 Lastwagen zu je 10 Tonnen dafür einsetzte, so müßten diese Lastwagen 120 Mal den Weg machen.

Wie ist das Rätsel zu lösen?

Es muß für den Bau eine Anzahl von Jahren angenommen werden. Es kam ja dazu, daß beladen und entladen werden mußte. Dann mußte das Steinmaterial vorher — wenn es auf der Donau verschifft wurde — zum Wasser transportiert und bei Manching wieder an Ort und Stelle befördert werden. Dies, nachdem vorher die Kalksteine gebrochen und bearbeitet worden waren.

Man kann hin- und herrechnen, wie man will, es war eine für die damalige Zeit mit ihren Mitteln kaum zu bewältigende Leistung.

Aber sie wurde bewältigt! Die Mauer wurde gebaut.

* * *

Man hat sich schon gefragt, ob nicht der Kimbern- und Teutonenzug bewirkt hätte, daß dieser Mauerbau mit seiner unglaublichen Leistung vollbracht wurde. Der Kimbern- und Teutonenschrecken hatte am Ende des zweiten Jahrhunderts vor ebenso die Kelten wie die Römer erfaßt. Die wandernden Völker zogen entweder die Oder oder die Elbe entlang und stießen überall auf Kelten. Im Jahre 113 vor wird der römische Konsul Cnaeus Papirius Carbo bei Noreia in der Steiermark geschlagen. Dann müssen die Kimbern und Teutonen auf dem Wege zum Main südlich oder nördlich der Donau Süddeutschland durchzogen haben. Man könnte also sagen: Unter diesem Schrecken arbeitete man, um weiterzuleben.

Aber es ist ganz unwahrscheinlich, daß es so war. In Manching wurde doch nicht überstürzt gebaut, wie die langen Mauern Athens zum Pyräus im Peleponnesischen Krieg. Die große Keltenstadt bei Manching wurde planmäßig angelegt und keineswegs behelfsmäßig. Man legte ja sogar Wasserläufe um!

Es ist so, daß systematisch und mit Überlegung gebaut wurde. Welch ein mächtiger Wille muß diese ungeheure Mauer gebaut haben und mit welcher großartigen Organisation!

Die zweite Mauer

Auf der Abbildung ist vor die Mauer der Periode 1 eine zweite Mauer der Periode 2 eingezeichnet. Der Grund: Die erste Mauer mußte ersetzt werden. Die erste Mauer erfüllte also nicht mehr ihre Funktion. Sie schützte nicht mehr. Zerstört wurde sie aber nicht. Dafür gibt es nicht den mindesten Anhalt. Es kann deshalb nicht anders sein: Irgendwann waren die Balken verfault, auch wenn das Regenwasser zwischen den Steinen hindurch ablaufen konnte. Wenn die große Mauer der ersten Periode im zweiten Jahrhundert vor gebaut wurde, war sie im ersten Jahrhundert vor baufällig und damit erneuerungsbedürftig. Aber, wenn eine gallische

Mauer erneuert werden mußte, so mußte sie ganz abgebaut und ganz neu wieder aufgebaut werden. Dabei rutscht die angeschüttete Erdböschung ein. Sie mußte also auch noch — wenigstens zu einem Teil — abgetragen werden. Das ist eine Riesenarbeit, die man gescheut haben wird. Vielleicht hatte man auch nicht die Zeit dazu, die Mauer ganz neu zu bauen? Die Mauer von sieben Kilometern Länge war zum mindesten in Teilen eingerutscht, und zwar nach außen. Sie war kein Hindernis mehr. Vom Süden aber drohte Rom! Was sollte man tun?
Man half sich, indem man das System änderte und eine sogenannte ‚Pfosten-Schlitzmauer' davor setzte. Mit senkrecht in den Boden eingelassenen Pfosten, die so hoch waren, daß sie auch die Brüstung tragen konnten. Nach hinten wurden die Pfosten mit waagrecht liegenden Balken im Erdreich verankert.

Zwischen den senkrecht stehenden Pfosten, die eine Entfernung von knapp zwei Metern hatten und eine Stärke von 40 bis 60 Zentimetern, setzte man eine Steintrockenmauer, aus den von der ersten Mauer vorhandenen Hausteinen, die zwischen den Pfosten einen Halt fanden. Hinten wurden Steine, Sand und Erde angeschüttet, und dabei mußte man sehr abwägen, welchem Erddruck die aufgebaute Trockenmauer standhalten konnte. Hier kannte man sich wohl aus. Unsere Weingärtner verstanden es ja auch, solche Trockenmauern in ihren Weinbergen zu setzen, und zwar ohne die senkrechten Haltepfosten. Die Brüstung war natürlich ganz aus Holz. Das war aber bei der ersten Mauer auch nicht anders gewesen. Eine Mauer wie die zweite war leichter anzuzünden als die erste. Auch dem ‚Widder' hielt sie nicht so gut stand wie die sogenannte gallische Mauer, deren äußere

Steinlagen durch die dahinterliegenden Holzbalken abgestützt wurden.
Diese zweite Mauer war die Mauer, mit der sich die Stadt gegen den andringenden Feind wehren mußte. Denn daran ist kein Zweifel, daß diese Stadt vollkommen zerstört wurde. Wir sind nur nicht sicher, oder noch nicht ganz sicher, ob es die Römer taten. Aber so vieles deutet darauf hin.

Die Tore

Verhältnismäßig gut geschützt waren die Tore. Es waren die damals üblichen sogenannten ‚Zangentore'. Das heißt, die Mauer war auf den beiden Seiten rechtwinkelig nach innen gebogen bis zum eigentlichen Tor. Wenn der Feind vor diesem Tor stand, konnte er von den beiden Seitenmauern von oben her bekämpft werden, und zwar je auf eine Länge von etwa fünfzehn Metern. Er war in der Zange! Das Tor selbst war auch verhältnismäßig stark durch seinen turmartigen Holzaufbau. Die Pfosten, die ihn trugen, hatten vierkantige Querschnitte von 70 bis 95 Zentimeter Durchmesser. Man fand beim Graben bis 30 Zentimeter lange Eisennägel, die beim Torbau verwendet worden waren. Auch von diesem klotzigen Aufbau konnte der Feind beschossen werden. Einen Graben mit einer Brücke hat es vor dem Tor nicht gegeben. Es war aber ein Doppeltor mit einer starken Pfostenreihe in der Mitte, die den Aufbau mitgetragen hat. Beide Durchgänge zwischen den Pfosten sind etwa je 3 Meter breit und gepflastert. Auf der Pflasterung sind noch deutlich die Fahrspuren zu sehen von Wagen mit einem Radabstand von etwa 1,10 bis 1,15 Metern. Unter dem Tor fand man auf der alten Erdoberfläche deutliche — von Ost nach West gerichtete —

Pflugfurchen aus der Zeit, als weder Tore noch Mauern gebaut waren. Es sind die Spuren der vorausgehenden keltischen Siedlung! Doch zurück zum Tor: Auch das überbaute Tor war verhältnismäßig tief, nämlich etwa 12 Meter. Es ist aber nicht sicher, ob es auch auf dieser ganzen Länge überdeckt war.

Der Befund ergab, daß das Tor dreimal erbaut worden ist, einmal für die ‚gallische Mauer' und zweimal für die ‚Pfostenschlitzmauer', doch nur mit geringen Abweichungen.

Vor dem Tor in der Mitte des Torvorraums, ergab sich ein ganz merkwürdiger Fund: Ein zylindrisches Holzgeflecht mit etwa 1 Meter Durchmesser, von etwa zehn Pflöcken, die korbartig mit Ruten umwunden waren. Ein starker Holzpfahl steckte in der Mitte. Eine Deutung wurde bisher nicht gewagt. Der Pfahl kann ein Kultpfahl gewesen sein, in einem durch das Geflecht gegebenen Ring.

Vor dem Tor, den Torraum abschließend, lag eine annähernd rechteckige, aber ziemlich flachbödige Sperre mit Wänden aus Bohlen von Eiche und Kiefer. Zu den Torwangen hin waren noch Pfosten eingeschlagen, um den Durchschlupf zu schließen. Die Höhe der Holzbohlen wie die der Pfosten ist aber nicht mehr zu ermitteln. Daran kann man aber nicht zweifeln, daß dieses Bauwerk eine Sperre war, die das Tor schützen sollte — wann? — Gegen wen? —

Das ist der Befund des Osttores, das man in den Dreißiger Jahren ausgrub. Die anderen Tore waren auch Zangentore. Man kann es mit Sicherheit für das verschwundene Westtor und das Nordtor annehmen. Das Südtor ist ebenfalls wie das Osttor verhältnismäßig gut erhalten, aber noch nicht gegraben.

Solch ein Tor war ein ebenso beachtliches Hindernis wie ein Bauwerk zum Schutz des Oppidums. Ihm wollte man möglichst viel Abwehrkraft gegen den Feind geben. Man gab diese Abwehrkraft durch den Bau und man gab sie außerdem noch durch ein Opfer. Als man das Osttor ausgrub, fand man ja dort das Skelett eines sechsjährigen Kindes, Kein Zweifel: Das war das Bauopfer. Hier ist einer der Beweise dafür, daß die Kelten das Menschenopfer kannten. Ein sechsjähriges Kind als Opfer und als Bote zu den Göttern! Vielleicht ging es ganz gutwillig mit, um vor dem ganzen Volk zu sterben!?

Aber was nützte es? Der Befund des letzten Tores zeigt eine starke Brandschicht mit Holzkohle. Der brennende Überbau des Tores muß dem Wallinnern zu gestürzt sein. Darunter liegen erstaunlich viele Knochen von Menschen. Außerdem wurden eine Lanzenspitze gefunden, eine Reihe von Lanzenschuhen und das Ortband einer Spät-La-Tène-Schwertscheide. In der vorgebauten Sperre lagen zwei menschliche Schädel ohne Unterkiefer. Einer davon war zerhauen. Außerdem wurden menschliche Knochen, ein Oberarmknochen gefunden, ein Wetzstein, das Bruchstück eines Bronzeanhängers mit menschlicher Maske...

Nach diesem Befund ist nicht daran zu zweifeln, daß das Osttor Manchings umkämpft und zerstört worden ist, wie die ganze Stadt.

Die Abwehrkraft der Mauer

Wer ein solches Werk tut, der muß sich auch von seiner Abwehrkraft viel versprochen haben. Aber gegen wen wurde die Mauer gebaut? Wenn überhaupt, dann gegen solche Völkerzüge wie die der Kimbern und Teutonen! Man hatte ihre

Schrecken erlebt und fürchtete eine Wiederholung. Unter Ariovist und vor Ariovist haben dann die Sweben den großen keltischen Festungswall gegen die Germanen durchbrochen und zogen durch das Keltenland über das Elsaß bis nach Gallien hinein. Es wiederholte sich also ein germanischer Vorstoß mit seinen Schrecken. Aber er war von den Römern zurückgeschlagen worden. Statt der Germanen von Norden, drohten nun die Römer vom Süden. In einer immer drohender werdenden Zeit baute man die Mauer gegen jeden möglichen Feind. In einer Zeit, in der als neue Sozialerscheinung Städte heranwuchsen, wollten diese auch die Mauer haben, die sie als Stadt auswies. Was zeigte damals so die Größe und die Leistung einer Stadt an wie ihre Mauer!

Aber, was war diese Mauer wert, wenn die Römer mit ihrer Belagerungskunst herankamen, die sie von den Griechen übernommen hatten?

Kelten wie Germanen waren auch in der Schlacht auf den Kampf von Mann zu Mann eingestellt. Eine Schlacht war ein großer Zweikampf, der nach — so kann man sagen — Regeln geschah. Die Schlacht war ein Anruf an die Götter, sich für die eine oder andere Seite zu entscheiden. Um ihren Willen wirklich zu erproben, mußte gleich auf gleich gefochten werden. Auch auf der Stadtmauer focht man wie in einer Schlacht mit Schlachtreihe gegen Schlachtreihe, nur daß eben die eine auf der Mauer stand. Die Stadtmauer gab den Ausgleich dafür, daß der Verteidiger schwächer war.

Wenn die Fernwaffen eingriffen, dann war dies kein Kampf mehr von gleich auf gleich, in der regulären Schlacht wie beim Kampf um die Mauer. Wie wenig das griechische Heer der Zehntausend unter Xenophon bei der Anabasis aus der Mitte Persiens bis zur Küste auf Fernwaffen gefaßt war, wissen wir aus der Schilderung Xenophons vom Angriff der

persischen Bogenschützen auf die schwer bewaffneten griechischen Hopliten. Im Jahre 189 vor brachte der römische Konsul Manlius Vulso ein Heer der Galater in Kleinasien durch ununterbrochenes Beschießen mit Wurfmaschinen, Pfeilen und Schleudersteinen völlig in Verwirrung. Es mag ähnlich gewesen sein wie, wenn in einem der beiden Weltkriege Infanterie im Granatfeuer lag. Sie wurde von einem unerreichbaren Gegner zusammengehauen.
Ähnlich mag es den Verteidigern des Oppidums von Manching gegen die Römer ergangen sein. Erobert und zerstört wurde ja das Oppidum, und was ist so wahrscheinlich wie, daß es die Römer im Jahre 15 vor gewesen sind, als ihre Legionen unter Drusus und Tiberius über den Reschen- und Fernpaß herüberkamen, um Vindelikien zu erobern? Bei den römischen Befestigungen gab es die Annäherungshindernisse, um den Gegner vor Erreichen der Mauer gehörig unter Feuer nehmen zu können. Das geschah durch die Geschütze von den Türmen aus, deren Kugeln und Pfeile verheerend auf eine Schlachtreihe oder Sturmkolonne wirken mußten. Dann kam der Angreifer erst in den Bereich der Bogenschützen und Schleuderer. Danach — wenn es gegen eine römische Mauer ging — in den Bereich der Pilen, der römischen Wurfspeere, die auf 25 Meter fast unfehlbar geworfen wurden. Es war schwer, ein solches ‚Feuer' zu unterlaufen. Die Germanen hatten es gelernt, als sie die römischen Kastelle im dritten Jahrhundert nach gestürmt haben. Die Kelten auf der Mauer von Manching trugen Lanze und auch Schwert als ihre Hauptwaffen. Sie kannten nicht, was für die römische Verteidigung selbstverständlich war, das ‚flankierende Feuer' von den Türmen aus. Wenn auf der Mauer von Manching so etwas wie Türme standen, dann eben auf den Toren. Auch die gallischen Städte, die Caesar belagerte, hatten keine

Türme. Doch berichtet Caesar, daß die Gallier zur Abwehr der römischen Türme Holzplattformen auf ihre Mauern gesetzt hätten. Aber die Gallier hatten keine Geschütze, um sie darauf aufzustellen.

Wir wissen nicht, wieviel Verteidiger das Oppidum von Manching auf die Mauer stellen konnte. Mögen es einige Tausend gewesen sein. Wenn sie auf der Mauer standen, wurden sie von den römischen Geschützen unter Feuer genommen. Jede Legion hatte die bewegliche Artillerie, dann waren die Bogenschützen und Schleuderer nach vorne gezogen worden, unter Umständen in Deckung von großen beweglichen Schilden, die man angefertigt hatte. Gegen dieses aus der Tiefe gestaffelte Feuer kamen die Verteidiger, die nur aus der einen Linie hinter der Brüstung schießen konnten, nicht an, wenn sie überhaupt auf das Schießen genügend vorbereitet waren. Sie konnten in dem schwirrenden Geschoßhagel der Römer kaum mehr den Kopf über die Brüstung erheben. Dann trat eine römische Sturmkolonne an in der bekannten ‚testudo', der Schildkröte, bei der sich die Legionäre mit ihren großen viereckigen Schilden lückenlos nach oben und nach der Seite sicherten. Es genügten, da kein Graben da war, und die Mauer nur etwa vier Meter hoch war, verhältnismäßig kurze Leitern. Schildgedeckt drang man nach oben. Die Männer, die hinter der Brüstung mit dem Speer nach unten abwehrten, konnten leicht von den Bogenschützen abgeschossen werden. Eine einzige Legion hatte schon gegen sechstausend Mann. Sie konnte also mehrere Sturmkolonnen bilden, und ihnen konnte die Stadt ohne gestaffelte Verteidigung nicht widerstehen. Die römischen Angriffskolonnen werden sich überraschend gebildet haben, um schnell an bestimmten Stellen anzugreifen. Es war kaum möglich, die Verteidigung an diesen Stellen so schnell zusammenzufassen, wenn auch die

Reserve durch die Böschung sehr leicht auf die Mauer kommen konnte.

Es kann auch so gewesen sein, daß der römische Angriff überraschend aus dem Anmarsch heraus geschah. Es war ein Manöver, das von Caesars ‚De bello Gallico' her bekannt ist. Jedenfalls gab es um das Oppidum von Manching keine Circumvallations-Linie, keinen die Stadt einschließenden Wall, wie ihn die Römer bei anderen gallischen Städten zur Abschließung und Belagerung errichtet haben. Man findet um Manching keine Erdbewegungen zum Schutz des Angreifers, auch keinen Damm etwa für das Bewegen eines Turmes. Deshalb kann man auch nicht sagen, wo der Einbruch gelang. Ein Turm war ja immer das stärkste Mittel, das gegen eine Mauer eingesetzt werden konnte, und Caesar setzte ihn bei einigen gallischen Städten ein. Wenn es den Belagerern gelang, einen solchen aus Holz gebauten Turm, der auf Rädern lief, an die Stadtmauer heranzubringen, so war praktisch das Schicksal der Stadt besiegelt. Aus der heruntergelassenen Zugbrücke ergoß sich ein Strom von Stürmern auf die verhältnismäßig wenigen Verteidiger, die auf der üblichen Breite einer Stadtmauer stehen konnten. Sie wurden überrollt. Es war dann die Taktik, die Einbruchstelle rechts und links auszuweiten, ein ganzes Mauerstück von der Verteidigung zu säubern. Ähnlich wie im Grabenkampf im Weltkrieg. Jetzt erst trat man in größerer Zahl von der Mauer aus zum Straßenkampf an. Sehr viel günstiger war es, bei einer 4 Meter breiten Mauer, wie der von Manching, die auch noch eine Böschung hatte. Hier konnte man eine Kolonne von Verteidigern gegen die Sturmkolonne setzen, die aus dem Turme sprang. Davon aber, daß die Römer eine so große Belagerungsmaschine angesetzt hätten, ist nichts bekannt. Sie haben es wohl in Manching auch nicht getan.

Wie gesagt: Wir finden keine Erdwerke der Römer, die gegen die Mauer von Manching gerichtet waren. Eine Zeitlang hielt man eine im Zickzack geführte landwehrartige Verschanzung südlich des Oppidums für römisch. Aber diese Verschanzung läuft parallel zum Igelsbach, und zwar etwa aus dem Südwesten nach Nordwesten auf die Mauer zu. Es hatte keinen Sinn, ein solches Erdwerk aufzuführen, wenn man das Oppidum belagern wollte. Man ist heute der Ansicht, daß es sich um eine Befestigung aus viel späterer Zeit handelt, nämlich um eine der Grenzen zwischen Kurbayern und Pfalzneuburg. Sie verlief wenig östlich der Verschanzung, um nachher dem Ostteil des Ringwalles zu folgen. Sie könnte im Schmalkaldischen Krieg erbaut worden sein. Jedenfalls ist es auszuschließen, daß sie römisch ist.

Zum Abschluß kann man von der Mauer sagen: Die Kelten von Manching, sicher die keltischen Vindeliker, haben mit ihrer Mauer ein ungeheures Werk vollbracht. Aber es hat ihre Stadt nicht vor der Zerstörung bewahren können. Wenn wir aber heute vor diesem Werk stehen, so können wir dies nicht ohne Hochachtung vor dem tun, was damals geleistet worden ist, und vor denen, die es geleistet haben.

Die Bebauung im großen Ring

Mit der Mauer kennen wir das Haus von außen. Sie ist eine großartige Mauer, eine bewundernswerte, für die damalige Zeit kaum zu begreifende technische Leistung.
Aber warum wurde sie gebaut?
Was war darin, in dieser Mauer?
Die Mauer wurde doch nicht um der Mauer willen gebaut, sondern um dessentwillen, das sie zu schützen hatte. War es nur ein Straßenkreuz mit einem Handelsplatz? Eine Zollstation? Verbunden mit einem Ort für Flüchtlinge in Kriegszeiten, die mit Vieh und Habe dort einzogen, um zu überleben? Vielleicht für einen ganzen Stamm? — Dann mußte die Innenfläche kulturarm sein. Dann gab es vielleicht nur ein paar feste Bauten für eine kleine Besatzung, die die Anlage instand hielt und für Ordnung sorgte, die auch den Zolldienst machte. Und es gab Lagerhallen für den Handel . . .
Wenn es zuerst um den Schutz ging, warum baute man dann nicht an einen besser gelegenen Ort, auf einen Berg, wie das sonst üblich war, oder auf eine Halbinsel, die vom Wasser geschützt war? Es gibt doch viele solcher abgelegenen Fluchtburgen, die allerdings kleiner sind. Denn es war eigentlich sinnlos, *eine* große Fluchtburg zu bauen statt vieler kleinerer. Man brauchte doch kurze Wege, wenn es um die Zeit ging.

Wie langsam kam man mit dem Vieh, der Habe vorwärts! Der Feind auf seinen Pferden war sehr viel schneller!
Wenn es aber um die reiche Mitte eines ebenso reichen landwirtschaftlichen Gebietes ging, um eine Kornkammer mit Vorräten für die Zeit der Not, der Boden von Manching ist karg, bemerkenswert karg.
Wie kam man dann zu dem Entschluß, an einem solchen schlecht geschützten Ort und auf einem mageren Boden mit diesen unglaublichen Mitteln eine solche Anlage zu bauen?
Es kann nicht anders sein: Das Oppidum wurde an einer verkehrsmäßig besonders günstigen Stelle erbaut, an einem Straßenkreuz nach einem großartigen Plan. Es sollte mehr sein als eine Zuflucht, als ein Handelsplatz, als eine Zollstation. Dieses Oppidum sollte eine wirtschaftlich-politische Mitte sein, die Mitte eines großen Gebietes, die Hauptstadt eines Unterstammes der Vindeliker oder gar des ganzen Stammes. Es sollte eine große Stadt sein.
Wenn das so ist, und es kann nicht anders sein, dann muß man Außerordentliches erwarten, wenn man gräbt, und man fand auch Außerordentliches.
Aber: Ein endgültiges Urteil ist heute noch nicht möglich, und es wird noch lange nicht möglich sein. Die Innenfläche hat insgesamt 280 Hektar — wir sprachen schon davon. Das ist eine Riesenfläche! Ein guter Teil davon ist durch die Flugplatzanlagen der Forschung entzogen und wird es bleiben, zum mindesten für eine Forschung bei ‚ungestörten' Bodenverhältnissen. Ein guter anderer Teil ist schon von dem Dorf Manching bedeckt, dessen Kirche als Mitte des Dorfes ungefähr auf dem Westteil der Mauer steht, vor ihr die Paar, noch in dem alten Bett, das ihr die Kelten gegeben haben. Der übrige Teil ist einer exakten Forschung ohne weiteres zugänglich, und er wird es wohl auch bleiben, da man ver-

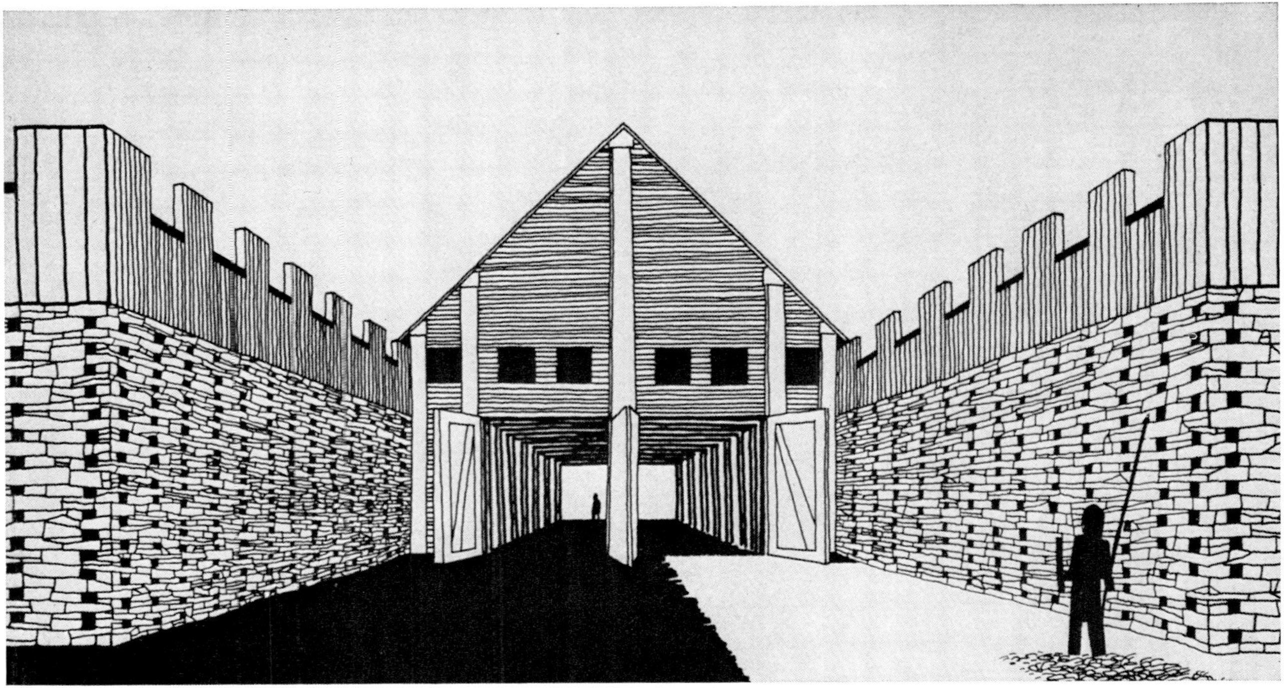

Rekonstruktion des Osttors der Stadtbefestigung. Von außen her führte eine breite Torgasse zu dem auf schweren Holzsäulen ruhenden Torhaus, das in zwei gepflasterten Durchfahrten dem Verkehr in beiden Richtungen bequem Platz bot

Bleigewicht mit Darstellung einer keltischen Gottheit

hindert hat, daß sich das Dorf Manching weiter in den Ring hinein ausdehnt. Doch nun kommt das große Aber. Es sind bisher, das heißt bis zum Jahre 1972, etwas mehr als 5,4 Hektar aufgedeckt worden. Das ist eine beachtliche Leistung. Aber 5,4 Hektar sind kaum zwei Prozent der Gesamtfläche! Seither ist es nur um ein weniges mehr geworden!

Was kann man so mit Sicherheit sagen?

Mit Sicherheit, daß der Innenraum der großen Mauer dauernd besiedelt war. Das kann man sagen, obwohl flächenmäßig verhältnismäßig wenig aufgedeckt wurde. Man hat in den Jahren 1955 bis 1963 wegen des Flugplatzbaues mehr in der Mitte des großen Ringes gearbeitet. Von dort aus wurden die Suchgräben bis zur Ostmauer vorgetrieben, ebenso nach Norden. Außerdem baute man einen Abwasserkanal nach Süden, und dann machte man im Ortsbereich von Manching zahlreiche Einzelbeobachtungen. Dazu kam — es wurde davon gesprochen — der Bau der Straße vom Südwesten bis zur Mitte.

Obwohl also flächenmäßig so wenig aufgedeckt wurde, hat man Ergebnisse, zuerst einmal aus der Mitte mit richtigen Flächenabdeckungen, dann noch strahlenförmig durch Suchgräben und durch den Straßenbau etwa nach Norden, Osten und Südwesten; dieses ergänzt durch die Einzelfunde in Manching.

Das kurz gefaßte Ergebnis ist: Die Fläche war überall, wo man sie untersuchte, besiedelt. Doch sicher nicht ganz gleichmäßig. Es gibt eine Hauptbesiedlungszone in der Mitte auf dem verhältnismäßig trockenen Niederterrassenrücken zwischen dem als sicher anzunehmenden Westtor und dem gegrabenen Osttor. Zwischen beiden zog sich die Straße von West nach Ost. Eine ganz eindeutig gefundene Straße! Noch nicht gefunden, aber als sicher anzunehmen ist die Straße von

Nord nach Süd, von dem nicht mehr vorhandenenen Nordtor zu dem vorhandenen, aber noch nicht gegrabenen Südtor. Diese Straße verläuft entweder nicht genau nordsüdlich, oder sie ist aus der Mitte etwas nach Osten geschoben, weil das Südtor des sumpfiigen Geländes wegen nicht genau im Süden angelegt worden war.

Wir können also festhalten: Das Oppidum hat außer dem, daß es überall besiedelt war, ein Straßenkreuz mit einer West-Ost-Achse und einer Nord-Süd-Achse. Wir hatten deshalb schon das Bild eines Rades mit vier Speichen herangezogen.

Was aber mag in der Mitte an der Kreuzung der beiden Straßen sein?

Es ist noch nicht gefunden worden. Man möchte annehmen, daß die Stadt — ‚Stadt' kann man doch jetzt mit gutem Gewissen sagen mit den gegebenen Einschränkungen — dort Anlagen von besonderer Bedeutung gehabt haben muß. Weiter gilt: Die Stadt ist nord-südlich orientiert oder, wenn man will, westöstlich. Das gilt aber nicht nur für das Straßenkreuz, das gilt für fast alle bisher gefundenen Gebäude. Sie sind nach den Himmelsrichtungen geortet. Auch wenn dies nach dem Kompaß nicht ganz genau stimmt. Es konnte also nicht jeder einfach bauen, wie er wollte. Er mußte sich mit seinem Bau einordnen in ein Gemeinwesen, in einen Plan. Man höre: Nördlich der Alpen im zweiten Jahrhundert vor der Zeitrechnung gab es also eine planvoll angelegte Stadt — ähnlich wie im ausgehenden Griechenland — und mit vier Toren.

Diese Stadt war besiedelt, aber nicht gleichmäßig. Sie hatte eine dichte und lange bewohnte Mitte. Von ihr aus ging die Besiedlung weiter der Mauer zu. Es folgte eine etwas verdünnte Zone — so zeigt es der radiale Schnitt mit der neuen

Straße aus dem Südwesten zur Mitte — aber an der Mauer war wieder eine dichtere Besiedlung. Nun war es auch in unseren mittelalterlichen Städten so, daß sie nicht nur Häuser einschlossen, sondern auch grünes Gartenland. Erst durch die Bevölkerungszunahme wuchsen sie innerhalb des Mauerrings in die Enge hinein. Auch der erste Mauerring unserer Städte schloß schon mehr ein als nur Häuser, und jede Erweiterung tat es ebenso. Die Stadt von Manching, der man nur eine Lebensdauer von etwa eineinhalb Jahrhunderten zu geben hat, hätte sich auch noch auswachsen können. Im übrigen war es ein Prinzip, innerhalb der Mauer noch Platz zu haben für Gärten, Viehkoppeln, für Pferde, Schweine und was man alles im Kriegsfalle in die Umwallung rettete, um es zu sichern und um davon zu leben.

Wichtig war es dann, genug Wasser zu haben für Menschen und Tiere. Das war für die Stadt Manching der Fall. Unmittelbar vor der Mauer im Westen liefen das Flüßchen Paar und der Igelsbach. Ein paar hundert Meter vor dem Nordtor war der große Donauarm. Den Zugang konnte man von der Stadt aus beherrschen. Auch im Stadtgelände muß es Stellen gegeben haben, wo Wasser anstand. Wasser muß also verhältnismäßig leicht zu beschaffen gewesen sein, denn man stieß bisher kaum auf Brunnenschächte. Es sieht sich so an, daß man das Vieh, das in der Stadt gehalten wurde, ziemlich leicht zu einer Tränke treiben konnte, so zum Westtor hinaus an die Paar oder zum Südtor hinaus, denn dort liegt ein heute noch vorhandener See. Vor dem Osttor fließt heute noch ein Bach und vor dem Nordtor zog, wie gesagt, die Donau.

Nein, Wasser war kein Problem in Manching.

Auch für das Gewerbe nicht, das es in der Stadt gab.

Schwieriger ist die Frage zu beantworten: Wie sah die Bebauung aus? Jetzt geht es darum, die Hausgrundrisse zu deuten. Man werfe einen Blick auf das Bild Seite 320a. Es ist verwirrend. Man suche darin die Pfostenlöcher! Es sind nicht die rundlichen großen Flecken. Das waren Vorrats- oder Abfallgruben. Es sind die kleineren ganz dunklen Löcher, in dem hellen Sand und Kies, in denen die jetzt vermoderten Pfosten standen. In der darüber liegenden keltischen Kulturschicht sind die Pfostenlöcher so gut wie nicht zu finden. Diese Kulturschicht ist dunkel durch all die Kulturabfälle, die verwest und vergangen sind. Man muß nun sehen, daß man diese Pfostenlöcher im hellen Untergrund in die ‚Reihe' bringt, um die Hausgrundrisse herauszufinden. Das ist schwierig. Die Fläche der Stadt ist ja nicht nur einmal überbaut worden. In den vielleicht eineinhalb Jahrhunderten wurden Häuser abgerissen und an ihrer Stelle neue gebaut. Die Pfosten, die in der Erde stecken, werden ja irgendwann einmal verfault gewesen sein. — Man spricht deshalb von ‚mehrperiodischen' Bauten. — Welche Pfostenlöcher gehören nun zu dem einen Bau und welche zu einem anderen? Dies ist, nachdem diese Bauten vielleicht nur ein Jahrhundert oder weniger auseinander liegen, kaum oder gar nicht zu entscheiden. Man kann sich nur an die Richtung, an die Reihe halten, in der die Löcher liegen, um zu beurteilen, wohin sie gehören. Die Auswertung ist also sehr schwierig, und eine endgültige wissenschaftliche Bearbeitung liegt noch nicht vor. Auch noch nicht für die Grabungen von 1955—1961. Die Wissenschaft läßt sich Zeit.

Es gibt in anderen keltischen Städten — so auf der Steinsburg bei Römhild — auch Fachwerkhäuser auf Steinsockeln. Für Manching kann man den Vorberichten entnehmen, daß es sich bei den Häusern im Mauerring um ‚Pfostenbauten' handelt. Das heißt es wurden senkrecht stehende Pfosten in den Boden eingegraben, und zwar paarweise gegenüber. Sie wurden mit einem Balken verbunden, darüber wurden die beiden schrägen Dachsparren gesetzt, die die Firstpfette trugen. So entstand Joch um Joch und damit ein recht stabiles Bauwerk. Jede Pfostenreihe wird noch eine Längsverbindung gehabt haben. Die Wände wurden aus Flechtwerk gebildet, ähnlich wie bei uns im Mittelalter bis in unsere Zeit hinein. Daher stammt ja auch das Wort ‚Wand', das von Winden kommt. Das Flechtwerk wurde dann mit Lehm, gemischt mit Häcksel, beworfen, um es dicht zu machen. Vielleicht war der Lehmverputz auch in Manching weiß gestrichen, wie in anderen keltischen Siedlungen. Wir haben ja diesen Befund auf dem Lochen bei Balingen. Das Dach war natürlich ein Zeltdach aus Schilf; dieses wird es ja in den Altwassern und Mooren genug gegeben haben.

Mit ziemlicher Sicherheit ist es so, daß die Häuser ein Giebeldach hatten und kein Walmdach. Der Eingang dürfte bei den kleineren Häusern an der Giebelseite gelegen haben, und zwar möglichst nicht im Norden. Am Eingang kann es eine Steinschwelle gegeben haben oder auch einen Schwellbalken.

Im Haus war ein Lehmestrich oder Kiesboden. Wahrscheinlich gab es auch niedere Lehmbänke.

So sahen die Häuser grundsätzlich aus.

Dabei gab es einen kleinen Haustyp, den man an der West-Ost-Achse findet. Diese Häuschen sind dort ziemlich genau nordsüdlich orientiert und standen mit dem Giebel gegen die Straße. Man findet auch in anderen keltischen Siedlungen solche kleine Häuschen. Hier in Manching waren sie viereckig. Anderswo gibt es sie als Rundhäuser — Rundhäuser als ‚westisch' — also mehr im Westen des keltischen Gebiets, so in dem Dorf bei Basel mit fünfzig ovalen Rundhütten, grubenartig in den Boden eingetieft, die Durchmesser kaum über 3 Meter; und bei Handschuhsheim ein durch Gräben geschütztes Dorf auch mit kleinen runden Häusern. — Jedes dieser Häuschen — auch in Manching — mag eine Familie beherbergt haben. Man schlief und saß darin in der schlechtesten Jahreszeit. Stühle zum Sitzen hatten die Kelten nicht im Gegensatz zu den Germanen. Sie kannten ja den Hocksitz auf dem Boden. Auch Götter saßen so. Wir sprechen davon. Wenn man draußen sein konnte, so war man auch draußen im Freien. Das Haus war nur ein Ort für ganz schlechtes Wetter. Draußen hatte man zu tun und man arbeitete dort, solange es hell war. Den Hochwinter dürfte man praktisch verschlafen haben, ähnlich wie es unsere Bauern taten.

Herdstellen wurden merkwürdigerweise bisher in den Manchinger Häuschen nicht gefunden. Jedenfalls ist nichts darüber veröffentlicht worden. Doch wenn ein solches Häuschen bewohnt war, wird es einen Steinherd in der Mitte gehabt haben, auf dem immer ein kleines Feuer, eine Glut brannte, die man leicht wieder zu einem größeren Brand entfachen konnte. Der Rauch zog durch das Zeltdach ab, das allmählich rußschwarz wurde. Von dort hing auch der Kessel herab, wie wir aus den Funden wissen: An eisernen Kesselhaken mit verstellbaren Kettengliedern. Mit der Herdschaufel häufte man die Glut unter dem Kessel an und unter dem eisernen Rost, auf dem ein Topf stand oder auf dem Fleisch geröstet wurde. An eisernen Feuerböcken stellte man die Holzscheite auf, damit sie besser brannten. Auf dem Rost kann auch der Bratspieß gedreht worden sein. Es gab schöngeschmiedete Feuerböcke mit Stierköpfen für höhere Ansprüche. Feuer war ja mehr als Feuer und eine ständige kultische Mitte. Ein Kessel wird zu jedem Haus gehört haben. Er war neben dem Feuer die Mitte des Hauses. Wir wissen nicht, ob sich mit diesem Kessel des täglichen Gebrauchs kultische Vorstellungen verbunden haben. Es kann aber ebenso sein wie beim Feuer.

Oben am Dach hing das Fleisch, das man konservieren, räuchern wollte, rußglänzend schwarz. An den Wänden standen wohl auf Borden Gefäße, hingen Werkzeuge und Waffen. Darunter saß man ums Feuer, schlief man in Reihen nebeneinander auf einer Schütte Stroh, deckte sich mit den Mänteln zu und rückte zusammen, wenn es kalt war.

Wohnte in einem solchen Häuschen ein Handwerker, so saß er während des Tages vor der Tür mit seiner Arbeit. Eine Reihe von gleichen Handwerkern werden in einem Quartier zusammen gelebt und gearbeitet haben. Man konnte also von einem zum anderen gehen, um sich seine Arbeit zu betrachten, wie heute noch in den Städten des Orients.

Anderswo saßen Kaufleute und hielten ihre Ware feil. Wohl nicht ständig, denn Handwerker wie Kaufleute hatten noch ihre Bauernwirtschaften, die ihnen den Bedarf an Brot und Fleisch lieferten. Das war auf unseren Dörfern bis in unsere Zeit hinein so.

Aber es gab die Markttage, und dann mußte man da sein. Im allgemeinen wird man darauf gehalten haben, den Markt außerhalb der Stadt abzuhalten, des unsicheren Volkes wegen, das sich da einfinden konnte. So war es bei uns noch im Mittelalter. Wenn man aber den Markt ‚unter Kontrolle' hatte, konnte er auch in der Stadt abgehalten werden. Es kam darauf an.

In diesen kleinen Häusern der West-Ost-Achse saßen die kleineren Bürger der Stadt, die natürlich nicht in unserem

Sinn mitbestimmende Bürger waren. Man braucht sie aber nicht zu der ‚miserimam pleps' zu rechnen, von der Caesar spricht. Sie hatten ihren Platz im Gemeinwesen und ihr Auskommen; doch es muß viel Wechsel in den kleinen Häusern gegeben haben. Sie gehen mit ihren Pfostenlöchern so durcheinander, daß die Grundrisse kaum mehr herauszulösen sind. Sie waren im Lauf der Zeit mehrfach gebaut und übereinander geschoben worden. Es ist ein Gewirr von Pfostenlöchern, wie bei einem Pfahlbau am Bodensee.

Hinter diesen beiden Reihen Häusern an der West-Ost-Achse ziehen sich neben einem breiten Streifen die großen dunklen Grubenlöcher hin. Es sind die Vorratsgruben, die zu diesen Häuschen gehörten. Ihre Bewohner müssen daraus gelebt haben, vor allem im Winter. Man kennt diese Vorratsgruben auch von germanischen Siedlungen her. Sie können auch mit Steinen ausgekleidet gewesen sein, oder mit Holz. Man bewahrte darin das Getreide auf, das man vorher auf Darren geräuchert hatte, um es haltbarer zu machen. — Vielleicht kommt von diesem Brauch der Rauchgeschmack des schottischen Whiskys her. — In diesen Gruben keimte das Getreide im Winter nicht. Auch hatten die Gruben bei freien Siedlungen den Vorteil, daß sie leicht zu tarnen und bei einem feindlichen Überfall nicht so leicht zu finden und auszuräumen waren.

Diese kleinen Häuschen mit ihren Vorratsgruben sind also verhältnismäßig leicht zu deuten. Dort lebte man ein kleineres Leben, das nicht die Stabilität hatte wie in den größeren, den reicheren Familien, die richtige Sippen, ‚Clans' gewesen sein dürften. Dieses stabilere Leben wurde anderswo gelebt: Hinter diesen Häuschen und dem Streifen mit den Vorratsgruben gewinnen wir aus der Grabung ein ganz anderes, ein überraschendes Bild. Da sind plötzlich große in sich abgeschlossene Hofareale, die durch Straßen voneinander getrennt sind; abgegrenzt, soweit dies nicht durch die Hauswände geschah, durch wandartige Zäune, deren Wandgräbchen heute noch zu sehen sind. In den Hofarealen stehen große ungewöhnlich lange Häuser, selbstverständlich auch nord-südlich orientiert wie die Areale selbst. Es sind ‚insulas', die man mit denen der antiken Städte vergleichen kann, Hofareale in der Größe von vielleicht 70 auf 50 Meter oder 60 auf 60 Meter. Jedenfalls in dieser Größenordnung. Die großen langen Häuser haben fast immer eine Breite von etwa 6 Metern, aber die unwahrscheinliche Länge von 35 bis 41 Metern. Es gibt sogar Langhäuser von 80 Metern. Oder waren es mehrere, in gleicher Richtung stehende Häuser? Die beiden Pfostenreihen tragen in etwa 6 Meter Abstand das Dach mit seinen Jochen. Wegen der Breite dieser Häuser haben sie Säulen, die quadratisch, also behauen waren und in der Mitte des Hauses in einem Abstand von etwa 5 Metern durchliefen. Diese Langhäuser waren unterteilt; ob alle, ist noch nicht zu sehen.

In einem Hofareal können ein oder zwei Langhäuser stehen, und natürlich gab es dort auch kleinere Gebäude. So steht in einem Hof ein fast quadratisches Gebäude von 6 auf 8 Meter und natürlich sind da auch die Vorratsgruben. Die Langhäuser und die anderen Gebäude sind bisher nicht ohne weiteres zu deuten. Es gibt aber etwas anderes, was ganz klar anzusprechen ist. Es sind besonders tief eingegrabene Pfosten, vier Stück, die im quadratischen Grundriß etwa von 4 auf 4 Meter stehen, oder auch sechs Pfosten mit entsprechend größerem Grundriß. Es gibt gar keinen Zweifel, daß dies die Pfosten von ‚Speichern' sind. Die Grundrisse sind auf die der Langhäuser ausgerichtet. Sie haben ja auch mit diesen zu tun. Es ist ziemlich klar, was in den Speichern sich befand, dasselbe, was auch in den germanischen Siedlungen in den Speichern aufbewahrt wurde: Der Wintervorrat an Getreide oder an anderen Lebensmitteln. Damit die Mäuse nicht hochklettern konnten, waren auf den Pfosten flache Steine angebracht, so daß die Mäuse wegen des Überstands nicht überklettern konnten. Solche Speicher haben sich in Skandinavien erhalten, in den Alpenländern, in Nordspanien. Es sind dem Typ nach uralte, aber sehr feste Bauten, in die auch nicht leicht einzubrechen war. Deshalb bewahrte man dort auch wertvolle Kleider auf, Waffen, Werkzeuge, Schmuck, Gold und Silber... Wahrscheinlich hat man sie auch abgeschlossen. Man hat Schlüssel gefunden, sogenannte Hebeschlüssel. Sie können auch zu diesen Speichern gehört haben. Da aber auch Scharniere aus Metall aus dem Boden kamen, die wohl zu Schranktüren gehört haben, muß es in den reicheren Häusern eine Art von Möbeln gegeben haben und dazu auch die Schlüssel.

In den Straßen und Höfen findet man ein System von Abzugsgräben für das Regenwasser. Sie haben ein ganz geringes Gefälle, so daß man daraus schließen kann, daß sie mehr dazu dienten, das Wasser eben durch den fast undurchlässigen Boden, dem Kies- und Sandgrund zuzuführen. Es ist anzunehmen, daß diese Gräben oben mit Bohlen überdeckt waren. Hier dürfte planmäßig ein System in dem Gemeinwesen verwirklicht worden sein. Keine große Sache, aber doch eine wichtige genug, des Verkehrs auf den Straßen und Plätzen wegen.

Der Zweck der kleinen Häuser und ihrer Vorratsgruben dürfte klar sein. Zu was aber mögen diese großen langen Häuser gedient haben, die bis zu 480 Quadratmeter Innenfläche haben? Soviel hat auch eine wohlhabende Sippe nicht zum Wohnen gebraucht. Wir wissen von keltischen Hallen, die der keltische Adel besaß. Es könnten Herrenhäuser gewesen sein, in denen man sich versammelte, in deren Halle auch die Gefolgschaft schlief, auf irisch die ‚fionna'. Aber warum sind sie so merkwürdig langgestreckt? So lang baut man doch keine Versammlungshäuser. Wir haben auf dem Goldberg bei Nördlingen aus der vorhergehenden Hallstattzeit eine Siedlung, in der es ebenfalls diese Langhäuser gibt wie in Manching. Die größten sind auch etwa 6 Meter breit, eines der größten ist etwa 23 Meter lang. Aber sie liegen im bäuerlich-bürgerlichen Teil der Siedlung. Die Halle des ganz deutlich hervorgehobenen Adelssitzes sieht anders aus. Sie ist ein Rechteck in etwa 8 auf 10 Meter, selbstverständlich auch mit Säulen für die Firstpfette. Wenn man sich in der Halle versammelte, war es besser, wenn man in einem solchen Raum vereint war, anstatt in einem so in die Länge gezogenen.

Auch auf der ‚Heuneburg', der Fürstenburg aus der späten Hallstattzeit, fanden sich die Langhäuser. Es gibt sie schon, seit wir in Süddeutschland eine Ackerbaukultur haben, also seit den Bandkeramikern in der Jungsteinzeit. Sie hatten schon Häuser von 5 bis 7 Meter Breite und bis zu 25 Meter Länge. Es waren auch Pfostenhäuser mit Flechtwerk und einem starken Lehmbewurf auf beiden Seiten. Wenn das so ist, dann standen in der späten Keltenzeit solche Häuser schon seit zweitausend Jahren auf unserem Boden. Was war in diesen Häusern? Bei den Bandkeramikern ist es klar: Es waren Wohnhäuser mit Küchen, Schlaf- und Vorratsräumen. Daneben gab es die Wirtschaftsgebäude. Zweitausend Jahre später bei den Kelten wird man in diesen Langhäusern ebenfalls zuerst einmal bewohnt haben. Soviel Wohnraum brauchte man jedoch im allgemeinen nicht. Es kann auch das Vieh im Winter in diesen Langhäusern gestanden haben. Mit

Stallfütterung? Man fand Sensen in Manching, also gab es auch Heu. Caesar berichtet davon, daß er bei einem Feldzug, der frühen Jahreszeit wegen, für die Pferde kein Grünfutter von den Wiesen holen konnte, und daß er deshalb Futter von den beiderseits der Vormarschstraße liegenden gallischen Höfen holen lassen mußte. Das kann nur Heu gewesen sein, und es muß also auf diesen Höfen erhebliche Heuvorräte gegeben haben, wenn ein so großer Bedarf gedeckt werden konnte.

Im Sommer trieb man das Vieh auf die Weide, in die Wälder, die Schweine im Herbst zur Eichelmast; dann wurde geschlachtet. Aber der größere Teil des Viehs mußte doch überwintert werden. Das könnte dann schon in solchen langen Häusern geschehen sein. Es fehlt aber eine Untersuchung darüber.

Man kann auch an anderes denken. In der Stadt gab es alle Handwerke, zum mindesten ein Teil von ihnen gehörte unter Dach und Fach. Sie waren schon zu einer Art industrieller Erzeugung übergegangen. Könnte es da nicht unter den späteren Geldaristokraten dazu gekommen sein, ein Gewerbe in einer Halle zusammenzufassen, zum Beispiel die Eisenbearbeitung, die Glaserzeugung, die Töpferei, auch die Weberei?

Was zeigen die Flächenabdeckungen?

Wenn man die Funde an Eisenschlacken betrachtet und auch die an Werkzeugen für die Eisenbearbeitung, so ergibt sich in der bisher bearbeiteten, nicht allzu großen Fläche bei zwei Hofarealen mit Langhäusern eine solche Häufung von Schlacken, Werkzeug und Eisenbruch, daß es eigentlich nicht anders sein kann, als daß hier eine Schmiede betrieben wurde. In dem einen Areal sind massenhaft die Schlacken da, die sich ergeben, wenn die im Ofen erschmolzene Luppe nochmals

im Feuer durchwärmt und von der Schlacke befreit wurde, um dann durchgeschmiedet zu werden. Es wird so gewesen sein, daß diese Luppe in Öfen, die außerhalb der Stadt standen, in die Werkstatt geliefert und dort zu Barren verarbeitet wurde. Aus den Barren wurde dann das Werkzeug geschmiedet. Davon ist noch zu reden. Wir finden in den beiden Hofarealen genug Hämmer, Zangen, Meißel und Feilen im Boden, auch einen Amboß und sogar ausgeschmiedete und wieder halb weiterverarbeitete Barren, um einen sicheren Schluß zu ziehen. Man braucht ja nur die Fundpläne *) zu betrachten! Auch an Schmiedeabfall liegt mehr als genug herum. Gar kein Zweifel: In diesen großen Hofarealen gab es ziemlich große Werkstätten, auch wenn sie sich nicht beide mit dem Verarbeiten der Luppen befaßt haben, sondern eine nur die Barren bearbeitete, um daraus Werkzeug zu fertigen.
Im Bereich dieser Werkstätten befaßte man sich aber nicht nur mit Eisen, sondern, wie Bronzeschlacken, Düsenziegel und Gußformen beweisen, auch mit dem Guß und der Weiterverarbeitung von Buntmetall, sogar auch von Edelmetall. Was ist aus diesem Befund weiter zu schließen?

Mit einiger Sicherheit: Die Besitzer der großen Hofareale mit ihren Werkstätten waren keine Handwerker. Die saßen anderswo, dort, in den kleinen Häuschen der Ost-Westachse. Zum Besitz der Hofareale und zum Betrieb der Werkstätten gehörte Geld; Geld, das auch draußen bei den Eisenschmelzöfen arbeitete. Zu diesem Besitz und Betrieb gehörten Organisation, Vorausschau, Einkauf, Vorratshaltung, Verkauf in die Nähe und in die Ferne. Es müssen also Unternehmer

*) Gerhard Jakobi — Werkzeug und Gerät aus dem Oppidum von Manching, Wiesbaden 1974

gewesen sein, die man am besten in der aufkommenden Geldaristokratie sucht.

Es erhebt sich nun die Frage, mit welchen Fachkräften und Hilfskräften die Schmieden in den Hofarealen und draußen die Schmelzöfen betrieben wurden. Könnte es nicht sein, daß das Gefolgschaftsverhältnis, das die Gefolgsleute an den kriegerischen adligen Herren gebunden hatte, auf den Geldaristokraten übertragen worden war? — Caesar berichtet davon, wie ein gallischer Fürst seine Gefolgsleute von der Ernte weg zu den Waffen rief. Man arbeitete also auch schon für den adligen Gefolgsherrn. Man hatte als Gefolgsmann nicht nur mit Waffenübung und Krieg zu tun. Man arbeitete und war ja gleich da, wenn der Herr zu den Waffen rief. Warum nicht? Dieses angestammte Gefolgschaftsverhältnis kann sich mit der Verstädterung und Industrialisierung vom Dienst mit der Waffe zum Dienst mit dem Werkzeug verschoben haben. Es wird wohl so gewesen sein! Dann lebte und arbeitete eine Gefolgschaft, oder wenigstens ein Teil von ihr, in einem solchen Hofareal?!

Und wo wohnte der Besitzer? — Auf der Fundkarte zeichnet sich in einem Hofareal ein dreigeteiltes großes Haus von gegen 20 Meter Länge und 10 Meter Breite ab. Es fällt durch seine Breite aus dem Rahmen der Langhäuser. Für wen soll dieses Haus gebaut worden sein, wenn nicht für den Herrn? Ein anderes fällt noch auf: Es ist diese große Abgeschlossenheit der Hofareale. Diese starken und wohl auch hohen Zäune, die in den Wandgräben steckten, können nicht nur dazu dedient haben, das Eigentum zu schützen, sondern auch dazu, das Weglaufen der Sklaven zu verhindern. Dazu waren wohl auch die vielen Ketten da, die man in Manching findet. Es war ja ein Problem der antiken Sklavenhalterei, sich der Sklaven zu versichern. In Italien war es schwierig für einen keltischen oder germanischen Sklaven, sich durch das fremde Land über die Alpen bis nach Hause durchzuschlagen. Aber bei den Kelten nördlich der Alpen, wo die Sklaven aus Stammeskriegen stammten oder aus unterworfenen Völkern, war die Flucht viel leichter möglich. Auch dann, wenn nur Hunde zur Bewachung und Verfolgung da waren.

Wenn Gefolgsleute arbeiteten und Sklaven, so wohl auch nach Bedarf Hörige und Leibeigene. Es wird sich um einen wohlgeregelten Einsatz von Arbeitskräften gehandelt haben. Ohne diese gibt es keine industrielle Produktion, wie sie die Kelten aufgezogen hatten.

Anders wird das Bild bei der Holzbearbeitung. Die Werkzeuge liegen jetzt über die Fundfläche verstreut. Mit Äxten, Beilen, auch mit Holzmeißeln hat man eben in jedem Haushalt gearbeitet. Aber an einigen Stellen häufen sich die Funde doch so, daß man auf eine Werkstatt schließen kann. Jetzt aber nicht mehr in den großen Arealen, sondern dort, wo die kleinen Häuser an der Ost-Westachse stehen. Warum nicht? Eisenverhüttung und Weiterarbeitung verlangen nach einem größeren Betrieb. Holzbearbeitung, Zimmerei und Schreinerei kann man auch in einer kleinen Werkstatt betreiben. Auch mal eine Schmiede, besonders eine Feinschmiede. Eine größere Holzwerkstatt dürfte es aber in der Nähe des Langhauses des einen Hofareals gegeben haben. Warum sollte ein Industrieller nicht auch eine Holzwerkstatt aufgezogen haben? Das eine schließt das andere nicht aus.

Die Pfriemen für die Bearbeitung von Leder und die Nadeln für die von Stoff sind auf der Fundfläche wieder weit verteilt, aber man findet sie doch mehr bei den kleinen Handwerkerhäusern beiderseits der Straße. Hier werden Schuster gesessen haben, Sattler, und was sonst noch mit Leder arbeitete. Gehäuft finden wir sie bei dem langen Pfostenbau, wo auch die Holzbearbeitungswerkstatt war. Vielleicht hat man dort, auch in größerem Umfang, Stoffe und Kleidungsstücke hergestellt.

Wenn wir die Verarbeitung von Eisen mehr südlich der Ost-Westachse haben, die von Leder und Stoff befindet sich mehr nördlich davon.

Nach den bisher bearbeiteten Funden kann man sagen, daß ein ausgesprochenes Handwerkerviertel, in dem sich bestimmte Handwerke konzentrierten, bis jetzt nicht festzustellen war, wohl aber kleinere Handwerker für Holz, Leder, Stoff und größere Betriebe für Eisen. Ein endgültiges Urteil ist noch nicht möglich. Dafür ist die gegrabene und bearbeitete Fläche noch zu klein. Doch das, was bis jetzt festzustellen ist, gibt schon ein Bild dessen, was war. Es sieht so aus, daß es ein Viertel in der Stadt Manching gab, in dem sich das Gewerbe konzentrierte. Vielleicht findet man noch ein Viertel, in dem sich der angestammte Adel zusammenfand, vielleicht sogar mit einem Fürstenhof.

Vom Gewerbe zum Handel:

Adel hat auch Großhandel getrieben. Es muß dann auch Lagerhallen gegeben haben. Man mußte speichern können. Die Ware schlug sich nicht so schnell um. Es werden irgendwo auch die Webstühle geklappert haben! Wohl im Winter, wenn man Zeit hatte. Sicher wurden die Stoffe von den Handelsleuten aufgekauft, gestapelt, um mit dem Eintritt der besseren Jahreszeit weiterverhandelt zu werden. Man stellte auch Töpfe fast schon industriell her. Auch sie muß man gespeichert haben. Wie naheliegend ist es, dazu die Langhäuser zu benutzen, wo man die Ware übersichtlich aufbewahren und abschließen konnte?

Es gab auch den Sklavenhandel. Er wird sogar besonders

geblüht haben. Wo brachte man die Sklaven unter, bis sie verkauft wurden? Im Freien konnte man sie nicht lassen. Also doch wohl in übersichtlichen Gebäuden in den bekannten Sklavenketten.

Also gab es schon Verwendung für diese langen Häuser.

Sicher gab es in Manching auch Kult-Gebäude. Neben dem Adel müssen die Druiden da gewesen sein. Es muß Tempel für die Götter gegeben haben. Wir sprechen noch davon. Vielleicht waren die Priester klösterlich zusammengefaßt und hatten ein besonderes Quartier. Wir haben darüber bisher nichts gefunden und wissen es noch nicht.

Aber wir kennen den Tempelbezirk der keltischen Stadt Cambodunum aus der Römerzeit, dem heutigen Kempten. Es sind nicht weniger als achtzehn Tempel und Tempelchen, die dort zusammenstehen. Ähnlich muß man es sich in Manching vorstellen, nur, daß es eben Holzbauten waren. Jeder Tempel für einen Gott, eine Göttin oder für eine Trias.

Die keltische Religion

Die alte Einheit des Lebens

Mit ihren Göttern zogen sie aus, mit ihren Göttern kehrten sie ein, um das neue Land zur neuen Heimat zu machen. Wo die Götter waren, da konnte man auch selber sein, im Leben wie im Sterben. Mit ihren Göttern gründeten sie eine Stadt – mit einem weißen Stier, einer weißen Kuh und einem Bronzepflug zogen die Römer die Furche, die zur heiligen Grenze wurde. Darin wohnte die Götterdreiheit: Jupiter, Juno, Minerva mit ihrem Platz auf dem erhöhten Kapitol als der heiligen Mitte. — Was mögen die Kelten getan haben, um die Götter zu bewegen, ihren Sitz in der Stadt zu nehmen? Wir haben keinen Bericht darüber. Wir können nur graben, um mehr zu wissen.

In Cambodunum, dem heutigen Kempten, fand man den keltischen Tempelbezirk der von den Römern verlegten Stadt auf einer im Gelände besonders geschützten Stelle. Dort hatten die keltischen Götter ihre Einkehr und ihre sichere Stätte. Im Osttor der Keltenstadt bei Manching fand man die Knochen eines sechsjährigen Kindes in Hockerbestattung. Sicher als Bauopfer gegeben, um Unheil von diesem Stadttor abzuwenden. Und was wendete man auf, um die Erdmutter zu versöhnen, deren Leib man mit dem Spaten, mit dem Pflug verletzte? Wir wissen, was die germanischen Franken bis in die karolingische Zeit hinein noch dafür taten, als sie schon Christen waren. Ähnliches werden die Kelten getan haben. Es ist schon so: Wenn man nach dem keltischen Leben fragt, so muß man zuerst nach den Göttern fragen. Sage mir, wen du verehrst, und ich sage dir, wer du bist.

Es kann gelten: Die Götter waren das aus sich selbst herausprojizierte Ich eines Volkes. Sie waren das ganz, was es selbst sein wollte! Aber sie waren noch mehr. Sie waren die Welt schlechthin. So wie man die Welt in den Göttern verstanden und mit ihnen benannt hatte, so sah man sie. In den Göttern hatte man das Wesen der Welt bestimmt. Und wirklich bestimmt und festgelegt war sie unter den Namen, die man den Göttern gegeben hatte. Auf den Namen kam es an. Wußte man den Namen eines Gottes, so konnte man ihn auch ansprechen. Namen war aber mehr als Namen. Das begreifen wir noch, wenn wir sagen: „Im Namen Gottes". ‚Namen', das ist Vollmacht aus dem Wesen des Gottes, Auftrag aus dem Sinn, den er einem Gebiet des Lebens gibt: „In Gottes Namen", sagen wir heute gedankenlos, weil das ‚Wort' nur noch ein Wort ist. Eines unter anderen.

Hatte man einst den Namen, so konnte man den Gott aus seinem Wesen wirken lassen, wenn man ihm richtig diente. Wenn wir später von Hunderten von Namen der keltischen Götter hören, jeder Name war wichtig, des richtig anzusprechenden Gottes wegen. Dies war sein Name, und nur auf diesen hörte dieser Gott, wenn man ihn in der Menge der anderen anrief. Warum es aber so viele Namen, so viele Götter gab, das ist eine andere Frage. Sie stiegen auf aus althergebrachtem Untergrund, aus tieferen Volksschichten an den keltischen Tag.

Es gibt so viele keltische Götternamen, bei denen wir nicht wissen, ob es Götter oder nur Stammesheroen waren. Aber

sie waren aufgestiegen als in ihrer Zeit erhobene hilfreiche Menschen, die in der Verehrung am Ort und im Stamm weiterdauerten. An sie wandte man sich in der Not.
Wir sehen die vielen, allzu vielen Götter der Kelten, an die sie sich wandten, deren Hilfe sie erfuhren oder auch nicht erfuhren. Wir wissen aber bei den Kelten nichts von dem ungeheuren Konflikt, der sich bei den Germanen ergab, wenn sie sich einem Gott anvertraut hatten, wenn er zum ‚Treufreund' geworden war und sie dann verließ. Es war etwas Furchtbares geschehen: Der Gott hatte das Gefolgschaftsverhältnis gebrochen!
Für den Germanen und sein Denken gab es dann diesen Ausweg: Das obwaltende Schicksal hatte eingegriffen, unter dem auch die Götter standen. Der Grieche, der auch das eherne Schicksal kannte, konnte so nicht denken, denn seine Götter standen nicht unter dem Schicksal und seinem Zwang. Wen die Götter verließen, der konnte als Germane, als Grieche das Schicksal lieben als die alles überwaltende, alles durchwaltende Weltordnung.
Beim Kelten wissen wir nichts von einer solchen Ordnung. Wir wissen nichts von den drei Nornen, die bei den Germanen das Schicksal verkörperten, oder von den drei Parzen bei den Griechen. Können wir die keltischen Schicksalsgöttinnen bei den drei keltischen Muttergöttinnen suchen? – Kaum!
Wenn es für den Kelten keine schicksalgegebene Ordnung gab, muß er dem sich ändernden Geschick anders gegenübergestanden haben. Vielleicht ein Grund dafür, daß er das Unglück nicht so bestand wie die Germanen und die Griechen. Davon ist noch zu sprechen.

* * *

Aus einer Zeit, die keine Religion mehr hat, ist die vergangene Zeit schwer zu verstehen, in der man noch gar nicht wußte, was Religion ist, weil sie so mit dem Leben verbunden war, daß man den Begriff Religion noch gar nicht bilden, die Religion noch gar nicht aus dem Leben herauslösen konnte. So wenig wie den Begriff Kunst bei den Griechen. Es war eine solche Natur- und Gottesnähe, daß für diese ‚einfachen' Menschen eine Lebensfülle entstand, die uns fremd geworden ist, und die wir nicht mehr erfassen können. Bei uns ist die Religion abgetrennt vom Alltäglichen. Religion, das ist vielleicht noch der Sonntag. Sicher nicht für alle, wohl aber für viele. Damals aber waren Religion und das tägliche Leben noch eine solche Einheit, daß sie auch als Einheit gelebt wurden. Was begreifen wir noch davon: „Barhäupt steht ein alter irischer Fischer am Strand und betrachtet lange die im Licht endlos heranrollenden Wogen. Er hat Freude und Dankbarkeit im Herzen, angesichts der Größe der Welt: Das Feuer ist Gottes Berührung, und das Licht ist Gott selber. Aber das Wasser ist die Mutter des Lebens."

Jeder Schritt, den man damals tat, tat man in der Religion. Denn jeder Schritt gehörte einem Gott an, in dessen Bereich man trat, dessen man sich dabei sicher sein mußte. Jede Tätigkeit, jede Arbeit, Krieg und Frieden, Hochzeit, Geburt und Tod lagen im Bereich und im Wesen und damit in der Gewalt eines Gottes. Jeder Schritt aus dem Haus in einen anderen Bereich, jeder Schritt aus der Gemeinde, aus der Stadt, und jeder Schritt in die Zukunft war unsicher und bedurfte der Vorbereitung, denn er führte in den Bereich anderer Mächte, die man begreifen, richtig ansprechen und deren man sich versichern mußte: Durch Anrufung mit dem Namen und durch die Opfer. Dazu mußte man sie richtig erkannt haben in ihrem Wesen, in ihren Forderungen. Wenn diese richtig erkannt waren, so fand man den dem Gott gebührenden Kult. Aber kein Gott war dem anderen im Wesen gleich; weil jeder

Gott anderen Wesens war, verlangte er auch eine andere Behandlung und ein anderes Opfer.
Aber die Götter hatten nicht nur ihren wesensmäßigen Bereich, so wie es zum Beispiel für das Eisen, für das Schmieden, das Verarbeiten des Eisens einen besonderen Gott gab, mit dem dies alles geschah. Die Götter hatten auch ihren örtlichen Bereich, in den man eintrat, wenn man eine bestimmte Grenze überschritt. Wenn man das Gebiet eines anderen Fürsten, eines anderen Herrschers betrat, so betrat man auch das Gebiet eines anderen Gottes, und man war damit in seiner Gewalt. Das war so, auch wenn dieser Gott gar nicht zu den Göttern gehörte, die man selbst verehrte. Es gab ihn, man mußte mit ihm rechnen und ihn günstig stimmen.
So gab es zum Beispiel für die Römer eine besondere Zeremonie, wenn sie unter Caesar eine gallische Stadt belagern und erobern wollten. Denn in dieser Stadt waren ihre Götter, die man anrufen, die man auf die eigene Seite bringen mußte. Dazu genügte nicht die Gewalt der Waffen, so überlegen sie waren. Die überlegenen Waffen besiegten wohl die feindlichen Bewohner, aber ihre Götter blieben frei. Deshalb lud man sie in einem kultischen Akt ein, ihre Stadt zu verlassen. Man bot ihnen andere Sitze an, andere Orte, andere Häuser, vielleicht sogar in Rom, wo sie in Zukunft wohnen und wo sie verehrt werden sollten. Es gibt eine besondere Bezeichnung für diesen Vorgang: Die ‚evocatio'. Die Herausrufung! Ob Caesar daran geglaubt hat, wissen wir nicht. Sicher aber seine Soldaten, die zu einem guten Teil Kelten waren. Sie werden das verlangt haben, denn nicht gegen Götter, sondern nur gegen Menschen wollten sie kämpfen. Deshalb rief Caesar feierlich vor dem ganzen römischen Heer diese Götter aus ihrer Stadt und bot ihnen einen anderen Ort.
Wie großartig, wenn man so die Götter aus der damaligen

Welt in Rom sammelte! Sie traten, jetzt günstig gesonnen, mit ihrer Macht auf die Seite Roms. Rom wurde das große Pantheon, der irdische Himmel ‚aller Götter'. Und in Rom wurde auch das ‚Pantheon' gebaut. Rom wurde so die Mitte aller im römischen Reich wirkenden Götter. Es gewann das Heil all der in Rom eingezogenen Götter und wurde heilig aus ihrem Heil. Christlich würden wir sagen: „Gesegnet aus ihrem Segen".

Wenn wir über das leere Feld einer keltischen Stadt hinwegsehen, etwa über das große Rund der Keltenstadt bei Manching, so empfinden wir eine Öde wie über einem Grab, an das kein Stein mehr erinnert. Und doch, wieviel Götter hatten damals dort ihre Einkehr und Stätte. Sie waren da und wirksam im Glauben. Wenn wir sie sehen könnten, so wäre es so, als zöge man vor unseren Augen einen Vorhang weg. Es begänne vor uns das große Spiel des alten Lebens. Und alle Götter wären da! Es könnte uns dann ein Gefühl beschleichen, wie es der Mensch von damals in sich trug, wenn er mit seinen Göttern zusammen wohnte und wenn er den Gott gefunden hatte, mit dem er den nächsten Schritt im Leben tat. Er war des Gottes und des rechten Weges gewiß. Es war eine Art seligen Staunens.

Gefahr und Opfer

Wir können uns diese Abhängigkeit nicht mehr vorstellen, in der der antike Mensch, und damit ebenso der Kelte zu leben glaubte. Der Mensch von damals trat in keinen Tag, er trat nicht vor die Schwelle seines Hauses, ohne den Willen der Götter zu erforschen. Denn so unsicher und gefährlich war das Leben; schon vor dem Tor der Stadt. Man sah diesen Willen in den Zeichen, die man beobachtete und deutete, die man durch den Kundigen beobachten und deuten ließ, um sich danach zu verhalten. So tat es der Mensch, der in der Gefahr lebte. Umsomehr, umso sorgfältiger deutete er damals die Zeichen, je größer der Schritt, das Unternehmen war, die er vorhatte, vom Bestellen des Ackers bis zu einer großen Reise oder einem Kriegszug. Wenn er sich so verhielt, war er im antiken Sinne fromm, denn er suchte den Willen der Götter und handelte nach ihm. Man fragte damals nach dem Willen der Götter, so wie man heute nach dem Wetter fragt, den Wetterbericht hört, den Straßenzustandsbericht. Das sind unsere letzten Abhängigkeiten vom außermenschlichen Bezirk. Andere Abhängigkeiten fühlen die meisten nicht mehr.

Wir denken, ihnen durch unser Verhalten gerecht zu werden. Aber rein von der Vernunft her ohne jede Frömmigkeit. Damals aber fühlte man eine solche Abhängigkeit von so vielen anderen Mächten, die noch göttlich waren, daß man eine Rückbindung zu ihnen suchen mußte, eine ‚religio'. Man war ihnen ausgeliefert mit seiner ganzen Existenz. So wie es der Bauer bis in unsere Zeit hinein noch fühlte, der vom Segen des Himmels abhing, den dieser mit Sonne und Regen gibt, und damit die Ernte.

Die Abhängigkeit wurde so stark erfühlt, daß etwas zum damaligen Verhalten gehörte, das uns nahezu unbegreiflich ist: Das Opfer. Das Wesenhafte der Welt lebte nach dem damaligen Denken vom Opfer. Durch das Opfer wurde der Mensch dem Wesenhaften der Welt gerecht. Er verband sich so mit ihm. Man kann auch sagen: Er konnte durch das Opfer das Verhalten des Wesenhaften mitbestimmen, wenn auch immer nur innerhalb dieses Wesenhaften.

So wurde und bestand die Welt in ihrer Ordnung durch eine

beständige Hingabe. Ihrer Regelhaftigkeit diente die Regelhaftigkeit des Opfers an den besonderen Tagen des Jahres und der Götter: An ihren Festen! Wie genau mußten sie beachtet und rechtzeitig gefeiert werden, auch im Kult. So blieb die Welt in Ordnung. So hielt man diese Ordnung selbst mit aufrecht durch die genau befolgte Ordnung.

Das höchste aber, was man als Opfer geben konnte, um die Götter und die Welt in ihrem Wesenhaften in Gang zu halten, war nach dem Opfer von Tieren das Opfer von Menschen. Welch eine Auszeichnung war es, den Göttern dargebracht zu werden, der höchsten Bestimmung des Lebens zu dienen! Der Auserwählte war geweiht, über sich selbst erhoben. So ging er den letzten hohen Gang zu den Obwaltenden, zu den Unsterblichen, stand vor den Göttern und trat im Opfer neben sie. Was wissen wir heute noch davon, was die Menschen damals bewegte? Wir sehen nur noch den Vorgang, so primitiv, wie wir selber sind, schlachthausmäßig. Natürlich haben sich auch damals der Schmerz in der Hingabe und der Stolz für die Hingabe gestritten. Je frömmer man aber war, desto mehr überwog das Gefühl des Stolzes in der Hingabe. Das Leben hatte ja noch eine viel größere Einheit mit dem Tod. Der eingebundene Mensch starb leichter als der Mensch von heute, der in diesem Maße nur noch losgelöstes Individuum ist, das zu seinem Leben kein Ende mehr denken will. Das Lebenszentrum lag noch in der Allgemeinheit und noch nicht in einem selbst.

Mit dem Opfer konnte man den Gott in seiner Regelhaftigkeit halten und damit im voraus bestimmen. Es konnte für das, was die Götter gegeben hatten, auch die große Dankesgabe sein. Es konnte das sein, was man für den Sieg versprochen hatte, für das Wirken des Gottes in seinem Bereich. So konnte es das Opfer der gefangenen Feinde sein. Statt, daß man sie sich selber als Sklaven dienen ließ, schickte man sie den Göttern zum Dienst. Man schickte so den Göttern Wesen zu und machte die Götter damit wirksamer und stärker, so wie ein Herr stärker wird, wenn er eine immer größere Gefolgschaft gewinnt. Es war ähnlich wie später, wenn der Teufel Seelen besitzen will in seiner Höllenordnung des Bösen, im Gegensatz zu der himmlischen Hierarchie.

Wie verwandt war die Strafe dem Opfer. So schickte man den Frevler gegen den beleidigten Gott in der dem Gott gefälligen Opferart zu. Bei den Kelten kann man sehen, wie bestimmte Hinrichtungsarten mit den Opferarten übereinstimmen. Vieles findet man bei den Germanen, zum Beispiel das Hängen, die Hinrichtungs- und Opferart für Wotan, dem Gott, der im Winde ist. Die Kelten opferten dem Gott Esus durch Erhängen. Dem Himmelsgott Taranis opferten sie durch Verbrennen. Darüber später mehr.

Wenn der Abgrund des Verderbens sich öffnete, etwa durch menschliche Schuld, so konnte er sich wieder schließen, wenn man das Richtige in der richtigen Art zu der richtigen Zeit opferte.

Weder gut noch böse

Das Christentum brachte den ‚lieben' Gott, trotzdem es den Zorn Gottes kennt. Die alten Götter waren weder gut noch böse, sondern einfach so, wie sie waren. Sie waren wie ihre Natur und mußten so sein. Je nachdem waren sie gut für den Menschen oder böse, so wie das Feuer gut oder böse für ihn sein kann. Das liegt aber nicht am Feuer. Es ist so, wie es eben ist. Es kommt nur darauf an, daß man sich ihm gegenüber richtig verhält. Man kann es bewahren auf dem Herd und dort kultisch verehren. Dann ist die göttliche Seite des Feuers da, die dem Menschen freundlich ist. Schwillt es aber auf, um alles zu vernichten, so sagt Schiller in der ‚Glocke‘: „Hoffnungslos — Weicht der Mensch der Götterstärke, — Müßig sieht er seine Werke — Und bewundernd untergehen“. Das ist die alte Frömmigkeit vor der überlegenen Macht. Auch wenn sie vernichtet, erkennt man sie bewundernd an.

Eine wesenhafte Welt

Es war die Gabe des keltischen wie des antiken Menschen, in jeder Erscheinung etwas Wesenhaftes zu sehen. Im Feuer wie im Wasser, in der Luft wie in der Erde, in Sonne, Mond und Sternen. So war es eine mit so vielen Gestalten belebte Welt. In jeder Quelle war ein Wesen, und man konnte es in ihrem Murmeln sprechen hören; in jedem Fluß war ein anderes Wesen, in jedem besonderen Baum. Wir wissen aus der Beschreibung des Lebens des Heiligen Martin, daß die Heiden „es zuließen, daß man ihre Tempel zerstörte, nicht aber erlaubten sie Martin, einen heiligen Baum, eine Pinie umzuhauen“.
Heilig waren den Kelten die Haine als Orte für die Verehrung ihrer Götter, als Stätte ihres Kultes. Niemand legte hier Hand an einen Baum. Er war unverletzlich wie den Griechen eine Säule. Und im heiligen Hain stapelten die Kelten die als Opfer gegebene Beute. Niemand wagte, die Hand danach auszustrecken in einer Zeit, als keine Landstraße sicher war vor einem Überfall.
Auch die Berge waren Wesen mit Herzen, die der Kundige schlagen hörte. Ich las einmal in der Zeitung, daß irgendwo in Irland Arbeiter sich weigerten, einen Hügel für einen Flugplatz einzuebnen, weil ‚Feen‘ darin wären. Ich fragte einen an meinem Tisch am Urlaubsort sitzenden Iren, ob das denn wirklich heute noch möglich wäre? Er sagte: „Selbstverständ-

lich! So glaubt mein Volk heute noch. Bevor bei uns ein Fischer auf den Atlantik hinausfährt, spricht er mit dem Meer. Es ist noch die alte Frömmigkeit bei uns."

Und dann zeichnete er mir Irland in einer einzigen fein gezogenen verästelten Linie mit jeder Bucht, mit jedem kleinen Vorgebirge auf ein Blatt Papier, bis die Linie sich zu dem Gebilde schloß, das für ihn Irland ist. Er war ein sogenannter Studierter, aber dieses sein Irland, war ihm wie ein von einer höheren Macht geschenktes Wesen, das man achten und lieben, und dem man dienen mußte, um das man sich bemühte, um es in seiner Form zu begreifen. Was spielte es neben diesem Irland für eine Rolle, Blut dafür zu opfern? Dieses Land konnte Blut trinken noch und noch. Im eigenen Opfer und dem der anderen diente man ihm und begriff es als das, was es ist: Ein über dem Einzelwesen großes Wesenhaftes, das durch das Opfer erhöht wird...

Wenn unser Verstehen davor endet, hier lebt noch die alte Religion!

Die Opferschale

Vielleicht kommen wir dem alten Denken näher, wenn wir uns sagen, daß in der Mitte des keltischen Kultes die Opferschale stand.

Das wird für uns in nichts deutlicher als im Gral.

Die Sage vom Gral ist eine rein keltische, vorchristliche Sage, in der der tiefe Gehalt der keltischen Religion, uns noch erfaßbar, zur Oberfläche des Heute steigt. Eine Schale, deren Heil aus dem Opferblut wuchs, in der christlichen Form aus dem Opferblut Christi. Einst war es anderes Blut. Nur noch verständlich von dem nach der Wandlung mit Christi Blut gefüllten Abendmahlkelch, aus dem nur der Priester trinken darf. Die anderen nehmen nur am Opfermahl des Fleisches Christi teil. Tief ist die Sage vom Gral und ihrem verborgenen Gehalt, in der sich heute zwei Religionen berühren. Weisen wir deshalb das blutige Opfer nicht so weit von uns weg. Das Christentum hat das blutige Opfer des Lammes. Das Opfer des Sohnes versöhnt Gott und erlöst die Welt. Der Sohn ist berufen und erhöht zum Opfer. So konnte es in der alten Religion auch ein Mensch gewesen sein.

So gräßlich dem unreligiösen Menschen der heutigen Zeit die Opfer der Kelten gewesen sein mögen, so wenig waren sie es für den religiösen Menschen der Vergangenheit. Menschenopfer! Ja – es waren Menschenopfer. Wahrscheinlich aß man sogar das Fleisch des Opfers aus der damaligen religiösen Vorstellung heraus. Wir verurteilen das. Sicher, wir kennen das nicht mehr. Aber nach dem Buchstaben der Schrift essen wir Christi Fleisch in der Hostie. Wer wagt es hier, von Kannibalismus zu reden? Wer darf das, ohne den religiösen Gehalt der vergangenen Zeit zu ermessen?

Für den Kelten war die Opferschale der Ort der heiligen Wandlung. Was man eintauschte, verwandelte sich, oder gerade, weil es geopfert wurde. Es trat in die Nähe der Götter. Vielleicht verstehen wir das eher, wenn wir an die christliche Taufe denken. Nach der alten christlichen Vorstellung verwandelte sich der sündige Mensch in der Taufe so, daß er sündenlos wurde. — Konstantin der Große schob deshalb seine Taufe für die Todesstunde auf. — Aber auch heute noch öffnet die Taufe die Tür zum Himmel, in den es ohne Taufe keinen Eintritt gibt. Deshalb versucht man, nach der Geburt sterbende Kinder noch zu taufen. Die Taufe zeigt die alte Vorstellung der heiligen Wandlung. Das geschmückte Taufbecken in unseren Kirchen, das heilige, heilbringende Gefäß ist nicht so weit von der keltischen Vorstellung.

Nichts war dem Kelten heiliger und wunderbarer als das Gefäß der Wandlung.

Der Markt der Götter

Es gilt: „Sage mir, was du verehrst, und ich sage dir, was du bist".

Aber nun wird es gleich sehr schwierig, denn wen haben die Kelten wirklich verehrt, welche klar erfaßbaren Götter? Man zählt im keltischen Gallien nicht weniger als 374 Götternamen! Davon treten 305 nur ein einziges Mal auf! *) Es bleiben also nur 69 Namen von Göttern übrig, die mehr als örtliche Bedeutung haben.

Oder verbirgt sich unter verschiedenen Namen derselbe Gott? Das kann sein. Aber wie ist das festzustellen? Woran kann man sich halten?

Die keltische Götterwelt ist schwer zu deuten, weil wir als schriftliche Überlieferung nur die der antiken Schriftsteller haben. Und das ist wenig genug. Dazu in Gallien ein paar Weihinschriften noch in keltischer Sprache, wenn auch in griechischer Schrift – mit einigen Götternamen und Zeitangaben. Also sind sie ursprünglich und vor der römischen Eroberung verfaßt worden. Dann kommen die Hunderte von Weihinschriften in lateinischer Sprache und in lateinischer Schrift, eben mit den vielen Götternamen und aus der Zeit, als Rom schon Gallien seinen Stempel aufdrückte. Dazu haben wir wieder Hunderte von Attributen der dargestellten Götter, die Aufschluß über ihr Wirken geben können.

Was gibt es noch? – Die irischen Sagen, die wallisischen und

*) Führer zu vor- und frühgeschichtlichen Denkmälern, Band 18, Seite 282, Verlag Ih. v. Zabern Mainz 1971.

schottischen Legenden. Doch sie sind in der Fassung des 11. oder 12. Jahrhunderts niedergeschrieben. Dazwischen liegt eine nur mündliche Überlieferung, die über tausend Jahre gehen kann. Es ist eine Überlieferung, die aus dem Heidentum kommt und dann durch ein christliches Sieb getrieben wurde. Dabei mag die mündliche Überlieferung einigermaßen ursprünglich geblieben sein, niemals aber die christliche Niederschrift. Wer wird schon seinem Feind gerecht, will ihm überhaupt gerecht werden? Das konnten die alten Griechen den Persern gegenüber, niemals aber die Christen gegenüber den Heiden.

An Bildwerken fehlt es nicht. Wir haben eine Unsumme von kleinen und wenige große Monumente. Die kleinen sind meist Votivbilder aus den Tempeln. Aber das Römische und das Gallische sind nur schwer zu scheiden.

Wenn wir die so überlieferte Götterwelt übersehen, so erscheint sie als ein Gewimmel von Göttern und Göttinnen, die sich, einander verdeckend, durcheinanderdrängen. Es ist wie auf einem göttlichen Markt, auf dem die Götter unzählige Stände haben. Dutzende von Ständen, die oft ganz ähnlich aussehen. Dazwischen drückt sich das Volk der Kelten hin und her. Unter ihnen sind auch die zu Göttern oder Halbgöttern erhobenen Menschen, die auch zu den Göttern traten und ihren Stand haben wollen.

Doch für uns sind sie alle stumm. Es ist wie in einem Stummfilm, bei dem die Titel fehlen! Nur die Attribute neben den Göttern auf den Ständen sagen aus. Was starrt uns da an: Sich bäumende Schlangen mit Widderköpfen, Bären, Eber, Stiere, Hirsche, Pferde, Widder, Hund und Hase. Sogar eine Schildkröte ist dabei, dann Vögel, Reiher, Raben, sogar die keineswegs nur christliche Taube. Dazu kommen andere Symbole wie das Rad, die Doppelaxt...

Die Tiere neben den Göttern wollen etwas aussagen! Aber was sagen sie aus? Nicht für uns natürlich, sondern für die Kelten. Wir können es nur ahnen. Wir wissen, daß der Hirsch mit der Sonne zu tun haben kann, wohl aber auch mit der Unterwelt. Der Stier dürfte ein Symbol der Kraft und der Fruchtbarkeit sein. Der Hase deutet auch auf die Fruchtbarkeit hin. Der Eber kann als Zeichen der unbezähmbaren Kampfeswut gelten. Der Hund kann ein Totendämon sein, die Schlange ein Seelentier, das mit der Unterwelt verbindet. Das Pferd kann zur mütterlichen Erde gehören, doch kann man auf ihm auch den ‚Totenritt' tun. Und die anderen? Wie sind der Gott, die Göttin, mit denen diese Tiere erscheinen, anzusprechen?

Wenn wir durch die Stände des Göttermarktes gehen, finden wir eben nur die paar Inschriften in keltischer Sprache, wenn auch in griechischer Schrift. Und die Hunderte in lateinischer Sprache und Schrift, also in einer Sprache, die die Götter gar nicht gesprochen haben. Sie sind romanisiert im Ausdruck und wohl auch im Denken. Das Religiöse läßt sich nicht von einer Sprache in die andere voll übertragen.

Alles andere, was wir vor uns haben, ist stumm, die Menschen und die Götter! Wir stehen davor und können nur ahnen, was da lebendig war.

Sind aber die Götter in ihren Ständen herausgearbeitete Statuen, so sind sie von der römischen, schon spätantiken Kunst geformt, halb schon im klassischen Gewand, vielleicht noch keltisch überzeichnet. Aber sie neigen schon dem menschlich schönen Umriß zu. Dabei sagt Lukian von den keltischen Götterbildern: „simulacra arte carent". Das heißt, daß sie jeder Kunst entbehren.

Aber es gab einmal diese keltischen Götterbilder. Caesar selbst schreibt, daß er solche gesehen hat. Sie waren aber ganz roh in ihrer Ursprünglichkeit. Ein Baumstamm, der Kopf mit der Nase herausgearbeitet, der Mund ein Schlitz, Arme eben noch angedeutet. Sonst noch ganz Stamm. Baum, wenn man will. Oder eben Steinklotz ‚men hir‘ auf keltisch, auf deutsch ‚großer Stein‘, in den die Gestalt mehr eingebunden bleibt, als daß sie hervortreten will in gelockerte menschlich sich bewegende Form.

Aber solche schematischen Bilder haben einmal alles gesagt, wie dem Kind die roh geschnitzte Puppe. Sein Herz hat sein Gegenüber in dem gefühllosen Holz. Seine Phantasie ergänzt alles, was daran noch zum Menschsein fehlt. So ergänzte der Fromme dem Baumstamm alles, was ihm zum Gottsein fehlte. Er tat es aus dem eigenen Herzen. So wurde der Gott vom Menschen mit geschaffen, von ihm gebildet aus dem, was im Menschen an ‚Numinosem‘ lebte. So wurde in der rohen Gottfigur das dem Menschen eingeborene Göttliche verehrt. Dieser Gott gehörte dann mehr zu ihm als der herrlichste griechische Apoll, den er nicht selbst erschuf. Der Baumstamm war mehr, weil er das Unfaßliche nicht begrenzte.

Für den wahrhaft Frommen hatte das Göttliche noch nie eine bestimmte, eine bestimmbare Gestalt. Wenn der Grieche ihm diese Gestalt gab, so war es weniger ein Verwirklichen der Götter als ein Darstellen des Göttlich-Schönen überhaupt. So mochte er auch glauben, daß das Göttliche, der Gott in der schönen Gestalt eingekehrt war. Man könnte sagen, daß der Grieche den Gott dazu zwang einzukehren, weil er in der möglichst schönen Gestalt erscheinen mußte. Man hatte ihn nicht mit dem Wort, sondern mit dem Meißel beschworen. Anders die Kelten: In eine primitive Form konnte man den einen Gott hineindenken wie den anderen. Die primitive Puppe ist das Kind schlechthin. Ist es so nicht zu verstehen, daß die keltischen Götter in ihrem Umriß schwimmen, ja verschwimmen? Ja, daß bei den Kelten sich die Gestalt wieder auflösen und in Ornamentik übergehen kann? Der Grieche tat es anders: Er löste, erlöste die Gestalt aus dem Stamm, Schicht um Schicht ablösend. Das geschah bei der Stelle. Nur die Säule blieb unerlöst, aber sie blieb so unverletzbar wie eine Person. Hier könnte man sagen, daß das wesenhaft Göttliche in ihr in Ornamentik überging. Der Kelte löste, überdeckte, übersetzte dann die erscheinende menschliche Form durch Ornamentik, durch geometrische Symbole. Es ist so, als ob er statt des klar zu sprechenden Wortes die Aussage in Musik löste. Sicher, man ging dann auch den anderen Weg unter dem großen Eindruck der antiken Kunst, der Kunst des Siegers.

Ihren eigentlichen Weg ging aber die keltische Kunst auf den Münzen weiter. Hier hat man sich zuerst an die griechischen Vorbilder gehalten, indem man am Anfang den Goldstater Philipps II. von Mazedonien nachprägte, der von 379–336 regierte. Auf der Rückseite trug die Münze den Triumphwagen mit dem Zweigespann.

Wenn dieser Stater zuerst ziemlich genau nachgeprägt wurde, so löste sich später das griechisch schöne Bild keltisch auf. Es wurde undeutlich. Die Pferdebeine des Zweigespanns wurden kugelartig, dann wurde weiter stilisiert. Das organische Bild wurde geometrisch aufgelöst. Aus dem Wagen mit den Pferden wurde eine Art Ornament, das wesentlich aus Linien und Punkten bestand. Im Rheinland blieb von dem Philippskopf nur ein großes Auge im Profil übrig. Die Briganten in der Bretagne brachten es fertig, das Pferd – wie man sagt – in ‚Sparren', eine Art Halbmonde aufzulösen mit einem Trapez als Kopf, so daß die Gestalt des Pferdes nur noch von dem erkannt werden kann, der weiß, was gemeint ist. Auf einer anderen Münze ist von dem Kopf des Philipp nur eine Art

Epsilon übrig geblieben, das sein Haar symbolisiert. Was sagt uns noch eine Goldmünze der Treverer mit drei symbolischen Augen, einigen gebogenen Linien und einem sechsstrahligem Stern? Den Kelten aber führten die Symbole in seine Welt, die immer eine religiöse Welt war.

Bescheiden wir uns! Aus dem nur Angedeuteten führte die griechische Kunst zum Ausdruck vollkommener menschlicher Schönheit. Die eigentlich keltische Kunst führte das, was die Griechen schufen, in das nur Angedeutete zurück. Im Griechischen spricht der vollkommene Mensch uns an in einer solchen Form, daß sie uns keinen Spielraum zum Denken läßt. Im Keltischen spricht uns eine abstrakte Welt an, die dem Denken jeden Spielraum läßt. Man könnte auch sagen: Die Welt ist vom Schönen bildnerisch hinweg auf dem Weg zur Musik als dem Ausdruck einer anderen, nur mit dem Gefühl zu erfassenden symbolischen Welt geführt worden.

Weiter kann man sagen: Wo sich im Keltenland klar umrissene Gestalten bilden, ist das nicht mehr keltisch, sondern antik unter dem Druck der an sich und dann noch durch den militärischen Sieg überlegenen Kultur.

* * *

Man wird nun fragen, und das mit Recht: Wo bleiben dann die keltischen Götter, wenn die Tendenz da ist, jede klare Gestalt in abstrakte Symbole – oder in Musik aufzulösen? Sagt das etwas?: Das Symbol Irlands ist die Harfe.

Im Grunde sind die keltischen Götter unfaßbare numinose Mächte, die bald hier, bald dort vortreten, aber viel weniger in ihrer Gestalt als in ihrer Wirkung. Es ist nicht daran zu zweifeln, daß die Griechen in einer bestimmten Zeit ihre Götter gesehen haben. Dann standen sie in ihrer Schönheit festgehalten vor aller Augen. Doch wie bald glaubten die Grie-

chen nicht mehr an die Götter, die viel zu faßbar vor ihnen standen!
Es kam zu der Erneuerung der Religion im christlichen Glauben. Aber noch mitten in der christlichen Zeit kämpften die Parteien in Konstantinopel buchstäblich darum, ob die Heiligen wirklich in ihren Statuen drin wären. Das im Christentum, dessen Gott Geist ist! Die keltischen Götter aber müssen als Gestalten immer mehr entschwunden sein in einem Prozeß, der in der vergeistigten Religion des Druidentums endete. Wir sprechen noch davon. Der Glaube aber an das Unfaßliche ist geblieben, gleichgültig, ob man ihn noch als heidnisch oder schon als christlich bezeichnen will.
Bei der keltischen Religion, wie sie in Irland blieb, gab es keinen Umbruch im Glauben, nur einen Übergang zum Christentum, so daß sich ein vergeistigtes Christentum erheben konnte, das mit seinen Boten dann zu uns kam.

* * *

Wenden wir uns nun der keltischen Götterwelt zu mit ihren einzelnen Gestalten. Gehen wir auf den großen Markt mit seinen Ständen. So etwas hat es tatsächlich einmal gegeben bei den keltischen Treverern in römischer Zeit im Altbachtal bei Trier, oder im Tempelbezirk der keltischen Vindeliker von Cambodunum. Natürlich ist es schon die Zeit des antiken Synkretismus. Die Götter, die die Römer aus ihrem großen Reich mitbrachten, sind im Altbachtal ebenso vorhanden wie die keltischen, zumindesten die keltischen Hauptgötter. Die muß es einmal gegeben haben. Auch wenn es schon bestritten wurde, daß es sie gab, daß man nur mit Stammesgöttern rechnen könne. Das indogermanische Göttersystem muß bei dem indogermanischen Volk der Kelten einmal dagewesen sein. Es muß den großen Himmelsgott gegeben haben, die Himmelsmutter, die vom Himmel empfangende Erdgöttin. Und wohl auch einen Gott der Tiefe. Es ist die dreigeteilte Welt von Himmel, Erde und Unterwelt, wobei es so scheint, daß der Himmel nicht mit keltischen Göttern besetzt war. Vielleicht gab es noch einen besonderen Sonnengott. Versuchen wir doch wenigstens, diese Götter zu erkennen aus dem uralten System in dem Gewimmel auf dem keltischen Göttermarkt.

Es ist ja nicht wie in der Antike, daß das alte indogermanische System so gut erhalten geblieben ist mit wenigen großen Göttern, auch wenn es dort neben ihnen eine Unzahl von Halbgöttern und göttlichen Wesen gab. Die Hauptgötter waren ein geschlossenes Ganzes, eine in sich und mit sich lebende Sippe, erhoben in den hohen Olymp. Die Eigenschaften gehen nicht von einem Gott zum anderen über, auch nicht wie bei den Kelten, ein Gott in den anderen.

Solche großen bestimmten Götter muß es aber auch einmal bei den Kelten vom Indogermanischen her gegeben haben. Wenn auch nicht so klar erfaßbar wie die griechischen Götter, von denen man sagen kann, daß man bei ihnen wie beim griechischen Kunstwerk nichts hinzu tun durfte, ohne daß es zu viel war, und nichts wegnehmen durfte, ohne daß es zu wenig war. Das Gewimmel, den Markt, bilden ja die keltischen Götter erst vor und nach der Zeitenwende.

Das ist praktisch schon die Auflösung der ursprünglichen Götterwelt. Gewandert im großen Ausgriff ist man unter wenigen großen Göttern, so wie es auch die Germanen taten. Es waren die Götter der herrschenden Schicht der adeligen Krieger und der freien Bauern. Nur, daß daneben die Götter der überdeckten fremden Völker auch vorindogermanischer älterer Art, blieben. So entstand später der Götterhimmel mit den vielen, allzu vielen Sternen, so daß man sich bemühen muß zu unterscheiden, welche Sterne zu dem einen Sternbild und welche zu dem anderen Sternbild gehörten. Manchmal gehörten dann ein Stern oder mehrere sowohl zu dem einen Bild wie zu dem anderen. Der keltische Götterhimmel mit seinen alten hohen Bildern verschwamm dann in viele Namen und in viele Funktionen. Dazwischen treten immer mehr die Sterne, die von zweiter und dritter Größe sind. Aber so wie sich die keltischen Götter ausufern und sich überdecken in einer nicht zu übersehenden Zahl, sind diese Götter auch tatsächlich keltisch, so wie die antiken Götter in ihrer klaren Bestimmtheit antik sind.

Davor stehen wir nun! Ohne schriftliche Überlieferung vor einem Gewimmel von Gestalten, bei denen wir nicht sicher sind, wie wir sie ansprechen müssen. Es ist so ähnlich, als stünden wir vor den Bildern, vor den Statuen und Gemälden der christlichen Kirche, ohne die Bibel und ihr ganzes großes schriftlich überliefertes Gedankenwerk zu kennen. Mit welcher Sicherheit könnten wir dann urteilen? Aber es ist der Mühe wert, daß wir uns den keltischen Hauptgöttern zuwenden, die auch die Götter der großen Zeit der Kelten gewesen sein müssen.

Auf der Suche nach den Hauptgöttern

Die Hauptgötter der Griechen stehen klar und eindeutig vor uns, ebenso die der Römer: Jupiter und Hera, das königliche oberste Götterpaar; Apoll und Minerva, der Lichtgott und die Schützerin; Mars, der Kriegsgott, und Venus, die Liebesgöttin, die Erdgöttin Proserpina...

Bei den Germanen ebenfalls: Ziu, der alte Himmelsgott, und

die Erdgöttin Nerthus; Thor, der Gewaltige, und Wotan, der Begeisternde, mit der Himmelsmutter Frigga; Freyer, der Fruchtbarkeitsgott, Balder, der Lichtgott...
Bei den Griechen und Römern ist es eine Göttersippe, die sich im hohen Olymp versammelt. Bei den Germanen sind es zwei Sippen, die Asen und die Wanen, die ebenfalls zusammentreten.
Bei den Kelten wissen wir von keiner Göttersippe, von keinem Zusammenkommen. Wir wissen von keinem Olymp, von keinem Asgard als den Orten der Götter. Man würde heute sagen: Eine pluralistische Gesellschaft. Und doch, Hauptgötter müssen dagewesen sein, Götter von überörtlicher, von mehr als stammesmäßiger Bedeutung.
Caesar nennt sie uns in ‚De bello Gallico' mit den römischen Namen, und zwar als Merkur, Apollo, Mars, Jupiter und Minerva. Er sagt aber nicht, welche keltischen Götter er damit meint. Es ist die bekannte ‚interpretatio Romana', der Vergleich, den die Römer zwischen ihren Göttern und fremden Göttern anstellen. Sie meinten, daß dieser tatsächlich möglich sei, seit Herodot behauptete, daß überall die gleichen Götter wären, nur unter anderen Namen.
Was bei Caesar sofort auffällt: Jupiter, der römische oberste Gott, kommt erst an vierter Stelle!
Lukan schrieb seine ‚Pharsalia', ein Gedicht über den Bürgerkrieg in der ersten Hälfte des ersten Jahrhunderts nach Chr. Dort nennt er in zwei Versen die gallischen Götter Teutates, Esus und Taranis. Aber welche römischen Götter meint er damit? Die ‚Scholia', die sogenannte ‚Commenta Bernensia', die erst nach dem vierten Jahrhundert geschrieben wurde, vergleicht einmal Teutates mit Merkur und das andere Mal mit Mars. Steht also hinter Merkur Teutates?
Auch bei der ‚interpretatio Romana' gegenüber den germani-

schen Göttern tritt Merkur für Wotan auf. Noch Paulus Diaconus, der Geschichtsschreiber der Langobarden, setzt Merkur mit Wotan gleich. Von Wotan wissen wir, daß vor ihm die früheren Götter zurücktreten mußten. Wotan wurde der Gott der Oberschicht, der Krieger, der Gott im Sturmwind der großen Wanderung. So kann es auch mit dem gallischen Gott gewesen sein, der Merkur genannt wird. Denn auch Merkur war nicht nur der Gott des Handels, der Gott der Reisenden, wie es auch Wotan war. Er war ebenso der Seelenführer, wie Wotan das himmlische Heer der in Ehren gestorbenen Toten führte. Die Dämonie und Ränke und Schliche haben beide. Nur das Kriegerische fehlt dem römischen Merkur. Teutates muß es aber gehabt haben, denn man setzt ihn dem Kriegsgott Mars gleich. Wir dürfen hinter Merkur den keltischen Gott Teutates sehen.

Und Jupiter an der vierten, der zweitletzten Stelle bei Caesar!? Doch Caesar muß es gewußt haben. Was er behauptete, konnten Tausende andere Römer nachprüfen, diesseits und jenseits der Alpen. Wie ist das zu erklären? – Jupiter, der alte römische Himmelsgott war eben vor Teutates ebenso zurückgetreten, wie der alte germanische Himmelsvater Ziu vor Wotan.

Wo aber bleibt dann der keltische Himmelsgott?

Er muß einmal dagewesen sein, und zwar an erster Stelle, als der alte indogermanische Himmelsgott, der dann bei den Griechen Zeus hieß, bei den Römern Jupiter, bei den Indern Dyaus, bei den Germanen Tiwaz und später Ziu.

Wir finden diesen Himmelsgott bei den Kelten in Taranis.

Sein Name hängt mit Donner zusammen, mit dem keltischen ‚taran'. Er trägt auch das Symbol des Blitzes, ebenso wie das segenspendende Sonnensymbol. Aber der Blitz konnte ebenso vernichten wie segenspendend sein. Bei den Römern galt dies für den Blitz Jupiters.

Taranis, der Gott mit dem Rad, ist weit über das keltische Gebiet verbreitet. Er muß einer der großen Götter gewesen sein, nachdem er einst wohl der größte war. Nach der ‚Scholia' herrschte er auch in der Unterwelt. Er war also ‚pater' wie ‚dispater' und zugleich der ‚praeses bellorum', der Herr der Kriege. So war er auch der Herr der Walstatt, dem man Menschenköpfe opferte.

In seinem Namen schloß man Verträge. Bei den Germanen mußten sie am hellen Tag geschlossen werden, genau wie die Gerichtsverhandlungen nur am Tage stattfinden konnten, solange das Licht des Himmels herrschte und nicht die unheimliche Nacht. Dann, und auch nur dann galt der Eid. Bei den Kelten wird es nicht anders gewesen sein.

Teutates wäre also der große Gott der späteren Zeit der Kelten und Taranis der große Himmelsgott.

Aber da ist noch der große keltische Gott Lug, den Lukan allerdings nicht nennt. Er war der glänzende Gott der römischen Hauptstadt Galliens Lugdunum, des heutigen Lyon. Er gab noch fünfzehn Städten seinen Namen im ganzen keltischen Gebiet. Er muß also ein oder der Hauptgott gewesen sein. Sein Dienst wurde von den Römern sogar mit dem Kaiserkult verschmolzen. Seine Hauptfeier war am 1. August, wie die des Augustus.

Lug ist auch der in vielen Künsten Erfahrene. Das haben wir aus der irischen Überlieferung. Dort ist er auch der Heerführer der Götter. Er kämpft mit dem Speer wie Wotan. Er beherrscht die Magie wie Wotan. Er ist ein Meister der Dichtkunst wie Wotan ...

Hier haben wir es vor uns, wie bei den Kelten die Gestalt eines Gottes in die andere verschwimmen kann. Lug kann einstmals der Gott der großen keltischen Wanderung gewesen sein, der später zurücktrat. Vielleicht wurde er aber auch zu sehr von den Römern erhoben, weil er die Gallier nicht so kriegerisch ansprach wie Teutates. Vielleicht ist er aber auch nichts anderes als eine Modifikation des Teutates, die einen anderen Namen trägt.

* * *

Welcher Gott steckt aber in den vielen Jupiter-Gigantensäulen, die wir im gallischen, aber römisch beherrschten Gebiet in so großer Zahl finden, massiert östlich und westlich des Oberrheins zwischen Rheinknie und Mainz? Sie wurden erst spät zwischen 170 und 240 nach Chr. errichtet. Ein Gott hoch zu Roß führt den Speer und manchmal auch das Sonnenrad und reitet über einen Dämon hinweg. Wenn es Wode wäre, würde man sagen, daß er die Dämonen besiegt, die die Menschen- und Götterwelt umlauern. Das ist uns überliefert. Wir kennen aber nicht die Mythen der keltischen Götter. Sicher reitet der Gott gegen das Dämonische und Verderbliche an. Dann könnte es am ehesten der Gott der Sonne, Tanaris, sein. Er trägt ja auch als Symbol das Sonnenrad.
Aber sicher wissen wir das nicht.

* * *

Nun ist noch etwas Besonderes zu sagen: Die große keltische Stadt, der eigentlich dieses Buch gilt, ist fast genau in der Gestalt eines Rades angelegt. Man hat sogar Flüsse und Bäche abgeleitet, um ihr diese Gestalt des Rades zu geben. Es ist die Keltenstadt bei Manching. Sie hat auch ein Radkreuz durch die Straßen, die sich zwischen den vier Toren von West nach Ost und von Süd nach Nord ziehen. Die Hauptstraßen liegen in den Himmelsrichtungen wie bei einer neu gegründe-

ten römischen Stadt mit dem ‚decumanus' von West nach Ost und dem ‚cardo' von Nord nach Süd. Aber diese keltische Stadt ist gerundet in einem riesigen Mauerring. Das hat keine römische Stadt. Es ist so: Diese Stadt bildet das heilige Sonnenrad auf der Erde nach, das Rad des Taranis. Sie muß ihm also besonders heilig gewesen sein. Sie muß in seinem Heil und Schutz gestanden haben. Wir kennen ihren Namen nicht. Vielleicht trug sie den Namen des Gottes des Rades: ‚Tarandunum', Stadt und Veste des Taranis? Sicher muß sie seinen Kult besonders gepflegt haben, mit Wagenrennen während der Feste, mit Opfern an einem ihm besonders heiligen Ort. Noch haben wir nichts darüber gefunden.
Aber die Form der Stadt spricht ihre Sprache deutlich genug.

Was sagen uns diese Göttergestalten?

Wieviele andere Götter mögen noch in einer keltischen Stadt wie Manching verehrt worden sein? Immer war es eine Schar von Göttern in einer Stadt, bei einem Stamm, die dort ihr Zuhause und ihre Verehrung hatten.
Gehen wir wieder auf einen Markt der Götter wie im Altbachtal bei Trier und suchen wir als Menschen von heute in den Ständen nach den Bildern anderer großer Götter. Es ist römische Zeit, und was wir als Götterbilder sehen, trägt schon den klassischen Stempel. Trotzdem! Wir würden erschrecken. Wir würden befremdet sein durch das, was sich hier zeigt. Das sollen wir anbeten, um Hilfe anrufen! Das soll mit uns sein als göttlicher Freund und Begleiter? – Aber wir haben ja unseren Gott längst nach uns gewandelt. Er ist ein Gott des Friedens geworden, ein pazifizierter Gott. Ein Gott der Schwachen, die bedürftig sind, und nicht einer der Starken,

die bestehen wollen im großen Kampf des Lebens. Die keltischen Götter sind kein Ziel des seligen Versenkens, sondern des erfüllten Tätigseins. Krieg und Kampf waren noch Gottesdienst. Im Opfer vergoß man das Blut und genoß es, wenn es vergossen wurde, wie wir den Wein.

Gehen wir zu diesen Göttern. Zuerst zu einem der uns freundlich scheint. Er sitzt da friedlich wie Buddha mit untergeschlagenen Beinen und hat auf dem Kopf ein Hirschgeweih. Es ist Cernunnos, der Hirschgott! – Oder steckt Teutates dahinter? Die Merkmale gleichen sich. – In der einen Hand hält er eine Schlange dicht hinter ihrem Kopf fest, in der anderen Hand hält er einen ‚torques', den Halsring der Kelten, mahnend empor. So sitzt er unbeweglich und starr und sieht über uns hinweg. Wie ist er zu deuten?

Daß er wie Buddha dasitzt, ist leicht erklärt: Die Kelten saßen so auf dem Boden. Sie benutzten weder Stuhl noch Bank. Auch andere keltische Götter sitzen so. Das Hirschgeweih wirkt auf uns edel und erhebend, wie wohl auch auf die Kelten. Der Hirsch ist der König des Waldes, schon durch seine Haltung. Zwischen Stierhörnern konnte das Kreuz Christi nicht erscheinen, wohl aber im Hirschgeweih. Es strahlt eine erhebende Macht aus und ist wohl ein altes Sonnensymbol und ein Zeugnis der ewigen Fruchtbarkeit, so daß man Toten Hirschgeweihe ins Grab mitgab. Der Hirsch ist das Zeichen von Reichtum und Fülle des Lebens, das Zeichen einer großen Lebensmacht der Oberwelt. Nicht umsonst trug man Amulette aus Hirschhorn zur Abwehr des Bösen.

Und die bewältigte Schlange in der Hand des Gottes?

Vielleicht zeigt sie die beherrschte Unterwelt an, die nun mit ihrer Macht der Oberwelt dienen muß. Was aber bedeutet der erhobene torques, der Ring mit den beiden freien Enden, den die Kelten um den Hals trugen? Er wirkt fast wie die Schlan-

ge, die sich in den Schwanz beißt. Oder er gleicht mehr noch der Schlange, die an jedem Ende einen Kopf hat. Oder ist es der große Sonnenbogen im Jahreslauf aus hell glänzendem heilbringendem Sonnenmetall? Wir wissen es nicht. Aber dieser Ring ist das Symbol des Keltentums schlechthin. Man könnte sagen: Ein nationales Symbol, das die Götter wie die Menschen trugen. An einer Kette wurde der ‚Orden des goldenen Vlieses' getragen: Die höchste Auszeichnung des Abendlandes. Vielleicht wurde dem Kelten der torques verliehen, wenn er das Seine bei der großen Einweihung getan hatte, den Feind erschlagen und seinen Kopf heimgebracht hatte? Er war Mann geworden und trug jetzt den torques im Leben wie im Sterben. Er stand jetzt vollgültig vor den Göttern. Der Ring war der Ausweis.
Wir können nur suchen nach dem, was die Kelten empfanden. Kein Wort der Überlieferung sagt es uns.

Da sitzt ein anderer Gott in seinem Stand, der den Hammer trägt. Er muß an vielen anderen Orten seine Verehrung haben, denn sein Gebiet zieht sich von der Mündung der Rhone bis zum Rhein, als hätte er diesen Weg auf seinem Siegeszug gemacht, um seine Verehrung zu fordern. Manchmal trägt dieser Gott auch die Keule. Er heißt Suzellus. Er ist der Gott, der „kräftig zuschlägt". Vom Hammer her ist er sicher ein uralter Gott. So wie Thor! In der Steinzeit war der Hammer das erste Werkzeug und die erste Waffe. Man konnte damit arbeiten wie töten. Thor warf den Hammer im Blitz. Er zerschmetterte mit dem Hammer und segnete mit dem Hammer die Ehe, wie überhaupt die Verträge. – Der Hammer stellte sie einst in den Schutz des Gottes. – Bei einer Versteigerung schlägt heute noch sein Hammer und macht die Absprache fest. Auch von diesem Gott gehen also die verschiede-

nen Wirkungen aus, die helfenden und die zerstörenden. So kann der Hammer das Symbol des Lebens sein, auch der Fruchtbarkeit, wie das Symbol des Todes.
So gehört auch der Gott Suzellus beiden Welten zu, die sich damals nicht gegenüber standen, sondern eng verschlungen waren; so wie zum rechten Leben auch der rechte Tod gehörte als sein wesentlicher Bestandteil. Also Suzellus ein Gott der Ober- wie der Unterwelt!? Oft erscheint er mit einer Göttin. Stellen wir sie neben ihn, die ‚Nantosuelta' und drükken wir ihr das Füllhorn in die Hand, das sie so gerne trägt. Der Reichtum des Lebens quillt ja nach dem alten Glauben aus der Unterwelt und ist ‚vom Lichte gesegnet'. Der Gott trägt den tödlichen Hammer, die Göttin das lebenspendende Füllhorn. So stehen sie nebeneinander. Wahrhaftig ein Paar, in dem man alte Frömmigkeit begreifen kann.

Es gab aber auch den ausgesprochenen ‚dispater', den Herrn des Totenreichs. Doch haben wir kein Bild von ihm und kennen auch nicht den Namen, den ihm die Kelten, die Gallier, gaben. Auch kennen wir keinen Tempel von ihm. Es kann sein, daß er gar nicht im Tempel verehrt wurde. Vielleicht ist er auch Suzellus? Wir wissen es nicht. Wie verwandt ist er dem indischen Yama, dem Herrn der Totenwelt? Caesar sagt, daß alle Gallier nach der Lehre der Druiden von diesem Gott der Unterwelt abstammen. Auch in Indien ist der Totengott Yama zugleich der erste Mensch und damit der Urahn des Menschengeschlechts. Nach dem alten Glauben kehrte ja in jeder Geburt ein Ahn aus der Erde, aus der Unterwelt in die Sippe zurück. Die Erde ist verschlingend und zeugend. So wie der ‚Abgrund'.

Caesar nennt Apollo an zweiter Stelle in der Reihe der Hauptgötter der Kelten. Wie ist das möglich? Apollo ist doch der Gott des schönen Maßes; wo ist aber das schöne Maß bei den Kelten? Weder in ihrer Kunst, noch in ihrem Lebensverhalten. Sie finden ihre Lebenshöhe nicht in der schönen Beschränkung, sondern in der Übersteigerung, im Zersprengen der Form.

Apoll ist bei den Kelten der große Heil-Gott, der er bei den Griechen ebenfalls war. Bei den Griechen ambivalent in Heil und Unheil. Denn der ‚ferntreffende' Apoll schickt die Seuchen und die Pest, wie er ja auch wieder das Heilende bringt. Es ist wie mit der Saite des ‚Ferntreffenden': Wenn sie als Bogensehne erklingt, bringt sie den Tod. Wenn sie in der Leier erklingt, bringt sie das Maß schönen Lebens. Man kann auch sagen: Es ist bei Apoll ein Doppelverhältnis wie bei der Schlange. Sie kann ihr tödliches Gift verspritzen und sie kann heilen, wie sie ja das Symbol des Heilens ist.

Apoll ist der große Heilgott bei den Kelten. So muß ihm Caesar begegnet sein, ihm und seinem ausgedehnten Kult. Wir kennen aber seinen keltischen Namen nicht sicher. Er kann Belenus geheißen haben. Wir können ihn auch in der Reihe der Stände nicht suchen, weil wir nicht wissen, wie er in der Vorstellung der Kelten aussah. Wir wissen aber, daß er an Quellen verehrt wurde — in Aachen als Apollo grannus — als Beschützer der heilbringenden Thermen. In Aachen und bei vielen anderen Quellen.

Doch was ist von dem Lichtgott übrig geblieben?

Um 300 vor Chr. berichtet Hekatios von Abdera, daß Apollo auf einer Gallien gegenüber liegenden Insel verehrt würde, daß dort sein Tempel eine runde Form hätte. Wer denkt hier nicht an das große Sonnen-Heiligtum von Stonehenge? Und daran, daß Apollo von den Hyperboräern zu den Griechen gekommen ist. Das heißt von den Nordvölkern! Ist das die

Spur des Lichtgottes auf seinem Weg zu den Griechen? Als Lichtgott ist er aber an den Kelten vorübergegangen?

Noch einen Gott sehen wir in der Reihe der Stände, die eigentlich Tempel sind. Es ist der Gott der Schmiede. Wir können ihn mit seinem Namen anrufen: ‚Gobniu'. Denn ‚goban' heißt Schmied. Ob aber der Gott erscheinen wird? Er wird uns wohl den Gefallen nicht tun, denn wir wissen nicht wie er aussah. Er gehörte auch mehr zu den Unterirdischen, die sich nicht gerne im Lichte zeigen, und deren Erscheinung man nicht nachbildet. Er ist ‚erdhaft'! Er ist ‚chtonisch' und daher anderen schwer zu beherrschenden geheimnisvollen Mächten verbunden. Hephaistos, Vulkan, der Schmiedegott der Griechen und der Römer, haust in der Tiefe der feuerspeienden Krater. Auch Wieland, dem Schmied, haftet das Unterirdische, das Unheimliche an. Ebenso Gobniu. Er hat auch nicht nur mit dem Schmieden zu tun. Zu diesem Gott gehörte auch der wunderbare Vorgang des Erschmelzens des Eisens, zu dem man Erz und Kohle zusammentat, die dann in einer Hochzeit im heißesten Feuer das Eisen hervorbringen. Das Eisen, das ein Geheimnis der Erde ist. Der frühere Mensch kann nicht begriffen haben, was da physikalisch-chemisch vor sich ging. Er kann nicht begriffen haben, warum die Schmelze nicht immer den gleichen Verlauf nahm, obwohl er alles dazu getan hatte. Dann war eben der Gott nicht gnädig gewesen, den man angerufen, dem man geopfert hatte. Angerufen mit dem richtigen Wort und geopfert nach dem ihm zukommenden Ritus, bevor man den Ofen in Gang setzte.

Was da geheimnisvoll im Walten des Gottes geschah, geschah sicher in einem abgeschirmten, umhegten Bezirk, wohl mit einer Reihe von Öfen. In einem Bezirk, in den Unbefugte

nicht eindringen durften, damit sie nicht den sakralen Vorgang störten.
Der Oberste der Schmiede, der allem vorstand, muß dabei eine Art priesterlichen Rang gehabt haben. Oder er war einfach der große Priester dieses Gottes! Spengler spricht noch vom heutigen Ingenieur als dem „wissenden Priester der Maschine", so durchsichtig heute auch die Technik geworden ist. Wir haben einen keltischen Namen überliefert bekommen: ‚Isarnogenos', das heißt Eisensohn. So möchte man einen solchen Obersten der Schmiede heißen, der zugleich der große Priester seines Gottes ist. Wo kann man besser sehen als hier, wie alles, was als Arbeit geschah, einem Gott verbunden war? Bis in unsere Zeit hinein ging der Bergmann zum Gottesdienst in seine Kirche, bevor er in die Tiefe fuhr. Es gab noch das Gefühl des Ausgeliefertseins, den Schauder vor der Tiefe. Diesen Schauder vor der Gewalt des Feuers im Schmelzofen muß der Mensch von damals auch gespürt haben. Die Unterirdischen waren da und hatten ihre Macht. Sie konnten sie zerstörend zeigen, auch wenn man sie vorher durch Opfer beschworen hatte.
Bei einer Eisenschmelze der germanischen Semnonen fand man geopferte und beigesetzte Hunde. Man opferte also jedes Mal einen Hund, bevor man den Ofen anblies. Der Hund hatte ja Verbindung zu den Unterirdischen. Vielleicht opferten auch die Kelten Hunde; vielleicht ein anderes Tier? Dann begann der eisen- bzw. heilschaffende Prozeß, lief ab bis zum Dank an den Gott: „Gobniu hat es gegeben!" Die Luppe lag auf dem Amboß, und für Gobniu klang der helle Hammerschlag, wenn die Luppe zu einer Form ausgeschmiedet wurde, die dem Donnerkeil des Himmelsgottes ähnlich sein konnte: Vierkant mit langen zugespitzten Enden. Zum Dank für den Gott klang ab und zu ein Schlag auf den Amboß allein. So

kann man es sich vorstellen. Der einzelne leere Schlag, das Spielenlassen des Hammers auf dem Amboß galt dem Gott Gobniu. Nach einem alten Glauben unserer Schmiede geschah dieser leere Schlag auf den Amboß, um den Teufel an seiner Kette festzumachen, den rußschwarzen Teufel!
Nach den irischen Sagen gewann der Unsterblichkeit, der am großen Fest des Gobniu teilnahm. Bei ihm gab es den Met des ewigen Lebens. Übrigens, der griechische Hephaistos schenkte den Göttern den Nektar aus.

Die Göttinnen

Wir müssen die Göttinnen der Kelten so gut wie gleich mächtig neben ihre Götter stellen. Auf dem berühmten keltischen Kultkessel von Gundestrup gibt es je vier Götter und vier Göttinnen. Sie sind gleichrangig behandelt und treten in gleicher Zahl auf. Das zeigt auch die Stellung der keltischen Frau. Wir sprachen schon darüber in dem Kapitel ‚Die Gesellschaftsordnung'. Es ist doch so: Was auf Erden gilt, gilt auch in der Rangordnung der Götter eines Volkes. Und umgekehrt! Oder aber der Himmel ist der Spiegel des gewünschten sozialen Zustandes auf der Erde. Ja, manchmal erscheint die Stellung der keltischen Göttinnen sogar so stark, daß man den Einfluß eines Matriarchats bei den vorkeltischen Volksschichten annehmen möchte. Die Kelten als Oberschicht sind aber als Indogermanen einwandfrei vaterrechtlich bestimmt. Und doch berichtet Tacitus von der britischen Königin Cartismandua, daß sie ihren Gemahl Venitius verstoßen habe, um sich einen anderen Gemahl zu erwählen. Sie war also, so könnte man sagen, so frei wie keltische Göttinnen, die sich mal dem einen, mal dem anderen Gott zugesellen.

Man kann sagen: Die große Mutter, verkörpert von der Erde, steht gleichwertig dem Himmelsvater gegenüber. Die Kelten müssen so erdfromm wie himmelsfromm gewesen sein. Himmel und Erde waren die beiden Pole von gleichem Rang. Rosmerta ist einer der Namen der großen Muttergöttin in Gallien. Die Vorsilbe ‚ro' deutet man als ‚große göttliche Macht'. Birgit, Brigit ist die Entsprechung in Britannien. Man deutet das irische ‚brig' auf ‚Macht', ‚Würde' und ‚Ehre'. Man könnte auch die ‚Erhabene' sagen.
Diese göttlichen Mütter tragen das Füllhorn in der Hand, aus dem sie Fruchtbarkeit und Reichtum spenden. Oder sie tragen einen Korb mit Früchten. Sie treten oft, wie auch andere keltische Götter, in der heiligen Dreiheit auf. Dann sitzen sie beisammen auf dem Thron. Die Gabe kann auch ein Wickelkind sein.
Epona erscheint mit einem Pferd. Aber ein Pferd kann mehr sein als ein Pferd. Die griechische Erdmutter, Demeter, konnte in Pferdegestalt erscheinen. Irland als Land wird von einer Stute symbolisiert. Das Pferd bei Epona bedeutet also mehr als ein Pferd. Später verstand man dann das Pferd als Pferd. Wie oft ist der Epona ein Bildwerk aus der römischen Reiterei gestiftet worden, die am Limes stand. Sie wurde für sie zur Pferdegöttin. Epona ist aber, das ist so gut wie sicher, nur eine Ausprägung einer mütterlichen Gottheit, zu der es gehört, daß sie auch für die Tiere sorgt. Auf dem Kessel von Gundestrup ist eine Göttin, deren Namen natürlich nicht genannt ist, umgeben von fünf wilden Tieren, die allerdings phantastisch ausgebildet sind. Aber die großen geheimnisvollen Waldgebiete mit ihren Fabelwesen standen im Schutz von Göttinnen. So der berühmte Herzynische Wald. Die Ardennen beschützte Diana Arduinna und den Schwarzwald Diana Abnoba.

Aber auch das quellende fließende Wasser war solchen Göttinnen heilig. Quellen und Flüsse sind die Äußerungen der Erdmutter. Sie sind ihre Töchter, wenn man will, und sind ihr heilig. Deshalb tragen so viele Flüsse Namen wie Diva, Deva oder Devona. Die Seine war, in Latein übersetzt, die Dea Sequana. Quellen und Flüsse waren heilbringend. So brachten die Kelten die Neugeborenen zum Rhein. Der Rhein wäscht Unheil ab und bringt Heil. Petrarca sah es noch, wie die blumengeschmückten Frauen von Köln an Sonnwend ihre Arme eintauchten, damit das reine Wasser alles Leid und Sorge wegschwemme dem Meere zu.

So ist es kein Wunder, daß die heilbringenden Göttinnen auch zu eigentlichen Heilgöttinnen werden konnten, im Wettbewerb mit Apolls keltischem Vertreter. Sie wurden zu den Göttinnen der heilbringenden Quellen. Die Frau, die Mutter, ist für die Familie und für die Tiere immer auch Ärztin gewesen. Wie naheliegend ist es, daß eine solche Mutter-Gottheit auch zur Schützerin des häuslichen Herdes und seines Feuers werden konnte! Caesar spricht von einer Göttin des Handwerks. Zum Handwerk zählte auch das häusliche Weben. Noch im siebten Jahrhundert warnt der heilige Eligius davor, Minerva beim Weben, Färben und anderen Arbeiten anzurufen. Merkwürdig, daß die Kelten auch das Dichten unter den Schutz einer solchen häuslichen Göttin stellten.

Ist es verwunderlich, daß eine solche Göttin auch bewaffnet auftreten konnte wie die griechische Athene, wie die römische Minerva?!

Caesar nennt Minerva als die letzte der keltischen Hauptgottheiten und gibt ihr damit nicht ganz die Stellung, die sie als Göttin gehabt haben muß. Sie war mehr als die letzte der großen Götter. Inschriften, die sie nennen, finden sich im gesamten keltischen Gebiet. Orte, die nach ihr benannt sind, ebenso. In der großen Göttin und ihren Erscheinungen ist auch die keltische Religion viel einheitlicher als in den männlichen Göttern. Wo Erde war und ihre Früchte, die Tiere, die Quellen und Flüsse, Haus und Herd, da mußte auch diese eine große Göttin sein. Sie war die Mutter, die wir heute als die Mutter mit dem Kinde symbolisieren würden. Religiös gesehen, ist sie die vom Himmel gesegnete Mutter, von der alles Heil ausgeht.

Es ist eine schwierige Frage, wie sich das Mütterliche mit dem Jungfräulichen vereinigen läßt! Caesar nennt ja Minerva die jungfräuliche Göttin, und nicht Hera, die Göttermutter. Wir wissen aber nicht, ob von den Kelten eine dieser Göttinnen als jungfräulich angesprochen wurde. Sicher war die Stellung der Mutter höher als die der Jungfrau. Im Kinde zeigt die Frau ihre Macht. Was wäre die Jungfrau Maria ohne das Kind?

Die gute Mutter war die Erde schlechthin. Als Mutter konnte aber auch ein Land auf dieser Erde auftreten. Wenn der irische König inthronisiert wurde, so vermählte er sich mit der ‚schönen Frau Eriu'. Das ist Irland, und der Name der schönen Frau lautete auch ‚flaith Erinn'. Das heißt ‚Herrschaft Irlands'.

All diese Erscheinungen der großen keltischen Muttergöttin könnte man auch im klassischen Gewande sehen, in der römischen Version, ohne ihnen Gewalt anzutun. Auch wenn die Göttin Waffen trug, könnte man bis hierher mit Goethe sagen: „Alles Edle erschien mir immer in Frauengestalt". Bei der keltischen Kriegsgöttin hört das aber auf. Sie erscheint in ihrer vorrömischen Gestalt so, wie sie die Kelten erfühlten. Sie erscheint als eine rasende, sich der Kampfeswut hingebende, sich darin verlierende Furie, die ihre blutigen Opfer haben will, die dazu selber töten will. Wir haben keine Bildwerke von ihr, aber sie erscheint auf keltischen Münzen und echt keltisch in der beginnenden Auflösung der Gestalt. Ihre rechte Hand wird zu einer Spirale. Auch aus dem linken Fuß wächst so etwas ähnliches heraus. Statt der linken Hand trägt sie ein unbestimmtes herzförmiges Gebilde mit zwei Punkten darin. Oder sind es Augen? Die Haare sind wie im Sturm züngelnde Flammen. Auf einem anderen Bild trägt die Rasende ein Schwert, ist umgeben von undeutbaren Gebilden. Wenn man auf diese rasende Göttin sieht, kommt man dem näher, was Dio Cassius berichtet: Die britische Königin Boudicca habe der Kriegsgöttin Andata oder Andrasta die im Aufstand vom Jahre 61 gefangenen Römerinnen geopfert. Sie ließ vorher einen Hasen frei und ersah aus dessen Lauf, ob der Göttin dieses Opfer genehm sei.

Diese Göttin kann auch in der Gestalt eines Vogels erscheinen, einer Krähe, die ein Vogel der Walstatt ist. Es ist dann die Kriegsgöttin Bodh. Sie kann auch in der Dreiheit auftreten als Zeichen ihrer Kraft und Macht. Sie heißt ja auch die ‚Unbesiegbare'. Wer widersteht schon einer Rasenden? Es ist aber, das ist deutlich, nicht nur das Rasen im Blutrausch, sondern auch das Rasen im sexuellen Rausch, das sich mit ihr verbindet. In solchen Gestalten, die sich in einem übermächtigen Gefühl auflösen, erlebte sich der Kelte. Wenn man sagt, das sei die dionysische Seite bei den Griechen, die Griechen hatten noch eine andere Seite. Bei den Barbaren gab es nur diese eine Art des wahren Lebens. Der Grieche hatte ebenso die apollinische Seite im schönen beherrschenden Maß. Bei den Kelten finden wir sie nicht.

Wo Göttinnen sind, müssen auch Priesterinnen sein. Aber was für Priesterinnen? Gemessene unnahbare Vestalinnen? Oder rasende Mänaden? Wir wissen nichts davon. Doch so freundlich nah und gütig wie Rosmerta oder Epona uns erscheint, dürften auch ihre Priesterinnen gewesen sein. Und die der Kriegsgöttin? – Ihr werden zuerst die Männer gedient haben und dann auch Frauen, wenn sie verwundete Feinde vollends abschlachteten oder ihre Hinrichtung umtanzten, wie später die Megären von Paris um die Guillotine der französischen Revolution. Solch ein Tanz war uralter Gottesdienst; ein Dienst, den wir nicht mehr verstehen können.

Die Opfer

Die von den Göttern abhängige Welt bedurfte des Opfers, um sie in Gang zu halten. Die Götter brauchten die Hingabe, das Opfer, um dadurch zu existieren. So wurden die Götter gefragt, ob und was sie an Opfern wollten. Das Opfer wurde gegeben, so wie dies durch die Königin Boudica geschah. Ihr wurden gefangene Römerinnen geopfert! Wir wissen nicht, wie dies geschah. Wenn diese Göttin aber, wie auf einer Münze abgebildet, ein Schwert in der Hand trug, können sie enthauptet worden sein.

Strabo schildert uns eine gräßliche Szene bei den Kimbern: Es traten Frauen auf, eine Art Priesterinnen mit grauen Haaren, in Gewändern aus weißer Leinwand, die mit Spangen auf der Schulter gehalten wurden und von Gürteln aus Erz umschlossen waren. Diese Frauen gingen barfuß zu den römischen Gefangenen und bekränzten sie. Dann führten sie sie zu einem ehernen Mischkessel, an dem eine Leiter lehnte. Die Frauen erstiegen die Leiter und die Gefangenen wurden zu ihnen empor gehoben. Sie schnitten ihnen, über den Kessel gebeugt, die Kehlen durch. Wenn das Blut in den Mischkessel rann, weissagten sie.

Das sieht mehr nach einem keltischen Brauch aus als nach

einem germanischen. Wir wissen bei den Germanen nichts von solchen Kesseln, wohl aber bei den Kelten. Es können Kelten gewesen sein, denn mit den Kimbern waren ja auch Kelten gezogen.

Es ist wieder der Kessel, der in der Mitte des Rituals steht. Er wird gefüllt mit dem Lebendigsten, das der Mensch hat, mit seinem Blut, mit dem er sein Leben ausströmt und das nach alter Anschauung sein Leben enthielt. Der Kessel empfing, so kann man sagen, die Lebenskraft eines Menschen und er konnte dann wieder Lebenskraft geben. Vom Kessel der Zauberin Medea wissen wir aus der griechischen Sage, daß er Tote auferstehen lassen konnte. Der Kessel ist also ein Ort der Wandlung.

Auf dem berühmten Kessel von Gundestrup zieht eine Schar von Kriegern unter dem Klang keltischer Kriegstrompeten einer nach dem anderen auf einen Kessel zu. Ein Riese taucht jeden, der da ankommt, hinein. Vom Kessel weg reiten behelmte Reiter auf munteren Pferden. Ein Hund ist am Kessel, der bedeuten kann, daß der Kessel der Unterwelt nahe ist. Den Reitern voraus zieht eine Schlange, die ebenso auf die Unterwelt hinweist. Ist es eine Wiederauferstehung nach dem Tode, die dieses Bild wiedergibt? Oder ist es eine Manneswelhe? Man könnte meinen: Der Jugend stand nur Schild und Speer zu! Als Männer steigen sie zu Pferde. Aber die Wegziehenden tragen überhaupt keine Waffen. Mit den Tieren auf den Helmen aber zeigen sie, daß sie ausgezeichnet sind.

Wir können die Szene nicht mit Sicherheit deuten. Es spricht aber viel dafür, daß sie ein Wiedererwecken zu neuem höheren Leben darstellt. Doch mit Sicherheit können wir sagen, daß in dem Kessel eine Wandlung geschieht. Wir sprachen schon davon: Haben wir nicht auch eine Wandlung in der Taufe, die nach dem alten Glauben die Menschen sündenrein

machte und die Tür zum Himmelreich aufschloß?! Sind nicht die Taufsteine, die Taufkessel in unseren Kirchen den keltischen Kesseln der Wandlung sehr nahe?
Es ist sicher: Der heilige Kessel nimmt und gibt, ob er nun zu den Mächten der Unterwelt oder der Oberwelt gehört. Der irische Gott Dagda hatte den wunderbaren Kessel des Überflusses. Die irische Überlieferung kennt Kessel, aus denen stets die Fülle der Nahrung fließt. Sie kennt Kessel, die Wissen vom Schicksal geben. Und sie kennt Kessel, die Tote zum Leben erwecken, so wie der Lebendige im Kessel zum Tode kommen kann. Ähnlich ist es, wenn die irische Sage davon spricht, daß die Gefallenen in einem Gesundbrunnen wieder zum Leben kommen, verwandelt im reinen Wasser, das lebendig aus der mütterlichen Erde steigt. Man kann sich fragen, ob nicht der Kessel überhaupt ein mütterliches Symbol ist, ob man das Opfer nicht in den Mutterschoß zurückschickt?
Einem anderen Gott wurden die Opfer an einen Baum gehängt, bis sie dort in Stücke zerfielen. Es ist der Gott Esus, den auch Lukian nennt. Er wird auch als Baumfällergott bezeichnet, weil er auf Reliefs mit einer Axt an einen Baum schlägt. Aber wir wissen wenig über ihn. Es sind nur ein paar schwer zu deutende Bilder, schon römisch beeinflußt, ein Name und eine Bemerkung eines antiken Schriftstellers. Das ist alles. Aber es scheint sicher zu sein, daß das Hängen bei den Kelten eine seltene rituelle Todesart war, im Gegensatz zu den Wotansopfern der Germanen durch Erhängen. Die Wikinger hingen die Wotan versprochenen Gefangenen in Reihen an die Bäume, hundert Opfer auf einmal! Das Ritual des Hängens reichte bis ins Mittelalter hinein. Und es war ein Unterschied, ob einer an einen dürren Ast oder an einen grünen Ast gehängt wurde.

Es bleibt das Verbrennen, das mit einiger Sicherheit dem Taranis heilig war. Verbrennen von Menschen und Tieren in Behältern! Man opferte dem Gott, der als Himmelsgott das himmlische Feuer vertrat. Ist es ein Zufall, daß bis vor nicht langer Zeit im Abendland verbrannt wurde, wer den im obersten Himmel sitzenden Gott durch Unglauben als Ketzer oder durch Zauberei als Hexe beleidigt hatte! Warum auch hier dieselbe Todesart, für die der keltische Himmelsgott zeichnet?

Übrigens ist es überliefert, daß die Kelten am hochheiligen Samuin-Fest, wenn das alte Jahr in der großen Nacht vom 1. November zu Ende ging, ihren König in seinem Haus verbrannt haben, falls er nicht in einem Gefäß ertränkt wurde. Das geschah, wenn der König ins Unrecht, oder besser gesagt, ins Unheil gekommen war. Dann durfte dieses Unheil mit ihm nicht in das neue Jahr hineingehen. Es war ein Opferritus, und damit ein Opfer an einen Gott. Am ehesten dem Himmelsgott in seinem Feuer dargebracht, weil der König seinem Wirken entgegenstand.

Eine andere Frage ist, ob die Todesart des Räderns noch mit dem Rad des Taranis zusammenhängen kann? Woher soll diese merkwürdige Art des Tötens kommen? Sie muß mit dem Rad zu tun haben. Hat sie noch mit Taranis zu tun? In Tübingen finden wir im Maßwerk der Stiftskirche den auf Rad geflochtenen heiligen Georg. Er war als Drachentöter ein Symbol der Sonne. Dieses Bild, das ist sicher, hat mit einem Kult zu tun und nicht bloß mit einer Hinrichtung. Als Märtyrer starb Sankt Georg ganz anders.

Die ‚Scholien' sagen, daß dem Taranis die Köpfe von Menschen geopfert wurden. Es ist aber nicht klar, ob die Köpfe, die die Kelten an ihre Häuser nagelten, ein Opfer an Taranis waren! Daß es aber diese Kopfjägerei gab, ist sicher.

Tacitus spricht davon. Strabo berichtet, daß Poseidonius solche Köpfe mehrfach gesehen hat. Anfangs sei ihm dabei übel geworden. Dann hätte er sich daran gewöhnt.
Übrigens ließ sich auch Caesar die Köpfe seiner Feinde bringen, auf die er eine Belohnung gesetzt hatte. Die Köpfe gerichteter Raubmörder sah noch der junge Goethe auf der Mainbrücke auf Spießen stecken. Dem preußischen Major Schill, der gegen Napoleon aufstand, wurde – nachdem er in Stralsund gefallen war – der Kopf abgeschnitten und in Spiritus aufbewahrt. Sicher, um Napoleon davon zu überzeugen, daß es mit dem Tode Schills seine Richtigkeit habe.
Mit einem Kult hat das aber nichts mehr zu tun. In der keltischen Kopfjägerei muß man zuerst den Glauben suchen, daß man sich mit dem Kopf des Feindes seine Kraft und Macht dienstbar machte. Ebenso, daß der tote Feind auch als Geist nicht mehr gegen einen auftreten konnte, wenn man ihn mit seinem Kopf sicher hatte.

* * *

Die Götter nahmen auch andere Geschenke als Menschenopfer an. Das uralte Tieropfer konnte an seine Stelle treten: So findet man Stier- und Pferdeschädel, Stierhörner, Hirschgeweihe, Eberzähne. Man fand in Manching Pferdeschädel in solcher Lage und so sauber abgetrennt, daß sie auf Opfer hindeuten. Aber man opferte nicht nur Tiere sondern auch die Früchte des Feldes und man konnte auch menschliche Gliedmaßen aus Bronze-Blech opfern und in die heilbringende Quelle werfen. Oder man opferte den torques. Man gab den Göttern kleine Bildwerke als Weihgeschenke in Bronze oder in Ton, die dann an heiliger Stätte aufgestellt wurden. Und man gab Münzen. In einem Heiligtum der Sequana fand man in einem irdenen Gefäß neben achthundertdreißig Münzen noch andere kleine Votivgaben. Ein Bleideckel lag darauf und eine Inschrift lautete: „Deae Sequanae Rufus donavit". „Der Göttin Sequana gab dieses Rufus". Welch ein großes Geschenk an die Göttin der Seine. Ein großes Opfer von einem Mann für den Strom, der für ihn wesenhaft lebendig war, und dem er wohl einen großen Dank schuldete.

Wie groß war aber erst das Opfer von La Tène, diesem kleinen Ort am Neuenburger See in der Schweiz, nach dessen Funden man die ganze keltische Zeit benennt. Dort mündet ein kleiner Fluß in den See, der Thièle oder Zihl, genau dort versenkten die Kelten ein wahres Lager von Geschenken für einen Gott oder für die Götter. Insgesamt sind es über zweitausend Gegenstände! Es waren Wagenladungen von rostigem Eisen, die aus dem Seegrund gehoben wurden. Waffen zuerst, ein Drittel davon Schwerter, Spieße, aber auch Werkzeuge, Ringe, Pferdegeschirre, viele Fibeln und andere Schmuckstücke. Sie wurden nicht mit einem Mal geopfert. Es kann mehr als ein Jahrhundert gedauert haben, daß dort Menschen feierlich ans Ufer traten und für den Gott, die Göttin ihre Gabe ins Wasser warfen. Und was mag damals ein Schwert wert gewesen sein? Mehr als heute ein Auto.

Man begab sich nicht leicht seiner Waffen in einer Zeit, in der man nur gerüstet bestehen konnte, in der man nie anders als bewaffnet ausging. Es war eine uns unfaßliche alte Frömmigkeit der immer wiederkehrenden großen Gaben an die Götter. Wir meinen etwas Besonders getan zu haben, wenn wir eine Mark in die Sammelbüchse werfen. Opfern kann man im Grunde nur, was einem fehlt. Man opferte damals, was einem fehlte. Nur das verband wirklich mit dem Gott.

Der Gläubige wollte damals den Göttern nicht nur etwas bringen, was einen wirklichen Gebrauchswert hatte, sondern auch etwas, das nur schön war. Wir haben den Fund des wundervollen Schilds aus der Themse bei Battersea. Er strahlt wie die Sonne mit seiner goldenen Bronze, geschmückt noch durch die Emaileinlagen, und er mußte doch hinunter in die dunkle Tiefe, wo das rinnende Wasser, das weiße Blut der Mutter Erde strömt.

Oder man gab einen herrlichen torques wie den von Trichtingen. Er ist viel zu groß und mit einem Gewicht von sieben Kilogramm zu schwer, als daß ihn ein Mensch hätte tragen können. Man gab ihn als Opfer, als Zeichen der großen Gemeinsamkeit zwischen den eigenen Göttern und dem eigenen Volk. Der fest geschlossene heilige Bogen! War es nicht gut, Kelte zu sein oder ein Gott der Kelten?

Bei den Festen verband man sich im Opfer mit den Göttern im Genuß der gleichen Speise. Das Opferfleisch wurde im Kessel gesotten und das, was die Götter erhielten, Eingeweide, Haut und Knochen im Opferfeuer verbrannt.

* * *

Zum Opfern gehörte noch eine bestimmte Art des Wahrsagens, die ebenso widerlich wie grausam war. Die antiken Autoren berichten darüber. Tacitus im allgemeinen, Diodorus Siculus im besonderen, sagen, daß man einen Dolch außerhalb des Zwerchfells in einen Menschen stieß, um aus der Art des Fallens, aus den Zuckungen der Gieder und aus den Strömen des Blutes den Ausgang eines bestimmten Unternehmens zu erfahren. Strabo sagt genau dasselbe, nur wurde bei ihm dem Menschen der Dolch in den Rücken gestoßen. Beides geht aber wohl auf Poseidonius zurück.

Der Mensch von damals fand nichts an solchen Grausamkeiten. Es ging um die Zukunft, um den Willen der Götter, und der kam eben in einem solchen gemarterten Menschen zum Ausdruck. Ein Mensch als Ausdruck des Willens der

Götter! Was spielte da sein Schmerz, sein Tod für eine Rolle? Er deutete den Willen der Götter und hatte damit auch als Opfer seine hohe Funktion.
Wir sehen die vergangene Zeit zu sehr mit unseren Augen. Eine Hinrichtung war einmal ein Volksschauspiel, bei dem man sich erschauern, erheben, ja sogar sexuell erregen ließ. Man war ganz dabei. Man hatte alle möglichen Gefühle, am wenigsten aber das des Mitleids mit dem Opfer. Wie ungerührt sehen Kinder dem Töten und Schlachten eines Tieres zu. So auch der vergangene Mensch. Die Humanität war von ihm noch nicht erfunden.

* * *

Uns bleibt es unverständlich, daß bei den Kelten Menschenfleisch gegessen wurde. Bei Caesar ist zu lesen, daß sie in der Not die Alten töteten und aufaßen. Aber man aß auch ohne äußeren Zwang, nur aus dem Glauben heraus Menschenfleisch. Es ist überliefert, daß die Galater nach der Eroberung einer ätolischen Stadt Säuglinge getötet, ihr Blut getrunken, ihr Fleisch gegessen haben. Von den Iren wird überliefert, daß sie vom Fleisch ihrer verstorbenen Väter aßen, um zu werden wie sie. Die Überlieferung, daß Menschenfleisch gegessen wurde, bestätigen die Grabungen. Auch bei den Ausgrabungen der Keltenstadt bei Manching deuten manche Funde darauf hin. In der Keltensiedlung auf der Achalm bei Reutlingen fand man vor einigen Jahren ganz in der Nähe der Herdstelle einen menschlichen Oberschenkelknochen und einen Mittelfußknochen.
Sehen wir nicht zu verächtlich darauf herab. Dem Menschenfleischessen lag die Anschauung zu Grunde, daß man eins mit dem werden wollte, was ein Mensch gewesen war, mit seiner Kraft, seinem Können. Wir vereinigen uns im Glauben so mit

unserem Gott. Wir werden ihm gleich, er wird uns gleich, weil wir von ihm essen. Ein vom Körperlichen in die mystische Vereinigung erhobener Vorgang.
Man kann aber sagen, daß das Menschenessen nicht eigentlich indogermanisch ist, und man muß fragen, was bei den Kelten vom Glauben der überlagerten vorindogermanischen Unterschichten durchgeschlagen hat? Sie waren ja geblieben und damit auch ihr Brauch.
Caesar sagt in ‚De bello Gallico': „Die Leichenbegängnisse der Gallier sind im Verhältnis zu ihrer Lebenshaltung prunkvoll und kostspielig. Alles was den Toten nach ihrer Meinung lieb gewesen ist, werfen sie ins Feuer. Auch Tiere. Ja, noch kurz vor dieser Zeit wurden bei einer regelrechten Leichenfeier die Sklaven und Klienten, die als besondere Lieblinge des Verstorbenen galten, mit ihm zusammen verbrannt."
Das wären schon Leichenbegängnisse mit Feuerbestattung, wie sie im späten La Tène aufkommen. Vorher geschah die Beisetzung in Flachgräbern. Der Vornehme ruhte auf seinem Wagen mit Schwert und Schild und allen Waffen. Dazu bekam er mit, was er in der anderen Welt brauchte an Essen und Trinken, Kannen mit Wein, ganze Schweineviertel ...
Aber man findet, besonders in Burgund, in der Franche-Comté und an der Marne auch die Skelette von Dienern. Hier begegnen wir dem, was Caesar sagte. Neben dem beigesetzten erwachsenen Mann findet man fast immer das Skelett einer jungen Frau. Das wird nicht die Witwe gewesen sein. Dazu ist der Altersunterschied zu groß. Dazu war auch die Stellung der keltischen Frau zu selbständig. Es wird eine Dienerin gewesen sein, die dem Verstorbenen besonders lieb war, und die man neben ihn ins Totenbett legte, nachdem sie wohl schon im Bett des Lebenden lag.
Es galt: Was der Mensch im Leben brauchte, mußte er auch

im Tode haben. Was ihm im Leben lieb war, blieb es auch im Tode.
Aber was für eine Vorstellung vom Leben nach dem Tode zeigt das? Ein fast ebenso materielles Leben unter der Erde, wie über der Erde. Denken wir an die lustige Kumpanei germanischer zechender Toten in ihrem Grabhügel. Auch wenn man wußte, daß der Tote verging, er lebte doch in einer anderen Form weiter, und das blieb zusammen, was man zusammen ins Grab gegeben hat. Von dort aus konnte der Tote wieder ans Licht aufsteigen, indem er wiedergeboren wurde; in der augenscheinlichsten Form im Enkel.

Die Tempel, die keine Tempel waren

Es ist schon eine spätere Zeit, wenn ein Gott in einem geschlossenen Raum verehrt wird. Man kann sagen: Gott war dann schon domestiziert. Für die Griechen und ihre Tempel gilt: Der Gott war darin, aber verehrt wurde er außerhalb. Der Gottesdienst fand vor dem Tempel statt, das Opfer ebenso. Kein Grieche konnte es sich anders vorstellen, als daß das Opfer für die olympischen Götter unmittelbar unter ihrem Himmel geschah. Der griechische Tempel hatte nur Raum für den Gott und für die Weihegaben, nicht aber für die sich versammelnde Gemeinde. Anders wurde es erst, als man die Götter der Mysterienkulte zu verehren begann. Dann erst schloß man sich gemeinsam in einem behüteten Raum ab, um den Weg nach innen zu gehen. So lange er aber noch im Gebet den Weg nach oben ging, stand der Grieche mit erhobenen Armen unter dem Himmel seiner Götter und rief sie an.
Bei den Kelten war es nicht anders: Unter freiem Himmel ehrte man die Götter, sogar nahe dem Himmel, auf den Ber-

Oben: Eine Tonform zum Gießen von Münzen.
Unten: Keltische Münzen

Die Kelten hatten schon ein entwickeltes Münzwesen. Einzelfunde sowie Münzschätze geben davon Zeugnis

gen, wie auf dem Donon, wie auf dem Puy-de-Dôme, oder aber in Hainen, eben dort, wo der Wald gelichtet war und wo zwischen den Bäumen das Licht der Sonne eindrang, wo der Himmel das Dach bildete, und die gute Erde den Boden. Zwischen den Bäumen stand man mitten im Lebendigen. Man hörte, wie der Wind mit ihnen redete. Der Wind, der im Märchen noch das ‚himmlische Kind' heißt. Man hatte die zwitschernden Vögel, das huschende Getier. Hier war die Einkehr in der alten Frömmigkeit, und nicht im umbauten Raum.

Wie aber, wenn die Bäume noch besonders heilig waren? Da ist zuerst die Eiche. Maximus Tyrius sagt im zweiten Jahrhundert nach Chr.: „Die Kelten verehren Zeus, und das keltische Symbol dieses Gottes ist eine hohe Eiche". Zeus, das wäre nach unserer Version Taranis, der Himmelsgott, der mit dem Blitz zu tun hat wie die Eiche, die den Blitz anzieht, und deren Äste ein Bild des zackigen Blitzes sind.

‚Nemeton' ist das keltische Wort für Heiligtum im ganzen keltischen Bereich. Es hat wohl mit ‚verehren' etwas zu tun und wurde dann zum Begriff des heiligen Hains. Das Heiligtum der galatischen Stämme war ein Drometon, das heißt, ein heiliger Eichen-Hain. Es war ein Hain, dessen Bäume, die Eichen, dem Himmelsgott heilig waren.

Es gab auch andere heilige Bäume. So waren den Iren die Eibe und die Eberesche besonders heilig. Es kam auf den Gott an, der einen bestimmten Baum liebte und den man bei seinen Bäumen ehren wollte.

Dorthin brachte man auch die Opfergaben. Caesar berichtete davon, wie die Kelten dort die Beute niederlegten: Waffen, Gold und Silber, und es niemand wagte, sie anzurühren, so wenig wie es jemand wagte, die Axt an einen solchen heiligen Baum zu legen.

Warum aber hat man zwischen die Bäume auf die Lichtung noch einen kleinen Tempel gestellt? War der Gott darin wie bei den Griechen? Der Gottesdienst fand außerhalb statt. Dazu war der Tempel auch viel zu klein. Es waren viereckige, vieleckige oder runde Tempel aus Holz. Im Inneren war die Cella, darum herum ein Umgang. Die Cella hatte nur eine Tür, durch die man eintreten konnte. Da war kein Patz für eine Versammlung. Der Umgang mag tatsächlich zum Umgang gedient haben, zu der Prozession der Priester und der Gläubigen im Sinne des Sonnenlaufs, also im gleichen Sinn, wie sich bei uns die Uhr dreht.

Aber was war im Tempel?

Wir wissen es nicht. Vielleicht war in dem Raum doch ein Kultbild, vielleicht standen dort auch Opfergaben, oder es gab bestimmte Opferungen? Kaum! Was kann man aussagen, wenn man feststellt, daß dort Feuer gebrannt wurde?

Hier müssen wir die berühmten keltischen Viereckschanzen heranziehen. Wie lange war der Streit, ob sie militärische Anlagen, Gutshöfe oder Kultstätten waren! Sie gelten heute als Kultbauten. Doch die Zahl der untersuchten Schanzen ist noch sehr klein. Man kann nicht verallgemeinern. *

Im Voralpenland gibt es etwa 250 Viereckschanzen. Sie ziehen sich über Süddeutschland bis zum Main hin. Doch gibt es sie auch an der unteren Seine bis zur mittleren Loire. Doch Caesar erwähnt sie nicht.

Warum hat man bei ihnen Wall und Graben im Viereck aufgeworfen und nur an einer Seite, und zwar meist im Süden – manchmal auch im Osten oder Westen, doch nie im Norden – ein stark befestigtes Tor geschaffen mit einem Graben, der durchlief? Warum gibt es diese Viereckschanzen nur in einem

*) K. Schwarz — Vorbericht über die Ausgrabungen in der Viereckschanze von Holzhausen — 1957 und 1958 — Bayer. Vorgeschichtsblatt 1959.

bestimmten Gebiet? Und zwar zwischen Schwarzwald bzw. Odenwald, Salzach und Inn, vom Main bis an den Bodensee und Alpenrand? Warum brauchte ein Kult einen solchen Schutz durch eine Befestigung? Vielleicht, weil diese Kultstätten abseits der Siedlung lagen? Doch zuerst bestand der Schutz aus einem Holzzaun. Es war also ursprünglich nur ein ‚umfriedeter' Raum. Daß Kultstätten schon mit Wall und Graben umgeben wurden, zeigen der ‚Goloring' im Wald bei Koblenz und eine ovale Kultstätte bei Kolin in Böhmen. Warum liegen oft mehrere Viereckschanzen beisammen? Und warum treten sie erst verhältnismäßig spät auf? Kultbauten sind nicht so plötzlich da. Sie stehen in langer Tradition. Aber wahrscheinlich war es nur die Umwallung, die erst spät gebaut wurde. Geopfert wurde immer schon in einem solchen Raum. Aber warum gingen diese Opfer in der römischen Zeit nicht weiter? Fragen über Fragen!

Man fand in Viereckschanzen in Oberbayern, nachdem man den Innenraum abgesucht hatte, tiefe Schächte. In einem Schacht von 18 Meter Tiefe begann 1,5 Meter über dessen Boden eine Schicht von 1,15 Metern mit Rückständen von vielen Feuern. Darauf folgten auf 8,5 Metern ‚fladig klumpige Streifen' von Lehm im Wechsel mit Kiesschichten. In den Lehmschichten stellte man die ‚Abbauprodukte organischer Substanzen, wie Blut und Fleisch' fest. Der Schacht ist dann bis zur Oberfläche in einem Zug gefüllt worden. Es waren also immer wiederkehrende Opfergaben, bis der Schacht gefüllt und geschlossen wurde.

Zuerst wurde also das geopferte Fleisch verbrannt, später Blut und Fleisch eingefüllt. — Daß es sich um Fleisch handelte, zeigt eine Fleischgabel an, die man im zweiten Schacht der Viereckschanze von Holzhausen gefunden hat.

Auf der Sohle eines Schachtes fand man Spuren eines einfachen Kultpfahls. Was mögen dies für Götter oder Göttinnen gewesen sein, für die man zum Opfer solch tiefe Schächte anlegte, die, bei einem Durchmesser von zwei Metern sogar bis zu einer Tiefe von 35,6 Metern gingen? So in der Viereckschanze bei Holzhausen! Handelte es sich um Opfer für die Macht der Unterirdischen? Stand um das Opfer eine Gemeinde, die sich in dem geschützten Raum versammelt hatte?

Es gibt auch Viereckschanzen, die einen so hohen Grundwasserspiegel haben, daß keine Opferschächte angelegt werden konnten. Was opferte man dort? Wir wissen es nicht. Aber die Untersuchungen gehen weiter. Was in Bayern gefunden worden war, wurde in Württemberg bei der Grabung in Tomerdingen im Landkreis Ulm bestätigt. Wie gesagt: Man kann es noch nicht verallgemeinern, daß alle Viereckschanzen Kultstätten waren. Man hat noch keine genügend große Zahl untersucht. Aber das bisher Gefundene deutet darauf hin.

In den oberbayrischen Viereckschanzen findet man kleine Holztempel mit Cella und Umgang. Diese Viereckschanzen waren dann heilige und geweihte Orte, die besonders geschützt waren, denn es gehört zu jedem Opfer, daß die Handlung ungestört und genau nach dem Ritus verlaufen mußte. Kein falsches Wort, keine falsche Bewegung. Nichts, was von der Oberwelt, aus der Welt von draußen kam, wenn man sich an das Unterirdische wandte. Die lichten Götter, denen man näher war, waren schon schwer genug zu verstehen. Die Unterirdischen aber waren noch viel weniger in ihrer Natur zu erkennen.

Man kann kaum daran zweifeln, daß das geopferte Fleisch und Blut nicht nur von Tieren, sondern auch von Menschen stammt. Diese Schächte müssen verschlingende Abgründe gewesen sein.

Später bauten die Römer den unterworfenen Kelten Tempel, um sich ihnen so im Kult zu verbinden und um sie so immer weiter zu romanisieren. Diese Tempel sind also nicht typisch für die Kelten. Wie keltisch Tempel aber noch sein können, die vor den Römern – wenn auch wohl schon unter griechischem Einfluß — gebaut wurden, zeigt der Tempel von La Roquepertuse bei Marseille, den die Römer zerstörten. Man hat das steinerne Portal mit dem doppelten Durchgang wieder aufgerichtet. Wie gallisch-keltisch der Tempel ist, sehen wir an den Nischen der Torpfeiler, aus denen heraus die Schädel der erschlagenen Feinde den Besucher angrinsen. Darüber sitzt der Seelenvogel und hält Ausschau nach neuen Opfern. Ähnlich hingen einmal die Schädel der Besiegten verbleichend an den keltischen Hauspfosten. Von der Religion her wurde der abgehauene Kopf, der ‚tête coupée' ein beliebtes Muster der keltischen Kunst.

Die großen Feste im Jahreslauf

Der Mensch erlebte die Natur mit Sonne, Mond und Sternen. Es waren Wesen, auf die er ständig das eigene Leben bezog, um es einzuordnen und um zugleich die große Ordnung mitzuleben. So feierte er die großen Feste des Jahres, fest eingefügt in den Jahreslauf. Sie waren die Erhebungen im Kranz des Jahres, die Lichter in ihm, die nacheinander angezündet wurden und wieder verlöschten. Götter traten an ihrem Tag hervor, kehrten ein, wo man ihnen diente, und segneten das menschliche Geschehen an diesem Tag. Ein Gott hatte eben nicht nur seine besondere Wirkung in einem Raum, sondern auch in einer bestimmten Zeit. Ein großes Gefühl erfüllte die Menschen an einem solchen Fest, in dem dieser Gott ihnen

nahe war. Sie standen in seinem Schutz. Und es geschah alles in seinem Namen.
Auch die Volksversammlung stand unter dem Namen und Wirken des Gottes. Fest heißt auf keltisch auch ‚oenach'. Das bedeutet Zusammenkunft. Die politische Zusammenkunft war zugleich die religiöse, die religiöse Zusammenkunft zugleich die politische. Beide waren damals nicht zu trennen.
Das Volk strömte an einem solchen Feste einer Mitte zu, besonders in der Jahreshöhe, wenn die Sonne hochstand, wenn man draußen lagern konnte, draußen kochen und auch übernachten konnte in der kurzen Nacht, die das Fest unterbrach. Denn ein Fest, das war nicht nur ein Tag. Das war eine Reihe von Tagen, wenn man schon weither gekommen war.
Das Hauptfest des Jahres, greifen wir es gleich heraus, heißt auf irisch ‚lugnasad'. Es ist das große Fest des hohen oder höchsten Gottes der Kelten, des Lug. Seit Kaiser Augustus wurde es am 1. August in Lugdunum, der Stadt des Lug, dem heutigen Lyon, zusammen mit dem Geburtstag des Augustus, dem auf die Erde herabgestiegenen, fleischgewordenen Gott, gefeiert. Dieses Fest feiert man seit langem beim Erntebeginn, wenn der Segen des Himmels in der Ernte auf dem Felde stand.
Merkwürdig, ein Grabhügel stand in der Mitte des Festplatzes, aber nicht der eines Heroen wie in Griechenland, sondern der einer Frau. Diese Frau kann die Erd-Göttin gewesen sein, der sich der große Gott der Oberwelt, Lug, an diesem Tag verband. Man hat deshalb das Wort lugnasad als Heirat des Lug gedeutet. Ob das richtig ist oder nicht, der Sinn wird angesprochen sein. Es war das uralte Fest der Hochzeit des Himmels mit der Erde.
Die Erdseele bot sich dem Himmel dar. Auch die Menschenseelen waren jetzt am engsten dem Himmel verbunden.

Das religiöse Gefühl aber war anders, als es das unsere ist. Der Mensch war dem Gott noch nahe in seinem Gefühl, nicht himmelweit entfernt und zur Erde erniedrigt. Er stand fast gleich auf gleich mit dem Gott und wollte ihn in dem Überschwang erleben, mit dem er sich selbst erlebte. Der Kelte wollte die ewige Seligkeit im ewigen Rausche haben. Auch wenn es schon christlich ist, wieviel sagt das Gedicht ‚Das himmlische Festmahl' * aus, das der Heiligen Brigitte im zehnten Jahrhundert zugeschrieben wird:

„Ich möchte die Männer des Himmels
bei mir zu Gast haben
und große Fässer voll Fröhlichkeit
ihnen kredenzen.
Ich möchte die drei Marien
die glorreichen, dabeihaben;
die Leute aus allen Ecken und Winkeln
des Himmels will ich bewirten.
Sie sollen lustig sein
beim Trinken;
auch Jesus soll mit ihnen
bei mir zu Gast sein.
Einen großen See von Bier
will ich bereithalten – für den König der Könige.
Ich möchte die Heilige Familie
trinken sehen in alle Ewigkeit."

Das ist noch das Bild des heiligen Opfermahls, bei dem alle zusammenkommen und bei dem der Gott einkehrt. Man versank gemeinsam in einem See von Bier und war voll heiliger Trunkenheit.

Zu dem Fest gehörten wie in Griechenland Wettkämpfe:

*) Hans Transil Die irische Harfe, Verlag Langewiesche-Brandt

Pferderennen, Wagenrennen. Im Wettstreit trugen die Sänger die alten Lieder vor, die alten Sagen, und das Volk hörte zu, trug sie weiter und wiederholte sie am eigenen Herd. Es muß sogar Wettbewerbe von Künstlern und Handwerkern gegeben haben mit Auszeichnungen für besondere Leistungen. So maßen sich also die Besten zu Ehren Lugs vor seinem Angesicht. Gab es ein schöneres Fest als das des Lug?

Zwei große andere Feste gingen diesem Fest voraus: Das Imbolc-Fest, wie es auf irisch heißt, am 1. Februar zu Ehren der großen Mutter, denn es ist überliefert, daß dieses Fest in Irland der Birgit heilig war. Es ist die Zeit von Lichtmeß, wenn die Sonnenbahn sich wieder erhebt. Man kann auch sagen, daß es das Fest der Reinigung war. Man wusch Hände, Füße und Haupt; man mußte bestimmte Regeln bei der Nahrung einhalten. Man wollte also die Reinigung nicht nur äußerlich.

Ihm folgte im Jahreslauf am 1. Mai das Beltene-Fest. Die Sonne gab schon Wärme und man freute sich darüber. Zu diesem Fest gehörten große Feuer. Also eine Feier mit Feuer. In dem Wort ‚tene' steckt das Wort Feuer und in ‚bel', ‚belen' das keltische Wort für Apoll, der als Heil- und Sonnengott jetzt schon in hoher Macht stand. Man sprang durch die Feuer und trieb das Vieh hindurch, um es mit dem Feuer zu reinigen und zu segnen.

* * *

Nach der Jahreshöhe mit der Ernte und mit dem Fest Lugnasad ging es dem Tiefpunkt des Jahres entgegen. Es war der 1. November, der wurde im Samuin-Fest nach dem irischen Wort gefeiert. Für den Festland-Kelten war es das große Fest des Sowan-Abends, denn es war ein Fest, das der Nacht zugehörte, wie unser Weihnachten, das wir entgegen dem römischen Brauch beim Einbruch der Dunkelheit feiern. Der

Herr der Nacht vom 1. November war Sirius, der ‚federgeschmückte Sternentänzer' der irischen Sage. Er tanzte dem anderen Sternenvolk vor, und die Mächte der Unterwelt traten heraus aus der Tiefe. Es war ähnlich wie in der germanischen Weihnacht: Das Dämonische, das Böse, das Gräßliche wurde Herr und ihm gehörte das weite leere nächtliche Land, in dem in jedem Haus, in jeder Hütte das Feuer gelöscht war. Es kam die schwere Stunde, in der man die Unterwelt beschwichtigte. Das geschah einmal durch das furchtbare Opfer der Erstgeburt. Es konnte auch mit dem Opfer eines heillosen Königs geschehen. Aber auch die Götter waren unterwegs. Und wer es wagte und wer die Augen hatte, der konnte sie sehen. Was weiter geschah, kann man nur aus dem Gefühl begreifen: Es kam in dieser Nacht zu der großen Vereinigung der Ober- und Unterirdischen, aus der das Leben des neuen Jahres wurde. Samuin bedeutete Vereinigung. Es war wieder eine Hochzeit. Aber das Ober-, das Überirdische, vereinte sich nicht mit der Erdmutter, sondern mit den Mächten der Tiefe. Wenn dies geschehen war, konnte man wieder hoffen, und aus dem harten dunklen Stein wieder den ersten Funken schlagen, um ein erstes Feuer in dieser Nacht zu zünden, auf einem besonderen Herd mitten in der Gemeinde. Nun brannten nicht mehr die himmlischen Lichter allein. Das Hervorbrechen der dämonischen Tiefe, das alles Leben zu verschlingen drohte, war gebannt. Mit dem ersten Lichtfunken begann das neue Werden. Nun war die Macht des Lebens wieder da und der Gang des Lebens nicht mehr aufzuhalten. Das Jahr war aus der Gefahr gehoben, der Jahreslauf mußte weitergehen. Wir zünden Weihnachten immer noch die Lichter an in der Nacht, und mit dem Kind wird das neue Jahr und das neue Heil geboren.

Was wissen wir, wie alt unsere Frömmigkeit ist?

Druiden, Seher und Sänger

Es sind Hunderte von Göttern bei den vielen keltischen Stämmen, Unterstämmen, Stadt- und Dorfbezirken. Es sind vielleicht Tausende von Kultstätten. Aber es gibt nur einen einzigen straff organisierten und geführten Priesterstand: Die Druiden.

Sie sind eine erstaunliche Erscheinung. Sie sind überhaupt die erstaunlichste Leistung auf dem Gebiet der sozialen Organisation der Kelten. Es gibt diesen Priesterstand nicht bei anderen indogermanischen Völkern, nicht bei den Germanen, auch nicht bei den Griechen und nicht bei den alten Iraniern. Doch etwas Ähnliches ist bei den Indern durch die Brahmanen gegeben und wohl auch bei den Römern durch die ‚flamines'. Aber Rom hatte seine politische, straffe Organisation aus einem zusammenfassenden staatlichen Denken, aus einem Ordnungsdenken, aus dem ein Weltreich entstehen konnte.

Die Kelten hatten dieses politische Ordnungsdenken nicht. Sie hatten nie eine zentrale politische Macht. Woher kam diese geistige Zusammenfassung des keltischen Denkens in einem Priesterstand, der wohl geschult, organisiert und gelenkt war? Ein Stand, der eine ganz große Macht hatte bei allen Entscheidungen, von der Familie bis zum Staat. War der Sinn vom Politischen weg auf das Geistige gelenkt worden, wie in einer Spätzeit? Mochte das politische Geschehen turbulent bleiben mit Wanderungen, Stammeskriegen, mit Auseinandersetzungen im Stammesgefüge, darüber lag unverrückbar das große geistige Gesetz der Kelten, unaufhörlich lebendig gesprochen von Tausenden von Druiden-Zöglingen aus dem keltischen Adel in Tausenden von Versriaden.

Festgelegt war darin die Welt eines großen Wissens von den Gesetzen am Himmel und auf der Erde, geschehen schon in der Vergangenheit oder gesehen in der Zukunft. Was bleibend war, wurde bei den Druiden nicht aufgezeichnet, sondern lebendig gehalten im gesprochenen Wort. Lebendig in einer altehrwürdigen Sprache, die sich über die Sprache der Stämme erhob. Eine Priestersprache der wissenden, geistigen Welt.

Wahrhaftig, eine gewaltige Erscheinung war dieser Orden der Druiden. Man kann die Druiden am ehesten mit der römischen Kirche vergleichen, mit ihrem Priesterstand, mit ihren Lernstätten in den Klöstern, ihrem Leben und Wirken in den Orden. Sehen wir in den Druiden einen priesterlichen Orden, straff geführt mit einem strengen Leben nach Regeln, mit einer ständigen geistigen Tat im Orden selbst und in seinem unaufhörlichen Wirken nach außen. Welchen Eindruck dieser Orden auf das keltische Volk gemacht haben mag, sogar auf den kriegerischen Adel bis hinauf zum König, liegt auf der Hand. Das ging so weit, daß der Druide vor dem König sprach und der König wartete, bis er nach dem Druiden das Wort erhielt.

Wie aber mag der Eindruck auf die Vertreter der antiken Kultur und Philosophie gewesen sein, die doch in den Kelten blutrünstige Barbaren sahen, die wußten, daß die Druiden auch Menschenopfer vollzogen?

Dieser Eindruck war ungewöhnlich groß. Wir haben dafür Zeugnisse aus der Antike und es geschieht das Unglaubliche:

Die Vertreter der Antike, sogar in ihren Spitzen, stellen die Druiden den Vertretern ihrer eigenen Geisteswelt gleich. Vorab tut dies Aristoteles. Er bezeichnet sie als die Erfinder der Philosophie! Das sagt einer der größten antiken Philosophen! In der Systematik des Denkens der Größte! Dabei muß man wissen, was für ihn Philosophie war: Die Untersuchung der Ursachen und Prinzipien der Dinge. Für Plato war es die Erkenntnis des Seienden oder des Ewigen und Unvergänglichen. Damit ist der geistige Raum bestimmt, den die Vertreter der Antike den Druiden zugestanden haben.
Dabei haben die antiken Schriftsteller nicht voneinander abgeschrieben. Da ist Poseidonius, ihn wiederholt Caesar in ‚De bello Gallico' neben dem, was er zur Genüge selber erfahren und festgehalten hat. Wie sicher man sich des jenseitigen Lebens war, zeigt am stärksten eine Schilderung von Poseidonius. So ließen sich Kelten in die Gefolgschaftspflicht für das Jenseits aufnehmen. „Sie empfingen vom Gefolgsherrn Gold und Silber, dazu Weinkrüge. Zeugen bestätigten die Schenkung, die sie an ihre Verwandten und Freunde weitergaben. Dann legten sie sich auf ihren Schild und ließen sich im Schlaf die Kehle durchschneiden."
Diodorus Siculus spricht nicht vom Wissen, sondern von dem Glauben der Kelten, daß sie das Leben für nichts achten. Denn der Glaube des Pythagoras stehe bei ihnen in hohem Ansehen, daß die Seele unsterblich sei, daß sie nach einer bestimmten Anzahl von Jahren in einen anderen Körper übergehe und ein zweites Leben führen könne. Lukan spricht davon, daß der Tod für die Kelten der „Mittelpunkt eines langen Lebens" wäre. Strabo sagt allgemeiner, daß nämlich bei den Kelten der Glaube herrsche, daß die Seele der Menschen und die Welt unzerstörbar seien. Auch Ammianus Marcellinus nennt die Unsterblichkeit als eine der

Lehren der Druiden. Weiter sagt Lukan, daß die Seelen bei den Kelten in einer anderen Welt weiterleben, wohl auch dann in einem anderen Körper. Es ist aber nicht ganz sicher, wie sein Wort zu deuten ist. Es ist auch zu unsicher, was man in der Antike unter Seele oder Geist verstand, um damit sagen zu können, was bei den Kelten gemeint war. Immer aber handelt es sich um das, was die Druiden lehrten, wohl über eine angestammte primitivere Volksmeinung hinweg. Die Antike begegnete der keltischen Oberschicht und berichtete das, was sie dabei erfuhr.

Julius Caesar widmet den Druiden einen ganzen Abschnitt in ‚De bello Gallico'. Er sagt: „Die Druiden sind beim Gottesdienst tätig, besorgen die Staats- und Privatopfer und geben Auskunft in Sachen des Glaubens". Weiter: „Vor allen Dingen suchen die Druiden davon zu überzeugen, daß die Seelen unsterblich sind und nach dem Tode von einem Körper in einen anderen übergehen ..." Hier ist sie wieder, die Lehre von der Seelenwanderung, auch wenn sie auf die Nachricht des Poseidonius zurückgeht. Caesar genoß aber jahrelang Anschauungsunterricht in Gallien. Er kann nichts anderes gesagt haben, als was Tausende von Römern in Gallien bestätigen mußten.

Ein anderes Zeugnis gibt Cicero. Er lernte in Rom den Druiden Divitiacus kennen und bewunderte ihn, besonders auch seiner Voraussagen wegen. Es muß eine Begegnung auf gleicher geistiger Ebene gewesen sein.

Es gibt den Glauben an die Seelenwanderung auch in der griechischen Philosophie. Nach Plato verbindet sich die unsterbliche Seele mit dem sterblichen Körper, eigentlich als Folge einer Schuld. Davon soll ernsthafte Lebensarbeit befreien, damit die Seele nach mannigfacher Wanderung durch andere Körperformen zur übersinnlichen Welt zurückkehren kann.

Die Lehre der Druiden wurde von den antiken Schriftstellern besonders mit der des Pythagoras verglichen, weil beide die Seelenwanderung vertreten. Den Vergleich kann man aber weiterführen: Sowohl die Pythagoräer wie die Druiden waren beide aristokratische Orden mit bestimmten Lebensvorschriften. Beide lehrten eine bestimmte Kosmogonie, eine Lehre vom Entstehen und von der Ordnung der Welt. Beide bebefaßten sich mit dem Wesen und den Gesetzen der Natur. Beide befaßten sich auch mit der Mathematik. – Dessen muß man sich in der Antike bewußt gewesen sein. Der Vergleich war nicht von ungefähr.

Aber er sagt mehr: Es kann sich bei den Druiden nicht nur darum gehandelt haben, daß — wie deutlich im alten Glauben der Germanen — der Ahn im Enkel wiederkehrte, sonst hätte man nicht den Vergleich mit den Pythagoräern anstellen können.

Bleiben wir bei dem Wissen der Druiden: Sie erforschten Wesen und Größe der Welt, die Natur der Dinge. Sie trieben Sternkunde und schufen einen Kalender, in dem die Festtage auf den Tag genau im Jahreslauf festgestellt wurden. Wir haben das großartige Bruchstück eines solchen Kalenders in dem Fund von Coligny. Es ist eine Bronze-Tafel, die — ein Teil fehlt – eine Größe von etwa 1 x 1,5 Meter gehabt haben muß. Die Buchstaben sind lateinisch, aber die Sprache ist keltisch. In ihr ist Tag für Tag aufgezeichnet in 62 aufeinanderfolgenden Mondmonaten mit 2 Einschaltmonaten. Jeder Monat hat mit dem Mond seine dunkle und seine helle Hälfte. Die großen Festtage sind mit ihren Namen bezeichnet. Merkwürdigerweise fehlt das Samuin-Fest. Warum? Wir wissen doch, wie es in Irland gefeiert wurde und im ganzen keltischen

Gebiet. Wurde es aus irgendeinem Grund von den Römern unterdrückt? Oder hatte man aus irgendeinem Grund Scheu davor, es anzugehen?

Auf der Tafel sehen wir die Wissenschaft der Druiden vom Jahreslauf. Von der Mathematik sprachen wir schon. Zu dem Wissen der Druiden gehörte aber auch die Rechtskunde. Sie sprachen ja Recht im Kleinen wie im Großen, Familienrecht, Stammesrecht. Das Recht muß der von ihnen verkündeten Ethik nahegestanden haben oder damit identisch gewesen sein. Dazu kam die Heilkunst, denn die Druiden waren die Ärzte, wie auch sonst oft Priester Ärzte waren. Dabei wissen wir von dem Brauch, die besonders heilige und heilbringende Mistel auf einer heiligen Eiche mit einem goldenen Messer zu schneiden. Sie mußte auf ein weißes Tuch fallen. Den Saft der Mistelbeere gab man dem Kranken. Er sollte Unfruchtbares fruchtbar machen und ein Mittel gegen alle Gifte sein. Neben all dem deuteten die Druiden die Vorzeichen und übten die Weissagung.

Welch eine große umfassende Gottheit mag für die Druiden über dem allen gestanden haben? War es einer der genannten Götter, der in seinem Wesen so hoch erhoben wurde, daß er alles umfassen konnte, auch das ganze druidische Wissen? Man kann es annehmen! Annehmen, weil der Glaube der Druiden niemals geschrieben und damit nicht erhalten worden ist.

Gab es vielleicht bei den Druiden das Schicksal, das auch bei den Germanen über den Göttern stand, während die griechischen Götter in ewiger Jugend schicksallos lebten? Wir kennen wohl die griechische, die römische Mythologie, auch die germanische, besonders aus der Edda. Aber wir kennen nicht die keltische, oder doch nur unvollkommen aus der irischen Sage. Es ist nicht anders zu denken, als daß die Druiden eine einheitliche große Gottheit, wenn nicht allgemein gelehrt, so doch geglaubt haben und die Vielfalt der Götter nicht bestritten haben, die dem Volke lieb war.

* * *

In dem großen Wissen erzogen die Druiden die aristokratische Jugend der Kelten. Sie kamen auf die Schule der Druiden und zwar so, wie wir unsere begabte Jugend auf die Hohe Schule schicken. Aber diese Jugend wurde bei den Druiden nicht fachlich ausgebildet, sondern zu erhöhten Menschen erzogen. Sie lernte das große Wissen in abertausenden von Versen auswendig. Immer in Driaden, also in dreifachen Versen. Es ist die heilige Dreiheit. Sie wirkte in dem Zielsatz: „Gottesfurcht, Rechtschaffenheit, Mut". Sie wirkte in anderen dreifachen Sätzen weiter, die so gelautet haben können:

„Verehre das Unerforschliche!"
„Wisse das Erforschte!"
„Sei ein Mann!"

Man lernte so auch die Sätze für die Erkenntnis der Welt, der Natur der Dinge, die Rechtsätze über alle Stämme und in den Stämmen selbst. Man lernte Jahr um Jahr. Der junge Adlige schied aus, wenn er eine bestimmte Stufe erreicht hatte, und kehrte zu seinem Stamm zurück. Es waren viele Stufen des Weges nach oben. Bis man die höchste erreichte – sie soll ‚ollam' geheißen haben – dauerte es zwanzig Jahre der Zucht, der Betübungen und der Versenkung.
Auch wenn die Druiden von ihrer Lehre nichts niederschrieben, sie beherrschten die griechische Schrift. Sie müssen sie wohl auch gelehrt haben. Sie war ja auch im Bereich des Staates im Gebrauch. Wir wissen durch Caesar, daß die Helvetier in griechischer Schrift auf langen Listen die Namen derer aufgeschrieben hatten, die bei dem großen Zug ausmarschierten,

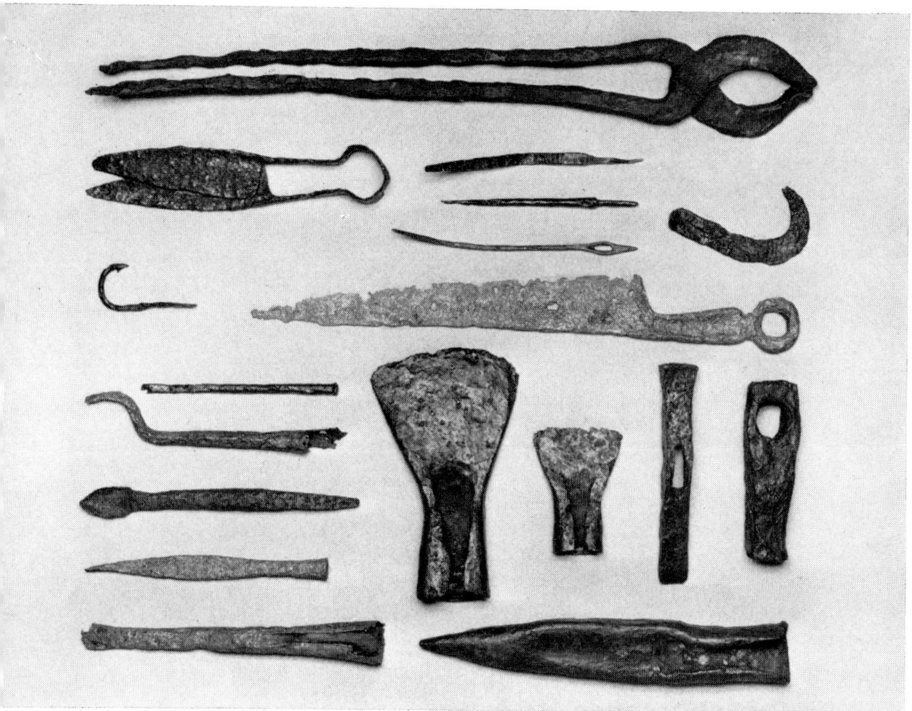

ɔ vielseitig war das keltische Werkzeug

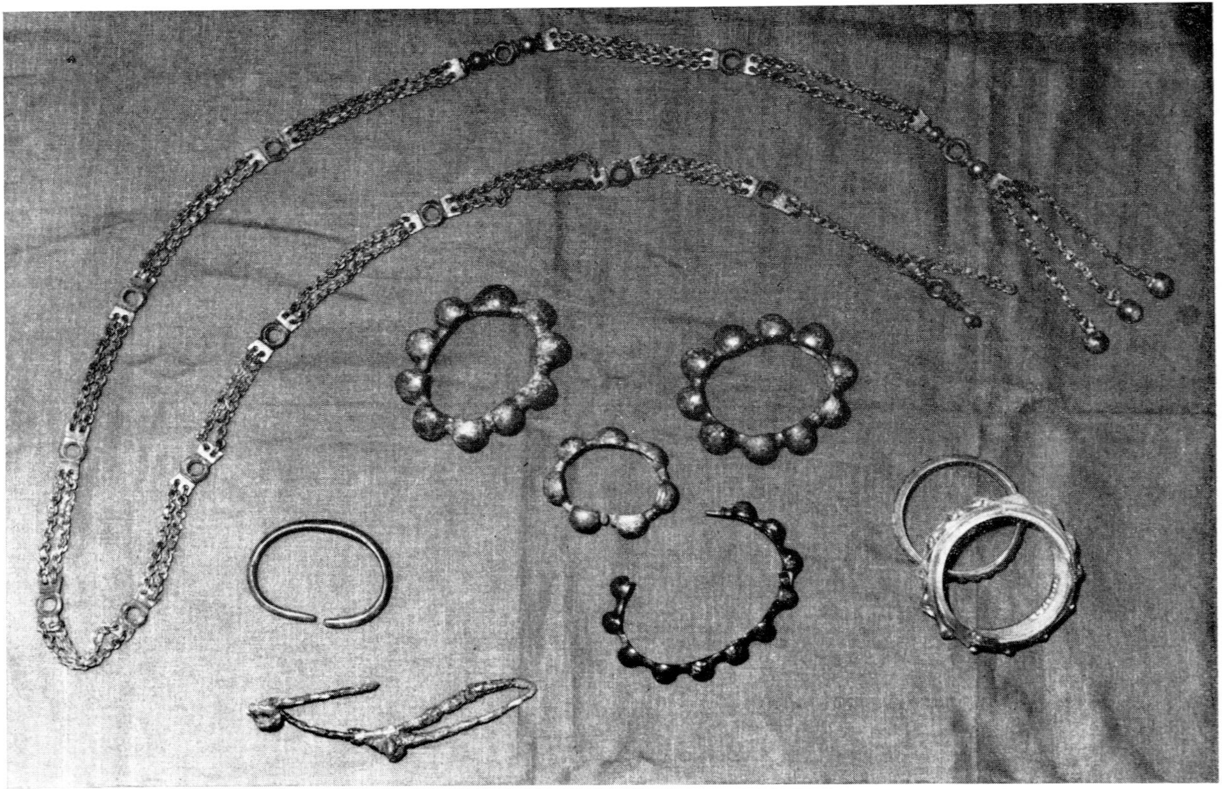

Keltischer Schmuck. Oben Gürtelkette, darunter Armreifen, die von Frauen und Männern getragen wurden

nicht nur der wehrfähigen Mannschaft, sondern auch die der Knaben, Greise und Frauen.

Die Druiden lehrten und wirkten in der Stille und traten dort hervor, wo es sein mußte, als Berater der Könige, als Richter in allen Rechtsfragen, als Leiter des Kults und als Ausführende bei der Opferung. Aber sie nahmen für gewöhnlich nicht am Kriegsdienst teil. Doch sie begleiteten die Krieger und schleuderten gräßliche Flüche auf den Feind.
Wie mögen sie ausgesehen haben? Wir wissen, daß sie weiße lange Kleider trugen. Aber niemand schildert uns im einzelnen ihre Erscheinung. Zu uns kamen die irischen Glaubensboten zu der Zeit der Bekehrung der Germanen. Von ihnen wurde aufgezeichnet, wie sie aussahen: Ihr Vorderhaupt war kurz geschoren, die Haare des Hinterhauptes fielen bis auf die Schultern. Ihr Bart wehte im Wind. Sie hatten seltsame Muster von Tierleibern auf ihre Gewänder gestickt und Tierfelle umgehängt. Sie trugen auf den Schultern Ledersäcke an Riemen mit Büchern und Reliquien. Den Krummstab hielten sie in der einen Hand, die oval geformte Glocke in der anderen. Es waren die Glaubensboten, die aus dem Nordwesten Europas, aus dem sturmumtosten Irland und seinen Inseln zu uns kamen. Die aus dem Süden, aus Rom, bekämpften sie, weil sie verkappte Heiden waren. Ihre Lehre war auch anders. Sie kamen aus einem Land, aus Irland, wo die frommen Männer noch den Robben predigten, wo ein Frommer im Gesang eines Waldvogels die Ewigkeit Gottes erlebte, wo Christus, der König, aus der Sonne kam, wo er durch Wind und Wellen, durch Licht und Wärme wirkte, wo sich die Erde in den blauen Mantel der ‚Sankta Bride' hüllte . . .
Man muß fragen: Was ist hier in der Erscheinung der iri-

schen Glaubensboten noch druidisch und was ist in ihren Anschauungen gesondert ‚irisch'? Und was ist schon christlich?

* * *

Der Vergleich der Priesterschaft der Druiden mit der der katholischen Kirche läßt sich weiterführen: Über dem wohlgegliederten und straff organisierten Priesterstand mit e i n e m Verhalten und mit e i n e r Lehre stand ein einziges Oberhaupt. Wenn nicht eine Persönlichkeit durch ihr Gewicht bei der Wahl die anderen ausschloß, so konnte es allerdings zu Auseinandersetzungen, ja sogar zu Kämpfen kommen.
Einmal im Jahre trafen sich die Druiden im Gebiet der Carnuten. Das wäre etwa im Gebiet von Orleans. Es muß ein umfriedeter Bezirk gewesen sein, wahrscheinlich war es ein großer Hain. Dort wurde auch Recht gesprochen. Nicht das Recht für die Familien, nicht das Recht, das bei Streitigkeiten innerhalb der Stämme gesprochen wurde, sondern eine Art zwischenstaatliches Recht, man könnte auch sagen, eine Art Völkerrecht zwischen den Stämmen. Es werden sich bei dem Treffen auch die Könige eingefunden haben wie bei dem großen irischen Treffen in Tara, wenn das große Gericht gehalten wurde. Wir haben es schon gesagt: Die Könige sprachen erst nach den Druiden. Und was zeigt deutlicher die Macht der Druiden?
Sie wußten diese Macht in die Waagschale zu werfen. Und sie übten ihre Macht aus. Sie konnten einzelne wie ganze Stämme von den Opfern ausschließen. Das war wie der Bann. Zugleich war es der Ausschluß aus der Gemeinschaft. Die Ausgeschlossenen müssen ähnlich wie Friedlose gelebt haben. Caesar sagt: „Wer so ausgeschlossen ist, gilt als Gottloser und Verbrecher. Jedermann geht ihm aus dem Wege und

meidet seine Nähe und Unterhaltung, um nicht durch die Berührung mit ihm selbst zu Schaden zu kommen. Auch wird einem Ausgeschlossenen, selbst auf seine Bitte hin, kein Recht gesprochen, und an den Ehren der anderen nimmt er nicht teil.“

Das war die härteste Strafe in Gallien, und man muß fragen, ob mit dieser Macht der Druiden nicht auch eine ganz große Macht zur Einigung Galliens hätte ausgeübt werden können? Aber das hätte eine große zentrale politische Macht ergeben, die man vielleicht gar nicht wollte? Es hätte dann eine große Auseinandersetzung geben können wie zwischen Kaiser und Papst im Mittelalter. Aber weil eine zentrale Macht Galliens nie zustande kam, verlor Gallien gegen die Römer; die Druiden gingen mit zugrunde. Die Druiden waren, als die Römer kamen, die einzige Klammer in dem auseinanderfallenden Keltentum. Caesar schon erkannte das. Er stellte ja die Druiden in dem bekannten Abschnitt so hoch heraus. Er wird sie wohl auch schon bekämpft haben. Endgültig geschah es durch die Dekrete der Kaiser Claudius und Tiberius. Die Druiden wurden verfolgt und verschwanden im Untergrund. Nur in Irland und Schottland konnten sie unbehelligt weiterleben bis in die kirchliche Wandlung hinein. Irland ist für die keltische Tradition das, was für die Germanen Island ist. Was aber in Island klar zu erfassen ist, ist in Irland unklar und zerfließt. Island und Irland sind die Stätten der vor Rom auf atlantische Inseln ausgewichenen Religionen des ungebrochenen Volkstums.

Was wurde dort überliefert? Ein alter oder doch abgewandelter Zustand, von dem wir nicht wissen, ob er für das Ganze gilt. Das Überlieferte ist jedoch so wertvoll, weil wir nichts anderes in Freiheit Gebliebenes haben.

Die Seher

Die Seher der Kelten sind von den Druiden nur schwer zu unterscheiden. Strabo erzählt zwar davon, daß es bei den Galliern drei Stände gegeben habe, die in höchstem Ansehen standen: Die Sänger, die Seher und die Druiden. Aber die Druiden waren zugleich die Seher. Wenn es besondere Seher von höchstem Ansehen gab, so werden sie sich beim Wahrsagen ähnlich oder gleich verhalten haben wie die Druiden. Es gab die verschiedenen Methoden, um einen Blick in die Zukunft zu werfen. Besonders auffallend ist die Methode des Übersättigens. Es wurde ein Tier geschlachtet. — Nehmen wir an, ein Stier. — Der Seher mußte soviel von dem Fleisch essen, daß er in eine Art bewußtlosen Zustands verfiel. Er konnte dann in die frische Tierhaut gehüllt werden und schlief darin in einem tranceartigen Schlaf, und zwar oft mehrere Tage. Beim Erwachen verkündete er die im Schlaf gehabten Gesichte.

Das Gegenstück zum Überessen war das Fasten.

Man konnte auch auf dem Grab eines keltischen Helden schlafen, um im Traum seine Offenbarung zu erleben.

Eine andere merkwürdige Methode ist die mit dem Daumen. Wer sich über den Daumen einen außerordentlichen Schmerz verschaffte, wenn er ihn zum Beispiel einklemmte, oder wenn in der germanischen Sage Siegfried sich den Finger am Drachenherz verbrannte, das er für Regin braten mußte, so mußte er diesen Finger mit dem rasenden Schmerz in den Mund stecken. Er konnte dann die Vogelsprache verstehen. Denn die Vögel, die Tiere überhaupt, so meinte man, wissen mehr als die Menschen. Sie hätten ganz andere Sinne und sehen deshalb auch in die Zukunft.

Die Tiere zeigen auch auf andere Weise an, was kommen

wird. Nicht nur durch ihre Stimmen, sondern auch durch ihr Verhalten. Deshalb gab es bei den Kelten auch die Vogelschau wie in Rom und überhaupt in der Antike. Man mußte sie aber erlernt haben, um zu wissen, wie ein bestimmter Vorgang, wie überhaupt mehrere Vorgänge zusammen zu deuten waren. Man mußte wissen, was es heißt, wenn eine Krähe aus einer bestimmten Richtung in eine andere Richtung flog, wenn sie gar von einem Raubvogel angegriffen wurde, wenn hier zwei gleiche Vögel auftauchten und dort gar drei. Man brauchte Zeit, um alle diese Vorgänge zu beobachten und zu registrieren, um dann die Schlüsse daraus zu ziehen, die man zu ziehen gelernt hatte.

Ein anderes war das Wahrsagen aus einer Opferschau, aus dem Verhalten eines menschlichen Opfers. Wir sprachen davon beim Opfer.

Wie harmlos war dagegen das Sitzen am rinnenden Quell, um sich zu sammeln. Eine Quelle war ja eine Offenbarung der Erde oder der Unterwelt. Dort konnte einem noch anderes offenbar werden.

Was setzte man doch alles daran, um die Zukunft zu erfahren! Man stand ja immer in der Sorge vor dem, was einem drohte. Denn man lebte in der Gefahr. Aber — so muß der Glaube gewesen sein — man konnte dem Drohenden ausweichen, indem man das Unternehmen unterließ oder wenigstens zu einem anderen Zeitpunkt begann. So hatten die Seherinnen den germanischen Heerkönig Ariovist davor gewarnt, vor Neumond die Schlacht gegen Caesar zu wagen.

Wenn es so viele Methoden bei den Kelten gab, um die Zukunft zu erfahren, die Astrologie war nicht dabei. Jedenfalls wissen wir gar nichts davon. Die Druiden wären sternkundig genug gewesen, um sie zu üben. In Rom war sie doch schon da!

Neben der Schau in die Zukunft gab es die Rückschau in die Vergangenheit. Zukunft und Vergangenheit waren wie ein Land, in dem der Kundige an jeden Ort gehen konnte, um zu sehen, was geschehen war und was geschehen würde. Auf die Frage, wo der freie Wille zur Entscheidung bleibe, kann man antworten, daß jede Entscheidung auf Grund von Gegebenheiten geschieht. Bei den Menschen wie bei den Göttern. Wobei die Opfer zu diesen Gegebenheiten gehören. Oder es ist eben zwischen dem in der Zukunft zwingend Gegebenen und dem in der Zukunft nur Möglichen zu unterscheiden. Die Entscheidung geschieht aber auf Grund von Gegebenheiten.

Die Sänger

Der keltische Sänger, der Barde, war nicht dem Priester verwandt, wie es der Seher war. Der Sänger stand neben dem König, nicht über ihm, und trug die alten Sagen oder Mythen vor, wenn der König es wollte, im Winter jeden Abend eine Geschichte vor der am Feuer versammelten Gesellschaft. Oder der Sänger trug dem Volke die Sagen und Mythen bei den großen Festen vor.

Er konnte den Ruhm eines Königs singen und bekam dafür seinen Lohn. Aber er konnte auch etwas sagen, was andere nicht sagen durften. Es war die Macht des rhythmisch in Verse gekleideten Wortes, das wirkende Kraft aus seiner Form hatte. Es konnte sogar bindend, zwingend werden, etwa in Gestalt eines Fluches. Man denke an das bekannte Gedicht von Uhland. Ein fahrender Sänger hielt es Karl dem Großen in einem Verse vor, daß er seinen Schwager schlecht behandelte. Der König saß einen Augenblick betroffen da, aber er änderte in der gleichen Stunde sein Verhalten, ohne dem Sänger etwas nachzutragen.

So nahm der Sänger eine Sonderstellung ein, die man ehrte und auch fürchtete. Es war die damalige Freiheit und Macht der ‚Presse'.

Aus dem Verhältnis zwischen König und Sänger kann man das Wort verstehen: „Es soll der Sänger mit dem König gehen", oder „der König mit dem Sänger". Im Sänger widerspiegelt dem König sein gebendes wie sein forderndes besseres Ich. Später mag die Aufgabe des Sängers auf den Hofnarren abgesunken sein. Der Dichter und Sänger aber vertrat einmal einen Gott, dem er heilig war, und dieser Gott sprach aus ihm. Bei den Kelten muß dieser Gott Ogmios gewesen sein. Lukan hat ein Bild von ihm gesehen, auf dem von der Zunge des Ogmios dünne aus Gold und Bernstein gearbeitete Ketten ausgingen zu den Ohren einer ganzen Menge von Menschen, die er alle hinter sich herzieht. Sie folgen ihm nicht widerwillig, sondern freudig und voll Vertrauen.

Gibt es ein stärkeres Bild von der Wirkung des Sängers, von der Wirkung der Dichtkunst?

Die alte Dichtkunst hatte noch etwas Besonderes: Den aus dem Augenblick geborenen und an den Augenblick gegebenen Vers. Es war, als würde ein göttlicher Lichtstrahl aufleuchten und wieder vergehen. Eigentlich war es das von einem Gott einem Gott gegebene Opfer. Bei den Griechen wäre es der Saitenklang Apolls gewesen, den man einen Augenblick hörte. Begreifen wir noch, daß die griechischen Dramen nur einmal aufgeführt und niemals wiederholt wurden? Man konnte sie nicht wiederholen, weil sie als Opfer hingegeben waren.

Das war die Höhe der Dichtkunst im Opfer.

Anders war es bei den Heldenliedern. Wie oft mögen sie wiederholt worden sein? Man wollte sie immer wieder hören. Wie oft wurden Ilias und Odyssee bei den Griechen vorgetragen! Sie wurden zu einer Art Selbstoffenbarung des Griechischen. Es ist das immerwährende Wiederholen eines begeisternden Vorgangs. Eine gewisse Ähnlichkeit haben wir in den ‚Western': Die Eroberung Nordamerikas durch den weißen Mann wird unaufhörlich in der Schilderung wiederholt, zum mindesten werden die Männer der damaligen Zeit immer wieder geschildert, nicht so, wie sie waren, sondern so, wie man sie sehen will.

Was wir heute im Bild sehen, trug damals allein der Sänger in Worten vor. Wir wissen von dem großen keltischen Sänger Ossian aus der irischen Sage. Auch der Schottenkönig Finn soll ein solcher Sänger gewesen sein, König und Sänger in einer Person. Von solchen keltischen Sängern wurden uns die Sagen von König Artus und seiner Tafelrunde bewahrt, die Sage von Tristan und besonders die Grals-Sage mit Parzifal, schon im christlichen Gewand. Man sang eben weiter in Irland, auch an den christlich gewordenen Höfen. Die Barden waren geblieben, in Irland, Wales und Schottland. Im vorgregorianischen Choral erwarben sich die irischen Mönche den Ehrentitel der ‚Sangeslehrer des Kontinents'. Irland aber wählte sich als das für das ganze Land geltende Zeichen die Harfe.

Die andere Welt

Es ist jetzt an der Zeit, von dem eigentlichen Glauben der Kelten zu sprechen, von dem, was bei ihnen über den Tod hinaus galt. Der Mensch von damals war nicht zuerst ein einzelner, sondern ein Glied der Sippe, des ‚Clans'. Ihr blieb er verbunden, im Leben wie im Tode. Eine Sippe bestand ebenso aus den Lebenden, wie aus den Toten. Der Zustand des Lebens und des Todes waren nicht so geschieden wie in unserem Denken, denn der Tote war ja nicht tot. Doch die Lehre von den letzten Dingen war bei den Kelten so vielfältig, wie es das Denken war, das einfachere oder das höhere Denken. Einmal dachte man, daß der Tote in seinem Grab leibhaftig weiterlebe. So feierte man das Totenmahl mit dem beliebten Schweinefleisch und gab dem Toten davon mit ins Grab. Deshalb findet man in den Keltengräbern Schweinsknochen neben den Skeletten, aber nie einen Schweinsschädel. Weiter gab man dem Toten für das andere Leben alles mit, was er in diesem Leben gebraucht hatte, Waffen, Wagen, neben Speise und Trank auch Pferd und Hund, Diener und Dienerinnen. Wir sprachen bei den Opfern davon. Man konnte wohl, wie bei den Germanen, bei den Toten einkehren, um eine Zeit bei ihnen zu verweilen.

Anders war es mit der Wiederkehr des Ahns im Enkel. Das konnte ja nicht der Leib des alten Mannes sein, der da unten in der Erde weilte. Etwas mußte eingekehrt sein, das in dem jungen Körper wirkte, aber bevor es dort einging, keinen Körper gehabt hatte, oder wenigstens nur eine geringe Menge Körper. So konnte man ein Stück von dem abgestorbenen Ahn essen. Oder man nahm etwas anderes von ihm auf. Oder man genoß irgend etwas Körperliches, in dem das enthalten war, das weiterleben sollte. In der irischen Sage wird die Göttin Rosmerta zu einer kleinen goldenen Fliege. Eine Fürstin trank sie mit dem Met, und Rosmerta wurde als Mensch wieder geboren, bis der Gott Dagda kam, um sie wiederzuholen.

Es muß aber auch etwas gegeben haben, das körperlos war und wieder als Körper erschien. Wie könnten sonst nach Diodorus Siculus Kelten Briefe an die toten Verwandten in den Scheiterhaufen geworfen haben, auf dem ein Toter verbrannt wurde? Schon das Verbrennen des Toten zeugte von einem Glauben, in dem der Körper durch das Feuer ausgelöscht wurde und doch als ein anderes Etwas weiterbestand. Der so vom Körper befreite Tote nahm ja die verbrannten Briefe mit, die toten Verwandten konnten sie lesen. Wie konnte das geschehen, ohne eine Wandlung in das Unkörperliche?

Wir fragen jetzt nach dem, was nach dem Verbrennen übrig blieb, und antworten mit unseren Begriffen ‚Seele, Geist'. Sie gingen in eine andere Welt endgültig ein, oder aber sie konnten daraus wieder ins körperliche Leben treten.

Auch wenn der Glaube so war, daß ein Toter in Tiergestalt weiterleben konnte, in der Lehre von der Seelenwanderung mußte das, was überging, von ganz feiner, wohl unkörperlicher Natur sein. Es konnte wieder in einem Menschen erscheinen. So wurde der vergangene Mensch wiedergeboren und lebte ein neues Leben auf seinem Weg. Die Frage bleibt offen, ob bei den Kelten dieser Weg ein Ziel hatte, um sich wie bei Plato zu vollenden, um vollendet ins Immervollendete einzukehren.

Es gibt auch die andere Vorstellung, daß die Toten nicht ins Leben zurückkehrten, sondern in einer geläuterten Form weiterlebten. Die Griechen hatten die Unterwelt der körperlosen Schatten, aber auch das Elysium. Die Kelten kannten wahrscheinlich keine Unterwelt als Reich der Toten, aber sie hatten Inseln, wo die Toten weiterlebten in einem glücklichen Zustand. So hatten die Iren ihr ‚Land der Jugend', ihre ‚lieblichen Gefilde', ihr ‚leuchtendes Land' und Avalun, das Apfelland. Im Westen von Irland lagen diese Inseln im weiten Ozean. Es ist ein alter Glaube, daß die Toten dort sind, wo die Sonne untergeht. Dort soll auch König Artus sein. Dort wächst alles ohne Arbeit in einem ewigen Frühling und Frieden. Aber das muß schon eine spätere Vorstellung für die Kelten gewesen sein. Vorher war für sie der Kampf die höchste Entrückung: Das vollständige Einssein mit einem Gott, in diesem Falle mit einer Göttin des Kampfes.

Die Vorstellungen sind vielfältig. Sie sind geschieden nach der sozialen Schicht und nach dem Wandel der Zeit. Suchen wir sie so zu verstehen.

Wir sprachen schon von der großen keltischen Stadt bei Manching, die im letzten Jahrhundert vor Chr. kriegerisch unterging. Wir nehmen an, daß es dort bei den ‚letzten Dingen' die Vorstellung des einfachen Volkes, des Adels und der Druiden gegeben hat. Doch das wissen wir aus den Funden: Die keltischen Männer kämpften bis zum Letzten, erfüllt von der Kampfgöttin Bodh. Nachher flog sie als Krähe über die Walstatt, als sich dort nichts Lebendes mehr regte.

Die Kunst

Bei der Kunst der Kelten geht es wesentlich um die bildende Kunst. In ihr ist einiges original erhalten geblieben. An Musik natürlich gar nichts, an Dichtkunst nichts in unveränderter Form.

Wenn die Kunst eines Volkes der Ausdruck seines Wesens und besonders des Unaussprechlichen in diesem Wesen ist, so gehört sie auch als ein untrennbarer, nicht herauszulösender Bestandteil eben zu seinem Leben. Die Kunst ist dann so wahr wie die Existenz des Volkes selbst. Man begegnet einem solchen Volk in seiner Kunst ähnlich wie in seiner Religion. Eine solche Kunst ist nicht leicht zu deuten. Wenn sie Unwägbares ausdrückt, wie soll es im Wort ausgesprochen werden? Wir müssen uns damit begnügen, das zu sagen, was sagbar ist.

* * *

Die keltische Kunst wächst aus der Hallstattkunst wie das ganze Keltentum. Die Kunst der Kelten ist also ebenso autochthon wie die Kelten selbst.

Aber es sind auch fremde Einflüsse wirksam geworden! Schon in der Hallstattkunst! Da ist die Palmette, das so beliebte Ornament, das die hallstättischen Werkstätten aus dem Süden, aus Italien übernahmen. Vielleicht steckt aber der Drei-

sproß darin, ausgedrückt auch in der Lilie, wie sie die Bourbonen im Wappen führen. Der Dreisproß, der Geburt und Leben bedeutet. Oder der Lebensbaum? Dann würde dort, wo die Palmette auftritt für den Kelten von der unzerstörbaren Kraft des Lebens gesprochen. Wie oft kommt sie vor! Was wäre Hallstatt ohne die Palmette aus den etruskisch-griechischen Vorbildern, aber dann aus dem Eigenen verstanden? Und was wäre Hallstatt ohne die Blumenornamente Italiens? Und ohne den wuchernden geometrischen Stil, den man bis in den Orient zurückverfolgen kann? Auch hier muß man fragen: Was drücken die Hallstattleute und dann die Kelten damit aus? Es gab in der ganzen Ornamentik ursprünglich doch nichts, das aussagelos war. Ein mit Ornamentik bedecktes Schmuckstück sprach aus, sprach an. Es redete vernehmlich, es verkündete. Es wirkte aus den heilkräftigen Zeichen, unterstützt vom Sonnenmetall des Goldes. Man war stärker, wenn man es trug, beschützt und gehoben von den Kräften des Lebens. Was war dann noch Kunst? Sie war doch der Ausdruck der Lebensmächte, die man im Symbol besser ansprach als im Wort.
Zu dem, was man aus dem Süden übernahm, kam das, was man sich aus dem Osten andienen ließ. Es waren die phantastischen Gestalten der Steppenkunst. Es sind Tiere mit aufmerkenden Köpfen, die irgendwo sitzen, wo sie nicht unbedingt hingehören und einen anstarren, auch dienend im Bogen einer Fibel oder im Griff einer Kanne. Sie sind so fordernd, wie ein Lurch, wie eine Eidechse mit züngelndem Maul, so daß wir uns scheuen sie anzufassen.
Was wollen sie sagen? Waren sie auch Symbole des Wesenhaften aber Unaussprechlichen? Hier wurde doch deutlich genug durch die Form gesprochen, auch wenn sie phantastisch war! Uns spricht das Unheimliche daraus an. Der Kelte wird

es anders empfunden haben. Diese Wesen drückten für ihn etwas aus, was er selbst in der Seele trug, das er gar nicht überwinden wollte wie der Grieche, der sogar das starrende Gorgohaupt auf der Höhe seiner Kunst ins Schöne löste. Der Kelte liebte das für uns starrende Gräßliche. Es war ihm nicht fremd, sondern nahe, und er wollte es nahe haben, wie die an seine Hütte gehängten Totenköpfe. Es wurde auch, indem man ihm die Form gab, beherrscht und genossen. Was für uns abseitig ist, war für den Kelten Bestandteil des täglichen Lebens. Man kann auch sagen: Der Spuk wurde erkannt und gebannt und durfte im nächsten Leben um sie sein. Es war ihnen sogar wohl mit diesem Spuk.

* * *

Auf welchem Weg dürften diese fremden Motive in die Hallstattkunst gekommen sein, und dann in die keltische Kunst, um sie sich dort anzueignen? Haben in fremden Werkstätten hallstättische Handwerker gelernt? Im Süden vielleicht? Aber kaum im Osten. Die Motive kamen auch mit dem, was der Adel im Süden und im Osten kaufte, also über reisende Händler: Schmuck, Waffen, Gefäße... Sie standen als Vorbilder vor den Augen der Einheimischen. Es wurde davon übernommen, was entsprach und damit gefiel. Aber nichts wurde übernommen, wie es war, sondern so, wie man es haben wollte. Man wandelte das Gesehene nach dem Eigenen, nach dem eigenen Geschmack ab.

Bezeichnend ist, was schon mit den beiden attischen Trinkschalen geschah, aus dem frühkeltischen Grabhügel des Kleinasperg'le bei Ludwigsburg! In der Art sind diese beiden Schalen edel und vollkommen, griechisch im Maß. Aber die Kelten haben sie mit Goldschmuck verziert; ihn, von uns aus gesehen, völlig unorganisch draufgepappt. Die Schalen waren ihnen nicht geschmückt genug, die Oberfläche nicht aufgelöst genug! So brachten die Kelten die Schalen auf ihre Art zum Sprechen. Das ist keltisch! Die Griechen hätten es ‚barbarisch' genannt. Man kann sagen, daß die Kelten auch die leere Fläche einer schönen Form gehaßt haben. Sie mußten sie auflösen mit einer Ornamentik, um sie zum Sprechen zu bringen.

* * *

Wie würde die keltische Kunst aussehen ohne das, was sie von anderen übernommen hat? Eine Antwort kann man nicht geben, wenn sie ins Detail gehen soll. Wenn man aber nach dem Ausdruck fragt, den diese Kunst finden wollte: Er wäre der gleiche gewesen. Das heißt, man hätte mit anderen Mitteln den gleichen Ausdruck dessen gefunden, was man sagen wollte.

Denn alles, was die keltische Kunst von anderen übernahm, hat sie zu Eigenem verarbeitet und ein neues Ganzes daraus gemacht. Es ist in Europa die erste Leistung der barbarischen Kunst neben der antiken.

Um 450 ist das gegeben, was man die La Tène-Kunst nennt, und zwar aus der Hallstattkunst heraus gebildet. Ein Prozeß ist abgeschlossen, der ein Neues eingeleitet hat: der sich dann weiter entwickelnden Kunst: La Tène A, B, C, D...

Bevor wir von den eigentlichen Leistung sprechen, sei gesagt, wo in der Kunst von La Tène keine eigentliche Leistung zu sehen ist?

Eine solche Leistung ist nicht vorhanden in der Architektur. Wir haben wohl einen Typ des keltischen Tempels: eine Cella aus Holz mit Umgang. Aber solange dieser Tempel ganz keltisch ist, ist er nicht mehr als ein anheimelndes Waldhaus, das sich unter den Bäumen der Lichtung birgt, die einem

Gott heilig sind. Man kann sich denken, daß das Lebendige in diesen Bäumen dem Gott näher war als in einem von Menschen gezimmerten einfachen Haus. Was hatte da die Kunst zu sprechen, wenn das Lebendige selber sprach? Architektur in Stein gibt es nur bei den Festungsmauern. Es sucht hier aber keine Baugesinnung ihren Ausdruck. Hier herrscht die Zweckmäßigkeit.

Es gibt auch keine überzeugende Leistung der keltischen Kunst in der Monumentalplastik. Sie ist roh, steht kaum über der Kunst von Primitiven. Aber was heißt Kunst? Wir kommen ja nicht von den griechischen Vorbildern weg, an denen wir unser Maß genommen haben. Wir behandelten es schon: Für den Kelten sprach aus dem roh geformten Baumstamm das, was er hineingesehen hatte, wie für das Kind das, was es in der rohen Puppe liebte, eben das lebendige Kind selber. So hatte auch der Kelte gar keinen Grund, den in den roh behauenen Baumstamm hineingesehenen Menschen oder Gott heraus in die Freiheit zu lösen, so wie es der Grieche tat, um ihn damit ganz bei sich zu haben. Der Kelte hatte ja diesen Gott ganz, wenn er das in ihn hineinsehen konnte, was er selber fühlte. Beim Griechen gab es noch den anderen Weg, wenn das in den Stamm hineingedachte Wesen sich gar nicht daraus löste, sondern hinein gebannt wurde und als Säule den Schutz einer Person genoß. So wesenhaft war für den Griechen die Säule. Sie aber kam doch aus dem Baumstamm, dem Baum. Bei den Kelten konnte es auch ein Steinklotz sein, der Menhir. Aber auch hier drängte er das anstehende menschlich-göttliche Wesen zurück, statt es in der vollkommenen Form zu lösen, und bedeckte den Stein mit symbolischer Ornamentik, zu der auch ein geschmückter Kopf gehören konnte. Es entstand dann so etwas wie die Säule von Pfalzfeld oder die Stele von Waldenbuch.

Hier tritt diese merkwürdige Krone auf, die zweiblättrig, ähnlich der Fischblase den Kopf von Pfalzfeld schmückt und typisch keltisch ist. Doch kann man darüber verschiedener Meinung sein, ob in der Säule der Mensch mehr verschwindet oder mehr daraus hervortreten will? Doch es gilt eher das Erstere. Der Kelte drängte die Gestalt zurück durch Ornamentik und ließ diese mehr aussagen, als das, was eine schöne Gestalt mit ihrem stummen Mund aussagen konnte.
Ein anderes bietet der Kopf von Mšécke-Žehrovice. Er ist herausgearbeitet als Kopf. Er ist befreit. Und in der gewonnenen Freiheit geht der Künstler doch wieder den Weg der keltischen Kunst, in Ornamentik aufzulösen, so daß dann ein Kopf selber zum Ornament wird. So hat wohl die Kunst in diesem berühmten Heldenkopf für einen Kelten mehr Ausdruck gefunden, als der des Apoll von Olympia für einen Griechen. — Der Kopf ist aus Tonschiefer herausgearbeitet. Man fand ihn in einer Grube eines heiligen Bezirks zusammen mit den Knochen geopferter Tiere. — Es ist ein merkwürdiger, eminent keltischer Kopf: Der Schnurrbart wurde zu einem welligen, spiraligen Ornament über dem schmalen Bogen des verkniffenen Mundes. Die Augen sind hervorquellende Kugeln, die aus dem Kopf herausspringen wollen, als ob die Pupillen abgeschossen würden. Die Augenbrauen haben wieder die spiralige Wellenlinie des Schnurrbarts. In die Mitte ist die Nase gesetzt wie der Gußerker über einem Stadttor. Die Haare wurden zur Ornamentik einer Randverzierung. Der ganze Kopf ist so gehalten, daß man meint, ihn vollends in Ornamentik auflösen zu können. So keltisch ist er.
Bei den Kelten wird ja alles zum Ornament. Auch die Köpfe selber. Neben den hockenden Tieren starren einen irgendwo aus einem Kannengriff oder einer Fibel menschliche Köpfe

an. Es sind maskenhafte Köpfe, die auf uns abstoßend und unheimlich wirken, aber sicher nicht auf den Kelten so wirkten. Unter römischem Einfluß treten sie menschlicher durchgebildet im größeren Format in der Steinplastik auf. Jetzt sind es wirklich abgeschlagene Köpfe mit toten Augen. Es sind die ‚têtes coupés' wie die von Entremont; abgehauene Köpfe, wie sie an den keltischen Häusern hingen oder an einem Tempeleingang aufgestellt sein konnten, wie in dem von Roquepertuse. Abgehauene Köpfe, Totenschädel als Ornament?! Das ist zutiefst keltisch. Aber was heißt Ornament? Sie waren der Ausdruck eines Glaubens und sie gehörten zu einer bestimmten Art zu denken und zu leben. Nur so wurden sie zum Gegenstand einer Kunst, die sich vom Glauben und Leben gar nicht abtrennen läßt.
Begonnen hatte diese Bilde-Kunst mit in Holz gehauenen Statuen, um zu einem gehobenen Ausdruck unter dem Einfluß Roms und seiner Herrschaft zu finden. Der Gott von Bouroy zeigt einen fast klassischen Kopf — aber doch ausdruckslos — und eine ebensolche Brust. Der Bauch geht in zwei in Buddha-Haltung übereinander geschlagene Beinchen über, so klein, als wären sie die eines Krüppels. Unmöglich war es für die klassische Kunst, den wohlgebildeten Menschen in seinem Bild nicht ebenso wohl gebildet wiederzugeben. Es wäre ein Verbrechen am schönen Maß gewesen. Für die Kelten galt das nicht, obwohl sie keinen König duldeten, der einen körperlichen Fehler hatte, auch dann nicht, wenn er die Verstümmelung im Kampf erworben hatte. Beim Bild war es anders: Es brauchte nur das darzustellen, was es darstellen sollte. Der Kopf konnte so groß sein, daß er bald die Hälfte der Figur einnahm. Dazu die gewaltige Brust. So stellte der Gott das dar, was dem Kelten wichtig war. Das andere war ihm bei dem Gott unwesentlich, gehörte so

wenig zum Wesen des Gottes, daß er es völlig vernachlässigen konnte. Ein Gott war für den Kelten ein Gott, auch ohne Beine.

Doch wie wohlgebildet sind die Tiere der keltischen Kleinkunst, die kleinen Bronzen, die unter römischem Einfluß entstanden! Was man bei einem Gott vernachlässigen konnte, konnte man bei einem Tier wohl nicht. Man mußte das Tier so wohl ausbilden wie den Hirsch oder die Eberfigürchen von Neuvy-en-Sullias. Wenn bei dem Hirsch die Beine etwas zu kurz gekommen sind, bei dem Eber sind sie umso länger. Wie sollten diese Tiere bestehen und wirken, wenn sie verkrüppelte Beine hätten? Sie müssen doch laufen, rennen können. Bei dem Gott war es anders. Was er an Wirkung ausstrahlte, geschah von Kopf und Brust her. Sie waren die Zeichen und der Sitz seiner Macht. Von ihnen ging seine Majestas aus. So war er, und so war er auch zu sehen und zu zeigen.

Im Kult der Kelten und damit in ihrer Kunst spielen eine besondere Rolle Masken aus Bronze und aus Eisen. Sie sollen auf Holzsäulen zu beiden Seiten der Opfertische gestanden haben. Es sind stark stilisierte Masken mit Augen aus Emaille oder Glas. Diese Augen sahen dem Kult und der Opferhandlung zu. Doch welche Götter blickten unverwandt mit diesen Augen auf das, was geschah, ob es auch recht geschah und nach ihrem Willen. Nichts, keine Regung in diesen Maskengesichtern kann es verraten.

* * *

Da ist der berühmte Kessel von Gundestrup. Von ihm muß man sagen, daß er genug bildnerische Aussagekraft hat. Es sind fast 9 Kilogramm getriebenes und versilbertes Kupfer, Goldauflagen dazu. Die Augen der Köpfe waren aus Glasfluß fein eingesetzt.

Ein einmaliges Stück keltischer Arbeit, wenn auch im germanischen Norden im Moor gefunden, wohl ein Beutestück, das man den Göttern hingegeben hatte. Aber von wem? Von den Kimbern und Teutonen ins Stammland geschickt? Dann könnte er im zweiten Jahrhundert gefertigt worden sein, als eine kelto-ligurische Arbeit, wie behauptet wird. Nach anderer Ansicht ist er donau-keltisch aus dem ersten Jahrhundert. Nach der dritten Meinung stammt er aus dem dritten Jahrhundert nach Chr. und zwar aus Nordost-Gallien.
Wie dem auch sei: Keltisch ist er. Das zeigen die sechs starrenden Köpfe des äußeren Runds. Drei Götter und drei Göttinnen sind verdichtet in den schimmernden glänzenden Augen. Sie sind wirkungskräftig und wesenhaft da in ihren Köpfen und nur angedeutet in den Armen. Auch hier sagt nur das aus, was wichtig erscheint. Welch ein Eindruck auf die Gläubigen. Die Götter sahen sie mit ihren Augen an. In ihrer Mitte geschah die große Weihehandlung, die Verwandlung im heiligen Gefäß.
Es ist kein Zufall, daß im Innern des Kessels die berühmte Szene dargestellt ist, mit dem zu einem Kessel marschierenden Kriegern, die von einem Riesen einzeln in den Kessel getaucht werden und nach der Wandlung als Reiter weggaloppieren und der Schlange der Unterwelt folgen. Da ist der Radgott im Innern des Kessels, auch nur mit dem Kopf dargestellt, und noch eine Göttin. Dazu der Hirschgott als Gestalt ganz ausgebildet, ebenso die Tiere. Ein Delphin-Reiter sogar! Was wußte der Künstler von Delphinen?
Der Kessel war ein Werk des Glaubens und ein Ort des Glaubens. Was mag in ihn geflossen sein? Blut? Was mag darin zur Wandlung geschehen sein? Wer mag darin ertränkt worden sein? Er ist ja groß genug mit einem Durchmesser von etwa fünfundsechzig Zentimetern. Aber eine Leiter

brauchte man nicht, um hinaufzusteigen, wie bei dem Kessel der kimbrischen Priesterin. War es schön, war es gut, in einem solchen Kessel sein Leben zu beenden, um zu den Göttern zu gehen? Es muß das Gefühl in einem Menschen gewesen sein, der hinging, um sich für andere zu opfern — um dadurch gleichzeitig über alle erhöht zu werden. Dieses Gefühl ist dem Christen nicht so fremd, wenn man an das Martyrium denkt. Durch fremde Gewalt erhöht zu Gott! Bei den Kelten war es noch mehr. Es war der eigene Wille dabei.

* * *

Wir behandelten bisher schon die keltische Kunst, aber ganz keltisch wird sie erst dann, wenn sich die Gestalt vollständig auflöst ins Ornament und damit ins Symbolische so wie das auf den keltischen Münzen geschah, die nach dem griechischen Goldstater mit dem Kopf Philipps II. gebildet waren. Ganz keltisch wird die keltische Kunst, wenn sie abstrahiert und sich ganz in das auflöst, was nur noch gedacht, erfühlt, aber nicht mehr dargestellt werden kann. Wir sagten es schon, daß die bildende Kunst so zum Musikalischen drängt. Sie drückt damit aus, was sonst nicht auszudrücken ist: Die übersinnliche Welt, die in die lebendige hinein wirkt und alles verbindet. Die keltische Kunst drückt darin aus, was die griechische Kunst auf der Höhe der Plastik nicht ausdrücken kann, die in der Logik des Klassischen bleiben muß. Sie wäre sonst nicht. Das Metaphysische ist anderswo, beschworen im keltischen die Oberfläche auflösenden Symbol.

Die keltische Kunst geht aus der hallstättischen hervor. Wir sagten es schon. Bereits am Ende des 4. Jahrhunderts ist die Höhe da. Man sieht diese Höhe im Goldschmuck von Waldalgesheim. Er ist für unsere Begriffe schön, ohne prächtig zu sein. Er ist in seiner Ornamentik in einer ganz feinen Art musikalisch. Aber wenig später wird der Schmuck überladen, er überquillt barockartig, so wie in den Goldringen von Aurillac. Und dann gibt es eigentlich nur noch nachbildendes Kunsthandwerk, als der furchtbare Kimbern- und Teutonen-Zug auch der keltischen Kunst einen Schlag versetzt hatte.

Die eigenen Götter, das eigene Wesen, erschienen nicht mehr stark genug vor der Gewalt der fremden Götter und Männer. So ließ auch der Ausdruck des eigenen Wesens nach. Was blieb, war reif für Rom. Dort waren die neuen stärkeren Götter. Sollte man sich nicht ihnen verbinden und die eigenen Götter mit ihnen erneuern? Der alte Adel, der Mäzen der Kunst, war in der Zeit vergangen, verfolgt von den Römern, ausgerottet, wenn er Widerstand leistete. Darauf kam eine Geldaristokratie, die mit den Römern ihre Geschäfte machte. Sie war für Rom ebenso ungefährlich wie haltungslos. Damit war die lebendige Wirkung des Auftrags der Oberschicht an die Kunst zu Ende.

Woher sollte jetzt noch eigene Kunst kommen?

Sie kam tatsächlich. Sie kam aus Irland, wo der römische Feind mit seinem Wesen nicht hingekommen war. Auch wenn dort germanische Elemente eindrangen, so das Bandgeflecht und das Tiergeschlinge, auch wenn man dort auf die koptische Buchmalerei zurückgriff, die irische Buchornamentik blieb keltisch im eigenen Rhythmus. Es blieben alle La-Tène-Motive. Es blieb die dynamische Formenwelt, die Phantasie im Dienste der Dämonen. Also blieb auch die ganze Geisteswelt. Wenn die Anthroposophen glauben, daß Irland vom Fluch bei der Vertreibung aus dem Paradies nicht erreicht worden wäre, sicher hat Irland der Fluch der Verfremdung nicht erreicht.

Das Gewerbe

Diese Stadt, wir werden es sehen, war eine Gewerbe- und Handelsstadt. Wenn es mit der Kunst in den beiden letzten Jahrhunderten der keltischen Zeit abwärts ging, mit dem Gewerbe, mit dem Handel ging es aufwärts, ähnlich wie bei uns, in unserem industriellen Zeitalter. Auch bei den Kelten hatte es mit dem Handwerk begonnen, um dann zur industriellen Erzeugung überzugehen. Man fertigte nicht mehr für den gegebenen Auftrag, man produzierte für den Bedarf, den man im voraus kannte und ab Lager befriedigte. Man fertigte nicht das bestellte Einzelstück, sondern produzierte in der Serie: Man fabrizierte! Man stellte nicht praktisch alles selbst her wie auf dem germanischen Hof. Man kaufte, was man haben und nicht selbst machen wollte.

Wenn man das Gewünschte nicht eintauschte, so mußte man es bezahlen. Also brauchte man Geld. Das konnte oder durfte man nicht selbst herstellen. Das geschah in der Münze, die dem gehört haben wird, der die politische Gewalt hatte. Zum Gewerbe und Handel gehört Geld. Es bestand zuerst einmal aus Gold. Das Keltenland war goldreich genug, das sehen wir an dem vielen Schmuck. Man wusch das Gold aus den Flüssen.

Befassen wir uns zuerst mit dem Geld.

Die Münzen

Das Interessanteste sei vorweg genommen: Das Gießen und Prägen von Münzen. Denn um 300 beginnen die Kelten als erstes ‚barbarisches' Volk nördlich der Alpen, Münzen nach griechischen Vorbildern zu prägen.
Man fand bei den Grabungen in Manching Formen aus gebranntem Ton mit kleinen Schmelzmulden, und zwar mit Spuren von Gold. Man fand auch eine Goldwaage. Damit war Goldstaub abgewogen, in die kleinen Mulden gefüllt und auf dem Feuer oder im Ofen geschmolzen worden. Es entstanden so die ‚Regenbogenschüsselchen'. Das sind kleine Schälchen aus Gold, die bestimmte Zeichen tragen, die meist eingeprägt waren, eine Art Vogelkopf, dann der bekannte keltische Halsring, der ‚torques', drei Kugeln und andere symbolische Zeichen. Ein Goldstater der Vindeliker aus dem ersten Jahrhundert vor Chr. trägt in der Mitte ein symbolisiertes glotzendes Auge zwischen zu Spiralen aufgerollten Linien...
Regenbogenschüsselchen waren schon lange bekannt. Die Bauern hatten sie auf den Äckern — überall in Süddeutschland — herausgepflügt, und es entstand die Sage, daß sie vom Regenbogen heruntergetropft seien, oder daß zwei Engel sie dort gehalten hätten, wo der Regenbogen auf der Erde aufstand, damit er sie nicht berühren müsse. So lautete die Sage, doch 1860 hatte Franz Streber der Königlich Bayerischen Akademie für Wissenschaften eine Abhandlung vorgelegt, die das Rätsel der Regenbogenschüsselchen löste. Das ist also nur etwas mehr als hundert Jahre her.
Was mag damals aus der Münze der Keltenstadt bei Manching an goldenen Regenbogenschüsselchen hervorgegangen

sein?! Aus ihnen bestand der Goldschatz von Irsching, von dem wir noch sprechen. Es waren tausend Stück, die zweifellos in der Stadt entstanden waren. Also war hier eine ganz bedeutende Münzstätte.

Im Jahre 1936 machte man innerhalb des Walles den großen Schatzfund von Silbermünzen. Doch man stellte in Manching auch Münzen aus anderem Werkstoff her, aus Eisen oder Kupfer, die dann nur vergoldet oder versilbert wurden. Meist handelte es sich um Fälschungen. Es ist eine alte Erfahrung, daß Münzen gefälscht wurden, und zwar entweder von dem ‚Hersteller' selbst, oder von irgendwelchen Leuten, die das Handwerk gelernt hatten. Münzen, Schrötlinge, die nicht gegossen wurden, prägte man nur mit Patrize und Matrize. Ein abgeschnittenes Stück Metall kam in das Werkzeug. Ein Hammerschlag darauf: die Münze war fertig und sie behielt ihren unregelmäßigen Rand, den auch die gegossenen Regenbogenschüsselchen hatten.

Es kam auch auf das Gewicht an, um den Zahlungswert, den ‚Kurswert' einer Münze zu haben. Die keltischen Münzen waren ein sehr differenziertes Zahlungsmittel, mit dem man sich dem Bedarf anpassen konnte.

Beim Stater gab es ein ganzes System von Statern, so den Drittelstater, den Viertelstater, bis zum Vierundzwanzigstelstater; dazu neben den Goldmünzen die Silbermünzen, Münzen aus Bronze und dann die ‚Potin'-Münzen, also Münzen aus einer billigen Metall-Legierung.

Die Kelten hatten eine merkwürdige Bildgestaltung auf ihren Münzen. Wir sprachen davon. Vom Schwarzen Meer und den dortigen griechischen Kolonien kam der Goldstater mit dem Kopf Philipp II. oder Alexander III. von Mazedonien.

Die Münzen kamen die Donau herauf, wenn keltische Leistungen von den Griechen bezahlt worden waren. Andere griechische Münzen, Silberdrachmen kamen aus Südgallien, hauptsächlich aus Massilia, dem heutigen Marseille. Die Kelten hatten es kennengelernt wie bequem es war, mit Münzen bezahlen zu können, zum Beispiel beim Weinimport. Wenn bei den Römern das ursprüngliche Zahlungsmittel das Vieh war — pecus, das Vieh — pecunia, das Geld — für den Kelten war die Zahlungseinheit die Sklavin gewesen: ‚cumal'. Eine Sklavin gab man für eine Amphora griechischen oder römischen Weines. In Irland gab man dafür sechs Kälber oder drei Milchkühe. Die keltische Zahlungseinheit war zwar ‚gangbar', aber nicht greifbar und handlich. Deshalb wollten die Kelten die griechischen oder römischen Händler auch mit Münzen bezahlen können, und so gossen und prägten sie als erstes Volk nördlich der Alpen Münzen. Aber sie veränderten die griechischen Vorbilder. Ihre Form wurde mehr und mehr aufgelöst, so daß ein Pferdebein sich selbständig machen konnte oder ein Pferdeschwanz. Um das Teil für das Ganze zu nehmen — ‚Pars pro toto' — es erweckte die vollkommene Vorstellung?! — Das wurde schon behandelt. Picasso könnte Kelte gewesen sein, oder dort gelernt haben. Daß die Sklavin eine alte Geldeinheit war, läßt auf einen bedeutenden Sklavenhandel schließen, weniger unter den keltischen Stämmen selbst als über die Alpen hinweg. Wenn sie auch nicht mehr Geld waren, in den Langhäusern können auch Sklaven und Sklavinnen gesammelt worden sein zum Transport südwärts über die Alpen, eingekauft von den römischen Händlern, die ja das ganze Land nördlich der Alpen durchzogen, das keltische wie das germanische. So werden die keltischen Sklaven wohl jetzt mit römischer Münze bezahlt, auf den gleichen Pässen südwärts gewandert sein, auf denen nachher die römischen Legionen nordwärts zogen, Unterworfene und Unterwerfende.

Das Eisen

Nach dem Gelde das, was viel wichtiger ist, ‚isarnon' das Eisen. Ohne Gold kann man sich die Kelten denken, aber nicht ohne Eisen. Es war ein eisenstarrendes Volk, so eisenreich wie kaum ein anderes. Ohne die norische Eisenerzeugung kam man in Rom nicht aus, auch nicht, bevor ‚Noricum', das heutige Kärnten und Steiermark, von den Römern unterworfen wurde. Nach Noricum zielte der Stoß der Kimbern und Teutonen. Man kann sagen in das damalige ‚Ruhrgebiet'. Dort trafen sie zuerst mit Rom zusammen, als es um das Eisen ging. Dort schlugen sie im Jahre 113 vor bei Noreia das römische Heer, das unter einem römischen Konsul angerückt war. Also ein konsularisches Heer! Man muß wissen, was das heißt. Es ging um das keltische Eisen, um eine kriegswirtschaftliche Entscheidung. So etwa wie zum Beginn des zweiten Weltkriegs um das skandinavische Erz. Narwik! Aber mehr noch, es ging um das Eisen, mit dem die Römer die Welt erobert haben.
In der Steiermark wurde damals keltisch gesprochen, auch wenn die Eisenerzeugung schon in der Hallstattzeit angelaufen war, und man in ihr eine mehr illyrische Leistung sieht. Wir sagten es schon, daß die Hallstattleute keltisch sprachen. Was aber sprachen die Illyrier, die ebenso Indogermanen waren? Die Hallstattkultur von 800 bis 500 vor war schon eine Zeit bedeutender Eisenerzeugung. Man hatte begriffen, was Eisen heißt, was man mit ihm leisten kann neben der hochentwickelten Bronze, bei der man schon eine

ziemliche Härte erreicht hatte. Mit 95 Prozent Kupfer und 5 Prozent Zinn immerhin die Härte eines geschmiedeten aber noch nicht gehärteten Stahls von 0,5 Prozent C. Doch die schönste goldgelbe Farbe für Schmuck hat die Bronze bei 10 Prozent Zinn. Dann ist sie das wahrhafte Sonnenmetall. Schon in der Frühe der Zeit, in der Mittel- und Jungsteinzeit hatte der Mensch beobachtet, daß an einer Feuerstelle Eisenteilchen ausgeschmolzen waren. Denn der Mensch der Steinzeit hatte jeden Stein geprüft, ob und wie man ihn gebrauchen konnte. So kam er auch auf das Eisen, aber er gewann es nur in geringer Menge und verwendete es als Schmuck, da es ganz weich war bei ganz geringem Kohlenstoffgehalt. Auch in der Bronze-Zeit von etwa 2000 bis 1300 vor, gab es in geringen Mengen weiches Eisen. Die Bronze gewann damals eine solche Härte wie der härteste Stein, aber sie war viel zäher und leicht gießbar. Auch bei verwickelter Formgebung lief sie gar in ganz dünnen Wandungen aus.
Erst in der Urnenfelderzeit, etwa 1300 bis 800 vor kam langsam das unscheinbare Eisen neben der geradezu massenhaft vorhandenen Bronze auf, um es in der Hallstattzeit schon zu einer Massenerzeugung zu bringen auf Grund der jahrhundertelangen Erfahrung. Aus dem Hallstättischen ging ja dann das Keltische hervor. Erst allmählich bekommt man ein Bild davon, was der Magdalensberg in der Steiermark und seine Industrie bedeuteten: Ein Eisenberg und eine Eisenstadt in 1000 Meter Höhe, von den Römern aufs beste weitergepflegt, als Noricum unterworfen war, ja, als Stadt hochgezogen. Die Römer bauten dort eine Art Parlamentsgebäude, in das die dreizehn norischen Stämme ihre Vertreter entsenden konnten, sicher, um dort die jährliche Stammesversammlung der Nordisker fortzusetzen. Bezeichnend ist, daß dieses Gebäude neben dem Tempelbezirk auf einer

Fläche von 3000 Quadratmetern stand. Natürlich war der Haupttempel dem Kaiser Augustus und der Dea Roma geweiht. Es war immerhin der größte bekannte römische Tempel in Mitteleuropa. Unter den römischen standen aber die großen vorrömischen Bauten neben den Eisenöfen, sicher auch der vorausgehende keltische heilige Bezirk, dem die Römer folgten. Man fragt sich, wie weit man aus Noveia auf das schließen kann, was in Manching noch nicht gefunden ist. Von besonderem Reiz ist es, daß man in der Eisenstadt noch Geschäfts- und Lagerräume der Gewerbetreibenden, der Kaufleute entdeckt hat, an deren Wände noch Abrechnungen gekritzelt sind. Hier kann man sehen, welche Bedeutung die keltische Eisenerzeugung und der keltische Eisenhandel hatten. Es sind Lieferungen verzeichnet bis nach Süditalien und bis auf den Balkan. Man überlege sich, was es bedeutete, eine größere Last Eisen auf eine so große Strecke zu schicken. Ähnliche Geschäftsräume mag es einmal in Manching gegeben haben, vielleicht auch Abrechnungen in griechischer Schrift. Aber das ist alles mit dem Holz vergangen.

Etwa 70 Kilometer donauabwärts, in der Nähe von Kelheim, gab es die Eisenindustrie des Michaelsbergs im Winkel zwischen Donau und Altmühl, wohl das alte ‚Alkimoennis' von Ptolemaeus. Der Name Altmühl soll davon herkommen. Es war dort eine Eisenindustrie, ein ganzer Hüttenbezirk, herangewachsen, weil die Verhältnisse durch ein ‚oberkreidliches' Erzlager besonders günstig lagen.

Auch für das Siegerland müssen wir annehmen, daß sich dort ein keltisches Eisengebiet befand. Die Kelten wichen ja langsam vor den andringenden Germanen nach Westen aus. Daß Kelten an der Ruhr saßen, wissen wir von dem Namen ‚Wetter' an der Ruhr, in dem das keltische Wort ‚vedron' steckt, das Wasser bedeutet. Man kann sagen, daß es wohl schon in keltischer Zeit eine siegerländische Eisenindustrie gab.

Wenn sich das Material nicht so anbot, wie auf dem Erzberg in Noricum oder auf dem Michaelsberg, konnten auch keine solch großen Anlagen entstehen.

Das lag dann aber nicht an den Kelten. Trotzdem wurde von ihnen die Erzeugung von Eisen massiert. Die Öfen brannten auch anderswo in Reihen und erhellten mit ihrem Schein die Nacht. Im Donaumoos bei Karlskron im Kreise Neuburg, sieben Kilometer südwestlich von Manching, fand man nicht weniger als zweiundsechzig Schmelzstellen. Also gab es auch zweiundsechzig Öfen. Auch wenn sie nicht alle auf einmal in Gang waren, ein bis zwei Dutzend Öfen können gleichzeitig in Betrieb gewesen sein. Dazu gehörte eine Organisation für die Beschaffung der Holzkohle und des Erzes. Denn es galt als einfacher, das Erz zur Holzkohle zu bringen als umgekehrt. Erz wurde ja wohl auf größeren Flächen gewonnen. — Man denke an den Raseneisenstein. Um die Hüttenplätze im Donaumoos gibt es ganze verlassene Schürfgrubenfelder.

Man kann ganz allgemein sagen: Wo eine größere keltische Siedlung war, war auch eine Eisenhütte. In der Nähe von Manching hat man ganze Schlackenhalden gefunden, im Süden der Stadt im Feilenforst und im Feilenmoos und man kennt bis jetzt dort nicht weniger als vierzig Verhüttungsplätze. In den Randgebieten der Moore steht der Raseneisenstein an, der sich in Mooren bildet und auf feuchten Wiesen. Vielleicht wurden auch Bohnerze nördlich von Ingolstadt geholt. Man fand noch Verhüttungsstellen in den Gemeindefluren von Ernsgaden, Hög und Geisenfeld und in der Umgebung von Kösching. Es kann also sein, daß Manching aus seiner näheren Umgebung mit Eisen versorgt wurde, jedenfalls für den laufenden Bedarf. Innerhalb der Stadt Manching wurde bisher kein Eisenschmelzofen gefunden. Die Öfen standen draußen, schon wegen der Feuergefahr. Doch Bronzegießer muß es in Manching gegeben haben, denn es fanden sich Schmelzöfen und Düsenziegel, ebenso Schmelztiegel für Bronze und für Silber, dazu die Tiegelzangen mit ihrem weiten Maul, eine steinerne Gußform für Bronze.

Zu jedem Hüttenbezirk gehörten die Männer der Bedienung, gehörten ihre Unterkünfte, ihre Verpflegung. Dafür mußte gesorgt werden. Man kann es sich nicht denken, daß dies alles von einzelnen, sozusagen von der Einzelinitiative ausging. Es muß organisiert gewesen sein. Dazu gehörte Vorsorge, aber auch Geld. Man kann mit einigem Grund annehmen, daß sich bei den Kelten eine Art Unternehmerstand herausgebildet hatte, eine Art — wir gebrauchten das Wort schon — ‚Geldaristokratie' neben oder nach dem eigentlichen Adel; ähnlich wie in Rom der Ritter neben den Senator trat. Selten steigt ja der waffenfreudige alte Adel ab in das Geschäft. Er denkt anders, als der denkt, der rechnen muß. Vielleicht gab es in den keltischen Städten neben dem Adelsbezirk, neben dem heiligen Bezirk einen Geschäftsbezirk mit einer Art von Handelshäusern und Gewerbemittelpunkten.

Jedenfalls waren die Kelten einen ganz anderen Weg gegangen als die Germanen, die die Eisenerzeugung praktisch auf jedem Hof betrieben haben. Man spricht von dem germanischen ‚Hausmacherstahl'.

Und damit ist auch die Grundfrage berührt: Wer machte aus dem weichen Eisen den harten Stahl? Wenn man den harten Stahl gegen das weiche Eisen setzte, konnte damit

auch eine kriegerische Entscheidung fallen. Es kam dazu im Kampf der Römer und der Germanen gegen die Kelten.
So massenhaft die keltische Eisenerzeugung war, sie brachte weiches Eisen hervor. Das lag weniger an den keltischen Öfen als an ihrer Beschickung. Sie lieferten nur weiches Eisen. Es mußte dann eine kleine Menge besonders gestählt werden. Stahl war also kostbar. Es mutet merkwürdig an, daß die Kelten vor einer Schlacht ihre Schwerter dengelten, wie die Bauern ihre Sensen vor einer Ernte. Es ist überliefert, daß sich die langen Hiebschwerter der Kelten in einer Schlacht verbogen, so daß die Krieger ihre Schwerter auf dem Boden aufsetzten, um sie mit dem Fuß gerade zu biegen. So vorteilhaft es war, daß das römische Pilum, der Wurfspeer mit der harten Spitze und dem weichen Eisenschaft so lang wie der Holzschaft, sich nach dem Wurf im feindlichen Schild verbog und als Gewicht an ihm festhing, das kurze Römerschwert aus Stahl verbog sich nicht. Auch nicht das germanische Schwert aus dem germanischen Hausmacherstahl.

* * *

Wie sahen die keltischen Eisenöfen aus?
Man hat die ältere Form eines Ofens, der an einem Abhang in den Boden eingetieft wurde. Der Ofen war von der Talseite zugänglich mit einem Gang, der in den Windkanal mündete. Dieser hatte einen Querschnitt von vielleicht 40 mal 50 Zentimeter und war mit Steinplatten bedeckt. Er mündete in einem gebrannten Lehmblock mit zwei bis drei Düsenlöchern. Man setzte ihn erst ein, wenn der Ofen gut im Gang war. Durch diese Düsenlöcher blies der Wind in den Ofen. Man mußte also den Windkanal so anlegen, daß er in der Hauptwindrichtung lag und war von der Richtung des Windes und von seiner Stärke abhängig. Der Ofen selbst

war aus Stampflehm gebaut und kuppelartig gewölbt. Oben war die Gicht zum Beschicken des Ofens und als Abzug für den Rauch. Eine solche Lehmkuppel ließ sich verhältnismäßig leicht wölben. Man machte es so wie beim Bau der kleineren Back- und Töpferöfen: Man nahm dazu Reisig, das dem feuchten Lehm den nötigen Halt gab. Für die größeren Öfen machte man ein Astgerüst. In der Hitze verkohlte das Holz, während der Lehm zu Backstein gebrannt wurde. Das Innere kleidete man dann noch etwa zehn Zentimeter stark mit einer besonderen Mischung aus Lehm und Schotter aus. Der Boden, der sogenannte Herd, bestand aus Steinplatten.

In einen solchen Ofen brachte man schichtweise zerkleinertes und vielleicht auch ‚vorgeröstetes' Erz und Holzkohle ein und füllte nach, wenn der Ofen im Gang war. Dabei konnte es von Vorteil sein, den Ofen durch ein Feuer anzuwärmen. Man kam dann auf eine größere Ofenwärme. War der Ofen im Gang, so verbrannte die Holzkohle. Das Erz wurde reduziert, der darin enthaltene Sauerstoff verband sich mit der Kohle zu CO_2, also zu Kohlensäure. Diese entwich durch die Gicht. Zuerst sank im Ofengang die flüssige Schlacke ab und sammelte sich im Herd, dann das Eisen. Es sank durch die leichtere Schlacke hindurch und sammelte sich zuunterst und hob die Schlacke hoch. So wurde das Eisen durch die darüber liegende Schlacke vor der Oxydation geschützt; denn durch den Windkanal strömte mit der Luft der Sauerstoff für die weitere Verbrennung im Ofengang.

Wenn das Eisen erschmolzen war und der Ofen erkaltete, konnte man zuerst die leichtere flüssige Schlacke abfließen lassen — oder man holte später die festgewordene Schlacke, die sogenannte ‚Ofensau' heraus. — Nach dem Schlackenfluß griff man sich das Eisen, die ‚Luppe', die eine schwamm-

artige Masse war. Sie wurde, wie wir bei den Ausgrabungen in Manching sehen, nochmals auf dem Feuer ausgeheizt, um die in der Luppe befindliche Schlacke in kleine Schlackenkuchen abfließen zu lassen. Was übrig blieb, schmiedete man in dieser merkwürdigen Form der keltischen ‚Doppelspitzbarren' aus: Ein kurzer Vierkant und zwei spitzzulaufende pyramidenförmige Enden; Länge insgesamt 30 bis 60 Zentimeter. Das war die spätere übliche Handelsware in Eisen. — Vorher hatte es Barren in Gestalt von Eisenstäben und Schwertern gegeben, die auch eine Art Zahlungsmittel waren. — Man findet diese pyramidenförmigen Eisenbarren in ganzen Depots, aber nur diesseits der Alpen.
Die ‚Ofensau' zerschlug man noch, um daraus kleinere Eisenstücke herauszuklauben, die sogenannten ‚Ausgänger' in der Größe bis zu einer kleinen Walnuß. Man ließ kein Stückchen umkommen.
Ein Ofengang dauerte etwa vierundzwanzig Stunden. Solange mußte er bewacht werden. Zum Ablöschen mußte genügend Wasser da sein. Das war unumgänglich. Man brauchte also Holzkohle, Erz und Wasser. Eines mußte zu dem anderen kommen.
In der späteren La-Tène-Zeit gab es mehr freistehende Öfen mit einer Mantelstärke von etwa 40 bis 50 Zentimetern und einem Durchmesser von etwa 1,8 Metern. Sie hatten also eine ganz beachtliche Größe. Auch sie konnten einen aus Lehm vorgebauten Windkanal haben, oder sie hatten mehrere Düsenzüge von etwa 15 auf 20 Zentimeter mit einem Düsenloch von 2 Zentimeter Durchmesser. Man war dann viel unabhängiger von der Windrichtung und konnte die Düsenzüge auswechseln, um den Ofengang zu steuern.
Was in diesen keltischen Öfen entstand, war Eisen mit einem Kohlenstoffgehalt von 0,3 Prozent. Es war also — wie schon

gesagt — nicht härtbar. Wenn man dieses Eisen zu Stahl aufkohlen wollte, so zerschrotete man es in kleine Stücke — man konnte auch die Ausgänger dazu nehmen — und tat sie mit Holzkohle in einen Tiegel mit einem Durchmesser von etwa 13 bis 25 Zentimetern aus hochbrennfestem mit Graphit versetztem Tonmaterial. Dazu nahm man Kohle aus Eichenholz und nicht wie gewöhnlich für den Ofen aus Kiefernholz. Der Tiegel wurde luftdicht verschlossen mit feuerfestem Sand. Er wurde so in eine isolierende Holzkohlenschicht eingesetzt und darauf die hochgeschichtete Holzkohle abgebrannt. Wahrscheinlich benutzte man dabei, um zu einer möglichst großen Hitze zu kommen, Blasebälge. Man mußte auf eine hohe Hitze kommen, damit die Kohle in die kleinen Eisenstücke hineinwanderte, zum anderen, damit diese zu einer Luppe zusammenschweißten.

Was man mit diesem Aufwand erzeugte, war härtbarer Stahl. Er war so kostbar, daß ihn die Kelten in kleinen Klammern auf die Schwertschneiden schweißten, um diese hart und widerstandsfähig zu machen. Das geschah aber selten. Die anderen Schwerter mögen im Kampf bald nur noch aus Scharten bestanden haben. Sie hatten nicht umsonst zwei Schneiden. Außerdem wurden sie — wie schon gesagt — krumm. Was für eine unzulängliche Waffe in der Hand eines so kriegerischen Volkes!

Dabei verstand man es schon in der Hallstattzeit, eine Oberfläche zu verstählen. Es war also in etwa ein Vorgang, den wir heute ‚Einsatzhärtung' nennen. Es gibt aus der Hallstattzeit eine Speerspitze mit 0,63 C, also aus Stahl. Wenn der Weg zum Stahl schon beschritten war, warum wurde er nicht weiter gegangen?

Zum Vergleich die germanische Eisentechnik: Der germanische Eisenschmelzofen war ganz ähnlich gebaut wie der keltische. Der Ofen einer Semnonen-Siedlung am Krampnitzsee war ganz unter dem ebenen Boden in Lehm angelegt, wie auch keltische Öfen. Die Bedienung dürfte sich aber unterschieden haben, denn die Germanen erfanden die Erstausschmelze von härtbarem Stahl. Sie konnten also Stahl in ganz anderen Mengen herstellen und ebenso harte wie zähe Schwerter daraus schmieden, die sich nicht verbogen und die nicht so leicht Scharten bekamen und unbrauchbar wurden wie die keltischen. Die Germanen wärmten den Ofen vor, um eine größere Hitze zu erzielen. Vielleicht hat man im Ofen zuerst auch Eisen erschmolzen und dann erst Stahl, der Wärme wegen. Der Zustrom von Luft mußte abgeschwächt werden, da er oxydierend wirkte. Er mußte sehr genau dosiert werden. Das galt für einen natürlichen Luftstrom wie für den künstlichen durch Gebläse. Dann wurden Erz und Kohle geschichtet. Aber es kam noch ein Kalkzuschlag in den Ofen, und man nahm Eichenholzkohle von möglichst dichter Beschaffenheit, im Verhältnis zum Erz mehr Eichenkohle. Bei der Eichenkohle beginnt die Kohlung schon bei Rotglut. Außerdem mußte man wissen, daß ein langes Schlackenbad entkohlend wirkt. Der Ofen mußte also früher aufgebrochen werden wegen des Stahles.

Das alles mußte aus einer besonderen Erfahrung beobachtet werden.

Der semnonische Ofen stand etwa 30 Meter vom Wohnhaus entfernt. In 100 Meter Entfernung fand man einen Kohlenmeiler von etwa einem Meter Durchmesser. Die ganze Verhüttung ging von einem Hof aus, und es war der germanische ‚Hausmacherstahl', der hier erschmolzen wurde. Was es damals bedeutete, den Ofen in Gang zu setzen und Eisen oder Stahl wohl in mehreren Gängen darin zu erschmelzen, sieht man daraus, daß man neben dem Ofen drei Hundeskelette fand und ein Schweineskelett. Vor jedem Ingangsetzen eines Ofens war also ein Opfer gebracht worden. An wen? Da das Opfer vergraben wurde, wohl an die Unterirdischen, die chtonischen Mächte, an die Erde, die man im Werk verletzte und die man versöhnen wollte.

Daneben kannten die Germanen auch das Stählen im Tiegel. Bei besonders hoher Ofentemperatur trat eine Roh- oder Vorluppe auf mit etwa 1,35 Prozent C. Sie war also praktisch Gußeisen und konnte vergossen werden. Die Kelten rechneten sie der Brüchigkeit wegen der Schlacke zu. Die Germanen hatten ein Entkohlungsverfahren erfunden, das im Prinzip das gleiche bewirkt wie das Blasen in der Bessemerbirne. Das hoch kohlenstoffhaltige Eisen kam in einen Tiegel und wurde mit dem Blasebalg entkohlt. Dabei verbrannte der hohe Anteil an Kohle.

Welches Erz wurde nun verhüttet?
Zuerst einmal der Brauneisenstein, auch Raseneisenstein oder See- und Sumpferz genannt. Er wächst ja im Sumpf oder auf feuchten Wiesen. Dort wurde er gesammelt, daher der Name. Brauneisenstein war besonders günstig für die Reduzierung und auch für die Stahlerzeugung. Roteisenstein verlangt eine höhere Temperatur und damit ein Gebläse, um den Kohlenstoff wieder zu reduzieren.

Das bei den Kelten geschilderte Verfahren, um Eisen zu erzeugen, heißt in unserer Sprache ‚Rennverfahren'. Es entstand im letzten Jahrtausend vor der Zeitrechnung und blieb durch das ganze Mittelalter das gängige Verfahren bis zur neuen technischen Zeit.

Das Salz

Die Kelten verstanden es, eine Industrie aufzuziehen. Man weiß, daß sie in Bad Nauheim im großen Maße Salz gesotten haben. Das taten sie aber auch anderswo, wo es Sole gab. Wo der Ortsname ‚Hall' auftritt, gab es auch keltische Salzgewinnung. Man staunte aber doch, als man in Nauheim entdeckte, daß auf einer Länge von 2 Kilometern und auf einer Breite von mehreren hundert Metern Sudofen neben Sudofen stand. Die Öfen selbst waren aus einer Art Hohlblocksteinen gemauert. Diese stellte man in einer nebenan liegenden Ziegelei her, die Tontöpfe in einer Töpferei in der Nähe. Um die Sole zu konzentrieren, hatte man Gradiereinrichtungen. Man ist der Meinung, daß die 120 bis 250 Liter fassenden Tonfässer konzentrierte Sole aufgenommen haben und daß sie wohl nicht dazu gedient haben, die Sole vollends zu sieden. Das dürfte in becherförmigen, tönernen Gefäßen geschehen sein. Diese kamen in die Öfen. Was zurückblieb, war ein Salzkuchen. Oft mußte man den Tonbecher zerschlagen, um ihn herauszubekommen. Diese Salzkuchen waren ein Handelsartikel genau in der Form, wie sie sich in den Bechern ergaben. Von welcher Saline aus mag Manching beliefert worden sein, wo wurde dort das kostbare Salz gestapelt, um weiterverkauft zu werden?

Die Anlage in Nauheim war eine sich mehr oder weniger selbst versorgende Anlage. Was man nicht selbst erzeugte, konnte man kaufen. Denn wo war man reicher, als wo man Salz erzeugte: Das weiße Gold, viel nützlicher als Gold, war einfach unentbehrlich auch für die Vorratshaltung im Winter. Nauheim war eine regelrechte Salzstadt oder besser gesagt, eine Salzfabrik mit Nebenbetrieben und einer bürgerlichen Siedlung, und alles was dazu gehörte, entstand ebenfalls dort. Das gibt ein Bild davon, wie weit die Kelten schon im Aufziehen von regelrechten Industrien waren.

Das Handwerk

Das Hervorstechendste am keltischen Handwerk ist nicht, daß es außerordentlich geschickt betrieben wurde. Auch die germanischen Handwerker waren sehr geschickt, in manchem sogar den keltischen überlegen, trotzdem diese zu wandern pflegten, sicher auch zu den Kelten jenseits der Alpen, nach der ‚Gallia cisalpina', wo sie auf die alte etruskische Handwerkskunst stießen und auch auf die römische. Das Auffallendste am keltischen Handwerk ist, daß es — wie schon gesagt — auch gewerbemäßig betrieben wurde. Das heißt, man ging nicht zum Schmied, um sich eine Hacke machen zu lassen, zum Töpfer wegen eines Topfes, so wie man ihn haben wollte, sondern der Schmied, der Töpfer und die anderen Handwerker fertigten serienmäßig Hacken und Töpfe nach bestimmten vorliegenden Mustern an und stellten sie in gegebenen Größen zum Verkauf. Es war ähnlich wie bei der Eisenerzeugung, die zu einer Art Industrie geworden war. Was man an Handwerkserzeugnissen in den keltischen Städten von Frankreich bis nach Böhmen und Ungarn findet, ist so gleichmäßig, als ob es genormt wäre, und es konnte nicht anders als serienmäßig — man ist versucht zu sagen, fabrikmäßig — hergestellt sein. Das deutet aber auch darauf hin, daß das ganze keltische Gebiet verkehrsmäßig eng zusammenhing. Man wußte, was in einer anderen Stadt, in einem anderen Land, hergestellt wurde, und man versuchte, es den entstandenen Vorbildern gleichzutun. Es ist möglich, daß man ‚innungsmäßig' fertigte, wie bei uns im

Mittelalter: Der Obermeister besah sich jedes Stück, begutachtete es und stempelte es sogar ab. Dabei darf man nicht vergessen, wie stark damals die Tradition in den Formen war. Denn, was einmal gut geworden war, was Anerkennung gefunden hatte, dem wollte man folgen, das wollte man nachahmen und das wollte man haben. Noch in der Zeit Dürers konnte man eine fremde Form ohne Vorwurf übernehmen, wenn sie einem gefiel. Es war noch kein Plagiat, kein Raub an dem Können eines anderen.
Es könnte so sein, daß ein Handwerker sich soweit hinauf gedient hatte, daß er eine Reihe von Gesellen beschäftigte. Beim mittelalterlichen Handwerk durften es nicht mehr als sechs Gesellen sein. Diese Vorschrift braucht es bei den Kelten nicht gegeben zu haben. Man muß auch daran denken, daß ein Kaufmann damals schon mit einem größeren Kapitaleinsatz arbeitete. Er mußte ja Ware sammeln, sie bezahlen und weiterverkaufen. Bei einem günstigen Preis wird er größere Abschlüsse gemacht haben. Er kann Handwerker beschäftigt oder ihnen wenigstens Aufträge gegeben haben, ihre Fertigung finanziert haben. So war schon eine Zusammenfassung möglich, die eine serienmäßige, ja fast fabrikmäßige Herstellung erlaubte, wenn es nicht, wie schon gesagt, geradezu eine Geldaristokratie gegeben hat wie im späteren Mittelalter, die im Großen handelte und dafür auch im Großen fertigen ließ.
Wir wissen, daß sie ausgangs der keltischen Zeit da war.
Man kann es sich fast nicht anders denken, als daß es so bei der Eisenerzeugung geschah. Auch wenn sie unter einem Gotte stand, der in Irland ‚goboniu' hieß, unter dem der Schmied ‚gobann' eine fast priesterliche Funktion hatte. Auch in der germanischen Sage ist der Schmied eine besondere Gestalt. Man denke an Wieland den Schmied! Er war den

chtonischen Mächten verbunden, schon vom kultischen Feuer her. Er war der Zeuge der glücklichen Vereinigung von Feuer und Erde. Der Goldglanz der Bronze leuchtete als ein Wunder auf! Das unbesiegbare Eisen erklang beim ersten Hammerschlag. Es waren Geschenke des himmlischen Feuers und der Mächte der Tiefe. — Die Kohle nahm man als heilbringend mit nach Hause. Schwarz galt als glückbringend. Wir erleben das noch heute beim Schornsteinfeger.

In der Bronzezeit erschmolz der Schmied das Sonnenmetall in blanken sonnenhaften diskusartigen Scheiben. Was für Vorstellungen, was für Gefühle diesen Vorgang begleitet haben, können wir nicht mehr ermessen.

Das war also das Besondere auf dem Weg des keltischen Handwerks, daß es zu einer Fertigung auf Vorrat kam und zu einer Großerzeugung.

Das Werkzeug

Man spricht davon, daß bei den Römern das Werkzeug seine höchste Stufe erreichte. Die Maschine hatte ihre Herrschaft noch nicht angetreten. Man mußte deshalb das Werkzeug vervollkommnen, das einem täglich in der Hand lag, um leichter, besser zu arbeiten, um mehr zu leisten. Das gilt ebenso für die Kelten. Sie stellten Werkzeug von erstaunlich guter Formgebung her, so daß man sagen kann: Das keltische Werkzeug war ungefähr in dem Umfang vorhanden, wie wir es hatten, bevor die Maschine ihren Siegeszug antrat. Mit anderen Worten: Zwischen dem Werkzeug der Kelten 200 Jahre vor und dem Werkzeug der Mitteleuropäer 1800 Jahre nach ist kein sehr großer Unterschied.

Ob man es glauben will oder nicht, im Boden von Manching

wurden nicht weniger als zweihundert Werkzeugtypen gefunden: Also nicht Werkzeuge, sondern Typen von Werkzeugen, von denen jeder seine besondere Bedeutung hatte und die entsprechende Verwendung fand. So spezifiziert war schon das keltische Werkzeug. Der Boden von Manching ist geradezu eingesät mit eisernen Werkzeugen, Bruchstücken von Werkzeugen und Eisenabfällen, so daß man sich wundern muß, wie dies alles in die Erde kam. War man denn so eisenreich? Werkzeug war doch wertvoll und ist es bis heute geblieben. Wenn ein Stück fehlte, suchte der Handwerker doch danach. Wenn ein Werkzeug zu Boden fiel, so wurde es doch nicht ‚festgetreten'. Es kann nicht anders sein, als daß das viele Werkzeug bei der Zerstörung der Stadt liegenblieb und in die Erde, in die Abfallgruben, geriet. Das Eisen war für den Eroberer nicht zu verwerten. Als Beute fand er, was leichter wegzubringen war: Gold und Silber, Bronzegefäße, Sklaven ...
Zerstört wurde von dem Sieger alles, was da vorher geblüht hatte. Die Handwerker wurden erschlagen, die so tüchtig gewesen waren. Sie lagen zweitausend Jahre in der Erde mit ihren Werkzeugen: Ihre Knochen mit den Zangen und Hämmern in den Gruben. Zu jedem dieser Werkzeuge hatte einmal ein Mensch seine besondere Beziehung gehabt. Es war sein Werkzeug gewesen, das ihm ‚in der Hand' gelegen hatte, das ihm lieb war und mit dem er gewirkt hatte. Er hatte es nicht achtlos weggeworfen, wenn es ausgebraucht war, so, wie das heute geschieht, sondern er beendete bewußt ein Verhältnis, das so wirksam gewesen war.
Im Holzkohlenfeuer, mit dem fauchenden Blasebalg, hatte er, ‚gobann', der keltische Schmied, das Werkstück warmgemacht. Dann hatte der Amboß vom Hammerschlag geklungen, wie heute noch bei uns. Doch es waren kleinere Am-

bosse als die unsrigen. Auch sie steckten schon im ‚Stock' von Holz und hatten schon ‚Hörner'. — Übrigens, den großen keltischen Amboß hat man in Manching noch nicht gefunden, wohl aber in anderen keltischen Städten. — ‚Ordos', der Hammer! Der Schmied führte den Schmiedehammer. Er ‚schrotete' ab mit dem Setzhammer, er nietete mit dem Niethammer, er trieb mit dem Treibhammer ... Eine ganze Garnitur von Hämmern benutzte der keltische Schmied und auch eine Reihe von Zangen, wie Flachzangen, Spitzzangen ... Dazu die Meißel, Durchschläge, Stichel und Punzen. Schmied und Schlosser sind bei den Kelten noch nicht zu unterscheiden, wohl aber Grob- und Feinschmied. Vielleicht gab es auch schon den Waffenschmied. Wer mit der Wucht des Hammers im Groben arbeitete, wird nicht die feinen eisernen Fibeln hergestellt haben, oder gar den schönen getriebenen eisernen Pferdekopf von Manching von nur 18 Zentimeter Länge. Das war Künstlerarbeit, oder wenigstens Feinarbeit. Dazu gab es die verschiedenen Feilen, schlicht oder grob gehauen, flach, vierkant, rund und halbrund.

* * *

Der Schmied stand in der Mitte der damaligen Technik. Von ihm ging alles Werkzeug aus, wenn es aus Eisen war. Er lieferte für den Zimmermann Axt und Beil. Beide hatten im La-Tène noch die ‚Tüllen', also die umgebogenen Lappen, in die der Stiel aus Kienholz gesteckt wurde. Erst später kamen Axt und Beil mit ‚Schaftloch' auf für den geraden Stiel. Es gab auch noch den Tüllenmeißel, um Zapfenlöcher zu machen, das Stemmeisen, den Stechbeitel. Selbstverständlich war die Säge da, wenigstens als Stichsäge. Die Bügelsäge kam erst in der römischen Kaiserzeit auf. Der Zimmermann arbeitete fast nur mit dem Beil. Er sägte nicht den

Balken, sondern ‚beilte‘ ihn, wie bei uns noch bis in die Neuzeit hinein. Das Holz hielt länger, wenn die Faser nicht mit der Säge angeschnitten wurde. Dicke Balken konnte der Zimmermann mit dem Löffelbohrer durchbohren, um den Holznagel zu setzen.

Für feinere Holzarbeiten waren die Hohleisen da. Sie brauchte der Holzschuhmacher, der Schnitzer. Es gab auch schon das Zugmesser und selbstverständlich die Schnitzbank neben der gängigen Drechselbank.

* * *

Zum Schmied kam der Bauer, um sein Werkzeug zu holen, zuerst die Pflugschar für den Pflug, für den ‚caruacca‘, heute auf französisch ‚charrue‘. Noch kein Wendepflug. Es war ein weiterentwickelter Hakenpflug, wenn auch mit Rädern und mit einer Pflugschar von 17 bis 20 Zentimeter Breite. Das Pflügen mit den davorgespannten Ochsen ersetzte das mühsame Hacken. Doch überall taugte der Pflug nicht. Man griff zur Flachhacke oder zur Spitzhacke, auch noch mit ‚Tüllen‘. Schaufeln und Spaten sind uns nicht erhalten. Sie vergingen im Boden. Sie waren ja nicht aus Eisen, sondern aus Holz. Erst im späteren La-Tène beschlug man sie mit Eisenblech.

Der Schmied machte für den Bauern Sicheln und auch schon Sensen, sicher mit langem Stiel für das zweihändige Mähen. Aber die Sensen waren nicht abgekröpft. Man mußte also das Gras entweder gebückt mähen, oder man schnitt aufrechtstehend, wie damals üblich, die Ähren von den Halmen. Doch dürfte dafür die Sichel den Vorrang gehabt haben.

Wenn man die vielen Schlüssel ansieht, die sich im Boden von Manching finden, so könnte man meinen, daß es schon

Spezialisten für Schlösser gab, also Schlosser, auch wenn die Schlösser aus Holz waren und nur die Schlüssel aus Eisen. Die Schlüssel sahen aber anders aus als die unsrigen. Das ‚Schubriegelschloß' öffnete man mit einem Haken, den man durch ein Loch in der Tür steckte, um damit in bestimmte kleine Löcher des Holzriegels zu greifen und diesen dann wegzuschieben. Der Schlüssel dazu war gewichtig. Man konnte ihn nicht in die Hosentasche stecken, wohl aber auf der Schulter tragen.

Das Schubriegelschloß war nicht so sicher, da man den Riegel auch mit einem spitzen Haken fassen und schieben konnte. Da man damals schon sehr auf Sicherheit aus war, kam man auf das ‚Fallriegelschloß'. Hier fielen in den Riegel meist mehrere Fallstifte, wenn er geschlossen war. Um zu öffnen, mußte man einen Schlüssel haben, der mit seinen Zapfen genau in die Löcher paßte, um die Stifte hochzuheben. Erst so konnte man den Riegel zurückschieben.

Das genügte immer noch nicht. Das Fallriegelschloß wurde überholt durch das ‚Federschloß'. Dieses Schloß kann sogar, so sieht es sich jedenfalls an, eine keltische Erfindung sein. Man steckte einen Stift durch das Loch in Tür und Riegel, dessen beide Federn sich spreizten, sobald er ganz durchgegesteckt war. Herausziehen konnte man den Stift nur, wenn man mit einem Gabelschlüssel, den man durch ein Loch in der Türe schob, die Federn wieder zusammengedrückt hatte. Eine andere Ausführung dieses Schlosses war die mit einer Stahlfeder im Riegel selbst, die sperrte, und vor dem Öffnen weggedrückt werden mußte.

So wurde für die Sicherheit gesorgt. Damit die Schlüssellöcher sich nicht so schnell abnützten, verstärkte man sie durch Schlüsselbleche. Diese Schlösser waren an den Türen der Häuser. Sie dürfte es besonders an den ‚Speichern' gegeben haben, auch an Truhen oder kastenartigen Möbeln, in denen man Wertvolles aufbewahrte. Man benützte sogar sehr fein gearbeitete Scharniere aus Röhrenknochen für schatullenartige Kästchen und die entsprechenden Schlösser dazu. Auch die keltische Technik drängte zur Perfektion. Das ging so weit, daß es Türen gab, die sich öffneten, sobald das Schloß aufgeschlossen wurde. Auf die Tür wirkte nämlich ein Gewichtstein über einen Seilzug, der die Tür in dem Augenblick aufzog, in dem der Riegel weggeschoben war. Ob man eine solche Vorrichtung auch benützte, um Türen zu schließen, wissen wir nicht. Ziemlich selbstverständlich ist, daß sich die Tür in Türangeln leicht bewegte.

Wir haben das Recht, uns zu wundern über das, was schon gedacht worden ist. Doch wievieles Vergängliche der keltischen Zeit bleibt uns für immer verborgen!

* * *

Es gibt ganze Garnituren von Messern, die die keltischen Messerschmiede angefertigt haben, wenn es diese Spezialisierung schon gab. Bisher fand man in Manching 210 Messer. Beliebt war das Ringgriffmesser, mit einem Ring am Griff, mit dem es an Haken an die Hauswände gehängt werden konnte. Dieses Ringgriffmesser führte man auch in einer Scheide am Gürtel mit. Denn das Messer gehörte zum Manne, so, wie heute noch das Taschenmesser zu ihm gehört.
Es gab leichte Messer von 7 bis 11 Zentimeter Länge, mittlere etwa 15 Zentimeter lang, und schwere Messer bis zu einer Klingenlänge von 28 Zentimetern. Das schwere Messer ist ein Art Hiebmesser, das zum Vorschneiden gedient haben wird, wenn man das gesottene Fleisch mit der Fleisch-

gabel aus dem Kessel geholt hatte. Mit diesem Messer konnte man sowohl hacken wie schneiden.
Wir können die Feinbearbeitung der Messer von Manching nicht mehr erkennen. Der Rost hat zuviel weggefressen. Sicher aber wurden diese Messer geschmiedet, sorgfältig gefeilt oder geschliffen.
Es ist bekannt, daß auf einem blanken Speerblatt noch Ätzungen angebracht wurden, die heilbringende Symbole darstellten. Man trug dazu Wachs auf, machte die entsprechenden Stellen frei und äzte sie mit einer Säure, wahrscheinlich Apfelsäure. Es gab Wetzsteine für die Messer, wie es sie auch für die Waffen gab.
An Waffen fabrizierte man — so kann man sagen — besonders Lanzenspitzen in verschiedenen Formen, so für den ‚gaisan' den etwa zwei Meter langen Speer, es gab lange schmale Spitzen, breitere aber spitz zulaufende geflammte Spitzen, Lanzenschuhe, lange Hiebschwerter, kürzere Hauschwerter und Dolche, Schildbuckel, Pfeilspitzen. Helme waren selten. Der keltische Krieger focht barhaupt, nur der Adlige dürfte einen Helm getragen haben, auch einen Schuppenpanzer oder gar einen Ringpanzer. Unter südlich römischem Einfluß!

* * *

Es finden sich so viele Ketten und Kettenglieder in Manching, daß man sich darüber Gedanken machen muß, wozu sie gedient haben mögen. Was kettete man denn an? Tiere, um sie am Weglaufen zu hindern? Kaum! Sie gingen in Herden und blieben beisammen. Menschen? — Viel eher, Sklaven! Die römischen Feldsklaven trugen Ketten bei der Arbeit auf dem Feld. Warum nicht auch die keltischen Sklaven?

Der Wagenbau

Was der Metallwerker arbeitete, ist uns zum Teil erhalten geblieben, kaum aber etwas, das in Holz hergestellt wurde. Doch was hier geleistet wurde, sieht man noch am Wagenbau, an den Wagen, die sich von der vorausgehenden Hallstattzeit mit Teilen in Fürstengräbern erhalten haben, die in die La-Tène-Zeit übergehen. Es sind die keltischen Fürstengräber des fünften und vierten Jahrhunderts. In den Grabkammern standen Wagen, auf denen der Fürst durch sein Land gefahren war. Es sind meist zweirädrige Wagen, also wohl Streitwagen. Man kann diese Wagen zurückkonstruieren. Wir kennen ja die keltischen Wagen von römischen Skulpturen in Gallien her, die Wagen mit hervorragend gearbeiteten achtspeichigen Rädern. ‚Cantus' hieß der Radreifen. Die keltischen Räder waren, wie auch in Manching, verhältnismäßig klein. Sie hatten schmale Eisenreifen von 2 bis 3 Zentimeter Breite und 1 bis 2 Zentimeter Stärke. Die Durchmesser liegen bei 80 Zentimetern. Es gibt aber auch größere Reifen, wohl für die schwereren Wagen, mit 90 bis 95 Zentimetern Durchmesser und 3 bis 4 Zentimetern Breite. Die Reifen wurden kalt auf die Felge gezogen oder aber glühend aufgebracht. Die Nabe des Rades war verstärkt durch den Nabenring, das Rad wurde auf der Achse mit den so häufig gefundenen Achsnägeln gehalten, die manchmal künstlerisch ausgeführt wurden.

Übrigens, mit Eisenreifen hielt man auch Bottiche und Fässer zusammen. Das Faß ist nördlich der Alpen erfunden worden. Die Römer haben es übernommen.

Das Rad war das Abbild der Sonne. Es gab kleine Bronzeräder, die Symbole, Amulette waren. Man fand Bronzeräder für richtige Wagen mit vier Speichen, die die Himmelsrichtungen ausdrücken können. Das Holzrad brauchte mehr Speichen, wennn es leicht gehalten werden sollte und diese Wagen waren verhältnismäßig leicht gebaut. Schwer bauen ist keine Kunst. Leicht bauen ist schwerer. Das Fahrzeug mußte alles aushalten, was ihm begegnete, und was mag ihm auf den damaligen Wegen begegnet sein!

Es gab einen allgemeinen Ausdruck für Wagen nämlich ‚carras', sicher verwandt mit unserem Karren. Was für ausgezeichnete Wagenbauer die Kelten waren, zeigt am besten, daß die meisten Wagenbezeichnungen in der römischen Umgangssprache von den Kelten stammen. ‚Carbantorigon' ist das keltische Wort für den zweirädrigen Staatswagen in Britannien. ‚Carpentum' heißt der zweirädrige Gepäckwagen der Römer. Zweirädrig mag auch der Wagen gewesen sein, mit dem die Kelten gewandert sind: Ochsen davor, Wagen hinter Wagen durch die Furten, über die Pässe; am Abend zusammengefahren zum Ring, zur Wagenburg. — Zweirädrige Streitwagen dabei, die ‚essedum' hießen, wie später ein römischer Reisewagen. Der zweirädrige Streitwagen, auf dem der adlige Kämpfer neben seinem Wagenlenker stand, kam in keltischer Zeit allmählich ab, der adlige Wagenkämpfer stieg zu Pferd. Der Wagen war hinten und vorne offen, so daß der Wagenlenker auf der Deichsel während der Fahrt zu den Pferden vorlaufen konnte. Ein Akrobatenstück!

‚Reda' ist das gallische Wort für einen großen vierrädrigen Reisewagen, ‚cisium' heißt bei den Römern ein leichter Reisewagen, vom gallischen ‚cisis', das Korb bedeutet. Wir haben noch den keltischen Ausdruck ‚benna' für einen Korbwagen und ‚pilentum' für einen Staatswagen.

Alle diese Namen geben einen Begriff davon, wie entwickelt der Wagenbau war, was für ein handwerkliches Können da-

zu gehörte. Der Wagenbau war damals schon die Krone der technischen Erzeugung wie in unserer Zeit der Kraftwagenbau in Konstruktion und Fertigung.
Was damals der Wagen bedeutete, zeigt ein in Bronze gegossener wunderbarer Aufsatz, verziert mit Stier- und Entenköpfen (Titelbild), den man in Manching gefunden hat. Er diente zur Zügelführung und saß auf der Deichsel am Joch. Es dürfte so gewesen sein, daß auf jeder Seite des Joches zwei Zügelringe für die Zügelführung angebracht waren. — Insgesamt fand man in Manching achtzehn Zügelringe. — Das Joch war einmal mit der Deichsel verbunden, zum anderen am Widerrist der Pferde mit Brust und Bauch befestigt. Auch damals war ein Wagen nicht einfach ein Wagen, sondern zeigte den Reichtum und den Stand des Besitzers an. Er war ein Standessymbol. Und was für kultische Vorstellungen mögen sich außerdem damit verbunden haben?
Wahrscheinlich gab es bei den Kelten ein besonderes Wagner-Handwerk mit seinem besonderen Werkzeug und auch der Drehbank. Vielleicht gab es in Manching eine ganze Wagenmachergasse? Wie sollen die damaligen Transporte bewältigt worden sein ohne den entsprechenden Wagenbau und den Dienst, wenn Wagen zu Schaden gekommen waren?
Wir wissen von dem ausgebauten Straßennetz der Kelten, daß nicht nur Tragtiere getrieben wurden, sondern auch Wagen im Fern- und Nahverkehr eingesetzt wurden. Für den Nahverkehr allein lohnte sich dieser Aufwand an Erfindungsgabe und Technik in der Herstellung nicht. Wir wissen, daß der Stamm der Helvetier, als er seine Sitze in der heutigen Schweiz aufgab, mit Wagen ausrückte, mit zweirädrigen ‚carpentums', mit denen man praktisch überall durchkam. Die Helvetier bildeten damit ganze Wagen-

burgen. Auch Caesar spricht von einem Weg, auf dem „hätte kaum ein Wagen hinter dem anderen fahren können". Das schien ihm bemerkenswert. Waren die Wege also so, daß zwei Wagen nebeneinander fahren beziehungsweise sich begegnen konnten?

Leder und Textil

Was muß allein an Leder bei den Kelten erzeugt worden sein! Der Krieger brauchte ein Lederkoppel für das Schwert, einen Lederbezug für seinen Schild. Dann gab es Lederhelme, sogar ganze Lederkoller. Für sein Pferd brauchte er Zaumzeug aus Leder. Als Zaum wurde meist eine zweiteilige Ringtrense benützt. In Manching hat man bisher davon zwanzig Stück gefunden, und zwar mit der verhältnismäßig kleinen Gebißbreite von 7 und 10 Zentimetern. Es muß sich also um eine kleinere Pferderasse gehandelt haben. Verziert wurde das Pferdegeschirr oft mit eisernen Schmuckscheiben an den Riemenkreuzungen. Gesattelt dürften die keltischen Pferde so wenig gewesen sein wie die germanischen. Man ritt auf dem nackten Pferd, oder es wurde eine Decke darüber gelegt. Das Pferd trug einen Schwanzriemen. Somit müßte auch ein Bauchriemen vorhanden gewesen sein, der die Decke festhielt.

Selbstverständlich gab es Schuhe aus Leder. In Rom rühmte man die keltischen Schuhmacher. Man findet viele Pfriemen in Manching, die zum Handwerk gehört haben dürften. Doch waren sie natürlich auch praktisch in jedem Haushalt. Die Römerinnen trugen kleine Holzsandalen, die ‚gallica' oder ‚gallicula' hießen. Man fand in Manching guterhaltene Schabemesser, wie sie die Gerber brauchen, um die Aas-

Seite des Felles vor dem Gerben abzuschaben. Wir wissen, daß das Leder noch feinbearbeitet wurde, und zwar mit Walk- und Poliersteinen.

Gallien lieferte Textilwaren nach Rom, die sehr geschätzt waren. Sie waren aus Tuch oder Leinen. Es ist bezeugt, daß die Allobroger das ganze Heer Hannibals mit warmer Kleidung versorgt haben, bevor es über die Alpen nach Italien zog. So leistungsfähig war man damals in Gallien. Es wird wohl auch bei Textilwaren schon eine gewerbsmäßige Herstellung gegeben haben. Nähnadeln blieben in Manching eine ganze Menge erhalten. Bisher fand man sechzig Stück, und zwar in einer Länge von 6 bis 16 Zentimetern. Die feineren Nadeln dürften in den zweitausend Jahren vergangen sein. Bei den keltischen Nadeln war das Öhr nicht unmittelbar am Nadelende. Sie wurden sortiert in Nadelbüchsen aufbewahrt.

Die vielen Spinnwirtel zeigen, daß viel gesponnen wurde. Spinnen war Frauenarbeit. In jedem Haus mögen die Spindeln getanzt haben. Besonders in den Winternächten wird man den Schlag der Webstühle weithin gehört haben, wie im späteren Mittelalter in Oberschwaben, als man dort den Barchent wob zur Ausfuhr nach Italien und nach Spanien. Faden oder Gewebe färbte man schwarz mit Galläpfeln, rot mit Roteisenerz, blau mit Waid, grün mit Ginster und ebenfalls mit Waid, gelb mit der Blüte des Pfriemkrauts und des Ginsters. Übrigens, Pfriemkraut wurde von den Kelten, frisch oder getrocknet, gekaut.

Der Schmuck

Wir begreifen es heute kaum mehr, wie hart und primitiv auf der einen Seite das Leben war, wie man auf der anderen

Seite das Bedürfnis hatte, sich zu schmücken. Der Kelte trug Hosen und ein Wams mit Ärmeln. Dazu einen Mantel, das heißt, einen Umhang aus Wolle, der am Hals oder auf der Schulter mit einer Fibel geschlossen wurde. In Manching wurden auf der verhältnismäßig kleinen, bis zum Jahre 1961 gegrabenen Fläche nicht weniger als dreihundert Fibeln gefunden. Der Boden Manchings ist also geradezu besät mit Fibeln.

Die Fibel war ein besonderer Ausdruck ihres Trägers, seines Standes, seines Besitzes. Es gab verhältnismäßig einfache Fibeln für die Ärmeren oder für den Alltag. Sie waren aus Bronze oder aus Eisendraht kunstvoll zusammengedreht, und zwar so, daß sie wie unsere Sicherheitsnadeln durch den Drahtbogen eine Federung erhielten. Übrigens kommt unsere Sicherheitsnadel von dorther.

Etwas anderes waren die kunstvoll gegossenen Bronze-Fibeln mit einer Bronze-Nadel zum Durchstecken durch beide Mantelenden und mit einer Öse zum Einhaken. Was war alles darauf abgebildet: Starrende maskenhafte Menschenköpfe. Sie müssen einen besonderen Zauber auf den Kelten ausgeübt haben. Sie schlugen ja die Köpfe der Feinde ab, hingen sie an Weidenruten an die Pferde und nachher an ihre Häuser. Warum sollte man solche Köpfe im verkleinerten Maßstab nicht an der Fibel auch am eigenen Halse tragen? Auch das mußte wirksam sein. Es ging ja eine magische Wirkung von solchen Köpfen aus. Man denke an die Wirkung, die man Reliquien zuschreibt, oder an bestimmte Darstellungen, die als Talisman gelten. Es war eine Heilwirkung und eine Abwehrwirkung. Solch ein starrender Kopf mag in der keltischen Anschauung eine Abwehrkraft gehabt haben. Noch im Mittelalter setzte man ja aus Stein gehauene Neidköpfe in Gebäude, um Unheil von ihnen abzuwehren.

Neben den Menschenköpfen gibt es sich windende Tierleiber von Fabelwesen, ähnlich wie wir sie an den romanischen Kirchen sehen. Dräuende Bestien, die den Rachen aufreißen und nach irgendetwas schnappen. Das alles konnte der Kelte am Hals vor sich hertragen, goldglänzend am wollgrauen Mantel.

Und darunter um den Hals den ‚torques', den keltischen Halsring, der aber meist nicht gedreht war, wie sein antiker Name sagt. Dieser Ring war ein besonderes Attribut, eine Art Auszeichnung, denn ihn trugen ja die Götter. Ihn trug der keltische Krieger, auch wenn er als Nacktkämpfer auftrat. Halsring und Gürtel behielt er an, sonst hätte er sich — so kann man sagen — ‚entäußert'.

Der torques wurde auch von der Frau getragen, doch mehr in der früheren Zeit, dann bevorzugt von den Männern. Ihn trugen selbstverständlich nur die Freien. Wenn man sagt, daß er damals getragen wurde wie heute die Krawatte, so sagt das zu wenig, denn der Kelte trug ihn als Standessymbol. Er trug ihn, wenn er öffentlich auftrat. Er trug ihn in Bronze, in Silber und in Gold und zeigte damit seinen Rang. Mit dem Ring stand er im Schutze der Gemeinschaft und der Götter. Der Ring band zusammen. — Ringe verbinden ja heute noch Verlobte, Ehepaare. — Der Ring wirkte aus dem Schutz, den er verlieh, abwehrend nach außen. So etwa wird der Kelte empfunden haben, wenn er den Ring trug, den Ring, der das Hauptstück des keltischen Kunsthandwerks war. Es gibt so wundervolle Ringe, daß wir nur staunen können, daß man sich fragen muß, ob unser Kunsthandwerk weitergekommen ist als das keltische.

Was geht über den Goldschmuck von Waldalgesheim? Der

Kelte, die Keltin von Adel trug noch andere Ringe, besonders Armringe, auch Fußringe, aber kaum Fingerringe. Auch die zeigten seinen Rang. Der Kelte wollte diesen Rang auch zeigen. Die Kelten trugen bunte Farben: Rot, grün, blau, für unser Auge schreiende Farben, und den Schmuck dazu aus goldglänzender Bronze, aus Silber, aus Gold: Halsringe, Armringe, Fingerringe, Fibeln. Alles Metall, besonders das goldglänzende, trug eine gewisse Heilwirkung in sich. Man ging mit dem Glanz des Sonnenglaubens. Noch von jedem germanischen Hort ging Heil aus und ging mit zu dem neuen Besitzer. Dieser Glaube war noch mit den deutschen Reichskleinodien verbunden.

Nun aber zu dem wundersamsten Schmuck, den die Kelten hatten. Man fand in Manching einen großen Brocken purpurfarbenes Rohglas. Es gab also örtliche Glaswerkstätten. Und man fand Bruchstücke von Glasarmreifen. Diese gab es in Purpurrot, aber auch in Goldgelb, in Hellgrün, und in Violettblau. So wußten die Kelten mit dem Glas umzugehen und es zu färben, wenn sie es in den Tiegeln schmolzen. Die Armreife sind leuchtende, fast ätherische Gebilde, als ob sie für Elfen geschaffen wurden und nicht für handfeste Keltenfrauen, die sich in den Kampf stürzten, wenn die Männer wichen. — Ob diese Ringe auch von Männern getragen wurden? Wir haben keinen Beweis dafür.

Wie wurden diese wunderbaren Glasarmringe gefertigt, die im Querschnitt so dünn sind, daß sie zerspringen, wenn sie auf harten Boden fallen?

Der Glasbläser nahm ein warmes teigiges Stück Glas, durchbohrte es mit einem Dorn und ließ es darauf kreiseln, so daß es sich durch die Fliehkraft zu einem Ring, zu einem Reifen erweiterte. Zugleich gab er ihm ein Profil mit einer Schablone. Dann brachte er zum Schmuck eine Randierung an.

Erkaltet war es ein Meisterstück der keltischen Handwerkskunst. ‚Schleuderspießverfahren' heißt das heute. Einfach dagegen war die Herstellung von Glasperlen, die man auch in Manching findet. Es muß eine Glashütte gegeben haben, der Feuergefahr wegen wohl draußen vor den Toren errichtet sowie die Glaswerkstätten in der Stadt.
Eine besondere Leistung des Schmuckhandwerks waren die Emaillearbeiten. Auch sie gab es in Manching. Emaille ist ja ein feiner, meist farbiger Glasfluß. Er muß bei 1200 Grad Celsius erschmolzen werden. Man höre: Es mußte in den kleinen Tiegeln aus stark graphithaltigem, feuerfestem Ton eine Hitze von 1200 Grad Celsius erzeugt werden! Dann erst wurde das Glas flüssig. Aber das Glas war schon vorher bei einer Temperatur von 1400 bis 1600 Grad Celsius aus seinen Bestandteilen erschmolzen worden. Eine solche Temperatur wurde also erreicht und beherrscht. Das Emailleglas wurde abgeschreckt, die Körner mit dem Färbemittel vermahlen und das Gemisch auf das Metall aufgebracht, meist in vorgearbeitete Vertiefungen. Dann wird das Emailleglasgemisch bei 800 bis 900 Grad Celsius eingebrannt. So etwas verstanden die keltischen Handwerker in Manching.
Man kann sagen, daß das keltische Kunsthandwerk so hoch entwickelt war, daß es in den nächsten zweitausend Jahren kaum einen wesentlichen Fortschritt gab.
Das Leben war hart aber schön, und man schmückte sich, um noch schöner zu leben.

Die Töpferei

Das Wichtigste der Töpferei war das Kochgeschirr für das tägliche Leben. Man mußte es aufs Feuer stellen können,

auch in die Glut. Dazu mußte es ‚feuerfest' sein. Das gewöhnliche Tongeschirr war dies nicht. Feuerfest wurde das Geschirr erst, wenn dem Ton Graphit beigemischt war. Dann war es auch viel weniger durchlässig, es leitete auch die Wärme besser und hielt hohe Temperaturen aus, auch im Wechsel von heiß und kalt. Es war die keltische Graphit-Ton-Keramik. Mit ihr hatte die keltische Frau den Topf, die Töpfe, mit denen sie arbeiten und kochen konnte. Ein solcher Topf war ihr sogar soviel wert, daß sie ihn mit Eisenklammern reparieren ließ.
Aber wie kochte sie damit?
Wir wissen es nicht genau. Nur wenige Töpfe hatten Ösen zum Aufhängen. Es gab die metallenen Kessel, die vom Dach über dem Feuer hingen. Etwas Ähnliches wie den griechischen Dreifuß hat man nicht gefunden, so wird man die Töpfe auf Böcken oder Steinen auf das Feuer oder in die Glut gestellt haben. Diese schwärzlichen Töpfe mit ihren Deckeln hielten das alles aus. Die Keramik eignete sich für die Herstellung von Schmelztiegeln, in denen sehr hohe Temperaturen beim Schmelzen von Metallen auftraten, oder für die tönernen Gußformen der Münzen. Nur mußte eben der Graphitgehalt entsprechend hoch sein.
Aber woher kam dieser Graphit? Haben die Kelten dem Ton, den sie in der Nähe fanden, Graphit beigemischt, um ihre Töpfe feuerfest zu machen? Man glaubt heute mit Sicherheit sagen zu können, daß dies nicht der Fall war. Denn man findet in der Nähe von Passau Graphit-Ton-Lagerstätten, und zwar mit genau der gleichen Zusammensetzung wie die der Scherben von Manching. Demnach wurde der Graphit-Ton bei Passau gefördert — wahrscheinlich in schmalen aber tiefen Gruben. Dann wurde er auf dem Wasser nach Manching gebracht. Das war eine Strecke von

immerhin zweihundertfünfzig Kilometern auf der Donau flußaufwärts! Es müssen ganze Schiffsladungen von Ton gewesen sein, bei solchem Bedarf und Umfang der Herstellung in Manching. Dieser Passauer Graphit-Ton war sogar so gesucht, daß er bis zum Main geliefert wurde, um dort von den Kelten verarbeitet zu werden. Es gab wohl einen gut organisierten Materialtransport mit Handel. Vielleicht ein blühendes Gewerbe.

Übrigens, mit diesem Graphit-Ton kann man schreiben, wenn er gebrannt ist. Jede Bleistiftmine besteht aus einem solchen Graphit-Ton. Die Keltenfrauen müssen schon beim Anfassen der neuen Töpfe schwarze Hände bekommen haben. Später war der Topf sowieso rußschwarz. Es gab aber nicht nur Kochtöpfe sondern auch Schüsseln, Schalen, Teller und Flaschen aus diesem Ton, sogar Spinnwirtel.

Man nimmt an, daß der Ton durch Schlämmen aufbereitet oder daß er an der Sonne getrocknet und zerstampft wurde, bis man mit Wasser eine knetbare Masse daraus machen und auf der schnellaufenden Drehscheibe, besprengt mit viel Wasser, einen Topf daraus formen konnte. Das geschah sicher gewerbsmäßig. Das geht aus der Ähnlichkeit und aus der Menge hervor, mit der diese Töpfe auftreten. Man muß mit viel Erfahrung gearbeitet haben und mit großer Geschicklichkeit. War der Topf geformt, dann kam ein Stempel auf das Bodenstück als Zeugnis des Herstellers. Es gibt einen sehr häufigen Stempel in Manching, den sogenannten ‚Hahnentrittstempel'. Man könnte auch Dreisproß sagen. Es gibt auch Kreuze und Radzeichen ... Die Verzierung dieser feuerfesten Gebrauchstöpfe war einfach: Senkrechte Kammstrichlinien. Das gab auch Halt beim Anfassen der Töpfe.

Der fertig geformte Topf kam ins Feuer. Man hat bisher in und um Manching noch keine Töpferwerkstatt gefunden. Doch können Töpfereien auch in der Stadt gewesen sein. Sie sind aber, der Feuergefahr wegen, mehr außerhalb zu suchen. Man nimmt an, ausgehend von anderen keltischen Brennöfen, daß die Öfen von Manching ‚unter Flur' waren. Unten die Heizung, darüber der Brennraum, dazwischen eine feuerfeste Platte mit Löchern, durch die die Heizgase in den Brennraum streichen konnten; immerhin mit 800 bis 1000 Grad Celsius.

Neben der feuerfesten Graphit-Ton-Keramik gibt es ein nicht feuerfestes Gebrauchsgeschirr. Es ist die ‚glatte Drehscheiben-Keramik'. Man findet soviel davon in Manching, daß man annimmt, daß einige Werkstätten in der Nähe gearbeitet haben. Es müssen größere Werkstätten gewesen sein, wegen der großen Menge und der Einheitlichkeit. Aus der bisher in Manching gegrabenen Fläche wurden nicht weniger als fünfzigtausend Scherben zur Untersuchung nach München geschickt. Wie gesagt, dieses Geschirr war glatt, wie unsere Teller, unsere Schüsseln, die wir täglich gebrauchen. Ähnlich wird dieses Geschirr auch bei den Kelten gebraucht worden sein.

Man brauchte auch Gefäße zum Trinken. Es gab die Trinkschalen, auch wenn das herumwandernde Trinkhorn bekannt war. Beim Wassertrinken wird man sich nicht lange mit Gefäßen aufgehalten haben. Wie lange hing bei uns die Kelle am Wassereimer für den, der Durst hatte.

Beim Wein war es natürlich anders, dort wird es einen besonderen Kult gegeben haben. Er war ja ein göttliches Getränk. Ein Gott kehrte ein in der Ekstase, im Rausch. Wenn die Kelten schon das Gewöhnliche mit einem Gott verbanden, wie sehr erst das Ungewöhnliche! Mit dem importierten griechischen oder römischen Wein war das antike Trinkgeschirr gekommen, häufig aus Bronze, oder gar aus Silber, die antiken Kannen und Schalen. Der Wein kam in Amphoren aus Ton, gewöhnlich mit einer Steinkugel und mit Pech verschlossen. Getrunken wurde der Wein sogar aus goldenen Schalen. Wozu sollte sonst die Goldschale aus der späten Hallstattzeit von Stuttgart-Cannstatt gedient haben? Oder die attischen Trinkschalen vom Kleinaspergle, die aus Ton waren, aber reich mit Gold verziert? Ganz klar ist der Zweck der dort gefundenen, mit Gold beschlagenen Trinkhörner. Die goldbeschlagene Schale von Schwarzenbach ist ein über und über geschmücktes Gefäß, dessen Schmuck auch dem Inhalt gegolten haben muß. Wer ein solches Gefäß mit beiden Händen vor einer Versammlung hob, vollzog einen feierlichen Akt, der Schweigen verlangte, Ehrerbietung für einen großen Vorgang.

Die Gefäße der Lebenden im keltischen Haus wurden mit Speisen und Getränken gefüllt, aber genauso gab man sie den Toten, gefüllt zum Gebrauch in der anderen Welt.

Etwas Besonderes gab es noch: Die ‚bemalte Spät-La-Tène-Keramik'. In Manching wurde auch sie zur Massenware. Man findet sie überall im Keltenland. In Gallien galt Bibracte, die Hauptstadt der Haeduer, als ein Herstellungszentrum. Manching kann auch ein derartiges Zentrum gewesen sein. Zuerst waren es die geometrischen Muster, die diese Ware schmückten mit einem herrlichen gedeckten Rot zum Beispiel auf weißer Grundierung oder einem feinen Sepiabraun bei einer grauen Grundierung. Es waren eine Menge von Vorlagen im Gebrauch, Muster von Ringen, die umliefen, von Leiter- und Gittermustern, gebündelte Wellenlinien, Halbmonde. Solange, bis der geometrische Stil von einem figürlichen abgelöst wurde. Merkwürdig, daß dies auf der ganzen Breite von Gallien über Süddeutschland, über

Böhmen bis zu den Galatern geschah. Es ist ein einheitlicher Vorgang. Man fragt sich, ob griechischer Einfluß dabei wirksam war. Das ist möglich, denn die Kelten reagierten darauf als Ganzes, mit einer einheitlichen Musterwelt. Jetzt kamen die vegetabilen Motive auf, Pflanzenmuster, vierblättrige Rosetten, efeuartige Ranken, Blüten mit Kelchen und spiralig eingerollten dicken Blättern.

Welch eine Freude müssen solche Gefäße für den Besitzer gewesen sein, als Schmuck auf dem Wandbord oder bei einem Festmahl. Man hielt etwas auf seine Töpfe, wie später auf sein Porzellan. Keramik gehörte zur Kultur, schmückte das tägliche Leben, so nützlich und so notwendig sie war. Der praktische Topf wurde zu einem höheren Dasein erhoben.

Neben den Gefäßen aus Keramik gab es viele Gefäße aus Holz, eimerartige Gefäße mit Henkel und Reifen. Man fand schon fünfzig Stück in Manching. Das Holz ist vermodert, aber die Eisenteile sind erhalten geblieben. Wieviele Holzgefäße mögen Reifen aus Weidenholz gehabt haben und ohne jede Spur vergangen sein?

Gab es auch andere Handwerke?

Wenn all diese Handwerke existierten und sogar in Serien fertigten, warum sollen nicht auch Bäcker und Metzger da gewesen sein? In Manching gab es bis zehntausend Einwohner! Der Bedarf war also da. Frisches Brot und frisches Fleisch waren besser als Dauerbrot und Salz- oder Rauchfleisch. Auch wenn man viel Brei aß, Brot gehörte dazu. Warum soll es in Manching nicht ein paar Bäcker oder Metzger gegeben haben?

Der Handel

Über die Zahl der verkauften Sklaven und Sklavinnen ist nichts überliefert, aber die Gegengabe ist in Scherben der Weinamphoren aus Italien noch da. Eine Sklavin gab man für eine Amphora, bevor man in Geld zahlte. Es muß ein blühendes Geschäft gewesen sein. Praktisch in jeder größeren keltischen Siedlung findet man Scherben von Weinamphoren. Auch Reste von Ölamphoren gibt es. Man schätzte also das Olivenöl nördlich der Alpen. Doch es kam aus dem Süden und war für das Volk zu teuer. Hier kam das Fett vom Schwein. Butter mag es gegeben haben. Doch gering war der Milchertrag der Kühe, und die Herden waren draußen, oft sogar weit draußen. Man machte aus der Milch Käse, der nicht so leicht verdarb wie Butter.

Es mögen ganze Tragtierkolonnen über die Pässe gekommen sein, in den Sätteln senkrecht eingehängt die Amphoren, verschlossen mit Kugelstein und Pech, soweit die Einfuhr nicht auf dem Seeweg über Massilia geschah. Die Alpen waren nicht so schwer zu überschreiten. Man machte Tagesmärsche von etwa dreißig Kilometern. Die Räter werden begriffen haben, um wieviel bequemer es sich verdienen ließ, wenn man von den Handelszügen Zölle erhob, statt sie zu überfallen und zu berauben.

Die Kelten waren ein trinkfreudiges Volk, aber Wein konnte

sich nur der Adel oder die Reichen leisten. Die anderen tranken Met oder eine Art Bier, gebraut aus der Hauptfrucht, der Gerste. Dieses Bier hieß ‚corma' und konnte den Zusatz von Kümmel haben.

Getrunken wurde bis zum Vollrausch, besonders bei einem Fest. Das gehörte dazu. Die Kelten blieben lange bei dieser Tradition.

Aus Italien kam auch das Millifiori-Glas, grau mit blauen Punkten, das man in Manching findet. Von dort kamen die ärztlichen Instrumente. Das sind die Waren aus Italien, die zum Südtor der Stadt hereinkamen; auch die Fibeln aus dem Tessin. Zum Nordtor werden wohl die Fibeln aus der heutigen Mark Brandenburg hereingekommen sein, also svebisch-semnonische Fibeln. Von dort her kam natürlich der Bernstein von der Nord- und Ostsee. Der oberfränkische Basalt wird ebenso am Nordtor angeliefert worden sein wie beim Osttor der böhmische Lignit oder Sapropeht, der ebenfalls für Armringe verwendet wurde. Dazu kam der Basalt aus der Oberpfalz für Mühlsteine, für Reibemühlen und Drehmühlen. Durch welches Tor aber kam das Salz? — Es muß viel Salz gewesen sein, denn der Bedarf war groß. — Vielleicht durch das Südtor vom Salzkammergut her, auf einer der alten Salzstraßen? Oder vom Hallstätter Salzberg? In der Nähe von Manching gab es ja kein Salz. Erst in Schwäbisch Hall und Hall in Tirol.

Im Salz war eine lebenserhaltende Kraft, die Verderben abwehrte. Man genoß gemeinsam Salz und verband sich auf diese Weise. Man konnte mit Salz opfern und böse Mächte vertreiben. Salz war mehr als Salz! Nicht umsonst wird heute noch Salz ins Weihwasser getan.

Wir finden in Manching Waagen mit Gewichten. Es muß ein Gewichtssystem gegeben haben, denn es wurde ein rechteckiges Bleitäfelchen gefunden, von etwa 125 Gramm, das an griechische Gewichte erinnert. Es ist sogar die Büste einer keltischen Gottheit drauf, an der Seite sind Schrift- und Zahlzeichen eingeritzt. — Es gibt auch Feinwaagen mit gleicharmigen Waagebalken, mit daranhängenden Schalen und Gewichten. Zuerst mag das Gold darin gewogen worden sein.

So kamen von allen Seiten die Waren nach Manching. Vor allem auf der Donau, denn der Wasserweg war der leichteste Weg, wohl auch der sicherste. Man konnte auf der breit strömenden Donau nicht so plötzlich aus dem Hinterhalt überfallen werden wie im waldigen Gelände oder Gebirge, wo die Waren auf Tragtieren befördert wurden. Tragtiere kamen überall durch, aber wie lang gezogen war solch ein Tragtierzug auf schmalen Paßpfaden, wie leicht anzugreifen und zu zersprengen. Der Wagenzug war da sicherer, man konnte ihn leichter verteidigen. Die Fahrzeuge gab es. Wir sprachen schon davon, daß die Helvetier mit Roß und Wagen ausgezogen waren. Warum dann nicht auch die Kaufleute, mit Roß und Wagen auf ausgesuchten Wegen und Straßen? Denn das gehörte zum keltischen Handel: Das Netz von Straßen, auf denen man sich bewegen konnte. Mögen sie primitiv gewesen sein, die Wege waren da, und die Römer haben sie zu einem großartigen Straßennetz ausgebaut. Es hat sicher Wagenzüge gegeben wie später im Mittelalter, als die Kaufleute unter Geleit den Messen zuzogen. Sie brauchten nach den Tagemärschen Unterkunft für die Nacht in einer kleinen Stadt mit Mauer und Tor. Wir dürfen annehmen, daß es solche Orte in der Keltenzeit nicht genügend gab. Man wird sich anders geholfen haben, und wenn es nur mit einer Wagenburg war.

Bei den Kelten gab es auch schon das Faß, ebenso wie bei

den Germanen. Die Antike hat es von ihnen übernommen. Was mögen damals schon für Flüssigkeiten darin befördert worden sein? Wohl auch anderes, das sicher befördert werden mußte und nicht naß werden durfte, zum Beispiel Salz. Im Faß war eine Ware am besten aufgehoben. Das Faß war auch stabil genug, besser als eine Kiste. Es gab im Mittelalter Fälle, wo man im Faß etwas besonders Wertvolles beförderte, so in einem Falle kostbare Bücher.

Wenn diese Waren nach Manching gebracht wurden, was hat dann Manching ausgeführt, außer den schon genannten Sklaven? Die Spuren davon sind kaum mehr in Manching zu finden. Überliefert ist aber, daß die Kelten gesalzene Schinken und rotes Pökelfleisch bis nach Italien lieferten. Es gab diese großen halbwilden Schweineherden, die geschlachtet wurden. Was mag man an Salz allein schon für das Einpökeln gebraucht haben! Weiter gab es keltische Wollgewebe, die in Italien gesucht waren.

Es sei noch einmal gesagt: Rom hatte einen großen Bedarf an Sklaven. Man brauchte die Sklaven, um die immer umfangreicher werdende Arbeit zu tun. Aber woher nahmen die Kelten diese Sklaven? Nun, es gab Sklaven durch die Kriege, die Stammeskriege und Fehden. Die Gefangenen wurden Sklaven. Aber die keltischen Edlen mögen auch ihre Leibeigenen verkauft haben. Sklaven waren ja Ware. Wenn die Familien zu groß wurden, verkaufte man eben die Kinder. Im achtzehnten Jahrhundert verkauften bei uns noch Fürsten ihre Soldaten, die dann für einen anderen Herrn in den Krieg ziehen mußten. Man kann sich ein Bild davon machen, wie einst die Sklavenkolonnen über die Pässe nach Italien zogen. Jeder Mann oder jede Frau mit einem Halsring an den nächsten gekettet. — Sklavenketten blieben uns erhalten! — Die Sklaven mußten laufen und die Last der

Lebensmittel schleppen. Über den Bergen drüben wartete schon der Markt, auf dem die ‚Ware' zur Schau und zum Verkauf gestellt wurde.

Was mag sonst noch geliefert worden sein? Es muß in der guten Jahreszeit ein Warenfluß durch alle Tore von Manching hinaus und hinein gegangen sein, ebenso wie der Geldfluß. Aber wohl zumeist aus und nach dem Süden. In Oberitalien lag Aquileia, ungefähr zur selben Zeit gegründet wie das keltische Oppidum von Manching. Es war eine der größten Städte Italiens und das Gegenstück zu Manching. Dorthin mag der Haupthandel geflossen sein.

Nun zu einem besonderen Fund, der nicht nur von den Waren spricht, die durch die Tore Manchings gingen, sondern von den Menschen.

Im Jahre 1958 fand man in der Kulturschicht drei Fibeln, die nicht vindelikisch sind, sondern zum Frauenschmuck inneralpiner Völkerschaften — in Südtirol und im Tessin — gehören. Diese Dreiheit von Fibeln findet man in Grabinventaren von spät-latènezeitlichen Frauengräbern in diesem Gebiet. Wie sehr liegt es nahe, an eine rätische oder norische Frau zu denken, die an der Donau in Manching gelebt hat.

Nach Norden weist auch der Frauenschmuck, der schon 1936 beim Flugplatzbau zutage kam: Neben drei großen Bronzefibeln eine Bronzegürtelkette vom Ende des Mittel-La-Tène. Sie werden einer germanischen Werkstatt zwischen Mittelelbe und Weser zugewiesen! War also eine germanische Frau von dort an die Donau gekommen?

In beiden Fällen sieht es nicht nach Handel aus, sondern nach Lebens- und Frauenschicksalen.

Aber auch, wenn keine Frau aus den Südalpen oder aus dem Elbe-Weser-Gebiet nach Manching kam, wenn es nur Geschenke waren, oder nur Handelswaren, die Funde zeigen, wie weit gespannt der Handel war.

* * *

Wir wissen sehr viel über die Kelten, das wir auf Manching übertragen können; aber solche speziellen Funde haben wir in Manching noch nicht, daß wir genau sagen können, was gehandelt wurde. Man hat bisher nur wenige Prozent der Fläche abgedeckt. Was mag noch alles im Boden stecken? Die Aufgabe ist so groß, daß ihr erst eine spätere Generation ganz gerecht werden wird.

Tierzucht und Ackerbau

Die Wildtiere

Eine Stadt von der Größe Manchings mußte von einem landwirtschaftlichen Gebiet umgeben sein, aus dem sich die Bewohner ernähren konnten. Neben einem ausgedehnten Ackerbau mußten Herden auf den Weiden gehen, weit in die Donauwälder hinein, Viehherden mit Hirten, Schweineherden zu der gesuchten Eichelmast im Herbst. Wir können uns heute nur noch wiesenartige Weiden vorstellen. Damals spielte aber die Waldweide eine große Rolle. Man weidete überall dort, wo man etwas fand, ähnlich wie man es heute noch mit den Schafherden macht. Im Deutschen ist noch das Wort ‚hardt' erhalten, das mit Herde zusammenhängt. Der Hirte trieb die Herden auf die Weide und übernachtete draußen bei ihnen. Das Vieh auf der Weide, das gab das Fleisch für viele Menschen und die Schweine das Fett für den Winter. Wildtiere gab es kaum.

Es ist eine ganz falsche Vorstellung, daß man von einer so zivilisierten Stadt aus auf die Jagd gegangen wäre, wenn man Fleisch brauchte. Die Umgebung einer solchen Stadt wie Manching war bald ‚ausgejagt'. Unter den fünfhunderttausend Knochenstücken aus Manching, die man in Kisten zur Untersuchung nach München brachte, sind nur wenige Knochen von Wildtieren: Nur 0,2 Prozent. Also von tausend Knochenstücken zwei Stück. Sicher, es gab zu damaliger Zeit Wildtiere. Man kann ihre Knochen heraussuchen, doch ist es bei den jüngeren Tieren gar nicht leicht zu unterscheiden, ob es sich um ein junges Wildrind handelt oder um ein junges Hausrind. Ebenso ist es bei den Schweinen. Man hat aber Knochen gefunden, die mit ziemlicher Sicherheit vom ‚Ur', dem damaligen gewaltigen Wildrind stammen. Knochen vom Wisent, dem bisonartigen Wildrind mit dem hohen Widerrist und dem gesenkten Kopf mit den kleinen stark gebogenen Hörnern, haben sich bisher nicht entdecken lassen. Am häufigsten findet man bei den gejagten Wildtieren den Hirsch. Er war das Hauptjagdtier der Vor- und Frühzeit. Man kann darüber nachdenken, wie man dieses rote Fleisch weich bekommen hat. Vielleicht wurde der ‚haut goût' sehr weit getrieben. Es ging vielleicht nicht anders.

Auch der Elch kann in Manching nachgewiesen werden, aber bisher nur mit einem Stück. Vielleicht war es ein Einzelgänger, der sich in die Donauwälder verirrt hatte. Auffallend sind die starken Knochen, mit denen das Reh vertreten ist. Es ist eine Tatsache, daß das Reh in vor- und frühgeschichtlicher Zeit größer war als heute. Die Ursache steht nicht fest. Wildschweine, und zwar sehr stattliche Exemplare, lassen sich mit Sicherheit nachweisen, aber es sind nur wenige Stück. Die Bewohner von Manching züchteten die Schweine selbst, die sie verzehrten.

Verhältnismäßig häufig muß damals noch der Bär gewesen sein. Man findet Bärenknochen in Manching. Bären müssen also erlegt und in die Stadt gebracht worden sein. Sie wurden gegessen. Ihre Knochen wurden von den Hunden zerbissen. Merkwürdig ist — oder eigentlich auch nicht — daß der Wolf nicht mit Sicherheit nachgewiesen werden kann. Man schleppte einen Wolfskadaver wohl nicht in die Siedlung. Man zog das Fell ab und ließ den ‚Kern' liegen. Es gab vermutlich kein Wolfsfleisch in Manching im Gegensatz zum Bärenfleisch. Vielleicht sagen aber spätere Grabungen mehr. Der Wolf wird aber noch Standwild gewesen sein, sicher eifrig gejagt wegen des Schadens, den er an den Herden anrichten konnte.

Die Fische

Daß Fische in der Donau gefangen wurden, in ihren Nebenarmen, in kleineren Flüssen, ist selbstverständlich. Man wurde sogar mit dem Donau-Wels fertig. Es fanden sich die Knochen von starken Welsen, die von Hechten, Karpfen, Döbeln. Aber die Ausbeute ist gering. Fischknochen und Fischgräten sind zu vergänglich. Es ist nach zweitausend Jahren von ihnen nicht mehr viel übrig. Sicher spielte der Fischfang eine viel größere Rolle, als sich heute aus den Grabungen ergibt, denn bis in die Neuzeit hinein lebte ein Teil der Einwohner von Manching hauptsächlich vom Fischfang. So groß war der Fischreichtum der Gewässer. Netz und Angel waren den Kelten bekannt, Angelhaken, mit oder ohne Widerhaken. Reusen gab es sicher auch.

Die Haustiere

Die Ernährung der Stadt kam also zuerst aus den Herden. Solange sie Futter fanden, waren sie draußen. Man muß sich das ähnlich vorstellen wie bei einem Almbetrieb. Der

Hirte, die Hirten, blieben bei ihren Herden. Die Weiden waren nicht eingezäunt, sondern es gab nur Pferche, in die man die Tiere der Sicherheit wegen bei Nacht zusammentrieb.

Soweit die Kühe gemolken wurden, wurde die Milch auch zu Käse verarbeitet. Es war zu weit und zu umständlich, die Milch in die Stadt zu bringen. Sicher gab es auch Kühe in der Nähe der Stadt. Die Milchausbeute war aber noch sehr gering. Das Rind war noch klein. Etwa einen Meter und fünf Zentimeter maß in Manching die Kuh bis zum Widerrist. Aber dieses Rind deckte immerhin die Hälfte des Fleischbedarfs der Stadt. Dabei läßt sich nachweisen, daß man Rinder unter einem Jahr nicht schlachtete und im zweiten Jahr nur etwa zehn Prozent. Im dritten Jahr nimmt die Schlachtung erheblich zu. Ein Drittel des Bestandes kam also bis dahin zum Metzger.

Ob die Kuh auch vor den Wagen, den Pflug gespannt wurde, läßt sich nicht feststellen, sicher aber der Ochse. Es gibt Funde von besonders großen Ochsen, bei denen man nicht sicher ist, ob es sich nicht um römische Ochsen handelt, die eingeführt worden waren. Den Zug der damaligen Zeit kann man sich ohne Ochsen nicht denken. Die Wege waren zu schlecht, und da hilft — man denke an die Kolonialzeit in Afrika — nur das Ochsengespann. Zehn Ochsenpaare vor einen Karren gespannt, ziehen ihn überall durch, langsam zwar, aber sicher. Sie ziehen auch gleichmäßiger an als Pferde. Ist die Völkerwanderung ohne die Ochsenkarren zu denken? Es fällt auf, daß man in Manching auch die Knochen von ziemlich alten Tieren antrifft. Es gab mehr Tiere, als zur Zucht notwendig waren. Zu was mögen sie gedient haben, wenn nicht zum Ziehen?

Das Schwein wurde nicht im Koben gehalten. Das mag es im Ausnahmefall gegeben haben. Das Schwein war Herdentier. Es gab die Schweineherde und den Schweinehirten. Im Mittel waren die Schweine von Manching 70 Zentimeter hoch, also von ganz beachtlicher Größe. Die Manchinger Schweine waren hochbeinig und schlank gewachsen mit langgestreckter Schnauzenpartie. Sie standen etwa in der Mitte zwischen dem Wildschwein und dem heutigen Hausschwein, hatten aber viel weniger Fett. Wo sollte es auch herkommen, außer von der Eichelmast im Herbst. Die anderen Jahreszeiten waren mager. Es gab damals in der Stadt keine freßbaren Abfälle. Es gab noch keine Kartoffeln als Massenfutter. In der Herde blieb dem damaligen Schwein nichts anderes übrig, als sich wie ein Wildschwein zu ernähren. Das läßt aber keinen sehr großen Bestand auf einer Fläche zu. Immerhin wogen die Schweine damals bis zu 100 Kilogramm, während ein Rind 250 bis 275 Kilogramm schwer war. Man muß auf Grund der Funde annehmen, daß die Schweine etwa ein Viertel des Fleischbedarfs deckten, während es die Rinder auf die Hälfte brachten.

Die kleinen Wiederkäuer, an der Spitze die Schafe, deckten mit einem guten Achtel den Fleischbedarf. Dabei kam auf zwanzig Schafe etwa eine Ziege. Größere Schafherden muß es demnach gegeben haben. Wo sollte sonst auch die Wolle herkommen für die keltischen Wollgewebe, die bis nach Italien ausgeführt wurden? Das Schaf hatte eine Widerristhöhe von 50 bis 75 Zentimetern. Schaffleisch spielte eine Rolle in der keltischen Küche. Aber mehr noch wird man das Schaf wegen seiner Wolle gehalten haben.

In Manching scheint man Schafe und Ziegen verhältnismäßig jung geschlachtet zu haben, in einer größeren Zahl schon als Lämmer. Das war das Fleisch, das man im Frühjahr brauchte. Denn Rinder und Schweine waren sicher schlecht durch den Winter gekommen und so abgemagert, daß die Knochen durch das Fell zu sehen waren. Aber die Tiere erholten sich schnell auf den grünenden Weiden und kamen im Laufe des Jahres auf ein gutes Schlachtgewicht.

Die Frage ist offen geblieben, worin die Winterfütterung der Rinder und Schweine bestand. Die Schafe trieb man aus. Sie mußten ihr Futter auch im Schnee suchen. Man kann nicht annehmen, daß es für die Winterfütterung der Rinder Heu in ausreichender Menge gab. Heu fütterte man zu bei schweren Schneefällen. Sonst blieb gar nichts anderes übrig, als die Tiere in Wald und Feld zu treiben, wie heute noch die Schafe. Sie mußten sich dort den letzten Strohhalm suchen. Auf Kuhmilch mußte man dann vollends verzichten. Die Kinder bekamen ihre Milch von den Müttern. Sie mögen lange gestillt haben.

Man schätzt, daß es in — oder besser gesagt — um Manching gleichzeitig 2000 Rinder gab und 1000 Schweine; vielleicht 1500 Schafe und Ziegen. Das sind sehr unsichere Zahlen, aber sie geben wenigstens eine Vorstellung.

Wie gesagt: Die Hauptlieferanten für Fleisch waren zuerst das Rind, dann das Schwein und in geringerem Maße das Schaf. Die Wildtiere spielten kaum eine Rolle.

Das Geflügel

Und das Geflügel? Welche Rolle spielte es für die Fleischversorgung?

Fast keine nach den bisherigen Grabungen!

Erstaunlich: Denn es muß schon mehrere Hühnerrassen gegeben haben. So auch eine auffallend große, sehr schlanke, nicht kompakte Rasse. Doch ist man nicht sicher, ob es nicht Waldhühner gewesen sind. Alle übrigen Hühner der La-Tène-Zeit sind kleiner als unsere Hühnerrassen.

Das Haushuhn war da; ob aber als Eierleger? Man findet ebenso viele Knochen von Hähnen wie von Hühnern. Man schlachtete auch früh. Es wird also mehr um das Fleisch gegangen sein, um die Hähnchen!

Die Gans war ebenfalls da, besonders die Graugans. Kann man sie aber schon mit Sicherheit als Haustier ansprechen? Ihre Knochen sind von denen der wilden Graugans nicht zu unterscheiden. Dasselbe gilt für die Ente. Die Entenknochen stammen von einer Rasse, die die Größe der Stockente hatte. Sie können genausogut von wildlebenden Tieren herkommen. Es wird in der wasserreichen weiteren Umgebung von Manching genug Wildgänse und Wildenten gegeben haben, die auf den abgeernteten Feldern ihre Weide fanden; Hausgänse, wenn es diese wirklich gab, natürlich ebenso. Nachdem aber die Gans im alten Rom als Haustier bezeugt ist, ist es sehr naheliegend, daß sie auch in Manching als Haustier vorhanden gewesen ist.

Der Hund

Nun kommen wir zum Hund, dem getreuen Freund des Menschen.

Sicher wurde er in Manching auch gegessen. Man findet Schnittspuren an den Knochen, und zwar an einem Drittel der Knochen, und man findet die Knochen von sehr vielen jungen Hunden. Es gibt also keinen Zweifel. Ob der Hund allgemein gegessen wurde, oder nur von einem Teil der

Bevölkerung, darüber kann man — jedenfalls bis heute — keine Aussage machen.

Sicher ist, daß es mehrere Hunderassen gab. Es gibt Hunde bis zu einer Widerristhöhe von 62 Zentimetern, sogar im Ausnahmefall von 65 Zentimetern. Man brauchte ja einen starken Hund gegen die Wölfe. Vielleicht gab es auch einen Kriegshund wie bei den Römern und Germanen. Die Masse der Manchinger Hunde hat aber eine Widerristhöhe zwischen 40 und 60 Zentimetern, die auch der Mehrzahl unserer heutigen Hunde entspricht. Es gibt auch eine kleine Gruppe von Hunden mit nur 30 bis 40 Zentimeter Widerristhöhe und einem sehr feingliedrigen Bau. Es waren also Hunde etwa in der Größe unserer heutigen Zwergschnauzer oder Kleinpudel. Wie mögen sie ausgesehen haben?

Die Zahl der Hunde war gar nicht gering. Man hat berechnet, daß in hundert Jahren in Manching mindestens sechstausend Hunde gelebt haben können. Das würde heißen, daß gleichzeitig etwa hundertfünfzig Hunde in Manching vorhanden waren. Das ist eine sehr vorsichtige untere Zahl. Wieviele mögen draußen bei den Herden gewesen sein? Und unterwegs mit den Handelszügen? Man konnte damals schon sagen: Wo der Mensch war, war auch der Hund. Da kläffte er auch. In Manching und um Manching herum mögen, wenn einer damit anfing, einige hundert Hunde gekläfft haben.

Dabei gab es bei den Kelten, wie gesagt, auch den Kriegshund, den man sich doggenartig vorstellen muß. Die Römer hatten den berühmten ‚Molosser'. Und das ist auch ziemlich sicher: Die Römer hatten schon den Dackel, jedenfalls einen ähnlichen kurzbeinigen Hund. In Manching ist er bisher nicht gefunden worden. Sicher wurden Hunde auch gehandelt zwischen Kelten und Römern. Man hatte Freude an dem Genossen, dem Wächter, dem Helfer auf der Jagd. Der

Adlige ritt mit Pferd und Hunden aus. Doch es muß in Manching bald in jeder Familie einen Hund gegeben haben, oder wenigstens in jeder zweiten Familie. Und von was lebten die Hunde? Zuerst von den Abfällen! Sie hielten, wenn man von ihrem Kot absieht, die Gassen sauber.
Aber was heißt Kot? Abortanlagen hat man in Manching bisher nicht gefunden. Zu was gab es denn die Abfallgruben!

Das Pferd

Ein Fleischlieferant, das mag überraschend sein, war auch das Pferd. Das war nicht nur bei den Kelten so, sondern auch bei den Germanen. Aber deshalb hielt man nicht das Pferd. Man hielt es, um den Raum zu beherrschen. Man hielt es um des Reitens willen, nachdem man es vorher an den Kriegswagen gespannt hatte.
Als der adlige Krieger vom Wagen auf das Reitpferd umstieg, mußte er vom Pferd getragen werden, auch mit seinen Waffen und mit seiner Rüstung. Das Pferd mußte also kräftiger, schwerer sein. So ist es zu verstehen, daß man in Manching ein schweres Pferd findet. Einer Ansicht nach kommt es aus dem Osten vom Reitervolk der Skythen, nach einer anderen Ansicht ist es römischer Import. Caesar schildert in seinem ‚De bello Gallico', daß die Gallier eine besondere Vorliebe für große römische Pferde hatten und dafür viel Geld ausgaben. Rom kannte damals den schwer bewaffneten Reiter neben dem leichten Reiter. Das schwere Pferd war etwa 10 Zentimeter höher als das leichtere Pferd. So findet man es in Manching. Das größere Pferd hatte eine Widerristhöhe von 140 Zentimeter, sogar bis 175 Zentimeter. Das kleinere Pferd maß 125 bis 130 Zentimeter.

Die kleinen Pferde in Manching zeigten einen schlanken bis mittelschlanken Wuchs. Sie waren schlanker als unsere heutigen Ponys. Diese kleine Pferderasse war ungewöhnlich leistungsfähig, stark, ausdauernd, mit allem zufrieden. Es waren halbe Wildpferde, die sich überall zurechtfanden. Als Caesar für seinen gallischen Krieg germanische Reiter anwarb, kamen diese auf Pferden, die sein Entsetzen hervorriefen. Er sagt, daß diese germanischen Reiter mit ihren kleinen Pferden spielend die gallische Reiterei in die Flucht schlugen. Wo sie ankamen, verschwanden nach kurzem Kampf die Gallier, obwohl sie auf den größeren Pferden saßen.
Aus den Funden hat man berechnet, daß es in Manching gleichzeitig zweihundert Pferde gegeben haben dürfte, neben zweitausend Rindern. Das trügt aber. Die Rinder kamen zum Verzehr in die Stadt. Sie waren der Hauptfleischlieferant. Die Pferde wurden seltener gegessen. Man muß annehmen, daß jedes Rind in einem gewissen Alter geschlachtet wurde. Wir können das aber von den Pferden nicht sagen. Mit ihnen war man unterwegs, auf Reisen, auf Kriegszügen.

Man kann es sich schon vorstellen, daß es in einer Stadt wie Manching eine Reiterei von einigen hundert Mann gegeben hat. Die Ebene forderte dazu heraus, aufs Pferd zu steigen und zu reiten, in die Weite zu reiten, bis an den Horizont. Es sind ganz stattliche Zahlen, die Caesar für die gallische Reiterei angibt. Bei den Helvetiern spricht er allerdings nur von fünfhundert Reitern. Als aber bei der Übergabe der gallischen Stadt Noviodunum Caesar die herannahende Reiterei des Vercingetorix sichtete, schickte er ihr seine Reiterei entgegen. Als diese in Bedrängnis geriet, schickte er noch etwa vierhundert germanische Reiter zu Hilfe. Die gallische

Reiterei wurde geworfen. Hier kann man annehmen, daß es sich im Ganzen um einige tausend Reiter gehandelt hat. Wenn die Pferde im Frieden in einer Koppel in der Nähe der Stadt gehalten wurden, im Kriege waren sie sicher in der Stadt. Man brauchte ja die Pferde zu den Aktionen, also zum Ausfall. Der keltische Krieger wird sein Pferd ebenso gehütet haben wie der mittelalterliche Ritter, der nur Ritter durch sein Pferd war.
Die Pferde waren langhaarig und mit einem dicken Unterhaar bedeckt. Sie waren ungepflegt für unsere Begriffe.
In Manching fand man einen aus Eisenblech getriebenen Pferdekopf, nur 18 Zentimeter groß, aber einzigartig in der keltischen Plastik. Dieser Kopf erinnerte daran, daß das Pferd nicht nur seinen Rang von seinem Gebrauchswert her hatte, sondern auch von den religiösen Vorstellungen her, die sich damit verbanden. Wir sprachen davon. Das Pferd konnte dem Kelten als Persönlichkeit erscheinen, sogar als Held. ‚Ein Pferd legte den Kopf weinend in den Schoß Columbans, weil es wußte, daß er bald sterben würde'.

Der Ackerbau

Die Kelten waren zuerst Bauern, nicht Hirten. Sie waren zuerst Ackerbauern und nicht Viehzüchter. Die Kelten setzten sich bevorzugt auf den Löß, also auf den besten, aber auch schwersten Ackerboden. Sie saßen nicht unbedingt dort, wo es große Weideflächen gab. Da sie Ackerbauern waren, werden sie auch zuerst von Brei und Brot gelebt haben, und nicht zuerst vom Fleisch.
Wenn sie auf so schweren Böden saßen, so mußten sie diese auch bearbeiten können. Wir wissen: Sie hatten einen schwe-

ren Pflug, ‚plovum', einen zweirädrigen Pflug. Wie eng hängt unser Wort Pflug mit ‚plovum' zusammen.

Aber wir haben noch ein anderes keltisches Wort für Pflug ‚carruaca', von dem wir wissen, daß er auch ein Räderpflug war und ein Pflugmesser hatte. Mit solchen Pflügen, vier Ochsen davor, pflügten sie den Acker, merkwürdigerweise nicht nur in einer Richtung, sondern auch quer. Und wie überliefert, auch diagonal, so daß das Muster der ‚Raute' entstand, das heute im bayerischen Wappen ist. Man kann sagen: Sie pflügten im Zeichen der Erdmutter, eben im Zeichen der Raute. Weil sie quer oder diagonal pflügten, waren die Äcker nicht lang gestreckt, sondern mehr quadratisch, selbstverständlich eingezäunt gegen das Wild.

Die Kelten eggten die Felder auch. Ihr Wort für Egge ist erhalten: ‚oget', die Egge. Sie düngten ihre Felder mit Viehdung und schon mit Kalkdung. Nach Varro wurde mit Kalk (Mergel?) und Pottasche gedüngt. Er meinte, daß diese Düngung besonders fortschrittlich gewesen sei. Dabei verstanden die Römer auch etwas vom Ackerbau. Man kann von ihnen sagen, daß sie sogar besonders passionierte Ackerbauern waren.

Als der gallische Schrecken für Rom vorüber war, staunten die Römer über die Tüchtigkeit der Kelten als Ackerbauern. Strabo schrieb: „Früher konnten sie Zehntausende von Kriegern ausrüsten; heute bestellen sie ihre Äcker mit äußerster Sorgfalt". Polybios schreibt von den keltischen Stämmen in der Cisalpina im zweiten Jahrhundert vor: „Was ihren Reichtum anbelangt, so ist es nicht leicht, ihn zu beschreiben. Es kommt vor, daß das Getreide in solchem Überfluß im Lande vorhanden ist, daß zu meiner Zeit der sizilianische Scheffel Weizen nur vier Oboloi kostete, der Scheffel Gerste zwei Oboloi und der Metretes Wein ebensoviel wie die Gerste. An Kolbenhirse und Rispenhirse gibt es bei ihnen eine Fruchtbarkeit über alle Maßen... Vom Wohlleben und Überfluß auf dem Gebiet der Ernährung kann man sich an folgendem am besten eine Vorstellung machen: Wer reist, spannt im Gasthaus nicht etwa aus, in dem er sich auf Rechnung setzen läßt, was er jeweils benötigt. Sondern man fragt, zu welchem Pauschalpreis der Wirt einen aufnimmt. Meist nehmen die Wirte ihre Gäste (wobei diese alles bekommen, was sie brauchen) für einen halben As auf — das ist der vierte Teil eines ‚Obolois'! Und selten überschreitet ein Wirt diesen Preis. — Die Zahl der Bevölkerung, die Größe und Schönheit im Körperlichen aber auch ihren Mut im Kriege, kann man nach ihrer Lebenslage gut verstehen".

Es gab also bei den Kelten in der Gallia cisalpina schon eine solch entwickelte Landwirtschaft, daß sie sich zum mindesten mit der unsrigen im Mittelalter vergleichen läßt. Was von uns aus für die Kelten jenseits der Alpen galt, galt auch für Gallien, mit sehr großer Wahrscheinlichkeit auch für die landwirtschaftlichen Gebiete Süddeutschlands.

Was aber wurde auf den Äckern angebaut?

Durch die Ungunst des Bodens blieben in Manching keine Ackerfrüchte erhalten. Man findet in den anderen keltischen Siedlungen eine Zwergweizenart, eine Gerstenart, dann die Hirse, den Emmer, das Einkorn und den Spelt. Dabei gilt Gerste als das Hauptgetreide der Kelten. Außerdem gab es vielleicht noch Roggen und Hafer. Es war also ein reiches Sortiment. Dazu kommen Erbse, Linse, die Pferde- oder Saubohne, der Ackersenf. Es muß auch Rüben, Zwiebeln und Knoblauch gegeben haben.

Die keltischen Bauern kannten schon Winter- und Sommersaat. Plinius berichtet: „Ich will noch einen Fall derart aus jüngster Vergangenheit nicht unerwähnt lassen, der sich jetzt vor zwei Jahren im Treverlande abspielte. Als nämlich dort die Saat durch sehr strengen Frost gelitten hatte, besäten die Bauern im Monat März die Felder aufs neue und erzielten eine überreiche Ernte".

Gemahlen wurde das Getreide auf Drehmühlen mit Bodenstein und Läuferstein, die auch Rillen haben konnten. Das Korn wurde in die runde Öffnung des Läufersteins geschüttet und kam durch das Drehen des Läufersteins zwischen beide Steine. Sie waren aus Gestein, das in der Nähe gefunden wurde, aber auch aus Porphyr aus Thüringen, oder aus Basalt aus der Rhön. Bisher fand man in Manching rund einhundertsiebzig Mahlsteine. In einer Grube lagen fünfundzwanzig Rohlinge, die in Manching bearbeitet werden sollten. Es kam nicht mehr dazu.

Nach Poseidonius ernährten sich die Kelten mit Brot und reichlich Fleisch, gekocht oder gebraten. Die Männer schnitten das Fleisch von den Knochen mit den kleinen Eisenmessern, die sie neben dem Schwert am Gürtel trugen. Übersehen wir aber nicht, daß die antiken Schriftsteller von den Kelten berichten, mit denen sie zusammentrafen, also mit den Menschen der gehobenen Schicht. Die anderen Schichten aßen anders. Sie aßen zuerst Brei und dann Brot. Die Kelten waren ja Ackerbauer und nicht Viehzüchter.

Man darf sich nicht vorstellen, daß die bei uns durchgezüchteten und durchsortierten Getreidearten gesät wurden. So genau wie heute konnte man damals nicht arbeiten, wollte es auch wohl gar nicht. Der Brei war auch viel schmackhafter und bekömmlicher, wenn er aus mehreren Getreidearten bestand. Das galt auch für das Brot. Das im Holzofen gebackene Brot war ähnlich wie der Brei, ein Allein-

nahrungsmittel ohne Zukost. Vom Brot allein konnte man leben.
Sehr wenig Fleisch bekam der römische Legionär, der vielfach im Keltengebiet rekrutiert wurde. Wenn die Brotration ausging, so konnte sie durch Fleisch nicht ersetzt werden. Caesar schreibt: „Kam es doch sogar soweit, daß die Soldaten mehrere Tage lang kein Brot hatten und ihren Hunger nur notdürftig mit dem Fleisch des Viehs stillen konnten".
Es ging also nicht zuerst um das Fleisch, sondern um Brei und Brot. Fleisch war nur Zukost, nach Caesar eine Art Notnahrung.
Die Vorräte an Getreide, die in gallischen Städten lagen, waren gewaltig. Wir haben ja auch in Manching die vielen Vorratsgruben, die Speicher. Wahrscheinlich gab es schon öffentliche Vorratshäuser oder solche von großen Händlern. In ‚De bello Gallico' heißt es: „Caesar blieb noch einige Tage in Avaricum, wo ihm ein Riesenvorrat an Getreide und sonstige Verpflegung in die Hände gefallen war ..."
Die Äcker werden um Avaricum gelegen haben, ebenso die Dörfer, die Höfe ringsum, mit Haupt- und Wohngebäuden, Stall und Vorratshäusern. Das Land war besiedelt, wenigstens streckenweise. Aber das bebaute Land war nur geduldet von dem allmächtigen Wald, dem es abgerungen war. Der Mensch war noch nicht Herr der Natur. Man hat für Gallien, für das reiche Gallien, ausgerechnet, daß dort nur etwa zwanzig Menschen auf einen Quadratkilometer kamen. Ähnlich muß es auch um Manching gewesen sein. Der Boden, auf dem die Stadt stand, war ja dürftig. Das bebaute Land dehnte sich ringsum unter einem weiten Himmel. Unter ihm die Wälder, die Siedlungen der Kelten, die Dörfer meist befestigt mit Graben, Zaun und Hecke. Gärten dabei mit Gemüse, auch mit Kraut. Erhalten ist uns das Wort

‚lubo-gortos' was ungefähr Krautgarten bedeutet. Warum nicht Kraut? Um das Athen des Pericles baute man auch Kraut. Am keltischen Dorf standen Bäume, Apfelbäume: ‚Abal', der Apfel. Er spielte eine große Rolle. Man sieht es an der keltischen Mythologie. ‚Avalun' das Apfelland ist das Land der Seligen.

Um das Dorf Äcker, die das Brot brachten. Die Wege zu den Äckern, die Zäune zum Schutz dessen, was da angebaut wurde gegen das Wild und gegen das eigene Vieh, das getrieben wurde. Halbverwilderte Schweineherden in den Wäldern. Weidendes Vieh, wo es Futter gab. Bewaffnete Hirten, die einander zuriefen, wie bei uns die Leute auf den Feldern. Alles, was ankam, was sich auf ein Dorf, eine Stadt zubewegte, wurde so gemeldet. Ein weites, aber doch besiedeltes Land! Ein Bauernland, wie es dies auch später war. Über die gleichen Äcker geht jetzt unser Pflug.

Die Waffen und der Krieg

Die Kelten waren ein Volk mit einer kriegerischen Oberschicht, die von Mitteleuropa, von dem Gebiet zwischen Donau und Marne ausging, um eine Zeitlang den Raum südlich der heutigen deutschen Mittelgebirge bis zum Apennin und Balkan und vom Atlantik bis zum Schwarzen Meer zu beherrschen. Sie waren aber nicht nur kriegerische Herren, die Kelten nahmen Land und bebauten auch das Land, das sie erobert hatten. Wir haben die römischen Berichte über den großartigen Ackerbau der Kelten in Oberitalien und auch in Gallien. Krieg und Ackerbau hingen zusammen. Aber der Krieg ging voraus.

Und der Krieg muß geblieben sein. Wo man herrschte, mußten die Waffen ständig bereitliegen. Die Unterworfenen mußten wieder niedergeworfen werden, wenn sie versuchten aufzustehen. Oder es gab Krieg zwischen den Stämmen! Dort, wo die keltischen Männer mit ihren Waffen im Grabe liegen, zeigen die Schädel Narben von Hieben, oft fehlen ganze Glieder. Was das Fleisch an Wunden trug, sehen wir nicht mehr. Sie sind mit dem Fleisch vergangen. Aber, daß Krieg war, immer wieder Krieg, das zeigen noch die Knochen.

Zum Kriege gehörten Waffen und ihre Träger. Dazu gehörte eine Organisation im Kriege wie im Frieden. Denn wer ließ sich freiwillig unterwerfen und wer blieb freiwillig Unterworfener? Zum Krieg gehörte eine Methode der Führenden, die Kriegerscharen auszurüsten, mit ihnen in die Ferne zu ziehen, sie zu ernähren, Schlachten zu schlagen, Städte zu belagern, um dann selbst Städte zu bauen, die Festungen waren, um das eroberte Land von ihnen aus zu beherrschen.

Bei den Kelten war dies alles da: Die Methode, die Führer und die Krieger selber. Sie waren der Schrecken der alten Welt. Wir können es uns kaum mehr vorstellen, wie furchtbar beim Angriff ihr gellendes Kriegsgeschrei wirkte, das man meilenweit hören konnte wie heute das Geschrei der Menge auf einem Fußballplatz. Dazu kam das Dröhnen der keltischen Kriegstrompeten, der Karnyx, mit ihren drohend aufgerissenen Mäulern und die Bilder der vorangetragenen Feldzeichen mit den Ebern und Stieren auf hohen Stangen. Dann der Anlauf des Gewalthaufens; ähnlich wie bei den Schweizern ausgangs des Mittelalters, die langen Spieße gefällt, die Wucht der anprallenden Leiber. Wenn der Stoß in einem gelang, war die Schlacht schon entschieden und gewonnen. Kam er aber zum Stehen, kam es zum Handgemenge mit römischen Legionären, dann siegten nur zu leicht die Gepanzerten mit ihren kurzen Schwertern über die Halbnackten.

Aber der erste Anlauf muß schrecklich gewesen sein! Für dic glückliche Abwehr der Galater hat Attalos I auf der Burg von Pergamon den berühmten Pergamon-Altar errichtet, der jetzt in Berlin auf der Museums Insel steht. Eines der größten Kunstwerke des Hellenismus, ein gewaltiges Opfer für Zeus, für den Sieg und heute noch ein Beweis für den Schrekken, der von den Kelten ausging.

Die keltischen Krieger liefen dem Krieg nach wo sie ihn

finden konnten. Es war die Jungmannschaft mit den Söhnen, die nicht erben durften. Sie waren die Söldner, die ‚Reisläufer' der Antike. Sie dienten in Hannibals Heer und bei den Griechen auf Sizilien. Überall wo ein Feldherr, ein Herrscher Lohn und Beute bot, da zogen sie hin. Doch gab es auch den selbständigen Beutezug der Jungmannschaft, sozusagen auf eigene Faust wie bei den Germanen, in den ruhigen Zeiten, wenn die Väter daheim bei der Familie blieben, um die Arbeit zu tun. Wenn es aber um die organisierte Wanderung ging, dann war die Jungmannschaft der Stoßkeil, der vorausgetrieben wurde, der mit allen Männern zusammen die Entscheidung erzwang, so daß das wandernde Volk nachziehen konnte.

* * *

Wie sah die Bewaffnung aus?
Der Speer mit dem zwei Meter langen Schaft.
Das Hiebschwert von etwa ein Meter Länge.
Das Kurzschwert.
Der halbovale Holzschild mit dem eisernen Schildbuckel, der die Hand an der Schildfessel deckte. Etwa ein Meter hoch.
Das Schwert war meist ohne Parierstange! Man konnte also einen gegnerischen Hieb damit nicht auffangen. Anders das römische ‚gladium'. Das Römerschwert war aus hartem Stahl und verbog sich nicht im Kampf. Man mußte es nicht wieder gerade biegen wie das Keltenschwert. Stahlhart war auch das Germanenschwert. Der Kelte trug sein Schwert rechts, des links getragenen Schildes wegen, so auch der römische Legionär sein etwa 60 Zentimeter langes mehr für den Stoß gedachtes Kurzschwert. Der Kelte rannte an mit dem Spieß, wenn er ihn nicht vorher warf, mit dem geschwungenen lan-

gen Schwert. Dafür brauchte er Platz. Der Römer wollte im Handgemenge stechen. Er siegte mit dem viel gefährlicheren Stich.
So trafen die keltischen und römischen Heere bei den großen Entscheidungen zusammen. Zuerst waren die Kelten überlegen. Ihrer Kampfeswut, ihrem Ansturm hielten die langgezogenen römischen Schlachtreihen nicht stand, wie an der Allia im Jahre 387. Aber dann lernten die Römer, mit den Leichtbewaffneten, den Schleuderern, den Bogenschützen am Beginn der Schlacht auf Distanz den Feind zu schädigen.
Wenn die Schlachtreihen zusammenrückten, flogen wie ein Vogelschwarm die Pilen, die römischen Wurfspeere, und blieben im Schild des Feindes hängen, um ihn zur schnellen Abwehr unfähig zu machen. Dabei wissen wir, daß der keltische Schild verhältnismäßig dünn war. Caesar berichtet, daß man mehrere gallische Schilde zusammen durchstoßen und festhalten konnte.
Kam der keltische Stoß dem römischen zuvor, so traf er wenigstens zwei in der Tiefe gestaffelte römische Treffen. Griffen die Römer zuerst an, so geschah dies aus dieser Tiefe heraus.
Wenn die Waffen zusammen schlugen, was hatte der Kelte sonst noch für einen Schutz, wenn der Schild versagte? Er trug keinen Helm, nur das gesteifte Haupthaar. Er trug keinen Panzer. Er kämpfte mit nackter Brust. Die Römer trugen den Helm, die Schulter- und Brustschienen. Wenn den Kelten der erste furchtbare Stoß nicht gelang, ging es ihnen wie den ähnlich kämpfenden Germanen. Wenn der Kampf zum Stehen kam, im Handgemenge mußten sie unterliegen.
Es gab bei den Kelten eine besondere Art von Nacktkämpfern: Die Gesaden. Es war eine Art kultischer Nacktheit. Sie traten zum Einzelkampf vor dem Heere an, nur mit

Halsring und Gürtel. Sie waren Speerkämpfer und forderten einen Gegner heraus. Vielleicht kämpften sie in einer Art Trance wie die germanischen Berserker, die ebenfalls nackt zum Kampfe antraten: „rußschwarz: Kein Eisen kann uns schneiden! Kein Feuer kann uns brennen ...“
Der Vorkampf war keltisch wie er griechisch war. Ein besonders Starker forderte einen besonders starken Gegner heraus, um sich im Angesicht der beiden Heere zu schlagen, um das Schlachtenglück, um das Kampfheil zu erproben. Es ging ja um den Willen der Götter. Wie würden sie sich entscheiden? Das sollte schon der Probekampf zeigen.
Vor dem Kampf konnten nach der irischen Sage die Dämonen aus den Waffen sprechen, die über den Schlafenden an den Lenden hingen: Schwerter, die Blut trinken wollten, Speere, die zu töten wußten. Die Waffen waren nicht nur Werkzeuge, sie waren Persönlichkeiten mit eigenem Wesen.

Gekämpft wurde zur Versuchung des Götterwillens, mit einer sich zur Raserei steigernden Erbitterung. Das war nicht immer so: Es konnte auch der große Schrecken ein Heer erfassen. Aber bei den besonders kriegerischen Stämmen wie den Nerviern, konnte sich die Schlacht so weit steigern, daß die Übrigbleibenden auf die Leichenwälle der Gefallenen stiegen und aus ihrer Höhe die Speere zurückschleuderten, die sie in der Luft aufgefangen hatten, bis ihnen nur das Schwert blieb und bis auch sie überwunden wurden.
War die Schlacht für die Kelten verloren, so begann der Kampf um ihre Wagenburg. „Auch bei leichtem Gepäck“, so berichtet Caesar, „führten die Kelten in der Regel eine große Menge von Karren mit sich.“ Wenn die Römer auf dem Kriegsmarsch jeden Abend ein verschanztes Lager bezogen — der Legionär trug sogar zwei Schanzpfähle mit sich, um da-

mit schnell eine Palisadenwand zu errichten —, die Kelten fuhren ihre Wagenburg zusammen. Die Wagen wurden mit den Deichseln ineinander geschoben, und der Ring war fertig. Von ihrer Plattform aus konnte man den Feind von oben bekämpfen. In der Wagenburg wurde alles untergebracht, was gesichert werden mußte: Der Proviant, das Getreide, die Pferde, die Zugtiere, das Schlachtvieh, die Reservewaffen, der persönliche Besitz und die Beute. Noch die Hussiten bauten auf ihren Kriegszügen im fünfzehnten Jahrhundert solche Wagenburgen, die sogar mit Geschützen gespickt waren.

Der Marsch der Kelten war, wenn ein ganzer Stamm zog, durch die vielen Karren belastet. Es gehörten ja noch die Troßknechte dazu, die Zugtiere. Bei einer kriegerischen Unternehmung dürften es Pferde gewesen sein. Eine römische Legion in Gallien hatte nach Caesar einen Troß von Packtieren. Sie war also beweglicher, kam auch in einem schlechten Gelände durch. Sie war an Schnelligkeit einem mit seinen Karren wandernden Volk weit überlegen.

Es ist kaum anders vorzustellen, als daß die in Norditalien einbrechenden keltischen Stämme, als sie über den großen Sankt Bernhard gingen, das ganze Gepäck auch auf Tragtiere verlastet hatten. Doch mußten sie zum Kampf antreten, spätestens wenn sie aus dem Gebirge heraus kamen. Damals kämpfte der Adel noch vom Streitwagen aus. Er wird auf diese Streitwagen nicht verzichtet haben! Dann muß er mit ihnen auch über den Alpenpaß gefahren sein. Das ist möglich mit diesen verhältnismäßig leichten zweirädrigen Wagen, die man auch von Hand schieben oder sogar tragen konnte. Wer den Alpenkrieg noch kennt, weiß was dort möglich ist.

Der Streitwagen, auf dem der keltische Adel focht, war das zweirädrige ‚essedum' mit zwei vorgespannten Pferden. Die Waffe war der Wurfspieß. Zum Unterschied zu der zwei Meter langen Lanze gab es den keltischen leichten Wurfspeer, für den uns das irische Wort ‚sleg' erhalten ist. Mit Schwungriemen hieß der Speer ‚tragula'. Es waren Speere, mit denen je nach Entfernung nahezu sicher getroffen wurde. Mit Getöse fuhren die Wagen heran, die Speere flogen, dann sprang der Krieger zum Fußkampf ab, zog sich dann wieder auf seinen Wagen zurück, um anderswo einzugreifen.

Properz berichtet von einem Zweikampf des römischen Konsuls Claudius Marcellus im Jahre 220 vor Chr. bei Clastidium gegen den Herzog der Insubrer Viridomarus. Er schildert anschaulich, wie der Herzog in gestreiften Hosen mit dem torques um den Hals auf seinem Kriegswagen stand und von dort herab seine gut gezielten Speere schleuderte. Wie aber dann der Römer im Fußkampf Sieger blieb.

Solche Wagenkämpfer traf Caesar im Jahre 58 in Gallien nicht mehr an, wohl aber in Britannien, wo sie ihm als die Hauptwaffe viel zu schaffen machten. Er sagt: „Zuerst fahren sie mit diesen Wagen nach allen Richtungen durch das Gelände, werfen ihre Speere und bringen gewöhnlich schon durch den Schrecken ... die feindlichen Reihen in Verwirrung. Sind sie dann zwischen den Schwadronen der Reiter eingedrungen, so springen die Kämpfer ab und fechten zu Fuß." Die Wagenlenker entfernen sich dann „aus dem Kampf und stellen sich so auf, daß sich die Wagenkämpfer leicht auf sie zurückziehen können. So vereint diese Waffe die Beweglichkeit der Reiterei und die Stetigkeit des Fußvolkes im Kampfe". Man könnte heute sagen: Sie sind Kampf- und Schützenpanzer zugleich.

Auf dem Festland gingen die Kelten etwa vom dritten zum

zweiten Jahrhundert zur Reiterei über, also auf der Höhe ihrer Macht. Es ist der gleiche Vorgang wie in der Antike. Zu Homers Zeiten wurde noch vom Streitwagen aus gekämpft, so vor Troja. In der geschichtlich erfaßbaren Zeit Griechenlands ist der Wagenkämpfer durch den Reiter ersetzt worden. Was sich in Griechenland am Anfang des Jahrtausends vor Chr. vollzogen haben mag, geschah bei den Kelten etwa ein halbes Jahrtausend später. Aber warum geschah dieser Übergang? — Er kann mit dem großen Ausgriff zusammenhängen, besonders mit den Raubzügen, die sie in das feindliche Gebiet unternahmen. Ähnlich wie später bei den Wikingern trat die Jungmannschaft an, wenn das Gras gewachsen und damit Futter für die Pferde vorhanden war. Der Reiter war beweglicher als der Streitwagenkämpfer. Er kam durch jedes Gelände. Es war ein Indianerspiel mit Verstecken und Überfall, das ohne Streitwagen viel leichter vonstatten ging. Kann man sich die Indianer im Streitwagen vorstellen? Wir wissen es von den Germanen, wie abgerichtet die Pferde waren. Sie blieben auf der Stelle stehen, wenn der Reiter zum Fußkampf absaß. Ja, sie blieben auf Befehl auf der Stelle liegen, wie ein Hund auf ‚Platz', und standen nicht eher auf, bis der Reiter zurückkam. Der Streitwagen war ein Instrument für die offene Schlacht. Der Reiter eignete sich auch für das kleine Gefecht.

Das soll nicht heißen, daß nicht auch die Reiterei für eine Entscheidung herangezogen wurde. Wenn ein einzelner Stamm in Gallien vielleicht einige hundert Reiter stellte, Caesar hatte eine Reiterei von fünftausend Mann, die zusammengezogen auf die Legionen verteilt werden konnte. Abgesehen davon besaß jede römische Legion damals eine Reiterei von etwa dreihundert Mann. Die Germanen kamen einmal mit zweitausend Reitern über den Rhein zu ihrem

Raubzug nach Gallien hinein. Es war der germanische Angriff auf Aduatuca, wo Caesar seine Vorräte gestapelt hatte und sicher auch die Beute aus dem gallischen Krieg. Er sagt, daß die Germanen auf Schiffen und Flößen über den Rhein gekommen waren: „Kein Sumpf, keine Waldung vermochte diese geborenen Krieger und Räuber aufzuhalten.“ Da haben wir es! Eine Reiterei, die überall durchkam.

Anders ist es mit der Reiterschlacht. Caesar berichtet, daß die Gallier bei ihrem großen Aufstand unter Vercingetorix fünfzehntausend Reiter zusammenzogen! Er wurde auf dem Marsche von vorne und von beiden Seiten angegriffen. Er schickte seine Reiterei dagegen. Sie versagte. Caesar setzte die angeworbenen germanischen Reiter ein. Die Gallier wurden geworfen. Sie wurden von den germanischen Reitern geschlagen, wie überall, wo diese auftraten. Es ist der germanische Angriff „in geschlossenen Geschwadern“ wie Caesar sagt.

Dabei ritten die Germanen ohne Sattel auf dem nackten Pferd. Die Gallier hatten Sättel oder wenigstens aufgeschnallte Decken. Die Römer saßen in Bocksätteln. Aber man darf sich nicht vorstellen, daß mit eingelegter Lanze angeritten wurde, wie es der Ritter im Mittelalter tat. Dazu fehlte der Steigbügel. Ihn gab es noch nicht. Erst mit ihm hatte man den notwendigen Rückhalt beim Anrennen. Bis dahin führte der Reiter keine Stoßlanze, sondern leichte Wurfspeere. Caesar gibt die Schilderung, wie gallische Reiter einen römischen Lagerwall entlang reiten und ihre Wurfspeere hineinschleudern. Wenn im Gefecht die Speere geworfen waren, blieb das Schwert, das zum Hieb geeignete Reiterschwert.

Wir wissen, wie leicht sich Reiterkämpfe bis in unsere Zeit hinein in Einzelkämpfe auflösten. Es gab dieses blecherne

Klappern von Hieb, Parade und Gegenhieb. Besonders gefährlich wurde es dann, wenn sich Fußkämpfer in den Kampf mischten und die Pferde von unten abgestochen wurden.

* * *

Es war bei den Kelten ähnlich wie bei den Griechen und Römern. Zuerst gab es den schwer bewaffneten Krieger, der in der Schlachtreihe stand, in der die Entscheidung fiel. Die Schlacht war wie ein Duell, ein Duell, das nach den Regeln mit der blanken Waffe ausgetragen wurde. So wollten die Götter die Entscheidung, die sie im Grunde schon verhängt hatten.

Die Römer legten sich aber bald die balearischen Schleuderer, die kretischen Bogenschützen zu, die den Feind schon empfindlich schädigten, bevor es zum Schlagen kam. Sie wichen aus in die in der römischen Schrachtreihe gegebenen Lücken, die dann erst geschlossen wurden, wenn das zweite Treffen in sie eingerückt war. Dahinter blieb das dritte Treffen mit den altgedienten Soldaten, den Triariern.

Auch die Kelten erkannten bald den Wert der aus der Ferne treffenden Schützen. Sie machten eine besondere Waffe daraus. Caesar spricht von den zahlreichen Bogenschützen in Gallien, die Vercingetorix auszuheben befahl. Man brauchte sie in der Schlacht, bei der Belagerung und man machte auch einen ganz besonderen Gebrauch davon, in dem man sie unter die Reiter mischte. Dem Angriff der Reiter ging dann ein Pfeilhagel voraus. Und wenn die Reiter zurückweichen mußten, fanden sie Aufnahme bei den Bogenschützen. Noch auf einige hundert Meter erreichten sie mit dem Langbogen eine erhebliche Durchschlagskraft.

Neben den Bogenschützen gab es die Schleuderer. Sie warfen bei den Kelten mit Steinen. Bei den Römern mit genormten

Bleigeschossen, die kaum zu sehen, pfeifend angeschwirrt kamen. Aber die Steine waren schon gefährlich genug. Caesar berichtet wie einer seiner Unterbefehlshaber von einem gallischen Schleuderer mitten ins Gesicht getroffen wurde. Die Kelten verstanden sich sogar darauf, das Feuer von Bogenschützen und Schleuderern zu massieren. So gelang es ihnen vor Alesia unter dem Hagel ihrer Geschosse „an die Hindernisse vor dem römischen Wall heranzukommen". Das heißt: Sie hatten die Feuerüberlegenheit gewonnen und konnten unter ihrem Feuerschutz angreifen.

* * *

Wo es so viele ummauerte Oppidas gab wie in Gallien und auch im ehemaligen süddeutschen Keltenland, mußte man sich auf die Belagerung verstehen. Die endgültige Entscheidung fiel meistens nicht in offener Feldschlacht, sondern dadurch, ob es gelang, die das Land beherrschende Stadt zu erobern.

Die Entscheidung fiel also mit der Stadt! Sie fiel nicht im umliegenden Bauernland. Die Bauern waren mit ihrem Vieh und den Vorräten in die Wälder und Sümpfe ausgewichen, soweit sie nicht in die Stadt, die Fluchtburgen, geflohen waren. Da die Kelten unter sich viele Kriege führten, müssen sie sich auch auf die Belagerung von Städten verstanden haben. Zum mindesten auf die Belagerung ihrer Städte mit den dort gegebenen Befestigungen. Sie verstanden sich darauf! Wie könnten wir dies und anderes so genau wissen, wenn es nicht Caesar in seinem ‚De bello Gallico' beschrieben hätte.

Man kann sogar sagen: Die Kelten beherrschten auch die Belagerungstechnik der Römer, die diese von den Griechen übernommen hatten. Bei der Berührung mit den Griechen

können die Kelten auch von ihnen gelernt haben. Was den Kelten fehlte, waren die Geschütze, die beim Angriff auf die Mauer und bei der Verteidigung von Mauern eine so große Rolle spielten. Sobald Zeit war, errichteten die Römer auf ihren schnell aufgeworfenen Wällen Türme, das heißt Plattformen für ihre Geschütze mit einem oder mehreren Stockwerken. Das machten ja die Kelten in der Abwehr noch, um von diesen Plattformen werfen und schießen zu können, aber eben ohne die Geschütze. Das gab den Römern im gallischen Krieg eine Überlegenheit, daß sie mit ihren Geschützen ein Vorfeld von dreihundert bis vierhundert Metern beherrschen konnten. Da waren die armbrustartigen Katapulte, die im Flachfeuer mit Pfeilen schossen, die Ballisten mit ihrem Steilfeuer bis gegen 45 Grad, die Steinkugeln und und Balken warfen. Dazu ‚Skorpione' mit einem besonders gezielten flachen Schuß, mit dem nach Caesar seine Artilleristen Gallier an besonders exponierter Stelle Mann um Mann abschossen. Selbstverständlich ohne eigene Verluste.
Den üblichen Angriff der Kelten auf eine Stadt schildert Caesar folgendermaßen: „Sobald ihre Heeresmasse die Mauer in ihrem ganzen Umfang umstellt hat, beginnt man von allen Seiten Steine gegen sie zu werfen. Sind dann die Verteidiger von der Mauer vertrieben, so bilden die Angreifer ein Schilddach, rücken gegen die Tore an und untergraben die Mauer."
Eine andere Methode, von den Kelten wie von den Römern angewandt, war, eine Stadt aus dem Marsche heraus zu erstürmen. Dies setzte voraus, daß die Befestigungen nicht sehr stark und nicht gut besetzt waren. Man wandte auch hier das Schilddach an, das man mit den eigenen Schilden bildete. ‚Testudo', die Schildkröte, ist das lateinische Wort. Was verhältnismäßig einfach war, und ohne große Vorbe-

reitung geschehen konnte: Man riß die Brüstung der Mauer mit den sogenannten Mauersicheln ein. Die Brüstung bestand bei der keltischen Mauer aus Flechtwerk. Die Mauersichel war nichts anderes als eine lange Stange mit einem großen Haken vorne, mit dem hinter die Brüstung gegriffen wurde, damit soundsoviele Mann daran ziehen konnten, bis die Brüstung herunterfiel. Der Gegner hatte dann keine Deckung mehr und der Angreifer hatte sogar eine bessere Möglichkeit aufzusteigen. Das setzte aber voraus, daß kein Graben vorhanden war, oder daß wenigstens der Graben mit Reisig ausgefüllt worden war. Doch die Kelten verstanden es, diese römischen Mauersicheln abzuwehren. Bei der Belagerung von Avaricum fingen sie die Mauersicheln „mit Schlingen auf, machten sie an Seilen fest und zogen sie mit Winden in die Stadt".

Caesar baute einen Belagerungsdamm aus Holzstämmen, um so an die Stadtmauer heranzukommen. Die Kelten unterwühlten diesen Damm. Caesar sagt mit großer Sachkenntnis, „weil es bei ihnen große Eisengruben gibt und ihnen daher jede Art von Minen bekannt und vertraut ist". Je höher Caesar seinen Damm baute und damit die Fahrbahn seiner Türme anhob, umso höher bauten die Belagerer eigene Türme, selbstverständlich aus Holz, aber mit nassen Fellen bezogen als Schutz vor dem Anzünden. Gegen die römischen Minengänge setzten die Kelten ihre eigenen und quetschten sie ab. In fünfundzwanzig Tagen hatten die Römer einen Damm von etwa 100 Meter Breite und 24 Meter Höhe gebaut, auf dem sie zwei Türme vorwärts schoben. Aber mitten in der Nacht zündeten ihn die Kelten von einem Minengang aus an. Dazu warfen sie von der Stadtmauer Pech und anderes leicht Brennbare auf den Bau, bis er in Flammen stand und bis in den Morgen hinein

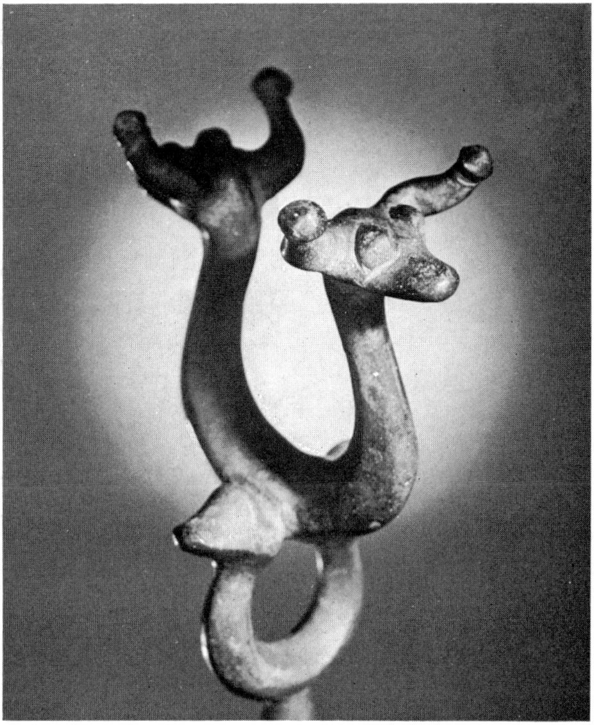

Wie kunstvoll die Manchinger Kelten ihre Gebrauchsgegenstände gestalteten, zeigt dieser mit Vogel- und Stierköpfen gezierte Jochaufsatz

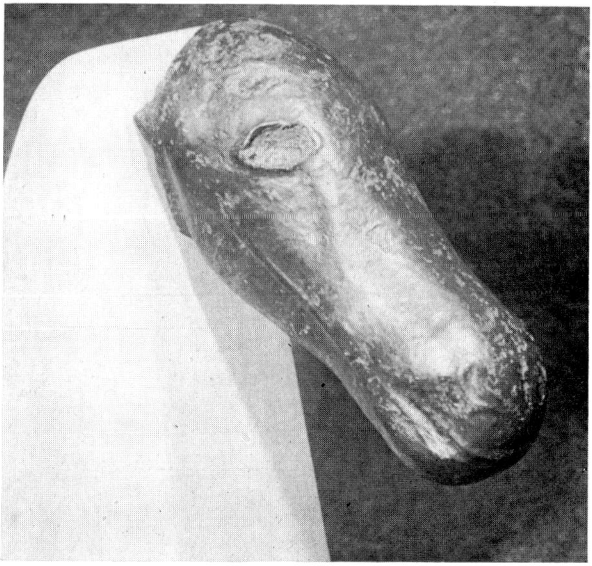

Einzigartig unter der keltischen Plastik ist dieser 18 cm große, aus Eisenblech getriebene Pferdekopf

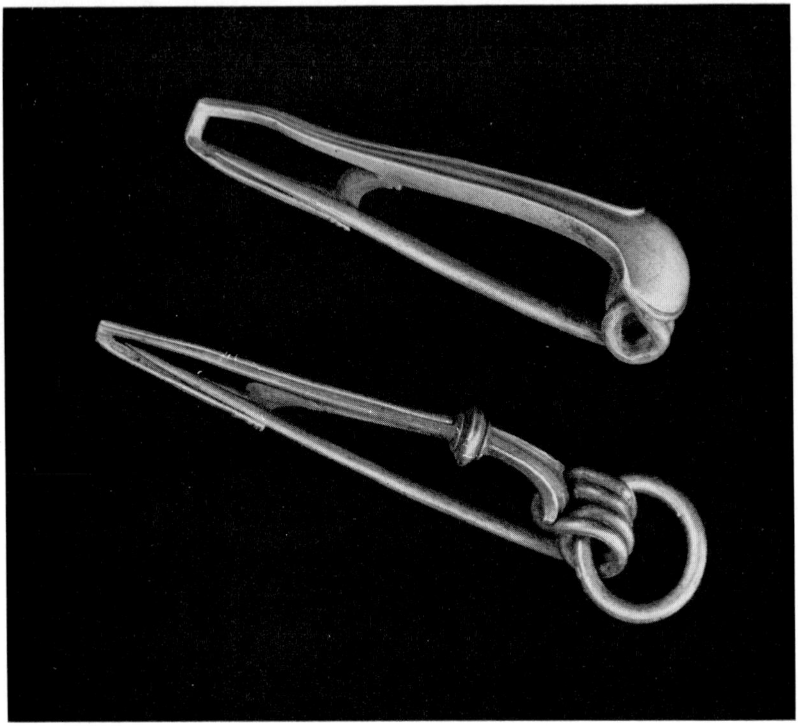

Einfache Bronzefibeln, um den Mantel zu schließen

brannte. Es gelang den Römern zwar, die Türme zurückzurollen, doch war auf beiden Türmen die Brustwehr weggebrannt. Caesar setzte nach diesem Rückschlag bei einem plötzlichen starken Regen einen unerwarteten Sturm an, einen Angriff unter gebauten Schutzdächern. Die Belagerten wurden überrascht. Der Sturm gelang.

Diese Belagerung zeigt, wozu die Kelten fähig waren, um der Kriegskunst der Römer zu begegnen. Es war erstaunlich, mit welcher Schnelligkeit die Römer ihre Befestigungen errichteten. Der römische Soldat war ein Arbeiter, vielleicht der einzige Soldat in der europäischen Geschichte, der gearbeitet hat. Die römischen Soldaten bauten die Straßen, die Mauern der Kastelle, die Häuser ... Andere Pionierabteilungen, besser gesagt, technische Einheiten, die ‚fabri', besorgten das Handwerkliche, das größere Anforderungen stellte. Trotzdem wundert man sich über die Leistungen: Eine Stadt wie die Senonenstadt Vellaunodunum wurde in zwei Tagen mit einem Wall eingeschlossen.

Doch die Kelten in Gallien verstanden das auch. So schlossen sie ein ganzes römisches Lager, das Winterlager Ciceros, des Bruders des Redners, mit einem Wall von 2,70 Meter Höhe und 4,50 Meter Breite ein. Da es an eisernem Schanzzeug fehlte, hoben sie die Rasenstücke mit den Schwertern aus und trugen die Erde mit den bloßen Händen oder in ihren Kriegsmänteln. Dabei brachten sie, laut Caesar, einen Wall von 4,5 Kilometer Länge in nicht ganz drei Stunden fertig. Dann errichteten sie Türme, bauten Sturmdächer, stellten Mauersicheln her. Vor dem Sturm wurden vom Turm glühende Tonkugeln und glühendheiße Wurfspeere auf die Strohdächer des Lagers geschossen, so daß dieses bald in Brand geriet, und das Feuer, getrieben vom Wind, das ganze Lager erfaßte. Jetzt brachten die Gallier ihre Schutzdächer

und Türme heran, ebenso die Leitern, und das unter einem Hagel von Geschossen. Ein Turm wurde dicht an den Lagerwall geschoben, bis er dort in Brand geriet. Nur in einem letzten Einsatz gelang es den Römern, den keltischen Sturm abzuwehren. Das zeigt aber, wie viel die Kelten in ihrer Kriegstechnik von den Römern gelernt hatten und wie weit sie damit gekommen waren.
Die Entscheidung im Kampf um eine Mauer fiel, wenn es gelang, einen Turm an eine Mauer heranzubringen. Er war mit Geschützen und Schützen auf seinen Plattformen besetzt. Im untersten Stockwerk trug er einen Widder zum Brechen der Stadtmauer. Die eigentliche Entscheidung fiel aber mit der Zugbrücke, die auf die Stadtmauer herniederrasselte. Jetzt griff eine Sturmkolonne die sehr auseinandergezogene Linie an, wie Napoleons Stoßkolonnen die preußischen Linien bei Jena und Auerstätt. Scharnhorst zeigte wie das wirkte. Er stieß mit seiner geballten Faust gegen seine geöffnete Hand.

Waren die Angreifer vom Turme auf die Mauer und in die Stadt gekommen, so sperrten die Verteidiger die Gassen und stellten sich auf den freien Plätzen in Vierecken auf. Der Kampf ging so weiter bis zu seiner letzten Entscheidung. Im Mittelalter pflegte man die Gassen mit Ketten gegen den eingedrungenen Feind zu schließen, um sich hinter ihnen zu verteidigen. Noch im Dreißigjährigen Krieg geschah das in Magdeburg. Man wußte warum. Das Schicksal der Bewohner war entsetzlich.
Wenn eine Stadt sich erbittert verteidigt hatte, schonten die Römer auch die Greise, die Frauen und Kinder nicht. Was lebte, wurde erschlagen und blieb unter dem Himmel liegen. Wenn sich die Einwohner einer Stadt ergeben hatten, so konnte es sein, daß sie in die Sklaverei verkauft wurden.

Die Sklavenhändler und die Beuteaufkäufer zogen ja mit jedem römischen Heer. Die älteren Menschen, bei denen sich der Transport nicht mehr lohnte, ließ man zurück. Sie konnten ohne ihre Angehörigen kaum mehr das Leben fristen.
Warum wird hier der Kampf um eine Stadt ausführlicher geschildert? Es geht um das Schicksal der Keltenstadt bei Manching im römischen Angriff. Was in Gallien geschah, geschah auch dort. Ein besonderes Kapitel behandelt den Untergang dieser großen Stadt.

* * *

Wir sprachen davon: Die Kelten hatten die häßliche Sitte, dem geschlagenen Feind den Kopf abzuhauen und ihn mit einer Weidenrute ans Pferd, an das Halfter zu hängen. Aber Caesar berichtet nichts mehr davon. Er hätte sicher davon berichtet, wenn es die Sitte noch gegeben hätte.
Doch ganz ausgestorben kann sie nicht gewesen sein. Es gibt eine Münze des Haeduerfürsten Dumnorix aus der Zeit Caesars, die einen keltischen Krieger mit Schwert und Fakkel, einem Schwein und einem abgehauenen Menschenkopf zeigt, den er in der linken Hand trägt. Aber allgemein wird der Brauch auf dem Festland nicht mehr gewesen sein. Wohl ist aber aus Irland überliefert, daß dort aus den Hirnen der Feinde mit Kalk Bälle gemacht wurden, mit denen man spielte etwa wie mit Billardkugeln.
Es war aber geblieben, daß man sich den Kopf eines mächtigen Gegners bringen ließ, so Caesar, der darauf eine Belohnung gesetzt hatte.
Es gab also einmal diese Sitte der Kopfjägerei bei den Kelten, die mit bestimmten magischen Vorstellungen verbunden war. Wir fragen: Gab es diese Sitte auch bei anderen indogermanischen Völkern? Das ist schwer nachzuweisen. Die

griechische Sage berichtet zwar, daß Perseus der Meduse ihr Gorgonenhaupt abschlug und es Athene schenkte als abwehrendes Zeichen für ihren Schild.

* * *

Wenn es Verwundete gab, so konnte ein ‚Arzt' mit seinem Werkzeug helfen. Es ging einmal darum, die Pfeile herauszuholen, die mit ihren Widerhaken im Fleisch steckten. Das war schwierig. Wenn man sie vollends durchschlagen konnte, schlug man sie durch. Aber häufig war das nicht möglich. Meist waren die Pfeile auch abgebrochen und nur die Pfeilspitze steckte in der Wunde. Sie mußte mit einer Sonde gesucht werden, die aus Bronze war. Mit dem als Skalpell verwendeten Messer und mit Wundhaken, mußte die Wunde erweitert werden, um die Pfeilspitze fassen und herausziehen zu können. Knochensägen gebrauchte man bei Amputationen von Gliedern. Schon im Mittel-La-Tène sind bei den Kelten ganze Arztbestecke in Gebrauch. Man mag sie von den Griechen übernommen haben, wie es auch die Römer taten. Römische Arztbestecke, wie das aus Pompeji, bestanden immerhin schon aus sechzig Instrumenten.
Auf dem Schlachtfeld half man sich, so gut es ging. Wie groß aber war die Zahl derer, die noch an Wundbrand starben, wie klein die derer, die überlebten!

Der Niedergang der Kelten

Um 500 vor der Zeitrechnung waren sie da, die Kelten! Im dritten Jahrhundert v.Chr. sind sie eine gewaltige Macht, vom Atlantik bis zum Schwarzen Meer, quer durch Europa hindurch, von England bis zum Apennin. Zweihundert Jahre später, um die Zeitenwende, lebte kein Kelte mehr auf dem europäischen Festland in Freiheit.

Das ist ein unglaublicher geschichtlicher Vorgang des Aufgangs und des Niedergangs eines großen Volkes!

Sicher, man kann sagen: So stieg auch Rom auf und ging unter. Ihm waren aber tausend Jahre gegeben von seiner angeblichen Gründung an gerechnet. Ein dreiviertel Jahrtausend nach der Gründung der Republik. Und auch als es unterging, Rom prägte die europäische Zukunft, auch in seinem Untergang. Ohne Rom ist das heutige Europa nicht zu denken. Seine Sprache lebt in Spanien, in Frankreich, in den Alpenländern bei den Ladinern und bei den Rumänen weiter. Wenn man will, in ganz Südamerika und Mittelamerika. Als Latein war es die Sprache der Wissenschaft bis in die neuere Zeit hinein. Sein Recht wurde zum Recht der europäischen Völker, oder es ging wenigstens in ihr Recht ein. Seine Baukunst bestimmte ganze Stilepochen. Seine religiöse Spätform zusammen mit der römischen Organisation lebt in der römischen Kirche weiter. Sein Staatsdenken blieb vorbildlich für zukünftige Generationen. Rom ist

ein Modellfall der europäischen Geschichte, uns nahe von Jugend an.
Was aber blieb von den Kelten? Wer weiß etwas von ihnen über nebulöse Vorstellungen hinaus?
Wenn man weiter fragt, was von ihrem so ausgeprägten Wesen nach dem Verlust der Freiheit noch fortwirkte, so wird man auch von Gebildeten kaum eine Antwort bekommen. Es ist, als ob die Kelten mit dem Verlust ihrer Freiheit ihr Wesen umgewandelt hätten, als ob sie in eine andere Gestalt geschlüpft wären. In Gallien eben in die römische Gestalt. Man kann sagen: Selbst zivilisatorisch begabt, ergriffen die Kelten die überlegene römische Zivilisation und lebten sie.
Es war das Schicksal der Kelten, im Norden die Germanen und im Süden die Römer zu haben. Zwei große Völker, die im Kampf und im Durchhaltevermögen härter waren als die Kelten selbst. Symbolisch ausgedrückt schon im römischen und germanischen Schwert aus Stahl gegenüber dem keltischen Schwert aus nicht härtbarem Eisen. Die Germanen stießen nach Westen und nach Süden vor, auch nach Südosten, wo die Vandalen die Kelten aus Schlesien verdrängten, die Markomannen die Kelten aus Böhmen. Die Römer stießen ebenfalls nach Westen und nach Norden und dann auch nach Osten. Eine keltische Position nach der anderen ging verloren. Es ist eine Verlustliste über zweihundert Jahre, in der ein Posten nach dem anderen abgebucht werden mußte, bis der Konkurs mangels Masse vollkommen war.
Doch zuerst war es Rom, mit dem die Kelten zusammenstießen. Im Jahre 387/386 nach der Schlacht an der Allia hatten die Kelten Rom erobert bis auf das Kapitol. Wenn damals ein in die Zukunft schauender Druide den Rat gege-

ben hätte: „Tilgt es ganz aus, denn es entsteht an diesem kaum genannten, schlecht geschützten Ort eine Weltmacht, die der Todfeind der Kelten sein wird“, er hätte seinen Landsleuten keinen weiseren Rat geben können. Was aber war das, was Rom vor den anderen auszeichnete: Rom war das römische Patriziat, die römische Führungsschicht mit ihrer Begabung und Tugend zum Staat, mit dem Willen und Können zu erobern und zu beherrschen. Diese römische Oberschicht, die den Senat von einigen hundert Köpfen stellte, war nicht stärker als einige tausend Menschen, gegliedert in ihre großen Familien, deren Namen uns in der Schule schon eingeprägt wurden.

Wenn die damalige keltische Macht zielbewußt eingesetzt worden wäre, man hätte diese Oberschicht leicht vernichten können, so wie man einen beginnenden Brand noch mit dem Absatz austreten kann. Zielbewußt hätte man sie auslöschen können, so wie später die römische Macht es tat, um einen Feind vom Erdboden zu vertilgen. So wie es Rom dann mit den Druiden tat, der einzigen weltanschaulich-politischen Organisation, die die keltischen Stämme verband.

Oder man denke an Karthago, wie es buchstäblich von Rom vom Erdboden getilgt wurde, ja mit seinen Wurzeln aus dem Boden ausgegraben wurde. Es gab wohl diese keltische Macht, die allen überlegen war, wenn sie ein gemeinsames Heer aufstellte, mit hunderttausend oder mehr Kriegern, mit der Produktion an Eisen und was sonst zur Rüstung gehörte, aber es gab nicht die Zusammenfassung, den bewußten Einsatz dieser Macht in der Geschichte. Es gab keine weiterdenkende keltische politsche Führung trotz der Druiden. Es ging mit dem Ausbreiten der keltischen Macht ähnlich wie wenn irgendwo, vielleicht durch einen unterirdischen Zufluß, ein Gewässer entsteht, ansteigt, das Land überflutet, dort innehält, wo Widerstand ist, weiterfließt, wenn es fließen kann, dann in einer bestimmten Ausbreitung stehenbleibt, besonders dort, wo ihm ein Damm entgegengesetzt wird, und dann das Gewässer allmählich wieder zurückgeht. So geschah es zuerst in dem Jahrhundert, in dem die Kelten noch stark waren, im dritten Jahrhundert vor Chr. Sie hatten dem kleinen Stadtstaat von Rom Zeit gelassen, sich zu organisieren, hundert Jahre Zeit gelassen, um Italien bis zur Po-Ebene zu erobern. Das ist das Große an Rom, daß es an der Niederlage gegen die Kelten wuchs. Camillus gilt deshalb als der zweite Gründer Roms. Es wurde eine Stadtmauer um die sieben Hügel gebaut. Es entstand das Forum als gemeinsame Mitte und damit der zukünftige Mittelpunkt der Welt. So gefestigt begann Rom die Nachbarstädte, die Nachbarstämme zu unterwerfen, bis nichts in Italien übrig blieb, das nicht beherrscht wurde.

Die Kelten in dem reichen Oberitalien waren zu einem erstaunlichen Wohlstand gekommen. Sie waren mehr friedliche Ackerbauern geworden, als daß sie stürmende Krieger geblieben waren. Das gilt auch für anderswo. Auf den Friedhöfen liegen neben dem mit seinen Waffen bestatteten Krieger Männergräber ohne Waffen, mit soviel Schmuck, daß sie mehr den Frauengräbern ähneln. Es fehlt der ‚torques'. Sind das die Gräber von verweichlichten Freien oder von wohlhabend gewordenen Unfreien? Jedenfalls sind sie ein Zeichen dafür, daß sich in der Haltung der Kelten etwas geändert hat, das seine Folgen haben mußte.

Es kam zu einem römischen Sieg über die Etrusker und die keltischen Boier am Vadinonischen See im Jahre 282. Daraufhin nahmen die Römer den keltischen Senonen den ‚ager Gallicus' weg — etwa an der adriatischen Küste zwischen dem heutigen Ancona und Rimini — nach dem diese Arretium, das jetzige Arrezzo, angegriffen hatten. Die Römer gründeten ihre Pflanzstätten zur Sicherung ihres Landes am adriatischen Meer, zuerst Colonia Sena Gallica — das spätere Sinigaglia — dann Ariminum, das heutige Rimini. Die ager Gallicus wurde an die römischen Bürger verteilt, nachdem sie vorher die benachbarten Kelten in Pacht hatten weiter benutzen dürfen. Sie schlugen deshalb zurück, denn es ging darum, wer auf diesem Land ernten durfte. Noch war keine Entscheidung gefallen. Die Waage schien sich einzupendeln. 238 standen die Kelten im Gegenschlag vor Ariminum. Sie hatten in der Vorbereitung des Krieges Zuzug von jenseits der Alpen geholt durch die speerwerfenden Gesaten. Auch die norischen Taurisker waren zu Hilfe gekommen. Es sieht also nach einer größeren keltischen Aktion aus. Doch Roms Unterhändler brachten es fertig, zwei diesseitige keltische Völkerschaften davon abzuhalten, gegen Rom aufzutreten. Immerhin, die anderen Kelten zogen gegen Rom über den Apennin. Dagegen bot der Senat die ganze streitbare Mannschaft des unterworfenen Italiens auf im Gedenken des Schreckens an der Allia.

Das erste schnell aufgebotene Heer der Römer wurde vernichtend geschlagen. Aber dann gerieten die Kelten zwischen zwei Heere der römischen Hauptmacht am Kap Telamon. Das war die Wende, die die weitere Geschichte bestimmende Entscheidung. Die Kelten, zwischen zwei Heeren eingeschlossen, hatten keinen Raum zu ihrem furchtbaren Anprall. Sie wurden in den Nahkampf mit den gepanzerten Römern verwickelt. Sie verstanden es nur noch zu fallen. Nach römischen Berichten lagen vierzigtausend tote Kelten auf der Walstatt. Zum Dank an die Götter errichteten die Römer dort einen Tempel.

Das könnte übertrieben sein. Wir wissen aber durch eine

erhaltene Aushebungsliste, daß Rom mit vierzigtausend Legionären in sechs Legionen mit dreißigtausend Reitern in sechs Alen ausgerückt war. Die Lage des keltischen Heeres muß ähnlich verzweifelt gewesen sein wie später die des römischen Heeres bei Cannae gegen Karthogo unter Hannibal, dem sich auch Kelten angeschlossen hatten. Damals verlor Rom fünfzigtausend Mann, obwohl es zahlenmäßig überlegen war.

225 ist das Jahr der Entscheidung. Es folgt der Zug des Konsuls Flamminus gegen die Insubrer in der Po-Ebene, nachdem Rom vorher gegen die Boier vorgegangen war. Bei Clastidium am Po, dem heutigen Casteggio, werden die Insubrer geschlagen. Hier tötete der römische Konsul Marcellus im Zweikampf den vom Wagen kämpfenden Keltenfürsten Viridomarus. Wir sprachen schon von diesem beispielhaften Zweikampf. Mediolanum, das spätere Mailand, die Hauptstadt der Insubrer, wurde durch Cnäus Cornelius Scipio erobert. Norditalien wird besetzt und wird die römische Provinz ‚Gallia cisalpina‘ mit ihren römischen Kolonien Placentia, das heutige Piacenza und Cremona. Die Etappe wird über die Via Flaminia gesichert bis Ariminum, dem späteren Rimini.

Die späteren Aufstände der Kelten ändern nichts mehr an der gefallenen Entscheidung. Unter Hannibal erheben sich die Boier nochmals, die Ligurer um Genua, die mit einiger Sicherheit keine Kelten sind. Nach dem Ende des zweiten punischen Krieges wird Oberitalien in einem zehnjährigen erbitterten Kampf endgültig bis in den letzten Winkel hinein niedergerungen. Placentia, Cremona werden wieder aufgebaut, Bononia, jetzt Bologna, gegründet, dann Mutina, Parma, Pisa und 181 Aquillia im Gebiet der Veneter, um von dort auf das Eisenland Noricum und auf das Land an

Save, Drau und Donau einzuwirken. Die Via Aemilia wird von Rimini bis Piacenca gezogen.
Rom beherrscht das Land von befestigten starken Städten aus — die Kelten hatten es vorher auch so gemacht — aber Rom erschließt das Land auch über wohlgebaute Straßen. Rom ist stark an den einzelnen Orten und rasch zur Stelle an anderen Orten. Das römische System ist überlegen. Wo es durchgebaut ist, gibt es keinen Aufstand, der später noch Erfolg haben kann. Der Friede der ‚pax romana' wird durch das römische System vollständig.
Wenn hier die Unterwerfung der Kelten in Oberitalien näher betrachtet wurde, so kann man sich bei den weiteren ‚Befriedungen' Roms gegenüber den Kelten kurz fassen, weil das wirksame System beibehalten wurde und je nach dem Widerstand oder der Genialität der römischen Führer der Erfolg früher oder später eintrat.

* * *

In Spanien dauerte der römische Krieg gegen die Kelt-Iberer bis zur Entscheidung im Jahre 133 mit dem endgültigen Fall von Numantia mehr als siebzig Jahre, nach einem fast beispiellosen Widerstand dieser Stadt in einem Abwehrkampf, bei dem auch der letzte Mann gefallen war. Ähnlich wie in Numantia haben auch die Spanier in Saragossa 1809 gegen die belagernden Franzosen Napoleons gekämpft. Aber größte Tapferkeit muß gegen einen anderen starken Gegner unterliegen, wenn es ihr an den Mitteln fehlt. Rom hatte diese Mittel auch in Spanien, es hatte die Gabe, ein Land nach seinen Prinzipien aufzuschließen und es kannte keine Nachsicht, wenn der Gegner ausgerottet werden mußte, weil nur Tote nicht mehr zu den Waffen greifen. Und doch stehen die Spanier hundert Jahre später noch einmal auf und sind erst im Jahre 19 vor Chr. endgültig unterworfen.

Endgültig unterworfen! Was verbindet sich mit einem solchen nüchternen Wort? Verbrannte Städte, erschlagene Männer, Frauen und Kinder als Sklaven weggeführt, zurückbleibende, zum Himmel stinkende Leichenberge! Darauf der stolze römische Adler, der ein ebenso guter Kämpfer wie ein schlingender Aasvogel war.

Warum kann man die Menschen nicht so leben lassen, wie sie von ihrer Geburt und Abstammung her leben wollen? Nur so können sie auf dem Weg zu einer Eigenleistung sein, auch wenn sie Zeit dazu brauchen. In der römischen Zivilisation wurde diese Eigenleistung unterdrückt und damit der mögliche Beitrag zu einem Europa mit aus sich selbst gewachsenen Völkern. Man sage nicht einfach, daß die Kelten auch nur Eroberer gewesen wären. Sicher waren sie das, aber in einer so eigenständigen Ausprägung ihrer Volkskultur, daß davon in dem eingeleiteten Prozeß mehr erwartet werden durfte. Den Kelten blieben nur fünfhundert Jahre. Das ist zu wenig. Wieweit war Germanien um das Jahr Null, um das Jahr 500 oder um das Jahr 1000 nach der Zeitrechnung? Wo war es damals geschrieben, daß durch Germanien ebenso der Durchbruch zur großen Wissenschaft und Technik geschehen würde, wie 200 Jahre vorher zur großen Musik? Oder noch 500 Jahre vorher zur Gotik oder zur großen abendländischen Malerei, nach den Italienern durch die Deutschen und die Niederländer?!

Die Pax Romana wurde auch Gallien auferlegt. Mit Widerwillen registriert man, daß die Römer 125 in Südgallien eindrangen, daß sie die Allobroger und die Averner besiegten, daß sie schon 115 die Provincia Narbonnencis errichteten, in dem Lande, das die Römer vorher ‚Gallia Graeca' genannt hatten, weil die Griechen mit ihren Kolonien dorthin ihre Kultur gebracht hatten. Man freut sich, daß fünf

Jahre später die Helvetier unter ihrem König Divito an der oberen Garonne ein römisches Heer vernichtend schlugen, daß die Allobroger wieder aufstanden. Aber dann trat Caesar an im Jahre 58. Er arbeitete mit der gallischen Zwietracht und gewann Stämme wie die Häduer. Danach kommt es zu dem großartigen gallischen Aufstand unter Vercingetorix. Doch die überlegenen römischen Waffen siegen. Vercingetorix mußte sich in Alesia ergeben. Als Napoleon III. die römischen Wallgräben um Alesia wieder ausgrub, mit denen Caesar im Jahre 52 die Stadt eingeschlossen hatte, fand er noch die Knochen der keltischen Gefallenen, Schwerter, Schildbuckel, Speer- und Pfeilspitzen ... Der gefangene Vercingetorix wurde im Triumphzug durch Rom geführt und anschließend nach römischem Brauch im mammertinischen Kerker erdrosselt. Nach vier Jahren ist ganz Gallien unterworfen. Das Perfideste ist dabei, daß Caesar zum mindesten einen Teil seiner Legionen in Gallia cisalpina rekrutierte und unter römischen Offizieren damit die Gallier im anderen großen Gallien, in der Gallia transalpina schlägt. Natürlich mit römischen Waffen, die aus dem eisenreichen keltischen Noricum stammen können. Das ist römische politische Kunst. Nach dem genial geführten, verhältnismäßig kurzen Kampf stehen die Römer in breiter Front am Rhein. Ein paar spätere Aufstände nutzen in Gallien so wenig wie in Spanien. Rom hat das Land im Griff und hält es fest.

Und der gallische Adel?

Es gab keine soziale Revolution in Gallien, als es erobert war. Die Römer stützten sich auf den gallischen Adel. Die römische Verwaltung festigte seine Macht, indem sie ihm das Land zueignete, sogar Kataster und Verzeichnisse für die dazugehörenden Bewohner anlegte, auch um diese zu besteuern. Der gallische Adel sorgte dafür, daß die Römer

von der gallischen Landwirtschaft das erhielten, was sie haben wollten. Dafür baute Rom mit seinen Baumeistern dem gallischen Adel schöne gemauerte große Häuser, städtische wie ländliche Villen, und stattete sie mit dem Luxus aus, den das kaiserzeitliche Rom zu bieten hatte.
Es ging dem gallischen Adel viel besser, wenn er zu Rom hielt, als wenn er für sein Volk stand.
Das war der Vormarsch der Römer nach der Wende der Schlacht von Telamon durch die Gallia cisalpina in die Gallia transalpina bis zum Rhein, vollzogen ziemlich genau in einhundertsiebzig Jahren mit unermeßlicher Beute in dem damals so reichen Gallien, einer Beute, mit der sich auch Rom am Wohlstand vergiften konnte!
Das geschah an der Südfront der keltischen Macht. An der Nordfront vollzog sich der unaufhaltsame Vormarsch der Germanen. Zuerst werden die Kelten aus ihren Sitzen diesseits des Rheins gedrückt, aus dem heutigen Ruhrgebiet und dem Siegerland. Der germanische Vormarsch stockt an der ungeheuer starken Befestigungslinie der Kelten zwischen Fichtelgebirge und Hunsrück. Aber ausgangs des zweiten Jahrhunderts, anfangs des ersten Jahrhunderts brechen die Sweben durch, erreichen den Main, überschreiten ihn, dringen in das heutige Baden-Württemberg ein, werfen die Helvetier aus ihren angestammten Sitzen in die heutige Schweiz, überschreiten den Oberrhein und stehen plötzlich in der hellen Sicht der Geschichte unter ihrem Heerkönig Ariovist. Sie sind den Galliern so überlegen, daß sie Gallien erobert hätten, wenn sie nicht Caesar begegnet wären: Am Oberrhein, in der sogenannten Schlacht von Mühlhausen, die man jetzt östlich von Vesontio, dem heutigen Besançon sucht, im Jahre 58.
So fällt die Entscheidung um Gallien und für Rom auf

fünfhundert Jahre. Die römische Zivilisation wie die lateinische Sprache, werden Gallien auferlegt. Erst unter den Franken gerät Gallien ab 486 unter germanische Herrschaft, die Ariovist mit seinen Sweben nicht gewinnen konnte. Unter dieser germanischen Herrschaft bleibt oder wird Frankreich das, was es ist. Es verliert weder seine Kultur noch seine Sprache. Es erfährt aus gallisch-römisch-germanischem Wesen seine Prägung. Es erhält — das muß begriffen werden — eine Entwicklung zu sich selbst. Kein anderes Volk hat die lateinische Sprache so zu sich selber abgewandelt wie das französische.

* * *

Ein Blick auf England: Es wurde verhältnismäßig spät von Rom unterworfen. Man kann sagen in der zweiten Hälfte des ersten Jahrhunderts nach. Dann stand auch dort das Keltische unter dem römischen Zwang. In England wenigstens bis zur Linie vom Forth bis zum Clyde, wo das Vallum Antoninum gebaut wurde. Irland blieb aber frei, ebenso ein Teil von Wales und Schottland nördlich des Firth of Forth. In den entlegensten Winkeln Europas blieb so das Keltische erhalten. Die Römer wichen, die Kelten blieben. Doch dann landeten die Sachsen 449 in England, die Angeln und die Jüten unter ihren sagenhaften Königen Hengist und Horsa. Im Jahre 577 kam es zu der Entscheidung in der Schlacht von Deorham. Die Kelten wurden von den Germanen endgültig geschlagen. Sie wichen nach Wales, ja sogar bis in die Bretagne aus. In ihrem Refugium blieben die Kelten Kelten, auch über die Eroberung durch die Engländer hinaus, die erst im dreizehnten Jahrhundert beginnt und im sechzehnten Jahrhundert vollzogen ist. Aber erst in unserer Zeit entsteht wieder ein freier keltischer Staat in Irland.

Ähnlich wie die germanische Tradition in Wort und Schrift faßbar nur in dem entlegenen Island weitergeht, so die keltische in dem damals ähnlich entlegenen Irland. Nur daß es sich in Island um einwandfrei germanische Norweger handelt, in Irland aber keineswegs um ein von vornherein gegebenes keltisches Volk. Hier hatte eine keltische Oberschicht ein nicht indogermanisches, stark gemischtes Volk unterworfen, darin eine dunkle mediterane Rasse. Dieses unterworfene Volk gibt seine Sprache auf und nimmt die keltische Sprache an. Von der eigentlichen keltischen Oberschicht blieb in dem üblichen Prozeß nicht viel erhalten. Es wurde dann später noch eine normannische Oberschicht darüber gelegt, die sich wieder mit den anderen Schichten vermischte. Was so blieb, ist der wesentliche Träger der keltischen Überlieferung, auf die wir zurückgreifen können.
Das ist aber allgemein die große Frage: Wo haben wir ein von unten nach oben durchgebautes keltisches Volk? Am ehesten müßte man es im Entstehungsland der Kelten zwischen Alpenvorland und Nordfrankreich suchen. Aber auch hier ist das Keltische obenauf geschichtet mit dem Fürsten, also dem Adel, den ‚equites‘, wie Caesar berichtet, bei einem wohl einigermaßen freien Kriegerstand. Sie sind es, die obenauf liegen und die Unterworfenen darunter, die praktisch nichts zu sagen haben, aber Gefolgschaft leisten müssen. Dieses unterworfene Volk ist aber schon vor den Kelten dagewesen.
Was ist heute noch da?

* * *

Was hatte sich im Osten Europas vollzogen?
Dem Zug der Kimbern und Teutonen der Oder entlang waren andere germanische Völker gefolgt. Sie hatten aus Schle-

Die Luftaufnahme zeigt einen 30 m breiten Ausgrabungsschnitt. Im hellen Kies des Untergrundes zeichnen sich die Siedlungsspuren als dunkle Verfärbungen ab: Pfosten von Häusern, Flechtwerkwände, Zäune und Vorratsgruben

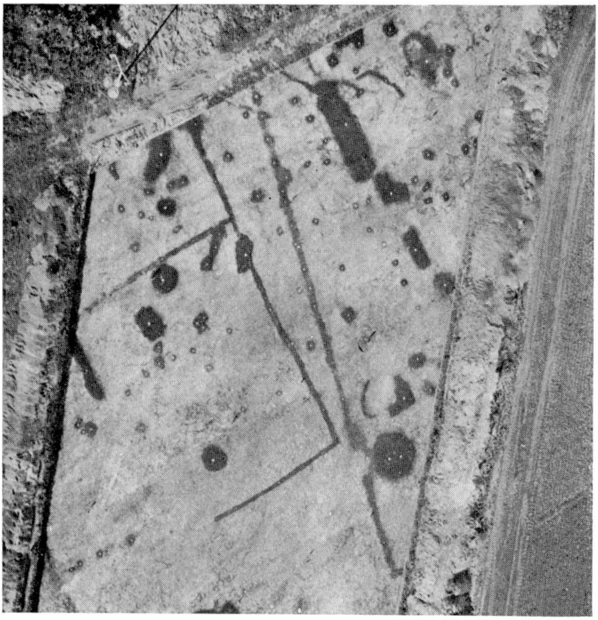

Menschliche Skelettreste innerhalb des Oppidums deuten auf eine kriegerische Katastrophe hin

Zum Hausrat der Bewohner des keltischen Oppidums gehörten bemalte und unverzierte Tongefäße unterschiedlicher Form

sien und Böhmen die keltischen Boier verdrängt. Die großen keltischen Oppidas in Böhmen fielen eines nach dem anderen in die Hand der Markomannen. Böhmen war kurz vor der Zeitrechnung im Besitz des Markomannenkönigs Marbod. Es ist sogar möglich, daß er in einem der eroberten keltischen Oppidas residierte, und daß er keltische Werkstätten weiterbetreiben ließ, so wie es ihm nützlich schien. Dann drangen die Markomannen und die Quaden bis zur Donaulinie vor, wo sie mit den Römern zusammenstießen. Die keltischen Skordisker wurden schon 100 vor Chr. im Raum um Sirmium zusammengedrängt, also südlich der Donau um das heutige Belgrad. Die Taurisker waren schon von Aquileia her unter römischen Einfluß geraten. Aber auch dort drangen schon Germanen von Norden her vor, die Bastarnen und Skiren. Sie erschienen bereits um 200 an der unteren Donau. Hundert Jahre später sind auch die Römer da. In den Wirren der römischen Bürgerkriege entsteht dort das Dacer-Reich nördlich der unteren Donau. Skordisker und Boier werden sogar Vasallen. Im Jahre 29 sind die Römer soweit, daß sie die Grenzwacht auch an der unteren Donau halten. Von dem was im keltischen Namen herrschte, ist kaum etwas übriggeblieben. Es war ja immer das erste, daß man nach dem Sieg die gegnerische Oberschicht austilgte, um über die Unterschicht ungestört herrschen zu können. Es war nur wie ein Wachwechsel der Herren und die Unterdrückten konnten sich überlegen, welche für sie die besseren Herren gewesen waren. Gefragt wurden sie nicht danach.

* * *

Welches Schicksal aber hatten die keltischen Galater, die ja in Kleinasien siedelten, und zwar im Westteil des Ana-

tolischen Hochlandes bis zum Halys, etwa um das heutige Ankara?
Sie lebten im ständigen Kampf mit den hellenistischen Griechen. Sie brachen zur Küste der Ägäis durch und wurden wieder zurückgeschlagen, so von Ptolemäus II. um 317. In der Mitte des dritten Jahrhunderts zahlt Pergamon jahrzehntelang Tribut an die Galater, bis sie von Attalos I. bei Pergamon um 240 geschlagen werden. Danach entstehen die großartigen Galliergruppen, von denen uns der ‚sterbende Gallier' erhalten wurde. Aber Galatien blieb, bis es von Mithridates VI. Eupator um 102 unterworfen wurde. Nach dem römischen Sieg bei Cheironeia läßt Mithridates den ganzen galatischen Adel niedermetzeln. Die Galater suchen jetzt Hilfe bei Rom und sie werden die treuesten römischen Bundesgenossen. Im Jahr 25 wurden sie römische Provinz.

* * *

Was blieb von den Kelten noch in Freiheit?
Merkwürdigerweise war bis kurz vor der Zeitrechnung ein Stück uralten keltischen Landes trotz seiner Lage nördlich der Alpen frei geblieben, Vindelikien, etwa zwischen Iller, Donau und Inn, der letzte Rest des freien alten Keltenlandes mit den letzten freien keltischen Stämmen, wohl mit einer Hauptstadt an der Donau südlich von Ingolstadt, eben der großen Stadt bei Manching. Sie ist, das kann man mit einiger Sicherheit sagen, die letzte keltische Stadt auf dem europäischen Festland, die unterging, und zwar mit dem letzten freien Stück des keltischen Landes.
Hier konnte und mußte sich der Schlußakt der großen keltischen Tragödie abspielen.
Was sich aber im Ganzen vollzog, ist nicht nur eine keltische sondern eine europäische Tragödie. Europa verlor einen großen Ansatz. Wohl für immer!

Der Untergang der großen Keltenstadt

Der Tod von Manching

Wir haben darüber nicht das geringste schriftliche Zeugnis, wie Manching unterging. Wir haben auch bisher kein archäologisches Zeugnis dafür, daß Manching durch die Römer zerstört wurde. Bei den Ausgrabungen zeichnete sich aber das grauenhafte Bild des großen Untergangs dieser Stadt ab. Dabei hat man bisher erst einen kleinen Teil der Stadtfläche ausgegraben. Aber darin liegen die Reste der Skelette von fast vierhundert Männern, die dort nicht regulär bestattet worden sind. Man fand dreißig Schädel mit schweren Hiebverletzungen. Also müssen diese Männer im Kampf gefallen sein. Es waren Kelten, die barhaupt fochten. Auch stammen die Skelettreste meist von jüngeren Männern, die Waffen tragen konnten. Es fehlen die Skelett-Reste von Frauen und Kindern. Sie werden nicht erschlagen, sondern als Sklaven weggebracht worden sein.

Man überlege sich: Vierhundert Gefallene auf zwei Prozent der Stadtfläche! Das ergäbe auf die ganze Fläche gerechnet fünfzehntausend Gefallene. Aber so darf man nicht rechnen. Der Widerstand der Bewohner von Manching wird sich nicht gleichmäßig über das ganze Stadtgebiet erstreckt haben. Der Kampf kann sich hierhin und dorthin gezogen haben, als die Stadtmauer überstiegen war. Aber wenn wir nur das Zehnfache rechnen, so ergeben sich drei- bis viertausend Gefallene, deren Leichen nach dem damaligen Brauche liegenblieben und zum Himmel stanken, als Fraß für die Vögel, Raubtiere und die übriggebliebenen Hunde.

Wie kam es zu dieser Katastrophe, von der nichts überliefert ist als das, was wir in Manching finden?

Der Blick fällt auf die Römer. Es ist ihre Handschrift. Damit soll nicht gesagt sein, daß nicht auch keltische Stämme unter sich Krieg geführt und Städte zerstört hätten. Denn da steht das Problem auf, daß ungefähr in derselben Zeit die nördlich der Donau gelegenen keltischen Oppidas ebenfalls zerstört worden sind, wie das auf dem Staffelberg am oberen Main und das bei Finsterlohr an der Tauber. Man kann nicht annehmen, daß dorthin damals schon die Römer kamen. Es können vielleicht Germanen gewesen sein! Die Sweben standen ja schon zu Caesars Zeit im Elsaß unter Ariovist. Er ließ Caesar mitteilen: ‚Er werde es schon merken, was die unbesiegten und waffengeübten Germanen, die vierzehn Jahre unter kein Dach gekommen seien, durch ihre Tapferkeit zu leisten vermögen.' — Vierzehn Jahre unter keinem Dach! Das heißt Krieg im Keltenland! Doch sicher auch diesseits des Rheins. — Die swebischen Stämme waren ja längst dabei, sich südwärts auszuweiten, bis sie dann mit den Römern zusammenstießen. Im Jahre 9 führte Drusus einen Feldzug gegen die Markomannen in Thüringen und Nordbayern. Also müssen diese spätestens zu diesem Zeitpunkt dort gesessen haben. Es ist durchaus möglich, daß die keltischen Oppidas in dem dortigen Gebiet durch die Markomannen fielen. Doch wissen wir darüber nichts Bestimmtes.

Von den Römern aber wissen wir mit Sicherheit, daß sie im

Jahre 15 vor der Zeitrechnung in das Land zwischen Alpen und Donau einmarschierten und es eroberten.
Dem war die endgültige Eroberung des Alpenlandes durch die Römer vorausgegangen. Betrachten wir sie:
Der Prokonsul Illyriens P. Silius Nerva hatte im Jahre 16 die Bergstämme im Val Camonica und im Val Trompia unterworfen. Das war der Start zu der Unterwerfung der Alpenvölker. Der Prokonsul überschritt dann den Alpenkamm, bezwang am Hochrhein die Vennontes, die zu den Vindelikern gerechnet wurden. Die Alpenstämme wurden weiter so befriedet, daß die Römer sogar eine Straße von Como über den Splügen oder den Julier hinweg und am Zürichsee vorbei bis nach Basel bauen konnten. Die Verbindung zwischen den Legionen in Oberitalien und am Oberrhein wurde damit hergestellt. Man konnte Truppen hin- und herschieben und den Zangenangriff des Sommerfeldzugs vom Jahre 15 vorbereiten.
Für den großen Erfolg, der nun mit dem Ausgriff in die Ebene bis zur Donau winkte, setzte man die beiden kaiserlichen Prinzen ein: Drusus und Tiberius, die Stiefsöhne des Augustus. Auf das kaiserliche Haus sollte der Glanz eines großen Sieges fallen, den man nach sorgfältigen Vorbereitungen erwarten durfte.
Tiberius kam von Gallien her. Er marschierte den Oberrhein entlang, wohl auf der südlichen Seite von Basel bis zum Bodensee. Denn nordwärts des Oberrheins drangen die Römer erst etwa unter Kaiser Claudius, in der Mitte des ersten Jahrhunderts nach der Zeitrechnung endgültig ein, um es wirklich zu besitzen. Es wird davon berichtet, daß Tiberius vom Bodensee aus in einem Tagesmarsch die Donauquellen erreicht hätte. Dies wird übertrieben sein. Die kürzeste Entfernung wäre die von Schaffhausen aus bis zum Zusammen-

fluß der Briga und Brega zur Donau bei Donaueschingen mit immerhin 30 Kilometern Luftlinie. Jedenfalls blieben damals die Römer nicht in dem Raum. Es dürfte mehr ein militärischer Erkundungsvorstoß gewesen sein, wenn man nicht der Geographie wegen diese berühmten Quellen aufsuchen wollte.

Am Bodensee traf Tiberius auf die Vindeliker. Strabo berichtet sogar von einer gewonnenen Seeschlacht mit einem Stützpunkt auf einer Insel. Von dort aus marschierte Tiberius weiter am nördlichen Alpenrand entlang. Dabei wird er die Keltenstadt Cambodunum unterworfen haben. Sie gilt als die Stadt der vindelikischen Estionen. Es ist das heutige Kempten. Es kann auch sein, daß er von dort aus vollends zur Donau vorstieß. Sicher zog er dann aber weiter bis nach Pannonien, also etwa in das heutige Ungarn.

Gleichzeitig mit Tiberius kam sein Bruder Drusus über die Alpenpässe, und zwar entweder über den Brenner oder über den Reschenpaß und den Fernpaß. Im Inntal mußte er die Stämme der Breuni und nördlich davon die der Genaunes unterworfen haben. Strabo spricht von einer Reihe von Einzelgefechten, in denen Drusus die Räter bezwang. Die Räter bewohnten ja damals hauptsächlich die Alpentäler, und zwar das obere Rheintal bis zum Bodensee und das Land vom Etschtal bis zum Inntal.

Vorausgegangen war der Vergleich der Römer mit dem keltischen Königreich Noricum, das 115 einem römischen Vorstoß erlegen war. Man hatte sich dann friedlich zusammengefunden und verbündet. Die große Stadt Noreia, die man auf dem Magdalensberg sucht, blieb erhalten, wurde sogar unter Augustus von den Römern ausgebaut.

Wir wissen nicht, wo sich die beiden getrennt marschierenden Brüder Drusus und Tiberius mit ihren Legionen getroffen haben. Jedenfalls im Voralpenland. Wenn Drusus über den Reschenpaß kam und dem Inn und Lech folgte, kann es bei Füssen gewesen sein, dort wo man die Berge hinter sich hat. So kam er schnellstens aus der Enge heraus ins freie Land. Drusus kann aber auch dem Inn weiter gefolgt sein und erst später das Alpenvorland betreten haben. Es ist aber sicher, daß er dann nordwärts über die Keltenstadt Bodiacum nach dem heutigen Augsburg marschierte, wo später das große Legionslager erstand und anschließend die Stadt Augusta Vindelicorum.

Irgendwann muß dann die entscheidende Auseinandersetzung mit den Vindelikern stattgefunden haben. Wir wissen von einem großen Sieg der Römer und einer schweren Schlacht — man sprach von „grave proelium". — Wir kennen sogar das genaue Datum. Es ist der 1. August 15 vor der Zeitrechnung, also der Geburtstag des Kaisers Augustus. Wir wissen aber nicht, wo diese Schlacht geschlagen wurde. Wir wissen auch nicht, gegen welche vindelikischen Stämme. Vielleicht gegen alle? Denn es muß die Entscheidungsschlacht gewesen sein, die nach der Vereinigung der beiden Brüder mit ihren Heeressäulen stattfand nach dem Grundsatz: ‚Getrennt marschieren und vereint schlagen'. Nach dieser Schlacht waren Alpen und Voralpenland bis zur Donau in römischer Hand, wenn man von den keltischen Städten absieht, die noch nicht erobert waren.

Auf dem Siegesdenkmal von La Turbie sind neben den alpenländischen Völkerschaften vier vindelikische Stämme aufgeführt, die besiegt wurden. Danach haben wir bei den Vindelikern mehrere Unterstämme, wie bei jedem keltischen Großstamm. Genannt werden auf dem Siegesdenkmal oder bei Strabo die Consuaneten, die Rucinaten, die Licatjer und die Catenaten. Strabo nennt die Brigantier am Bodensee —

man denke an das heutige Bregenz — und die Estionen an der Iller mit ihrer Stadt Cambodunum, die wir schon erwähnt haben. Dann spricht er von den Clantenatiern und den Vennonen, eine Summe von Völkerschaften, die genau unterschieden wurden! Und das alles auf der heutigen schwäbisch-bayerischen Hochebene etwa von der Iller bis zum Inn. Denn dort begann das Land Noricum.

Aber es sind nur Namen. Wir wissen nicht, wo diese Unterstämme der Vindeliker saßen, mit Ausnahme der Licatier am Lech, und wir wissen nicht, was sich mit ihnen verbindet. Es ist uns so gut wie nichts überliefert. Drusus ist kein Caesar. Er schrieb keinen ‚De bello Vindelico'. Wir wissen nur, daß er eine Stadt mit einem halb römischen halb keltischen Namen gründete, nämlich Drusomagus, was etwa Drususfeld bedeutet. Man sucht sie bei Memmingen.

Mehr aber wissen wir nicht von diesem bedeutenden geschichtlichen Vorgang. Es geht ja um die Eroberung des letzten freien Stückes des großen Keltengebiets auf dem Festland, ja, sogar um ein Stück des alten keltischen Kerngebietes.

* * *

Was geschah gleichzeitig jenseits der Iller im heutigen Baden-Württemberg? Wir wissen, daß wohl links der Iller noch Helvetier wohnten, Leute von dem keltischen Großstamm. Aber wo müssen wir die eingedrungenen Sweben suchen? Mit Sicherheit kennen wir sie nur als Neckarsweben zwischen Mannheim und Heidelberg. Dort sind sie am Beginn unserer Zeitrechnung nachgewiesen. Ebenso saßen sie an der Mainmündung. Der Sack zwischen Rhein, Bodensee und Iller muß aber einen ziemlich gefährlichen Inhalt gehabt haben. Erst im Jahre 74 nach der Zeitrechnung zieht der römische Feldherr Cn. Pinarius Clemens mit nicht weniger als fünf

Legionen und Hilfstruppen aus, um dieses Gebiet zu befrieden. Man schob vorsichtig die Grenze vom Süden nach Norden zur Donau vor, bis zum sogenannten Donau-Limes und errichtete die Reihe der Donaukastelle zur Sicherung. Dann erst wagte man sich auf die Schwäbische Alb mit den dorthin vorverlegten Kastellen. Anschließend erreichte man den Neckar, zuerst bei Rottweil, dem römischen Arae Flaviae.
Im Süden ging der Vormarsch vom Rhein aus, von Vindonissa, dem heutigen Windisch. Man traf sich mit dem Stoß der Römer vom Kraichgau her und erreichte endlich den mittleren Neckar. Erst 155 schob man den Limes noch einmal 25 Kilometer vor, jetzt einwandfrei gegen die Germanen zu der endgültigen Grenze des Limes von Miltenberg am Main bis nach Lorch in Württemberg und von der dortigen berühmten Ecke bis nach Eining an der Donau in der Nähe von Regensburg. Der endgültige große Wall, die am weitesten vorgeschobene große Mauer der Römer, war vollständig. So lange dauerte die Eroberung dieses Landes, etwa des heutigen Baden-Württembergs. Man brauchte gegen hundert Jahre, um diesen Weg zu machen, nachdem man sich nach langem Zögern dazu entschlossen hatte. Es kann sich dabei nicht nur um Kelten als Gegner gehandelt haben, auch nicht um Helvetier, die noch auf ihren alten Sitzen saßen oder die von der Schweiz her wieder eingesickert waren. So kriegerisch die Helvetier auch waren, Caesar hatte sie in einem Jahr geschlagen und zurückgeworfen. Germanen müssen die Gegner gewesen sein, und zwar Sweben, von denen die germanischen Usipeter und Tenkterer zu Caesar sagten, daß es „mit den Sweben nicht einmal die unsterblichen Götter aufnehmen können".
Auch wenn wir in dieser Zeit die Sweben durch Bodenfunde nicht nachweisen können — man kann Wanderungen, beson-

ders ziehende Kriegerscharen, so gut wie nie aus Bodenfunden feststellen — kein keltisches Volk leistete damals einen solchen Widerstand.

* * *

Östlich der Iller in Vindelikien dagegen muß das Land in einem Zug erobert worden sein, ähnlich wie Caesar Gallien eroberte, wozu er allerdings drei bis vier Jahre brauchte. Aber Gallien war auch ein großes Land, und Caesar hatte zuerst nur sechs und später erst zehn Legionen.

Es war auch eine Art Privatkrieg Caesars gewesen, den er gegen seine Feinde in Rom durchgesetzt hatte. Jetzt aber erschienen zwei Kaisersöhne mit der Macht des Kaiserreichs, angesetzt zur Ausführung des großen Planes des Augustus, der die römischen Grenzen soweit an die Donau und vielleicht bis an die Elbe vorschieben wollte, damit kurze Verbindungen und kurze Verteidigungslinien entstünden.

Es waren sicher alle Mittel da, die man zur Eroberung Vindelikiens brauchte. Das soll nicht heißen, daß sich die Vindeliker nicht bis aufs äußerste gewehrt hätten. Sie wurden trotzdem schnell überwältigt. Tiberius wäre nicht so schnell weiter nach Pannonien gezogen, wenn Drusus noch seiner Hilfe bedurft hätte. Wir wissen, daß Drusus in den Jahren 15 bis 13 auf Befehl des Kaisers Augustus in Verfolg des großen Planes schon den Feldzug gegen die Germanen vorbereitete. Er machte dann zwischen 13 und 9 die fünf Kriegszüge vom Niederrhein bis zur Weser und Ems, später über den Rhein bis zur Lippe, außerdem weiter südlich den Feldzug gegen die Katten und gegen die Markomannen in Thüringen und Nordbayern und dann auch noch den Feldzug gegen die Cherusker bis zur Elbe. Er war dabei so erfolgreich, daß er den Ehrennamen ‚Germanicus' erhielt.

Aber bevor Drusus den großen Auftrag erhielt, der ihm dann den Ehrennamen Germanicus brachte, muß er im Feldzug gegen die Vindeliker sich schon besonders ausgezeichnet und einen Namen gemacht haben. Er muß diesen Feldzug tatsächlich in einem Jahr durchgeführt haben, denn im nächsten Jahr ist er schon mit der Vorbereitung des Feldzugs gegen die Germanen beschäftigt.
Aber was heißt ein Jahr? Vor Mai wird der Feldzug nicht begonnen haben, wenn Drusus vorher die Alpen überschreiten mußte. Am ersten August war schon die Entscheidungsschlacht. Anschließend muß die große Vindelikerstadt bei Manching gefallen sein.
Auch wenn es im nächsten Jahr noch durch Unterfeldherrn etwas zu tun gab, es ist erstaunlich, was gelang, denn westlich der Iller brauchte man ein Jahrhundert, ostwärts der Iller nur ein Jahr.

Das Jahr 15 vor der Zeitenwende!
Nach dem Untergang der Keltenstadt bei Manching gründete Drusus zu Ehren seines Stiefvaters Augustus die Stadt Augusta Vindelicorum. Sie wurde die römische Hauptstadt der Vindeliker als Ersatzstadt für Manching. Das spricht auch dafür, daß Manching ein Vorort oder der Vorort der Vindeliker gewesen ist.
Combodunum, das heutige Kempten, hat sich wahrscheinlich nicht gegen die Römer gewehrt, denn es bestand weiter. Nicht aber Manching! Hier muß ein Kampf bis zum Letzten stattgefunden haben. Gefallene liegen heute noch dort, wo sie gefallen sind. Es war ja so bei den Römern, daß eine Stadt, die sich erbittert wehrte, den Soldaten zum Plündern und zum Morden freigegeben wurde. Sie wollten ein Exempel statuieren, das andere Städte abschreckte. So war es im

gallischen Krieg mit Avaricum geschehen. Caesar sagt von seinen Soldaten: „Ihre Erbitterung ... war so groß, daß sie nicht die schwachen Greise, nicht die Frauen, nicht die Kinder schonten.“ In Manching erschlug man ja nach dem bisherigen Befund wohl nur die Männer. Caesar meint, daß in Avaricum gegen vierzigtausend Menschen getötet wurden. Eine Stadt ein einziges Leichenfeld! Caesar gibt nur eine Erklärung für den Mord und hat dafür kein Bedauern. Der Mord von Manching wird wohl gewollt gewesen sein.
Wieviel Einwohner Manching auch gehabt haben mag, es ging ihm so wie anderen gallischen Städten.

* * *

Dem kann aber etwas anderes Furchtbares vorausgegangen sein. Ich zitiere wörtlich aus dem Band 6 der Ausgrabungen von Manching Seite 5 dritter Absatz: „Ein von anthropologischer Seite zu verfolgendes Problem stellen die regelmäßig unter den Abfällen auftretenden Menschenknochen dar ...“
Man kann also nicht daran zweifeln, daß in Manching Menschenfleisch gegessen wurde. Gibt es eine Erklärung vielleicht aus Caesars ‚De bello Gallico‘? Dort hält vor den in Alesia eingeschlossenen Galliern Critognatus, ein vornehmer Averner, eine Ansprache wegen der verzweifelten Lage der Stadt: „Worauf läuft mein Rat hinaus? Zu tun, was unsere Väter im Kriege mit den Kimbern und Teutonen getan haben, in einem Kriege, der sich mit unserem gar nicht vergleichen läßt. Zusammengepfercht in ihre Städte und von ähnlicher Not bedrängt, haben sie ihr Leben mit dem Fleische der durch ihr Alter zum Kriege Untauglichen gefristet und sich dem Feinde nicht ergeben.“
Könnte es sich in Manching um etwas Ähnliches gehandelt haben? Nicht zur Zeit des Durchzugs der Kimbern und Teu-

tonen, sondern unter der Not der römischen Belagerung? Aber das ist ja das Merkwürdige: Es gibt um Manching nichts, was auf eine römische Belagerung hinweist. Keinen Einschließungswall, keinen Damm für das Vorrücken eines Turmes. Nicht einmal der Wall eines römischen Lagers ist nachzuweisen, von dem der Angriff ausging. Ein solches Lager müßte doch zu finden sein, wenn eine römische Legion nur eine Nacht in der Nähe gewesen wäre! Im Feindesland sicherte man sich gegen einen Überfall. Nichts ist da in der Nähe von Manching, das auf die Römer hinweist. Sollte Manching von anderen Kelten im römischen Auftrag angegriffen und verwüstet worden sein? Auch dafür gibt es keine Anzeichen.

Folgendes aber könnte geschehen sein: Ich folge hier wieder Caesar. Er berichtet, daß er ausrückte, um das Land des Ambiorix vollständig zu verheeren, es durch Vernichtung von Menschen, Gehöften und Vieh in eine Wüste zu verwandeln. Dazu ließ er „das ganze Land teils von Legionen, teils von den Hilfstruppen, die er nach allen Richtungen entsandte, durch Mord, Brand und Plünderung verwüsten . . ."

Es war doch so: Die Vindeliker waren in der großen Schlacht geschlagen. Sie konnten im freien Feld nicht mehr widerstehen. Sie flüchteten hinter die Mauern der Städte. Der Feind konnte das Land ringsum verwüsten, um den Städten die Zufuhr abzuschneiden. Es kann dann doch zu einer Hungersnot und es kann zum Verzehr von Menschenfleisch gekommen sein.

Die Verteidiger der Stadt waren geschwächt. Die Stadt könnte dann in einer plötzlichen Aktion genommen worden sein. Wie man sagt: ‚Aus dem Marsche heraus'. Sicher fiel aber die letzte Entscheidung im Kampf mit den Vindelikern

mit dem Griff nach ihrer Hauptstadt. Drusus war ein so ausgezeichneter Soldat, daß man es ihm zutrauen kann, daß er sein Ziel mit den geringsten Opfern erreichte.
Übrigens, Menschenfleisch aßen noch im letzten Weltkrieg die eingeschlossenen Russen, sogar mit der ethischen Begründung, daß der Kamerad noch im Tode den Kameraden dienen solle.
Es muß aber nicht so gewesen sein, daß die Einwohner von Manching Menschenfleisch aus Not verzehrten. Es ist auch möglich, daß sie es aus kultischen Gründen getan haben.

* * *

Wie muß man sich den Angriff auf eine Stadt aus dem Marsch heraus vorstellen?
Größere Annäherungshindernisse schützten Manching nicht. Es war kein Graben da. Sicher waren Bäche, Flüsse, Sümpfe, vorhanden. Sie waren aber für die Römer kein Hindernis. In kürzester Zeit legten römische Legionäre einen Bohlenweg durch einen Sumpf. Sie bauten eine Brücke. Caesar schlug seine erste Brücke über den Rhein — man nimmt an bei Neuwied — in nur zehn Tagen, als das Bauholz heran war. Das geschah über einen breiten, reißenden Strom. Über die Donau bei Manching hätte er es dann in zwei bis drei Tagen geschafft. Aber es gab ja auch eine Furt.
Da man so gar nichts findet, vielleicht lief vor der Mauer um Manching ein Gebück, eine verflochtene Hecke aus Hagebuchen? Über Hecken und Verhaue warfen die Römer Schutt und stiegen darüber. Oder man brannte sie an und schlug sich durch. Sie waren kein ernstliches Hindernis für ein römisches Heer.
Die Tore von Manching mögen verrammelt gewesen sein. Man füllte sie damals mit übereinander gesetzten Rasen-

soden. So machten es jedenfalls die Römer. Aber man brauchte ja nicht durch die Tore zu brechen, die in Manching Zangentore waren, mit Holztürmen darüber. Man griff die Stadtmauer an, die keine Türme hatte, weil dies leichter war.

Das Osttor von Manching, das zeigt die Grabung, wurde umkämpft und verbrannt. Das heißt aber nicht, daß die Römer durch dieses Tor eingedrungen sind. Die Verteidiger, deren Knochen unter dem brennend zusammengestürzten Tor lagen, können seinen turmartigen Aufbau auch nach innen verteidigt haben. Wenn sie nicht eingeschlossen gewesen wären, hätten sie sich aus dem brennenden Tor zurückgezogen. Oder aber es waren Gefallene, deren Leichen mit dem später angezündeten Tor verbrannten. So leicht brannte ein Tor aus so mächtigen Stämmen nicht ab.

Wenn das römische Heer anmarschierte, konnte man es von der Stadtmauer aus sehen. Man blickte ja von dort weit ins ebene Land. Im Sommer sah man die Staubwolke der marschierenden Truppe schon meilenweit. Vielleicht wurde damals versucht, den Goldschatz von Irsching mit den tausend goldenen Regenbogenschüsselchen in Sicherheit zu bringen, nach Nordosten, der Donau entlang. Die Gefahr kam wohl vom Süden und Westen her. Der Schatz wurde dann aus irgendeinem Grund bei Irsching vergraben. Man war vielleicht bedroht durch die schon nachsetzende römische Reiterei und konnte ihn nicht weiterschleppen.

Die Römer rückten wohl auf der Südstraße an. Vielleicht von Augsburg her in einem wohl vorbereiteten Unternehmen. Von Augsburg nach Manching sind es rund 60 Kilometer Weg, also zwei Tagesmärsche. Auf einen Nachtmarsch kam es den Römern nicht an, wenn sie überraschen wollten. So wenigstens Caesar. Doch man wirft nicht gern eine ermüdete Truppe ins Gefecht. Und doch geht es oft nicht anders. Überraschen kann mehr wert sein als frisch sein.

Wenn die Römer auf das Südtor zumarschierten, werden sie sich so verteilt haben, daß die Belagerten nicht wußten, wo sie angreifen würden. Nehmen wir an, daß es nur mit einer Legion geschah. — Bei Augsburg kann auch ein Zwei-Legionen-Lager bestanden haben. Zwei Legionen, das waren schon über zehntausend Mann, jede Legion nach der Mariusschen Einteilung mit zehn Kohorten zu dreihundert Mann. Dazu die Hilfstruppen.

Die Römer erschienen dann auch am Osttor, um dort die Flucht zu verhindern. Es kam zu einem Kampf vor dem Tor mit den Leuten, deren Schädel und Knochen in der vorgebauten Sperre lagen. Die Römer werden auch den Abschnitt an der Donau gesichert haben. Sie besetzten sicher die Brücke am Westtor. Es sollte niemand mehr entkommen können. Das alles geschah nach Plan und Befehl fast gleichzeitig. Das anmarschierende Heer und die Bedrohung von allen Seiten war plötzlich da. Um die Mauer standen, wenn es nur eine Legion war, immerhin zehn Kohorten zum Angriff, erhoben ihr Kriegsgeschrei und suchten nach den schwachen Stellen der Verteidigung. Dann griffen sie an vielen Stellen an. Vielleicht waren auch Geschütze nach vorne gezogen, sicher aber die Bogenschützen und die Schleuderer. Ein Geschoßhagel prasselte nieder, so daß die Verteidiger kaum mehr die Köpfe über die Brüstung heben konnten. Dann krochen zehn Schildkröten näher, jeweils dreihundert Mann. Eine Reihe zu zwölf Mann, fünfundzwanzig Reihen mit den Manipeln der Hastati, der Prinzipes und Triarier. Jede Schildkröte, ‚testudo‘, wurde an den Seiten durch die großen viereckigen leicht gebogenen Römerschilde abgedeckt.

Was geschah jetzt an der Mauer?

Wenn keine Mauersicheln da waren, um die Brüstung herunterzureißen und wenn keine Leitern da waren, konnte das geschehen, was an gallischen Mauern geschehen war, die ja alle nur etwa vier Meter hoch waren: Je drei Mann hoben einen Mann hoch. Man kann sagen, sie warfen ihn hoch. Dann gleich den nächsten und wieder einen undsoweiter. Diese klammerten sich an der Brüstung fest, stiegen drüber. An manchen Stellen gelang es nicht, aber an anderen Stellen gelang es, weil sie schlecht besetzt waren. Der erste auf der Mauer verdiente sich die Mauerkrone, die besondere Anerkennung des Feldherrn. Man kämpfte jetzt schon auf der Mauer. Von unten drückte man nach, machte die Brüstung frei und brach ein. Ein ganzes Manipel, fünfundzwanzig Glieder tief, begann sich auf die Mauer wie eine Raupe zu schieben. Der Verteidiger wirft an den bedrohten Stellen seine Einsatzreserve ins Gefecht, wenn diese überhaupt vorhanden ist. Oder er entblößt andere Stellen auf der Mauer. Sie werden entdeckt und die Römer beginnen auch dort aufzusteigen. Geschrei um die ganze Stadt! Waffenzusammenschlagen! Der Kampf wird hart und härter. Doch die Verteidiger kommen immer mehr in Bedrängnis. Sie haben nichts mehr zuzusetzen.

Die Frauen laufen herbei mit aufgelösten Haaren, halten den Männern die Kinder hin, um sie so zu beschwören. Familienmütter werfen Kleidung und Silber von der Mauer herab, beugen sich mit entblößter Brust über die Mauer und beschwören die Römer mit ausgebreiteten Armen sie zu schonen. Einige werden von den oben Stehenden an den Händen herabgelassen und bieten sich den Soldaten an.

So geschah es vor Gergovia; Caesar schildert es so und ähn-

lich geschah es bei anderen gallischen Städten. So kann es auch bei Manching gewesen sein.
Wenn um den Wall erbittert gerungen wurde in einem Hin und Her, das über Stunden gegangen sein kann, und wenn sich der Kampf vom Wall in die Stadt hinein zog, so ist es möglich, daß die Römer mit ihren Hilfstruppen in der Kampfeswut nichts schonten, was widerstand und was Mann war. Man hat dann die verängstigten Frauen und Kinder zusammengetrieben, um sie in die Sklaverei zu verkaufen. Es kann sich also nicht nur um blinde Kampfeswut gehandelt haben, sondern um ein bewußtes Verhalten. Es muß von der römischen Führung gewollt gewesen sein, daß diese große Stadt der Vindeliker mit ihren Männern ausgelöscht wurde. Das gelang so gut, daß nicht einmal ihr Name blieb.

Wie gerne würden wir den Namen der Stadt nennen, damit er einen Klang hätte auch nach Jahrhunderten. Wir hörten gerne einen dieser farbigen ausdrucksvollen keltischen Namen. Wie könnte sie geheißen haben? Etwa ‚Ritudunum'? Dunum heißt ja Stadt, Ritu bedeutet Furt, Übergang. Also Stadt an der Furt, am Übergang. Es gibt bei uns Ortsnamen mit ‚furt' gerade genug, und es gab sie auch bei den Kelten. Es gab bei ihnen ein Brivodunum, das bedeutet Brückenstadt. Camboritus heißt Furt an der Krümmung. Man mag solche Namen vor sich hinsagen, um den Wortklang zu haben. Wie gerne wüßten wir den richtigen Namen dieser Stadt! Er gehört doch zum Gedenken. Er wäre eine Art Denkmal im Wort. Von den Römern ist uns der Name Vallatum überliefert. Aber das ist ja nicht das keltische Wort. Wir wissen also den Namen nicht. Und wir werden ihn wohl nie erfahren.

Mit dieser Stadt fiel die letzte Freiheit der Kelten auf dem europäischen Festland. Alles was keltisch gewesen war, war niedergerungen bis auf England und Irland mit seinem verhältnismäßig späten Keltentum. Mit Manching fiel die letzte keltische Stadt in dem keltischen Stammland von der Donau bis zur Marne.

Die Weltgeschichte wird einen Augenblick den Atem angehalten haben. Ein großes, tüchtiges, hochbegabtes Volk konnte und durfte nicht mehr weiterleben, um auch in Zukunft seinen Beitrag zur europäischen Kultur zu leisten.

Bei Cassius Dio lesen wir, daß die Römer nach der Eroberung Vindelikiens „den größten Teil der jungen Mannschaft fortführten". Die Soldaten waren für die Fortsetzung des Krieges gegen die Germanen wichtiger geworden als Sklaven. Wir wissen nicht, wieviele Kohorten aus den Rätern und Vindelikern aufgestellt wurden. Es können nicht wenige gewesen sein, denn dreißig Jahre nach der Eroberung hatten die Kohorten der Räter und Vindeliker an der Schlacht bei Idistaviso entscheidend teilgenommen, in der der Kaiserenkel Germanicus einen Sieg über den Cherusker Arminius errang. So römisch war man eine Generation später in dem eroberten Land geworden, daß man für Rom Siege erfocht.

Schicksal und Charakter

Wir sind auf das angewiesen, was die antiken Schriftsteller darüber berichten. Dabei geht es zuerst um den Charakter der keltischen Oberschicht, also um den des Adels, der ‚Ritter' — wie Caesar sagt — und der Freien. Denn sie bestimmen durch ihr Verhalten das Schicksal des gesamten Volkes. Die Abhängigen, die Hörigen, haben dieses Schicksal anzunehmen und zu tragen.

Wenn Strabo sagt: „Die gesamte Nation ... ist kriegstoll, ebenso kühn wie gewandt in der Schlacht, gleichwohl sonst arglos und nicht wild", so gibt er einen Hinweis auf ein Volk, das in der Schlacht ohne Rücksicht auf das eigene Leben den Willen der Götter suchte, das aber einer überlegenen, täuschenden Politik in seiner Arglosigkeit nicht gewachsen war.

Von den Frauen sagt Diodor, daß sie nicht nur so groß wie ihre Männer wären, sondern ihnen an Mut nicht nachstünden.

Es war ein groß gewachsenes tapferes Volk, von dem Caesar sagt: „Im allgemeinen nämlich erscheint allen Galliern unsere geringe Größe im Vergleich zu ihrem hohen Wuchs verächtlich".

Es ist also das Bild eines stolzen Volkes im Bewußtsein seiner kriegerischen Tüchtigkeit, das im Schmuck seiner Ringe und Fibeln, mit bunten Kleidern in leuchtenden Farben auftritt, ein Volk, das seine Schau haben will. So wie ein naives Volk — das Wort naiv durchaus im guten Sinne gebraucht — eine farbenbunte, metallglitzernde Tracht zeigt bis in unsere Tage hinein. Warum nicht? Das was man zeigt, ist ja so, wie man selber ist. Dabei ist der Einzelne fest eingefügt in die Gemeinschaft der Sippe, des Clans, des Dorfes ... Er ist dort so fest eingebunden, daß sein Verhalten durch die Sippe gegeben ist. Die Sitte herrschte in einem solchen gewachsenen Zustand und nicht die Willkür des Einzelnen. Wer gegen die Sitte handelte, war verurteilt. Sie war das ungeschriebene Gesetz, das stärker wirkte als das, was geschrieben war. Wie leicht lebte und starb es sich in dieser Sitte!

Wie zwingend die Sitte war, berichtet Caesar. Er kämpfte gegen die gallischen Bellovaker und ihn unterstützten die ebenfalls gallischen Remer unter ihrem Fürsten Vertiscus, der wegen seines hohen Alters kaum noch zu Pferd sitzen konnte. Er hatte aber gallischer Sitte getreu weder die Übernahme des Kommandos abgelehnt, noch gewünscht, daß man ohne ihn kämpfe. Er fiel, umzingelt vom feindlichen Fußvolk, an der Spitze seiner Reiter. Über der Sitte und dem damit verbundenen Recht standen die Wächter: Die Druiden.

In der Sippe waren die Kelten nicht aufzulösen. Sie war so festgefügt, daß die römische Kirche noch viele Generationen brauchte, um die Kleinfamilie gegenüber der Großfamilie zu festigen. Wie sehr klafften aber die Risse zwischen den größeren Einheiten.

Caesar sagt, daß die Gallier fast alle an politischen Veränderungen Freude hatten und sich leicht und rasch für einen Krieg begeistern ließen. Weiter sagt er: „Wie ja überhaupt die Entschließungen der Gallier unüberlegt und plötzlich sind". Und: „Ohne sich Zeit zu nehmen, um sie (die Nachrichten) auf ihre Wahrheit zu prüfen, lassen sich die einen von Habsucht, die anderen von der ihnen angeborenen leidenschaftlichen Unbesonnenheit dazu verleiten, leeres Gerede als Tatsachen anzusehen". Man war also unvernünftig, sobald man in größerer Zahl auftrat.

So fest eingefügt wie der Einzelne durch die Sitte in der Familie war, so leicht gab es Entzweiungen bei politischen Entscheidungen, die außerhalb der Sippe fallen sollten, die aber dann in die Familien hineingetragen wurden. Caesar sagt: „In Gallien gibt es nicht bloß in allen Stämmen, ja in allen Gauen und Bezirken, sondern auch fast in jeder Familie Parteien. An ihrer Spitze stehen allemal diejenigen, die sich in der öffentlichen Meinung die meiste Geltung zu verschaffen wissen. Ihr Ermessen und ihr Urteil sind für die letzte Entscheidung in jederlei Rat und Tat maßgebend". Oder: „wie ja bei den Barbaren ein unruhiger Kopf und ein Mann der Tat stets großes Ansehen genießt."

Und nun führt der große Römer weiter von der einen zu der zweiten ebenso entscheidenden Feststellung über das Volk, das er zu unterwerfen unternommen hatte: „Ebenso leidenschaftlich und rasch entschlossen die Gallier auch einen Krieg beginnen, so schlaff und wenig widerstandsfähig sind sie, wenn es gilt, Mißerfolge standhaft zu ertragen."

Man vergleiche damit die Spanier und ihr Verharren auf verlorenem Posten! Das ist iberische Charakterhaltung, aber keine keltische. Das große Beispiel für die spanische Haltung in der damaligen Zeit ist die Verteidigung von Numantia, einem unbedeutenden Platz. Hier trotzten vielleicht achttausend Verteidiger dem Heer des Scipio Africanus von sechzigtausend Mann. Sie essen Menschenfleisch, um nicht zu verhungern und um weiterkämpfen zu können. Bevor es zu Ende geht, bringen sie sich gegenseitig mit Weibern und Kindern um. Scipio zieht in eine Stadt ein, in der jedes Leben erstorben und in der jede Beute verdorben ist. Er muß seinen Triumph in Rom ohne einen Gefangenen und ohne ein Beutestück feiern.

Wie schnell fallen dagegen die gallischen Städte vor Caesar! So tapfer der Gallier, der Kelte im Rausch des Angriffs ist bis zum herrlichen Fallen und Sterben in diesem Rausch, er steht nicht, wenn die Sorge, die Angst vor dem herannahenden Unglück an sein Herz greift. Er gibt sich innerlich geschlagen. Er gibt sich auf. Wenn eine Stadt in Gallien allein den Römern gegenübersteht, so ergibt sie sich in wenigen Tagen. So Vellaudunum, nachdem die Römer in zwei Tagen ihren Wall aufgeschüttet haben, am dritten Tag. Cenabum ergibt sich nach einem Tag. Noviodunum sofort. Avaricum ist kein Beispiel, da es erst nach fünfundzwanzig Tagen fällt, weil Vercingetorix mit dem gallischen Heer in der Nähe stand. Bei Alesia geht es um die große Entscheidung, wobei Vercingetorix mit einem gallischen Heer von achtzigtausend Mann, laut Caesar, eingeschlossen wird und ein anderes gallisches Heer zum Ersatz heranrückt. Der Kampf bis zum römischen Sieg wird sich deshalb eineinhalb Monate hingezogen haben. Es ging nicht zuerst um die Stadt. Nach der Niederlage im freien Feld ergab sich dann die Stadt, ohne bestürmt worden zu sein, trotzdem sie äußerst fest war durch ihre Lage auf der Hochfläche mit den steilen Felsabhängen. Caesar feiert später seinen großen Triumph in Rom mit Vercingetorix, den gallischen Gefangenen und mit unermeßlicher Beute.

Es ist überraschend, wie schnell nach dieser Niederlage das ganze reiche große und starke Gallien fällt, um in Zukunft unter römischer Herrschaft zu leben, um sich an Rom zu verlieren. Nach alter Anschauung verliert man mit der Freiheit seine Seele. Aber schon vor der Niederlage im Krieg hatten die Gallier dem kommenden Feind einen Einbruch in die eigene Seelenverfassung erlaubt. Den Germanen gegenüber hatte sich bei den Kelten schon ein Unterlegenheitsgefühl im Kriege ausgebildet. Den Römern gegenüber ein Unterlegenheitsgefühl in der Zivilisation, durch die man angekränkelt wurde, bevor man mit ihnen zusammenstieß. Caesar sagt es in zwei Sätzen: „Die Gallier ... sind durch die Nähe der römischen Provinzen und durch die Bekanntschaft mit den überseeischen Erzeugnissen in vielen Beziehungen üppiger geworden. So haben sie sich allmählich daran gewöhnt, die Schwächeren zu sein und in vielen Kämpfen geschlagen, stellen sie nicht einmal selbst die Überlegenheit der Germanen in Abrede".

Das gilt in erster Linie für den keltisch-gallischen Adel. Es ist die keltische Neigung, rauschhaft zu leben. Der Kelte kann ihr im Kampfe ebenso frönen wie im Wein. Was noch naturhaft aufgewachsen ist, neigt zum Exzeß dem unbekannten Genußmittel gegenüber. Das Feuerwasser war für den Indianer schlimmer als das Pulver und Blei des weißen Mannes. Wieviel Vertrauen bringt ein solches junges Volk einem anderen Volk entgegen, das aus einer überlegenen geistigen Haltung zu ihm spricht. Im Paulus-Brief an die Galater liest man: „... als einen Engel Gottes nahmet ihr mich auf, ja als Christum Jesum. Wie wart ihr dazumal so selig! Ich bin euer Zeuge, daß wenn es möglich gewesen wäre, ihr hättet eure Augen ausgerissen und mir gegeben." (Galater 3. 4. 14. 15) Hier ist es zu fassen, dieses Ergreifenlassen von einer aus einer überlegenen Zivilisation verkündeten Lehre und deren blutvollem Vertreter. Es wird auch

eher verständlich, daß Gallier auf der Seite der Römer fochten, um zusammen mit der römischen Überlegenheit Beute zu machen. Sie waren zu vertrauend gegenüber der römischen List und Verschlagenheit. Welcher Gallier hatte rechtzeitig begriffen, daß Rom die Gallier mit Galliern unterwerfen wollte! Doch für die keltische Oberschicht muß sich mit dem Namen Rom die Niederlage, die Unterwerfung der anderen Kelten in Norditalien verbunden haben. Oder war die Sucht nach dem Wein, den der römische Unterdrücker lieferte, größer als der Wille zur Freiheit? Es muß Männer gegeben haben, die bei dem Namen Rom zuerst an den Wein gedacht haben, der ihr Blut befeuerte und nicht an das Blut, das Rom gefordert hatte und noch fordern würde im Kampf um eben diese Freiheit.
Was rühmen die antiken Schriftsteller dem Kelten noch nach? Eine große Gastfreundschaft? Wie mag man als römischer Gast bei dem genußfreudigen keltischen Adel aufgenommen worden sein? In einem Fest, mit einem üppigen Gastmahl, bei dem man im Kreis auf dem Fußboden oder wenigstens auf Fellen saß. Es gab auch niedrige Tischchen. Mit Tanz und vorgetragenen Liedern, sich in der Nacht zur Ausgelassenheit steigernd. Es wurde gerungen und gekämpft. Der Sieger bekam die Keule, das beste Stück. Es wurde gekämpft bis zum Exzeß, bis das Blut floß. Aber niemals gab es einen Angriff auf den Gast, der nach dem heiligen Gastrecht unter dem Schutz der Götter stand. Er war unverletzlich, auch wenn er der Feind gewesen wäre, der durch irgendeinen Umstand als Gast aufgenommen worden war.
Höflichkeit und Freundlichkeit sagt man den Galliern und auch den Kelten nach. Ebenso eine tiefe Frömmigkeit! Es war das Bewußtsein, anderen Mächten preisgegeben zu sein. Leben und Religion waren noch so verwachsen, daß sie sich

nicht trennen ließen. Religion kam aus dem eigenen Charakter. Es war so leicht fromm zu sein.
Das ist der Kelte, wie er in die geschichtliche Zeit eintritt: Kampflüstern bis zur Tollkühnheit, aber nicht standhaft im Unglück. Dem Augenblick hingegeben, ohne die Umstände genau und gewissenhaft zu prüfen. Hin- und hergerissen zwischen Parteien, die sich schnell bilden und wieder zerfallen. Groß war man im Nehmen wie im Geben. Fromm in dem Gefühl der Abhängigkeit von den Göttern. Doch nicht frei genug für eine unmittelbare Rückbindung an sie. Deshalb der herrschende Priesterstand der Druiden. Man war also in Gallien nicht zum Protestanten geboren, sondern zum Katholiken. Wie groß war das Auftreten des Kelten mit der Gabe des Theaters; dieses Wort durchaus im guten Sinne gemeint! Vertrauensvoll war er denen gegenüber, die ihm überlegen erschienen, und er gab sich ihnen leicht hin. Er hatte, wie auch überliefert, die Gabe der glänzenden Rede für das Gefecht mit dem Wort und das Hingerissensein von dem Wort. Aber der Kelte war ohne Festigkeit in dem einmal Ergriffenen.
Wenn auch kaum überliefert, so doch wohl noch zu fassen: Der Kelte war begabt mit dem Gemüt. Begabt zu allem, was vom Gefühl getragen wird, also zur Musik und zur Dichtung. Es war keltisch neben der Übersteigerung im Exzeß, das Kleine zu lieben und mit Gemüt zu erfüllen. Wir haben es aus dem Irischen im neunten Jahrhundert überliefert, wie man die „gelbe Biene" andichtete: „Die von Blume zu Blume schwirrt", „das Sonnenstäubchen, das im Sonnenstrahle spielt". Es ist die Liebe zum Kleinen, auch bei Catull, diesem Kelten aus Oberitalien mit seiner genügsamen Freude an einem kleinen Vogel oder anderem Kleinem, das lebendig ist.

Überliefert ist ein Lied Columbans.

„Mein Berg, mein kleiner Eichenwald.
Mein Haus und meine stille Zelle.
Oh ew'ger Gott im Himmel droben.
Weh dem, der es zu stören wagt!"

Doch daneben bricht aus dem keltischen Gemüt wieder gewaltsam ein anderes hervor. Es ist das Streben nach der Entsühnung und Vollendung. Parsifal ist eben Kelte, und der Gral ein uralt heiliges Gefäß der Kelten. Wenn man auch dem Augenblick und seinem Wechsel hingegeben war, man hatte auch die Gabe, einem erkorenen Herrn und Gott ein Gefolgsmann von unverbrüchlicher Treue zu sein. In der Religion, gerade in der späteren katholischen, konnte der Kelte sich finden und sie glühend verteidigen.
Die Kelten waren großartige Spieler im großen Spiel des Lebens, mit dem Spiel um des Spielens willen. Doch das war auch bei den Germanen zu finden. Aber sie unterlagen dann politisch wie militärisch dem nüchternen Kalkül des Römers, der seine eigene Kultur aufgegeben hatte, um auch durch die damals gültige griechische Kultur zu herrschen. Der Kelte verstand es, im Sturm zu erobern, der Römer, das Eroberte von innen wie von außen her zu überwältigen, um es in sein bewährtes System einzufügen, so wie man einen nach eigenem Maß behauenen Quader in sein Bauwerk einfügt.
So geschah es mit den Kelten, und sie ließen es geschehen als der weichere Stoff gegenüber dem römischen Meißel. Sie unterlagen vom Charakter her und wurden im Charakter verändert und damit ihrer geschichtlichen Aufgabe entzogen.

Was ist geblieben

„Die Kelten sind überall", hat jemand behauptet. „Man sieht sie nur nicht". Das ist ein wenig übertrieben, aber nicht falsch. Denn wo sind die Kelten nicht? Sie wurden zwar unterdrückt, aber nicht ausgerottet. „Überall" muß mit der Einschränkung verstanden werden, daß die Kelten dort noch in Europa sind, wo sie einst wirklich gesiedelt haben: In Süddeutschland, in Frankreich, in Norditalien, auch in Spanien und in England, besonders in den keltischen Rückzugsgebieten, also in Wales, Schottland und Irland. Dort kamen die Römer nicht hin. Sehr spät kamen die Germanen, die Engländer mit ihrer Herrschaft. Wales wurde erst im dreizehnten Jahrhundert erobert, und Irland im sechzehnten Jahrhundert.

Aber wo sind die Kelten geblieben, die uns die antiken Schriftsteller gezeichnet haben? Diese kraftvollen, groß gewachsenen Gestalten, hellhäutig mit rötlich-blondem Haar: Männer, die ihr Leben aus der Freude am Kampf in die Waagschale warfen, daneben die Frauen mit dem gleichen Mut wie die Männer? Sie waren doch einmal die Schicht, die aus den Hallstattleuten die La-Tène-Kelten machte. Wenn das alte keltische Blutserbe noch vorhanden ist, so ist es vom Germanischen nicht mehr zu unterscheiden. Es wird in ihm aufgegangen sein, dort wo die Germanen die Nachfolge der Herrschaft der Kelten angetreten haben.

Die keltische Oberschicht, eine verhältnismäßig kleine Schicht, wird sich in den Kriegen verzehrt haben oder sie wird aus anderen Gründen vergangen sein. Der Rest wurde wahrscheinlich von den Unterdrückern ausgerottet. Wir sprachen davon: Mithridates VI. ließ den Adel der Galater umbringen. Die Römer werden es bei dem widerstrebenden Teil des Adels der Gallier nicht anders gemacht haben. So war es damals üblich. Einstmals werden es die Kelten ebenso gemacht haben, wenn sie ein Land erobert hatten. Die Führung mußte weg. Das übriggebliebene Volk, die ‚miserima pleps' Caesars mußte leisten und fronen, so wie Unfreie für ihre Herren immer leisten mußten.
Wir haben einen interessanten Hinweis auf den späteren keltischen Zustand: Bei seinen Feldzügen, die der römische Kaiser Caligula über den Rhein gegen die Germanen machte, war er nicht sehr erfolgreich. Da es an gefangenen Germanen fehlte, um sie in Rom im Triumphe vorzuführen, suchte er in den unterworfenen keltischen Gebieten nach Kelten, die so aussahen wie die blonden, groß gewachsenen Germanen. Er hatte Mühe, sie zu finden!
Geblieben waren die Schichten, die schon vor den Kelten einheimisch gewesen waren, die von ihnen beherrscht wurden, die ursprünglich eine andere Sprache gesprochen hatten, die anders fühlten und dachten. Im Bereich der Antike blieben die Namen für solche vorindogermanische Völker erhalten: In Frankreich sind es die Aquitanier, die nur beschränkt keltisiert wurden. Sie sind vom gleichen Stamme wie die heutigen Basken, die heute noch ihre nicht indogermanische Sprache sprechen. Sie haben sich im Lauf der Geschichte mit größter Erbitterung gegen die Beherrschung durch andere gewehrt.
Die Ligurer sind ebenfalls vorkeltisch und vorindogerma-

nisch. Von ihrer Sprache wissen wir nichts mehr. Aus der Antike wird berichtet, daß sie die Stärke wilder Tiere hatten und daß die Frauen ihnen an Kraft und Gewandtheit ebenbürtig waren.

In Gallien, im alten hallstättisch-keltischen Bereich, blieb wohl eine keltische Schicht von Freien erhalten, die auch nach dem Verbrauch des alten Adels wirksam blieb. In anderen Landesteilen wurden die älteren nichtkeltischen Schichten in einem gewissen Umfang zum Träger des Keltischen. Dann kamen die Römer. Was keltisch und nichtkeltisch war, wurde zum Träger des Römischen, auch der römischen Sprache. Das geschah in Gallien wie in Süddeutschland, das später germanisch überschichtet wurde und in dem sich die Sprache der neuen Oberschicht durchsetzte. Doch man überschätze nicht die Bedeutung der Sprache. Sie war noch nicht der Ausdruck der Nationalität wie heute. Man wechselte wohl die Sprache, aber man wechselte nicht die Götter. So bewahrte man sich im Denken. In der Antike wurde ja nicht ‚missioniert'. Niemand wurde gezwungen, an andere Götter zu glauben. Großzügig setzte der Eroberer die Götter der Unterworfenen mit den eigenen gleich.

In dem durch die Schichtung eingeleiteten Prozeß entstanden Franzosen, Spanier und Deutsche, sehr wohl unterschieden durch die letzte prägende Oberschicht und durch die schon anders geprägten Unterschichten.

In Wales, in Schottland und in Irland blieb das Keltentum tausend Jahre länger frei als anderswo. Ihm wurde innerhalb dieser Zeit keine germanische Oberschicht auferlegt und vorher keine keltische Oberschicht ausgerottet. Man müßte annehmen, daß dort im Erscheinungsbild am ehesten noch das alte Keltentum anzutreffen wäre. Doch unter ‚celtic types' versteht der Engländer kleine Menschen mit dunklem

Haar! Man muß heute auch in Irland fragen: Wo sind die Kelten nach dem überlieferten Bild? Mit anderen Worten: Wir müssen unter den heutigen Kelten etwas anderes verstehen, als die antiken Schriftsteller unter den Kelten verstanden, die ihnen damals begegnet sind. Es mag aber immerhin Landstriche geben, in denen sich dieses ursprünglich keltische Menschenbild besser erhalten hat, wenn nicht dort eine germanische Überdeckung stattgefunden hat, die heute abstammungsmäßig vom ursprünglich Keltischen nicht mehr zu trennen ist.

Wie deutlich unterscheiden sich doch Südfrankreich und Nordfrankreich. Dabei war das eine einmal ebenso keltisch beherrscht wie das andere: Südfrankreich nur verhältnismäßig kurz, Nordfrankreich jedoch gehörte zum Teil zum keltischen Ursprungsgebiet. Dann wurde es auch germanisch überlagert!

In Deutschland ist die Main-Linie, grob gesehen, die auf den Fluß bezogene alte Kelten- und Germanengrenze, immer noch da. Eigentlich läuft die Grenze weiter nördlich auf dem Kamm der deutschen Mittelgebirge, auf dem ‚Rennstieg' des Thüringer Waldes, der heute noch seinen Namen von dem keltischen ‚roino' trägt. Es ist so: Obgleich die eigentliche keltische Oberschicht, zum mindesten sichtbar, nicht mehr vorhanden ist, sind doch Grenzen geblieben, die heute noch zu einer Unterscheidung führen.

* * *

Deutschland entstand aus zwei Teilen: Der eine ist das alte, seit der Bronzezeit und noch früher angestammte Germanenland Norddeutschlands. Der andere Teil ist das um 500 in der Eisenzeit zum Keltenland gewordene Süddeutschland. Die alte Grenze ist der Kamm der deutschen Mittelgebirge.

In der Völkerwanderung wurde nach dem Vertreiben der Römer, auf Süddeutschland eine germanische Schicht gelegt. Es war nicht nur eine Oberschicht. Das gewonnene Land wurde mit germanischen Bauerndörfern durchsiedelt. Die Germanen setzten sich, wie es vor ihnen die Kelten getan hatten, auf die besten Böden, verdrängten die bisherigen Bewohner auf die schlechteren Böden und machten sie zugleich zinspflichtig. Das waren die Reste der Kelten und die keltisch durchdrungenen vorkeltischen Unterschichten. Süddeutschland erhielt dadurch eine neue soziale Spannung, die es in dieser Form in Norddeutschland nicht gegeben hat. Der Vorgang wiederholte sich in etwa, als mit der fränkischen Besetzung die unterworfenen Sweben wieder von den besten Böden gedrückt wurden, um in einem gewissen Umfang fränkischen Dörfern Platz zu machen, auf alle Fälle einem fränkischen oder fränkisch bestimmten Adel. Es handelt sich also hier um einen Vorgang, der im Laufe der Vorgeschichte in Süddeutschland mehrmals stattgefunden hat.
Ähnliches geschah später in Norddeutschland, in den von den Deutschen zurückgewonnenen Gebieten, in die Slawen eingedrungen waren.
Zurück zum alten Keltenland: Es sind diese Schichtungen, die einem Land seinen Charakter durch eine bestimmte Spannung geben, und damit auch seine kulturelle Leistung mitbestimmen. Dabei kann das ‚Andere' einer Schicht eine Herausforderung sein, sich damit auseinanderzusetzen, auch in der Kunst. Das ‚Andere' kann auch der Anlaß sein, sich selbst darzustellen, um sich so seiner gewiß zu werden und zu behaupten. So kann ein Spannungsverhältnis fruchtbar werden, um bei entsprechender Begabung eine ganze Kunstrichtung entstehen zu lassen. Versuchen wir, so die spezifischen kulturellen Leistungen im einstigen keltischen Volks-

gebiet zu verstehen. Sie sind das Ergebnis eines Prozesses aus verschiedenen Elementen. Verstehen wir es so, daß Süddeutschland anders ist als Norddeutschland und Frankreich wieder anders als Deutschland.

Wir wissen nicht, wie groß der keltische Anteil an der deutschen Kulturleistung ist. Daß er aber vorhanden ist, ist nicht zu bezweifeln.

Gibt es eine keltische Überlieferung in Kunst und Brauch?

Die Römer kamen um die Zeitenwende und beherrschten das Land fünfhundert Jahre lang. Aber die Kelten blieben. Die Germanen lösten die Römer ab. Doch die Kelten blieben. Sie wurden romanisiert, sie wurden germanisiert, aber nur in einem gewissen Maße. Sie blieben Kelten. Dann kam das Christentum. Die Kelten wie die Germanen wurden christianisiert, aber auch nur in einem gewissen Maße. Es war ein auferlegter und dann ein angenommener Glaube. Darunter lebte der angeborene, der gewachsene Glaube weiter, weil man eben unter dem ‚Christsein' Kelte oder Germane blieb.

Unter den Römern hatte man unter Taranis vielleicht auch Jupiter verstanden, unter Teutates Merkur und unter Lug, dem die Sonne heilig war, vielleicht Apoll. Wir wissen, das stimmt nicht so ganz. Die Götter gingen nicht ineinander auf. Als die Germanen kamen, wurde aus Taranis Ziu, aus Teutates Wotan, aus Lug vielleicht der Lichtgott Baldr. Die keltischen Götter waren den germanischen näher verwandt als den römischen. Aber auch hier gab es keine Dekkung.

Als das Christentum angenommen wurde, da wurde aus Ziu der Himmelsvater, also das, was er schon war, nur daß er in der neuen Religion nicht mehr Ziu heißen durfte. In dem ziugläubigen schwäbischen Volk heißt aber der Dienstag heute noch ‚zeinstig', also Zius-Tag. Den Ziu hat man sich in Schwaben nicht nehmen lassen und damit auch nicht Taranis. Aus Wode, dem Führer des Totenheeres in den Lüften, wurde Michael, der Führer der himmlischen Heerscharen, der mit seinen Kirchen auf den Bergen horstet. Teutates war da nicht weit. Aus dem lichten Baldr wurde Christus. Wenn man nach dem großen germanischen Gott Thor fragt, für den es im Keltischen keine eindeutige Entsprechung gibt, er steckt in so gewaltigen Gestalten wie Christophorus, der mit dem Jesus-Kind die ganze Welt tragen kann. Bei jeder Auktion wird immer noch der Kauf mit Thors Hammerschlag bekräftigt. Den Donnerstag haben wir auch noch als Andenken an den großen Donnerer, während es den Wotanstag nur noch in England gibt, der als Mittwoch dort ‚wednesday' heißt.

So stark war der neue christliche Glaube nicht, um die Heidengötter aus den Wochentagen zu verdrängen. War er überhaupt stark genug, um den volksmäßigen Glauben zu verdrängen?

Es gibt eine Untersuchung aus der Zeit nach dem ersten Weltkrieg darüber, was unsere Bauern wirklich glaubten. Sie hatten damals noch eine andere Glaubenswelt als nur die aus der Christenlehre. Diese ihre Welt hatte sich also über mehr als tausend Jahre erhalten. Erst heute mag sie mit der Verstädterung vergehen. In dieser Welt lag obenauf die christliche Lehre als eine besondere Denk- und Glaubenswelt, die über die Alpen gekommen war. Darunter lag die angestammte, gewachsene Glaubenswelt als eine untere, aber durchaus lebensfähige Welt. Aus dieser unteren Welt, die lebendig fortlebte, stiegen Bilder und Zeichen auf, die Stein geworden, Platz in unseren Kirchen gewannen. Diese Figuren hatten noch zuviel Symbolkraft, als daß damals die Kirche hätte darauf verzichten können, die Menschen damit anzusprechen. Deshalb sprach sie auch in dieser alten Sprache weiter, um der lebendig angestammten Welt nahe zu sein und um auch mit ihr und in ihr ihre Aussage zu machen. Denn was wußten diese Menschen vor oder nach Tausend von den heiligen Schriften? Schon die niederen Priester, die Leute-Priester, die vor dem Volk standen, waren nicht gerade belesen und ziemlich schwach in dem, was sie aussagen sollten. Wir kennen frühe Berichte über diese im kirchlichen Sinne unzulänglichen Priester. Also mußte über das Bild gesprochen werden, das unverrückbar in Stein gehauen oder gemalt immer gleich über allen stand. Das Volk glaubte das was es sah, so wie es lange auch das Gedruckte geglaubt hat.

So stiegen sie auf, die alten keltischen und auch germanischen Symbole und sprachen die Leute in ihrem alten Glauben an. Einen Begriff bekommen wir davon, wenn wir uns fragen, ob wir nicht immer noch daran glauben, daß wir Glück haben, wenn wir ein vierblättriges Kleeblatt finden! Oder ist das Schwein für uns nicht immer noch ein Glückssymbol? Das hat mit dem christlichen Glauben bestimmt nichts zu tun, denn das Schwein ist in der christlichen Lehre vom Orient her ein unreines Tier. Bei den Kelten und auch bei den Germanen war es aber ein sehr wichtiges Opfertier. Obwohl das Schwein für die Kirche ein Symbol der Unreinheit war, ist es in den geweihten Kirchenraum hineingelangt. In Backnang in der Michaeliskirche steht im Kapitell einer Säule ein herrlicher Eber unter einem Eichenlaubgewinde. Zwei Schweine tummeln sich im Portal der Jakobskirche in Regensburg. Also nicht einmal das unreine Schwein hat sich abweisen lassen, das die Kelten als grimmigen Eber auf ihren Standarten trugen.

Neben dem Schwein ist die ganze Schar der Opfertiere in die Kirche eingedrungen. Mit dem Aquamanile, das der

Priester bei der Messe braucht, sogar bis an den Altar. Darauf weist besonders Alfred Weitnauer in seinem Buche ‚Keltisches Erbe in Schwaben und Bayern' hin. Da gibt es Aquamaniles in Gestalt eines Stieres, eines Hundes, eines Pferdes, eines Hahnes und sogar eines Schweines. — Es sind die alten Opfertiere, die bis gegen die Mitte unseres Jahrtausends dort fröhliche ‚Urständ' erlebten. Diese Opfertiere sind auch anderswo zu finden. Auf einem Kapitell der Esslinger Stadtkirche um 1300 gehen sie mit Stier, Widder und Hund rundum. Am Fenster der staufischen Johanneskirche in Schwäbisch Gmünd liegt der Opferstier, als ob er schon gefällt wäre. Der Eulenturm von Hirsau zeigt Tiere mit eingeknickten Vorderläufen, wie im Augenblick des Zusammenbrechens beim Opfer. Uralte Vorstellungen müssen sich erhalten haben, eine Weile wohl noch bewußt, später in ihrer Bedeutung unbewußt.

Neben den Opfertieren hat sich sogar die Schlange in die Kirchen hineingeschlängelt. Zuerst in einer ganz merkwürdigen Form, nämlich in der Gestalt der doppelköpfigen Schlange, die einen Kopf vorne und einen Kopf hinten hat. Sie hat mit der Schlange des Paradieses bestimmt nichts zu tun. Sie kommt als doppelköpfige Schlange aus der keltischen wie aus der germanischen Welt. Sie ist schon auf dem keltischen Kessel von Gundestrup zu sehen, wo sie mit jedem Kopf einen Menschen verschlingt, ebenso auf den germanischen Baumsärgen von Oberflacht oder anderswo. Was sie bedeutet, können wir nur erahnen. Aber die Schlange kann damals nicht einfach nur böse gewesen sein wie im Paradies. Sie erscheint neben dem keltischen Gott Teutates mit einem Widderkopf. Sie ist also einem Gott nahe. Die doppelköpfige Schlange hat wohl mit dem Tode zu tun. Sie wird auf den Baumsärgen die Hüterin des darin liegenden Toten

gewesen sein. Die Schlange war ja auch Helferin und Glücksbringerin. Wie oft hüten in den Sagen Schlangen einen Schatz und weisen auf ihn hin.
Wie nahe war die Schlange den Germanen als Hausschlange, bevor die Katze kam! Germanische Reiter trugen sie als Feldzeichen. Die Schlange ist aber auch wiederum Seelentier und damit den Unterirdischen verwandt. Über dem Portal von ‚Sankt Ulrich und Afra' in Augsburg hat sich ein keltischer Götterkopf erhalten, dessen Hals Schlangen umwinden. An der reformierten Kirche von Stein am Rhein hält ein Mann in jeder Hand eine Schlange oder schon einen Drachen, wie ein keltischer Gott auf dem Kessel von Gundestrup. Ebenso an der Walderichskapelle in Murrhardt. Es ist die gleiche Haltung. Die doppelköpfige Schlange ist auch auf dem fränkischen Grabstein von Niederdollendorf aus dem siebenten Jahrhundert ebenso da wie auf dem Schlangenstein der Kirche von Wannweil. Sie ist doppelköpfig in den Initialen des Homilars des heiligen Korbinian aus dem achten Jahrhundert in der Freysinger Dombibliothek zu sehen. Sie ist wieder in dem romanischen Fries der Stiftskirche von Stuttgart um 1240 vorhanden, und auf dem Fresko des Afra-Kirchleins in Schelklingen, wo sie sich doppelköpfig neben dem Kreuz um zwei Stangen windet. Also ist sie ein uraltes Zeichen zwischen Leben und Tod.
So sehr ist das Heidnische im Christlichen erhalten. Ein halbes Jahrtausend nach der Bekehrung sind die alten Zeichen noch da, noch jedem verständlich als Zeichen des aus dem Heidentum der Kelten und Germanen weiterlebenden Glaubens.
In den Säulen des bekannten Portikus des keltischen Tempels von Roquepertuse, der übrigens bemalt war, sind noch die Höhlungen erhalten, in denen abgeschnittene Menschen-

köpfe standen. Später haben sich die Kelten damit begnügt, an ihren Heiligtümern diese Köpfe in Holz oder Stein nachzubilden, wie es auch an den christlichen Kirchen geschah. Sicher gibt es in diesen Kirchen andere Köpfe, die Lebende darstellen, solche, daß man an keltische Götterbilder denken kann, wie auf dem Kapitell der Hartmannsäule in der Domkapelle zu Goslar, oder im Kapitell der einen Säule der Stiftskirche in Oberstenfeld. Eine bestimmte Art von Köpfen ist aber so auffällig, daß man an die keltische Sitte denken muß. Es sind maskenhafte Gesichter, die uns aus einem geschwundenen Bewußtsein anstarren. Die Augen können offen, halboffen oder geschlossen sein. Man ist seltsam angerührt von der Wirkung, die von diesen Köpfen ausgeht.
Ganz abgestorben können diese Köpfe nach dem keltischen Glauben nicht gewesen sein, denn sie behielten ja ihre magische Wirkung auch im Tode. Die Köpfe der einen Säule von Alpirsbach wirken wie zwischen Leben und Tod. Man findet eine geradezu unheimliche Reihe von Köpfen am ehemaligen Portal der romanischen Kirche von Münchsmünster, das jetzt in die Friedhofskirche von Landshut eingebaut ist. Hier sind die Lippen der Köpfe halb geöffnet, die Augen mehr geschlossen. Es sind abgetrennte Köpfe von Toten, die ihre magische Wirkung ausüben, zweimal zwölf an der Zahl. Man könnte deshalb an die Zwölfzahl der Apostel denken. Eine Zwölferreihe von Köpfen findet sich aber schon auf dem Pfeiler des keltischen Tempels von Entremont, nur daß die Reihe nicht waagrecht sondern senkrecht läuft. Der Baumeister richtete sich nach der Gegebenheit, wie er die Köpfe ebenso eindrucksvoll wie wirkungsvoll unterbringen konnte.
Auch die Menschenopfer, deren letzten Resten wir in verschiedenen alten Bräuchen begegnen, sind nicht bei uns eingeführt worden, sondern bodenständig. Weitenauer weist

darauf hin, daß überall dort, wo bis in unsere Zeit hinein geschmückte und auch vorbereitete Menschen in feierlicher Prozession geleitet werden, um sie dann ins Wasser zu werfen, es sich um die letzten Reste eines Opfers durch Ertränken handeln kann. Ertränken war einmal dem Gott Teutates heilig. Man kann aus dem überlieferten Brauch noch sehen, wie man in heidnischer Zeit das Opfer ehrte, unter Umständen schon lange vorher, bis es wohlvorbereitet, freiwillig seinen Weg ging. Ein Opfer, bei dem später der Mensch durch eine Puppe ersetzt wurde oder durch ein Tier, das ebenfalls wohl ausgesucht und in anderer Form vorbereitet und ähnlich geschmückt seinen Opfergang antrat.

Ein Opfermahl gehörte dazu, bei dem einige beste Stücke für den Gott verbrannt wurden. Das andere wurde in dem kultischen Mahl verzehrt, bei dem man auch ein kultisches Getränk trank. Speise wie Getränk vereinigten die Teilnehmer unter sich wie mit dem Gott, dem man opferte. Sind wir sicher, daß nicht auch einmal der geopferte Mensch verzehrt wurde? Daß die Kelten Menschen aßen, ist überliefert.

Caesar berichtet, daß die Kelten Menschen in zu Figuren geflochtenen Körben lebendig verbrannt haben. Es gab in Nassau noch das Katzenopfer, bei dem eine Katze in einem Weidenkorb, der an drei zusammengestellten Fichtenstämmen hing, am Faschingsmontag lebendig verbrannt wurde. Im Allgäu warf man lebendige Katzen ins Sonnwendfeuer. Man kann es sich nicht anders denken, als daß dies ein letzter Rest eines alten Brandopfers ist, das einst Taranis heilig gewesen sein dürfte.

Wie lange gab es noch das Stier- und Rinderopfer bei Viehseuchen, wobei ein Tier lebendig eingegraben wurde! Aus einem schwäbischen Dorf haben wir noch den genauen Bericht aus dem letzten Jahrhundert, daß — so unglaublich das klingen mag — der Gemeindestier lebendig begraben wurde, um die Not einer Viehseuche abzuwehren. Die Bauern mögen gedacht haben: ‚Wenn es nicht hilft, der Stier krepiert bei der Seuche sowieso'. Ein Opfer, das man lebendig vergrub, galt den Unterirdischen.

* * *

Die alten Zeichen sind also noch da, die alten Symbole, ebenso die alten Bräuche. Wo aber sind die Götter geblieben, von denen wir sprachen? Sie hat die neue Religion, das Christentum, unterdrückt und verbannt! Sie durften bewußt nicht in die Kirche.

Wir kennen die Bilder der keltischen Götter, wie sie besonders deutlich auf dem Kessel von Gundestrup in einer heiligen Haltung beide Arme heben. Solche Bilder sehen wir manchmal noch an den christlichen Kirchen. Öfters finden wir kleine Männchen mit den beiden erhobenen Armen, die diese heilige Haltung einnehmen. Es sind nicht mehr die Götter, oder, wenn man will, es sind abgesunkene Götter. Aber ist es wirklich noch die Haltung der keltischen Götter?

Die keltischen Götter wurden zu Sagengestalten. Sie sind zu Männlein und Weiblein geworden, die irgendwo hausen, im Berg, in einer Höhle, die im allgemeinen Gutes tun, aber auch böse werden können, wenn man ihnen das zustehende Opfer nicht bringt. Man glaubte immer noch an ihre Wirkung und daran, daß man das Opfer bringen müsse, um Unheil zu verhüten. Das galt bis in unsere Zeit hinein. Noch bei der alemannischen Fasnacht ziehen an uns vorüber: Masken von Wesen, die nicht mehr sind, aber immer noch in jedem Jahr ihre Zeit haben dürfen.

Gelegentlich begegnen wir noch den drei keltischen Mutter-Gottheiten, die uns so sicher überliefert sind. Wir finden sie

überall dort, wo drei weibliche Wesen in Lied oder Sage auftreten. Es kann in der Gestalt der drei Fräulein sein, die aus dem Berg kommen oder der drei Jungfern, von denen noch der Kinderreim singt.
Die Feuer zum Frühlingsbeginn oder zur Sonnwende sind nicht allein keltisch. Wenn aber Feuerräder den Berg hinabgerollt werden, dann sind sie wohl Taranis näher als jedem anderen Gott.
In Frankreich, dem früheren Gallien, begegnete das Christentum der keltischen Religion. Es muß sich mit ihr auseinandergesetzt und in einem gewissen Umfange verbunden haben. In Deutschland begegnete es gleichzeitig der keltischen wie der germanischen Religion. Man muß annehmen, daß beide nebeneinander weiter bestanden. Die heidnischen Religionen waren ja nicht unduldsam. Die irischen Missionare kamen im siebten Jahrhundert zur Bekehrung nach Süddeutschland. Von der Bekehrung an bis zur Zeit der Romanik waren es etwa dreihundert Jahre. Nur dreihundert Jahre! Nur neunmal übergab in dieser Zeit der Vater den Hof an den Sohn. Wen wundert es, daß der alte Glaube noch voller Leben war.

* * *

Was ist noch geblieben? Und zwar unzerstörbar bis heute und auch weiterhin! Es sind die keltischen Namen in unserer Landschaft.
Wir leben noch mit den keltischen Flüssen, das heißt: mit ihren keltischen Namen. Wo das Wort ‚brend' enthalten ist, wie in Brenz, da ist quellendes, sprudelndes Wasser. Wo das Wort ‚ens', wie in Enz oder Enns, da ist sumpfiges Wasser. Wenn aber Gewässernamen geblieben sind, dann blieb auch die ansässige Bevölkerung, die diese Namen weitergegeben

hat an die Römer und an die Germanen. So führen unsere Flüsse in Süddeutschland meist noch ihre keltischen Namen, wenn sie nicht noch eine ältere illyrische Wurzel haben. ‚Ainos', das ist der Inn, ‚Isaria' die Isar, ‚Nicer' der Neckar, ‚Dubra' die Tauber. Dann ‚Moenus' der Main. Und ‚Salos' die Saale. ‚Lagana' ist die Lahn. Dort fließt auch die ‚Nidara', heute die Nidda. Gehen wir weiter nördlich: ‚Sigana' ist die Sieg, ‚Raura' die Ruhr, ‚Lipia' die Lippe, ‚Vacalus' der Waal, also der eine Arm des Rheins. Der keltische Name des Rheins lautet ‚Renos'. — Übrigens das keltische Wort für Mündung ist ‚genava', davon abgeleitet Genua und Genf. — Nun kommt ‚Amisia' die Ems und ‚Visurgis' die Weser. Damit steht man vor der so schwierigen Frage, wie das Land ostwärts des Rheins bis zur Leine dem Volkstum nach ursprünglich anzusehen ist. Keltisch oder germanisch? Oder keines von beiden? Aber sicher war es eine indogermanische Bevölkerung mit einer indogermanischen Sprache, in der die Scheidung sich erst später vollzogen haben kann.

Für uns gilt: Die Flüsse im Süden und im Westen Deutschlands tragen meist vorgermanische Namen, die keltisch sind, oder eine noch ältere Wurzel haben, die illyrisch sein kann. Wir leben mit diesen Namen, die ein Denkmal der Vergangenheit sind so wie auch manche Ortsnamen, die aber im Verhältnis viel geringer in der Zahl sind. Wer neu siedelte, gab auch der Siedlung den Namen in seiner Sprache. Erhalten blieb der Name des einst keltischen Cambodunum, das jetzige Kempten. Bregenz kommt von Brigantium. Zarten bei Freiburg trägt den Namen nach der großen Keltenfeste Tarodunum. Breisach hat ihn von Brisiacos. Rheinabwärts gibt es die keltischen Ortsnamen: Boudobriga, das heutige Boppard, Rigomagus, das heutige Remagen. Weiter Duromagus, Dormagen; Noviomagus — Neumagen; das heutige Nimwegen hat seinen Namen ebenfalls von dem keltischen Noviomagus. Von Eisenach in Thüringen nimmt man an, daß die heutige, deutsch anmutende Form des Namens von dem keltischen Isenaca kommt, was auf eine alte keltische Eisengewinnung hinweist.

Auch Gebirgsnamen gehen auf das Keltische zurück. Die Sudeten auf das keltische Sudeta, das Erzgebirge, das uns so deutsch anmutet, auf das römische Herzjnia silva, womit etwa die deutschen Mittelgebirge gemeint sind. Im römischen Herzjnia steckt aber das keltische erkunia. In ‚Rhön' das keltische Wort ‚roino'.

Die ursprünglich nördlich der deutschen Mittelgebirge siedelnden Germanen stießen bei ihrem Vorrücken nach Süden zuerst auf die keltischen Völker. Die Germanen nannten sie ‚walhos'. Daher rührt unser Wort ‚welsch', das dann auf ein anderes nicht germanisches Volkstum übertragen wurde, nicht nur auf das keltische, sondern auch auf das romanische. Dieses Volkstum sitzt oder saß dort wo Namen wie Wales, Wallis, Walchensee, Walheim, Welzheim, Walsertal noch davon zeugen.

* * *

Heute sprechen noch etwa zwei Millionen Menschen eine keltische Sprache: in Irland, Schottland, Wales und in der Bretagne. In Irland ist es das Gälische, in Wales das Kym rische und in der Bretagne das Bretonische. Aber diese Sprachen sind in einem ständigen Rückgang begriffen. Im neunzehnten Jahrhundert gab es noch das Cornische auf der Halbinsel Cornwall. Es wird heute nicht mehr gesprochen. Es ist vergangen in dem unaufhaltsam erscheinenden Prozeß. Dieser wird dadurch unterstützt, daß es im Keltischen eigentlich nur Mundarten gibt. Im Irischen sind es allein drei

Hauptmundarten und mehrere Nebenmundarten. Das Bretonische hat vier Mundarten. Aber eine keltische Hochsprache, wie sie im Deutschen, im Französischen, im Englischen, im Italienischen und in anderen europäischen Sprachen sich herausgebildet hat, ergab sich bei den Kelten nicht. So ist es für einen keltischen Dichter schwer, ja eigentlich unmöglich, sich für seine Landsleute allgemeinverständlich auszudrükken. So dichtete der so keltisch fühlende Yeats in Englisch, und so dichteten bretonische Dichter in Französisch, doch nicht zuerst für die Franzosen sondern für ihre Landsleute. Man nimmt es als selbstverständlich hin, daß Jonathan Swift in Englisch schrieb und George Bernard Shaw ebenso. Aber sie waren Kelten!

Wenn der durch die Zeit gehende Prozeß sich fortsetzt, so wird es im nächsten Jahrtausend keine lebendige keltische Sprache mehr geben.

Wir wissen, daß sich bei uns die keltische Sprache in gewissen Gegenden noch lange erhalten hat. So am Bodensee bis in die Zeit Karls des Großen hinein. Auch aus Thüringen gibt es einen solchen Bericht. Vermutlich war dies gerade dort der Fall, wo die keltischen Missionare aus Irland hin kamen, um ihr Christentum zu verkündigen. Sie kamen in einer Erscheinung, die der der alten Druiden sehr ähnlich war. Es gab ja in Irland keinen Bruch zwischen dem alten Druidentum und dem neuen christlichen Priestertum. Es war ein friedlicher Übergang ohne jeden Kampf und, man höre: Ohne Märtyrer! So kann es sein, daß Columban an den Bodensee kam, um den dortigen Kelten auf keltisch zu predigen. Sein Schüler Gallus gründete dort das Kloster Sankt Gallen. Wahrscheinlich konnte er sich damals noch leicht verständigen, denn die einzelnen keltischen Mundarten entwickelten sich erst später weiter auseinander. An den Oberrhein kam Fridolin, um sein Christentum zu verkündigen. Er liegt in Säckingen begraben. Ähnlich kann es bei Kilian gewesen sein, der auf keltisch Kellyan heißt, der nach Thüringen ging und der sein Grab in Würzburg am Main fand.

Wie leicht mag sich vor Kelten diese irische Form des Christentums gepredigt haben und wieviel leichter wird diese Form von den Kelten aufgenommen worden sein als die römische. Die römische Kirche hat mit Herrschaft zu tun, wie vor ihr das Römische Reich. Die irische Kirche wollte nicht herrschen. Ihr war auch nie etwas auferlegt worden, was sie nicht freiwillig übernommen hätte, um es an das Vorhandene anzugliedern.

Vom Rande Europas kamen sie, — in die alte Heimat kann man sagen — um die neue Form ihrer Religion zu bringen, die in tiefster klösterlicher Abgeschiedenheit aus eigenem Wesen erfaßt worden war. Daraus wollten sie das Wesen der anderen ansprechen, eine Bindung herstellen aus dem Gemüt. Was brauchten sie denn anderes dazu als eben die Macht des Gemüts, wenn andere die Gewalt der Waffen benötigten, um ihren Glauben durchzusetzen?

Aber der Kelte hat nicht in der Realität der Geschichte gestanden. Sonst säßen die letzten Reste derer, die das keltische Erbgut bewahren, nicht auf einer Insel wie Irland oder auf abgelegenen Halbinseln wie Schottland und der Bretagne. Abseits konnte man weiterleben in einem Dasein zwischen Traum und Wirklichkeit.

So lebt man in Irland heute noch in einer halb realen, halb mystischen Welt, in einem verkümmerten Dasein, wenn man dieses Dasein mit dem Dasein der reicheren Völker vergleicht. Die Feen hausen immer noch in ihren Hügeln, und irische Arbeiter weigern sich, einen solchen Hügel abzutragen. Das Volk erzählt heute noch seine alten Sagen, die durch mehr als ein Jahrtausend gehen. Wer tut das noch bei uns? Bei uns liest man die Sagen höchstens noch. Aber in Irland erzählt man sie in einer rein mündlichen Überlieferung. Die Kinder hören sie im lebendigen Wort von den Älteren und nehmen sie in diesem Wort auf und nicht in toten Buchstaben wie anderswo. So geht der Mythos lebendig weiter und weil er lebendig ist, findet er sich auch in die neue Zeit. Cuchulainn, der irische Siegfried, reitet jetzt nicht nur auf dem Pferde, er kann auch mit dem Kraftwagen fahren und bleibt doch derselbe mythische Held.

* * *

Die keltische Sage ist auch auf dem Festland wirksam geblieben, allerdings kaum im Volke, sondern künstlerisch gestaltet in einer gehobenen Schicht:

Im zwölften Jahrhundert zogen fahrende Sänger von Hof zu Hof, und es entstand das höfische Epos durch Dichter wie Chrestien de Troyes, Gottfried von Straßburg, Wolfram von Eschenbach. Sie sangen von König Artus, von Tristan und Isolde, von Parzival und dem Gral. So blieben uns diese Gestalten vertraut.

Eine merkwürdig tiefe Wirkung hatten in der Goethezeit die Gesänge Ossians, die der Schotte Macpherson als einen Fund aus der Vorzeit aus dem Gälischen übersetzt haben wollte. Goethe stand unter ihrem Eindruck, Klopstock, Herder, ja Napoleon. Es war, als lebte eine vergessene Welt wieder auf, an der man teilhaben wollte, eben die keltische Welt. Sie stand als eine seltsam düstere, fast unheimliche, nebelverhangene Gegenwelt neben der im Empire wirkenden klaren, sonnenhellen Welt der Antike. Es war, als ob man eine andere Seite des eigenen Wesens entdeckt hätte. Aber dann zweifelte man, denn Macpherson blieb den Beweis

schuldig, daß er diese Lieder gefunden und nicht selbst gedichtet hatte.
In der Mitte des letzten Jahrhunderts stellte Wagner mit seinen Musikdramen von Tristan und Isolde und von Parzival das Keltische aus seiner Deutung auf die Bühne. So erleben wir in der Tiefe des Kelches, des Grals, ein Stück der Tiefe der keltischen Religiosität; in ihrer Mitte steht wieder das Heiligste, das die Kelten hatten, das wunderwirkende Gefäße der Wandlung, eben der Gral, in das nach christlichem Mythos das heiligste Blut geflossen war.

* * *

Der ehemalige keltische Raum: Oberitalien, Deutschland, Frankreich, England und Spanien, ist ein Kulturraum von einer solchen Gemeinsamkeit, daß dort alle Stile von der Romanik an über die Gotik, die Renaissance und das Barock hinweg als e i n Ausdruck der Zeit gelebt wurden. Diese Stile entstanden in diesem Raum und verbreiteten sich in diesem Raum mit einer deutlichen Grenze gegen Polen und Rußland, also gegenüber den Slawen. Doch das ehemalige Keltenland Böhmen gehört, obwohl es slawisch wurde, ebenfalls zu diesem Raum. Man weiß, daß das Keltische auch hier noch wirksam blieb.
Ob man will oder nicht: Das Keltische insgesamt ist eine Grundsubstanz Europas, die sehr früh, schon um 1000 vor der Zeitrechnung gebildet wurde, um ab 500 zur größten Ausprägung zu kommen. Dabei soll die Rolle der später überschichtenden Germanen nicht unterschätzt werden. Sie verklammerten ebenfalls dieses Stück Europa. Aber die keltische Grundierung war schon vorher gegeben.
So ist das Europäische ohne das Keltische nicht zu denken. Auch wenn das Keltische in seinem ehemaligen Raum

nicht mehr zu Tage tritt, wir müssen anerkennen: Es ist eine Grundsubstanz Geschichte machender westeuropäischer Völker, der Deutschen, der Franzosen und der Engländer... Diese Völker sind eine keltisch-germanische Kombination. Sie haben daraus ihren Charakter gebildet und sind daraus geschichtlich wirksam geworden.

Frankreich gewann seine Stärke aus dieser Kombination. Das einstige Gallien bestand aus einer Vielzahl von eigensüchtigen Stämmen und Stämmchen. Durch Rom wurde es zur Einheit gezwungen. Nach der Auflösung der römischen Macht setzten die Franken die endgültige Klammer. Der folgende Prozeß führte zu einer immer größeren staatlichen Einheit, ganz entgegen der gallischen Veranlagung.

In England schufen die Normannen endgültig die Einheit, als sie über Sachsen wie Kelten ihr Reich errichteten.

In Deutschland lag eine ganze Zeit der politische Schwerpunkt im Süden, im ehemalig keltischen Raum, so in der Zeit der Salier, der Hohenstaufen und der Habsburger. Damit soll nicht gesagt sein, daß die Führung in keltischen Händen lag. Die politische Stärke, so kann man sagen, kam aus der Kombination. Aber dann zerfiel das Reich in eine immer größer werdende Zersplitterung, bis es zu einer neuen Zusammenfassung vom Norden her kam.

Doch was ist bei uns nach zweitausend Jahren noch keltisch? Keltisch war eine Lebensform mit eigener Sprache, in einem bestimmten Raum, in einer bestimmten Zeit. Mit einer neuen Überschichtung durch die Germanen begann die neue Zeit. In einem neuen Verhältnis entstand neues Wesen und neue kulturelle Leistung. Aber die Grundsubstanz ist wirksam geblieben, auch im Fortgang. Danach sind wir in Deutschland weder Kelten noch Germanen, sondern eben Deutsche.

Es ist eine Frage unserer Zeit, ob die politische Einigung der Europa tragenden Länder gelingen wird, die kulturelle Einheit ist jedoch schon lange gegeben.
Vielleicht war es schon Ariovist, der die germanisch-keltische Zusammenfassung auf dem Festland versuchte. Er scheiterte an Rom. Dann kamen die großen Frankenkönige, die (statt von Deutschland nach Frankreich zu greifen wie Ariovist) von Frankreich nach Deutschland ausgriffen in einer bewußten Konzeption.
Und Napoleon? Was wußte er von einer solchen Zusammenfassung? Er errichtete eine Herrschaft, um, wie er auf St. Helena einsah, an den europäischen ‚Nationen' zu scheitern. Der Sohn der französischen Revolution scheiterte an dem mit ihr aufgestandenen Nationalbewußtsein.
Es bleibt die schicksalhafte Frage, ob die europäische Einigung in dem ehemaligen keltischen Raum gelingen wird. Dieser Raum ist das Kernstück des heutigen Abendlandes. Es geht um das große Gebilde, das die Kelten zwar nicht gewollt, die Germanen aber vorbereitet haben.
Der Raum für ein neues Gebilde aus uralter Gemeinsamkeit seit dreitausend Jahren vorhanden.

Literaturverzeichnis

G. Behrens: Germanische und gallische Götter im römischen Gewand — L. Wilckens, Mainz, 1944

M. Ch. Benning: Alt-Irische Mysterien — Are-Verlag, Ohrweter, 1956

Kurt Bittel: Die Kelten in Württemberg — Berlin und Leipzig, 1934

Joachim Boessneck — Angela von den Driesch — Ute Meyer-Lemppenau — Eva Wechsler von Ohlen: Die Ausgrabungen in Manching — Die Tierknochenfunde aus dem Oppidum von Manching — Franz Steiner, Wiesbaden, 1971

Gaius Julius Caesar: Der gallische Krieg — Reclam, Stuttgart, 1951
Katalog zu der Ausstellung „Kunst und Kultur der Kelten" in Schaffhausen, 1957

Joseph Déchelette: Manuel d'archéologie préhistorique Celtique et Gallo-Romaine — Auguste Picard, Paris, 1927

F. Drexel: Über den Silberkessel von Gundestrup — Jahrbuch des Archäol. Instituts, Berlin, 1915

Siegmund Feist: Germanen und Kelten in der antiken Überlieferung — Verlag für Kunst und Wissenschaft, Baden-Baden, 1948

Jan P. Filip: Die keltische Zivilisation und ihr Erbe — Tschechoslowakische Akademie der Wissenschaft, Prag

Franz Fischer: Der Heidengraben bei Grabenstetten — Müller & Greff, Stuttgart, 1971

Rolf Gensen: Manching III — Die Ausgrabung des Osttors — Sonderdruck aus Germania 43, 1965, 1. Halbband S. 49—62

Alfred Götze: Die Steinsburg bei Römhild — Prähistorische Zeitschrift XIII. Band, 1921

Field Guide: To Prehistoric Sites in Württemberg and Bavaria Prehistoric Society, Franz Steiner Wiesbaden 1969

Rolf Hachmann, Georg Kossack, Hans Kuhn: Völker zwischen Germanen und Kelten — Karl Wachholz, Neumünster, 1962

H. Hanemann: Metallographische Untersuchungen einiger altkeltischer Eisenfunde von der Steinsburg — Prähistorische Zeitschrift XIII. Band, 1921

August Holder: Altkeltischer Sprachschatz —

Gerhard Jakobi: Die Ausgrabungen in Manching — Werkzeug und Gerät aus dem Oppidum von Manching — Franz Steiner, Wiesbaden, 1974

Wilhelm Jordan: Eine späteisenzeitliche Siedlung in Amöneburg — F. Schöningh, Paderborn, 1941

Carl Kade: Die Steinsburg bei Römhild — Jahrbuch der Thüringer Vereinigung für Wohlfahrts- und Heimatpflege, 1925

Carl Kade: Vorgeschichtliche Getreidefunde von der Steinsburg — Prähistorische Zeitschrift XIII. Band, 1921

Irene Kappel: Die Ausgrabungen in Manching — die Graphiton-Keramik von Manching — Franz Steiner, Wiesbaden, 1969

Werner Krämer und Franz Schubert: Die Ausgrabungen in Manching 1955—1961 — Einführung und Fundstellenübersicht — Franz Steiner, Wiesbaden, 1970

Karl Krahe: Sprache und Vorzeit — Quelle und Meyer, Heidelberg, 1954

Cornelius Lohs: Die altirische Kirche — Strachhaus, Stuttgart, 1956

Roland Maier: Die Ausgrabungen in Manching — Die bemalte Spätlatène-Keramik von Manching — Franz Steiner, Wiesbaden, 1970

Jacques Moreau: Die Welt der Kelten — Gustav Kilpper, Stuttgart, 1958

Gustav Neckel: Germanen und Kelten — C. Winter, Heidelberg, 1929

Neue Funde aus dem Oppidum von Manching — Sonderdruck aus Germania, Jahrg. 39, 1961, Heft 3/4, S. 299—383

Gotthardt Neumann: Die Steinsburg auf dem kleinen Gleichberg bei Römhild in Thüringen — Wissenschaftliche Analen, Akademie-Verlag Berlin 1953

Marcel Pobé und Jean Roubier: Kelten - Römer — Walther-Verlag, Olten, 1958

Horst Ohlhaver: Der germanische Schmied und sein Werkzeug — C. Kabitsch, Leipzig, 1939

Julius Pokorny: Altkeltische Dichtung — Bern, 1944

Volker Pingel: Die Ausgrabungen in Manching — Die glatte Drehscheiben-Keramik von Manching — Franz Steiner, Wiesbaden, 1971

T. G. E. Powell: Die Kelten — Du Mont — Schauberg, Köln, 1959

Reallexikon der Vorgeschichte — Walter de Gruyter, Berlin, 1928

Hans Reinerth: Das Federseemoor — Kurt Kabitsch, Leipzig, 1936

Franz Schubert: Manching IV — Bericht über die Ausgrabungen in den Jahren 1965 bis 1967 — Sonderdruck aus Germania 50, 1972, 1. bis 2. Halbband, Seiten 110—121

Carl Schuchhardt: Alteuropa — Walter de Grueter, Berlin, 1926

Carl Schuchhardt: Vorgeschichte in Deutschland — R. Oldenburg, München-Berlin, 1939

Kurt Schuhmacher: Siedlungs- und Kulturgeschichte der Rheinlande — L. Wilchens, Mainz, 1923

Gustav Schwantes: Deutschlands Vorgeschichte — Franckh'sche-Verlagshandlung, Stuttgart, 1952

Felix Stähelin: Geschichte der kleinasiatischen Kelten — Teubner, Leipzig, 1907

Rudolf Thurneysen: Die irische Helden- und Königssage — M. Niemeyer, Halle, 1921

Paul Vouga: Latène — K. W. Hiersemann, Leipzig, 1923

Jan de Vries: Die keltische Religion — Kohlhammer, Stuttgart, 1961

P. Weiershausen: Vorgeschichtliche Eisenhütten Deutschlands — C. Kabitsch, Leipzig, 1939

Alfred Weitnauer: Keltisches Erbe in Schwaben und Bayern — Verlag für Heimatpflege Kempten, 1965

Wilhelm Witter: Die älteste Erzgewinnung im nordgermanischen Lebenskreis — C. Kabitsch, Leipzig, 1938

Orts- und Namenverzeichnis

Bildnachweis: Titelbild: Römisch-Germanische Kommission Frankfurt, Römisch-Germanische Kommission, Frankfurt (10), Söckler, Pfaffenhofen (5), Foto-Reiche, Manching (1).
